Nadie es ilegal

Nadie es ilegal

La lucha contra el racismo y la violencia de Estado en la frontera entre México y Estados Unidos

JUSTIN AKERS CHACÓN Y MIKE DAVIS

Fotografías de Julián Cardona
Traducción de Darío Zárate Figueroa y Grano de Sal

Haymarket Books
Chicago, IL

Primera edición, 2020
Primera edición en inglés, 2006 (Haymarket Books)
   Segunda edición en inglés, 2018 (Haymarket Books)

Título original: *No One Is Illegal: Fighting Racism
and State Violence on the U.S.-Mexico Border,* 2nd ed.
© Justin Akers Chacón and Mike Davis
Photographs © 2018 Julián Cardona

Traducción de Darío Zárate Figueroa y Grano de Sal
Diseño de portada: León Muñoz Santini y Andrea García Flores

Ésta edición publicado por:
Haymarket Books
P.O. Box 180165
Chicago, IL 60618
773-583-7884
www.haymarketbooks.org
info@haymarketbooks.org

ISBN: 978-1-64259-918-3

Distribuido en los EEUU por Consortium Book Sales and Distri-
bution (www.cbsd.com) y al resto del mundo por Ingram Publisher
Services International (www.ingramcontent.com).

Está disponible información de Library of Congress
Cataloging-in-Publication

Impreso en los Estados Unidos

10 9 8 7 6 5 4 3 2 1

Índice

Esta edición de *Nadie es ilegal* contiene, sin mayores cambios, los capítulos publicados en 2006 (del 1 al 11 escritos por Mike Davis, del 12 al 32 por Justin Akers Chacón), más los que Chacón preparó para la segunda edición en inglés, aparecida en 2018. Por ocuparse de un tema cambiante, la realidad descrita aquí ha seguido modificándose, en términos políticos y jurídicos, amén de que algunas fuentes de información en línea ya no están disponibles. En donde fue necesario, señalamos que tal o cual circunstancia estaba vigente en tal año o "al momento de escribir esto"; también modificamos ligeramente el tiempo verbal de algunas frases para no confundir al lector sobre la situación presente y, cuando fue posible, actualizamos las ligas a sitios de internet, o eliminamos las ya caducas. Agradecemos la autorización para reproducir las fotos de Julián Cardona, que conforman un relato gráfico, paralelo al texto, del drama de los migrantes indocumentados.

LOS EDITORES

Prefacio a la edición de 2018

Trump y el fracaso de la reforma migratoria neoliberal

Cuando el candidato presidencial Donald Trump difamó a los mexicanos residentes en Estados Unidos llamándolos "criminales", "narcotraficantes" y "violadores", no fue sólo la perorata tóxica de un narcisista intolerante. La renovada atención a Trump y su postura contra los latinos y los migrantes ilustra algo más que sólo una perversión de un sistema electoral largamente corrompido por oportunistas acaudalados. La retórica de Trump era, en realidad, una medida política calculada para dar impulso a una campaña que, por lo demás, resultaba incoherente y sosa.[1] Recurrir a los insultos contra mexicanos y migrantes para lograr el apoyo de una base cada vez menor, pero bien financiada y organizada, de blancos conservadores fue una estrategia diseñada para revitalizar la fétida marca Trump, que para entonces era poco más que una caricatura en la cultura popular. Las provocaciones racistas contra los latinos y los insultos contra los migrantes se han convertido en una práctica ritualizada en el entorno conservador y una estratagema lucrativa para oportunistas que buscan ganar terreno en las encuestas mediante el uso de una retórica incendiaria. En este sentido, Trump no representa una desviación, sino una continuación de la política de sus predecesores, tanto republicanos como demócratas.

Las gracejadas de Trump, encima, no sólo revelan la inmoralidad de la política migratoria estadounidense, en la que la deshumanización racializada de los migrantes latinos y los trabajadores migrantes, tildados de "ilegales", se normaliza en los medios de comunicación y en el discurso político. Es la última exhumación del "miedo moreno", una arraigada cepa de racismo dirigida hacia las personas de origen mexicano y centroamericano, que resurgió y se reinventó en la era de lo que George Bush llamó "guerra generacional contra el terrorismo". Como parte de la actual fase del imperialismo estadounidense en el Medio Oriente, la migración se ha redefinido como amenaza a la seguridad nacional; los refugiados y los migrantes económicos se confunden con el peligro de los actos terroristas.

Los frutos políticos de señalar chivos expiatorios y sembrar el miedo racial se evidenciaron en 2016 con la victoria presidencial de Trump, que en sus primeros cien días en el cargo hizo de los ataques contra musulmanes y mexicanos una prioridad de su gobierno. Una de sus primeras acciones fue emitir una orden ejecutiva que, de manera explícita, restringía la entrada a Estados Unidos de viajeros musulmanes procedentes de Irán, Libia, Somalia, Sudán, Siria y Yemen, y negaba la visa por tres meses a aquellos que buscaban obtenerla. La orden también imponía una prohibición completa a los refugiados, al suspender el Programa de Admisión de Refugiados a Estados Unidos, que de por sí era terriblemente insuficiente. La justificación para estas exclusiones específicas era, según la orden, que "cada uno de estos países es un Estado patrocinador del terrorismo, está corrompido en gran medida por organizaciones terroristas o contiene zonas activas de conflicto".[2]

Lo que la orden no mencionaba es que, desde hacía varios años, el gobierno de Estados Unidos ya dirigía bombardeos aéreos, guerra indirecta, ataques con drones y otras formas clandestinas de agresión contra estas naciones de mayoría musulmana. Aunque se decía que la orden buscaba "proteger [...] a los ciudadanos de ataques terroristas, incluidos aquellos cometidos por extranjeros", no se mencionaba que ningún ciudadano de esos países hubiera cometido actos de terrorismo en suelo estadounidense. La orden es parte de una longeva tradición estadounidense de utilizar la política migratoria como un arma más en el arsenal del imperio.

En la práctica, el creciente ataque gubernamental contra los musulmanes no es una desviación, sino un recrudecimiento de la guerra ideológica contra pueblos que han estado en la mira del imperialismo estadounidense a lo largo de las últimas dos décadas. Caracterizar a los refugiados yemeníes como terroristas en potencia legitima los asesinatos cometidos con drones por el gobierno de Estados Unidos en ese país y refuerza el apoyo popular a una sangrienta invasión y una campaña de bombardeo y guerra sostenida contra la población yemení por el gobierno de Arabia Saudita, aliado de —y armado por— Estados Unidos.

Los intentos de Trump de prohibir la entrada a personas de países como Siria e Irak revelan la profunda hipocresía de la política estadounidense, pues los refugiados de esos países huyen de guerras dirigidas por Estados Unidos en sus países. En 2015 y 2016, según el Consejo de Relaciones Exteriores, Estados Unidos soltó más de 47 mil bombas tan sólo en Siria e Irak, con las que mató a miles de personas. El 17 de marzo de

2017, por ejemplo, un ataque aéreo dirigido por Estados Unidos aniquiló a más de 200 personas apiñadas en un refugio antibombas en un distrito residencial de Mosul, en Irak, después de que aviones estadounidenses y británicos bombardearon la ciudad, supuestamente para atacar emplazamientos del Estado Islámico.[3] Afirmar que lo refugiados sirios e iraquíes son, por lo tanto, una "amenaza a la seguridad nacional de Estados Unidos" resulta una gran ironía, pues millones de sirios e iraquíes se han visto desplazados como resultado de las políticas estadounidenses en sus países.

Un segundo frente de este ataque se enfoca en los migrantes indocumentados procedentes de México y Centroamérica que residen en Estados Unidos. Una vez más, la orden ejecutiva caracteriza falsamente a esta población como una amenaza: afirma que "los extranjeros que entran a Estados Unidos de manera ilegal, sin inspección ni admisión, representan una importante amenaza a la seguridad nacional y la seguridad pública [...] Entre los que ingresan de manera ilegal se encuentran aquellos que buscan hacer daño a los estadounidenses por medio de actos terroristas o conductas criminales. La continua migración ilegal representa un peligro claro e inmediato a los intereses de Estados Unidos." Hace mucho que los investigadores —entre ellos, los que reúnen datos sobre delitos para los departamentos de policía y el FBI— han refutado la idea del "migrante criminal", pero ése no es el punto.

La misma orden ejecutiva reafirma de manera retórica la continuidad de la trayectoria de la "política" y las políticas migratorias de Reagan a Clinton y de Bush a Obama: la creciente militarización de la vigilancia fronteriza y la expansión del muro de 965 kilómetros ya existente, el incremento de personal de vigilancia y de su autoridad, la participación de la policía en el control migratorio y el crecimiento de la capacidad del país para detener y deportar migrantes. Aunque el Congreso debe aprobar el financiamiento de los crecientes gastos de Trump para el Department of Homeland Security [Departamento de Seguridad Nacional] (DHS) (aprobó 65 mil millones de dólares en 2016), las propuestas se basan en normas legales ya existentes que permiten aumentos parecidos. Los presidentes pertenecientes a uno y otro partidos han usado estas normas para incrementar la vigilancia a lo largo de la última generación.

Otro acto del gobierno de Trump ha sido introducir una serie de cambios a las reglas, conocidos como "memorandos de orientación", que el DHS aplica bajo autoridad ejecutiva. Los memorandos amplían la autoridad de los agentes del Immigration and Customs Enforcement [Servicio de Migración y Control de Aduanas] (ICE) para arrestar, recluir y deportar personas indocumentadas; además, los autorizan a actuar siguiendo sus propios impulsos y a dirigirse contra un espectro más general de personas al cumplir sus "deberes", sin restricciones ni supervisión. Cualquier persona que no pueda demostrar una residencia continua de dos años puede verse sometida a un proceso de "expulsión expedita", sin importar si tiene o no antecedentes penales.

Cabe señalar que el sindicato que representa a la Patrulla Fronteriza (junto con la National Fraternal Order of Police [Orden Fraterna Nacional de Policía]) dio su apoyo oficial a la candidatura de Donald Trump, lo que evidencia que el pensamiento del candidato se alinea con el de la fuerza fronteriza armada, de 20 mil integrantes. En otras palabras, la orden está diseñada para brindar mayor impunidad a la policía fronteriza federal, una oficina gubernamental que ya está acusada de numerosos abusos contra los derechos humanos. En efecto, el gobierno de Trump está soltando la rienda a la policía migratoria y alentándola a tomar la ofensiva y desatar un reinado de terror mucho más amplio sobre los migrantes indocumentados, lo cual sin duda provocará el aumento y el recrudecimiento de la violencia y los abusos del Estado.

La organización de derechos humanos No More Deaths [No Más Muertes], con sede en Arizona, publicó un informe exhaustivo que documenta 30 mil casos de abusos contra los derechos humanos entre el otoño de 2008 y la primavera de 2011.[4] De acuerdo con la Coalición de Comunidades de la Frontera Sur, 46 personas han sido asesinadas en la frontera desde 2010.[5] Otro estudio dirigido por la Iniciativa Kino para la Frontera —una organización binacional que promueve políticas migratorias humanitarias— reveló que alrededor de "40% de los migrantes mexicanos deportados por Estados Unidos afirmó que los agentes de la Patrulla Fronteriza habían violado sus derechos humanos y dos terceras partes sostuvieron que sus familias fueron devueltas a México por separado".[6] Estos abusos diarios se cometieron durante un periodo en el que las restricciones en las reglas de acción de la policía fronteriza eran mínimas.

Los agentes del ICE que operan dentro del país no difieren de la Policía Fronteriza, aunque sus patrones de arrestos han sido más selectivos y específicos. Si bien su intención formal es atrapar y deportar "criminales", los resultados iniciales muestran una realidad distinta. Por ejemplo, Guadalupe García de Rayos, una trabajadora radicada en Arizona, madre de dos hijos, fue detenida y deportada después de una "revisión" anual obligatoria hecha por el ICE. Ya la habían arrestado en 2008, por utilizar documentos falsos para trabajar, durante una redada bajo el régimen del racista *sheriff* Joe Arpaio; en esa ocasión se le imputó el delito de "robo de identidad" y pasó un año en prisión.[7]

En la era de Trump, estas situaciones tienen el potencial de volverse aún más políticas, como lo demuestra el hecho de que otra de las primeras personas detenida en el interior del país haya sido Daniela Vargas, activista de la ley DREAM (Development, Relief and Education for Alien Minors Act [Ley de fomento para el progreso, alivio y educación para menores extranjeros]). Vargas, de 22 años, estudiante universitaria gracias a la DACA (Deferred Action for Childhood Arrivals [Acción diferida para los llegados en la infancia]), fue arrestada momentos después de pronunciar un discurso en un mitin por los derechos de los migrantes en Jackson, Misisipi, y fue trasladada a un centro de detención en Jena, Luisiana.[8] Otra activista de la ley DREAM, Claudia Rueda, fue detenida en su hogar en Los Ángeles después de participar en protestas públicas contra las recientes redadas contra migrantes, en una de las cuales fue arrestada su madre.[9]

También a finales de marzo fueron arrestados Enrique Balcázar, Zully Palacios y Alex Carrillo Sánchez, activistas comunitarios y sindicales de Justicia Migrante, una organización defensora de los derechos de los trabajadores en Vermont. Como no tenían órdenes de deportación, antecedentes penales, ni ningún otro factor que hubiera podido llamar la atención del ICE, esto indica que los agentes regionales los vigilaron, arrestaron y recluyeron sin más razón que su activismo en favor de los derechos de los migrantes.[10] Otros activistas en todo el país también han sido blanco de los ataques del ICE.

No sólo los ejecutores armados de las órdenes migratorias de Trump se sienten animados, por sus nuevas facultades, para ir tras los migrantes; también la extrema derecha está envalentonada. Por ejemplo, los racistas de la bien financiada industria de la información con preferencias de derecha están jubilosos. El falso *think tank* conocido como Center for Immigration Studies [Centro de Estudios Migratorios], una organización abiertamente antimigrante que produce investigaciones espurias para justificar la exclusión y recibe acceso a prácticamente todos los principales medios de comunicación, se regocijó con las nuevas reglas. El director del grupo, Mark Krikorian, afirmó que "el mensaje es éste: la ley migratoria está de regreso".[11] Tras disminuir en los primeros años del gobierno de Obama, cuando se creía que la reforma migratoria pasaría por una "súper mayoría" demócrata en el Congreso, el número de grupos de odio a los migrantes, y el de sus miembros, va de nuevo al alza.

El ataque político contra los migrantes ha incrementado, además, la confianza de los grupos y los individuos racistas para cometer actos de violencia y terrorismo. La extrema derecha ha aumentado sus actividades, alentada por la retórica de Trump y el alza de la represión de Estado. El Southern Poverty Law Center [Centro Jurídico sobre la Pobreza en el Sur] documentó 867 crímenes de odio tan sólo en los primeros diez días del gobierno de Trump y ha habido ataques posteriores dirigidos contra un amplio espectro de personas, entre ellos migrantes afroamericanos, judíos, asiáticos meridionales y centrales, entre otros.[12] Por ejemplo, a fines de febrero, un pistolero racista de Kansas entró a un bar cerca de Kansas City y le disparó a dos hombres indios; mató a Srinivas Kuchibhotla al grito de "¡Salgan de mi país!"[13] Tal es, en su forma más pura y tóxica, la violencia de las medidas antimigrantes y antimusulmanes en el centro de la política estadounidense.

Por medio de su fiscal general, el ex senador de Alabama Jeff Sessions —un obstinado segregacionista sureño—, Trump está envuelto en una batalla legal, tratando de obstruir el flujo de dinero de las subvenciones a los departamentos de policía de "ciudades santuario". En su actual propuesta presupuestal, que se encuentra detenida en el Congreso, Trump ha asignado 1 600 millones de dólares para comenzar a extender el muro fronterizo existente, que en este momento abarca unos 965 de los 3 200 kilómetros de frontera. En medio de las trágicas inundaciones causadas por el huracán Harvey, Trump aprovechó la oportunidad para amenazar con un bloqueo del presupuesto federal si el Congreso no asignaba recursos para la construcción de su muro.[14]

También utilizó sus poderes ejecutivos para indultar a Joe Arpaio, un alguacil en extremo racista y antimigrante del estado de Arizona. Con el indulto a Arpaio —que enfrentaba una condena de prisión relacionada con el carácter anticonstitucional de sus severas tácticas de represión en comunidades latinas—, Trump envió un mensaje a su reducida base de extrema derecha y a los nazis que lo admiran: que dedicará su tiempo en el cargo a restablecer el racismo y la xenofobia como parte de la política estadounidense predominante.

La función del racismo como medio para atacar y reprimir de manera específica a los trabajadores migrantes coincide con la ampliación del capitalismo de libre mercado. Las grandes empresas desplazan de sus países natales a los trabajadores y éstos se convierten en un recurso aún más explotable al quedar como migrantes indocumentados y sin poder, a los cuales se les niega toda autorización legal y todo derecho de ciudadanía con base en su nacionalidad y clase social. Una vez en el país, la represión del Estado los mantiene segregados y aislados.

ABRIR LAS FRONTERAS PARA LA
ACUMULACIÓN DE CAPITAL

En los últimos 30 años, a los que se suele llamar "el giro neoliberal", se ha visto un aumento considerable de los tratados de libre comercio encabezados por Estados Unidos.[15] Desde el TLCAN hasta los tratados con la República Dominicana y Centroamérica o el Acuerdo Transpacífico de Cooperación Económica, propuesto hace pocos años, los gobiernos de ambos partidos han ejercido presión a favor de regímenes de libre comercio proempresariales, lo cual se ha convertido en una característica central de la época. En relación con México y Centroamérica, han resultado cruciales para estos acuerdos el desmantelamiento de las políticas económicas desarrollistas, la reformulación de las reglas de comercio que reducen los aranceles y favorecen a las empresas multinacionales sobre los pequeños productores, la privatización de las empresas estatales y la exigencia de "flexibilidad laboral" para reducir los costos de la mano de obra.[16]

Un efecto colateral reciente de estas políticas es el desplazamiento masivo de trabajadores haitianos, que comenzaron a salir de su país por millares y a reubicarse en México y Estados Unidos después de que las políticas de comercio impuestas por Estados Unidos redujeron considerablemente los salarios en el sector exportador de Haití. También ha habido migraciones masivas de Puerto Rico a Estados Unidos después de la destrucción causada por el huracán María. El alcance de esa destrucción se vio exacerbado por la mal desarrollada infraestructura y la profunda crisis económica del país, creada por una enorme deuda nacional y por drásticos recortes al presupuesto social, relacionados con políticas neoliberales.[17]

Las grandes empresas perfeccionaron los componentes de los tratados de libre comercio y los sucesivos gobiernos los aplicaron en Estados Unidos, antes de exportarlos a México y Centroamérica bajo la égida del Fondo Monetario Internacional y sus instrucciones para restructurar la deuda. Este arreglo internacional también ha beneficiado a los capitalistas mexicanos, que se han enriquecido con el saqueo de empresas recién privatizadas o la asociación directa (y los negocios turbios) con sus contrapartes estadounidenses.[18]

En Estados Unidos, la flexibilidad laboral ha sido una de las principales estrategias empleadas por la clase capitalista desde la década de 1970. La meta general ha sido incrementar la productividad de los trabajadores y, al mismo tiempo, reducir la calidad de vida de la clase obrera a fin de aumentar la tasa de explotación de la mano de obra.[19] En el caso de los trabajadores de Estados Unidos, la movilidad corporativa permitida por las políticas de libre comercio se ha utilizado para cerrar y reubicar la producción a través de las fronteras, en las denominadas "fábricas fugitivas", o para amenazar con hacerlo a fin de negociar la disminución de los salarios como requisito para conservar el trabajo. Un elemento central de esta estrategia es la destrucción de sindicatos. Los patrones han recurrido a varias estrategias para debilitar o fracturar los sindicatos como parte de este proceso, y han tenido éxito. Por ejemplo, la tasa de sindicalización en 2014 se redujo hasta 11.1% de la mano de obra, el nivel más bajo en cien años; en 2016 bajó aún más, hasta 10.7%.[20] Conforme la necesidad de acumulación de capital se desplaza rápidamente lo alto en las prioridades del diseño de políticas públicas, nuevas formas de control del trabajo evolucionan, se generalizan y se codifican. Otro frente de este ataque de la clase capitalista ha sido la manipulación de la política migratoria para saturar una mano de obra enorme y políticamente despojada de poder.

La integración económica global en términos neoliberales, en la que las grandes empresas dictan las reglas de comercio, inversión y regulación según sus propios intereses, ha desestabilizado a las clases obreras en todo el mundo. El predecible resultado es que el trabajo mismo se ha internacionalizado. En 2015, aproximadamente 244 millones de personas vivían como migrantes en diversos países y esa cifra va en aumento.[21] Si ese número de personas constituyera la población de un país, sería el quinto más grande del mundo, más poblado que cada uno de los otros 189 países. Se calcula que, en Estados Unidos en 2015, unos 26.3 millones de personas nacidas en el extranjero formaban parte de la mano de obra nacional y constituían casi 17% de ésta.[22]

Los trabajadores desplazados, que no pueden asimilarse en sus respectivas economías nacionales, como resultado de las políticas de comercio dictadas por las grandes empresas, se han visto obligados a cruzar la frontera en busca de mercados laborales extranjeros donde pueden encontrar trabajo. Esta situación ha alterado la demografía laboral en todo el mundo, desde Catar hasta la República Dominicana y Japón. La exportación de políticas de libre comercio al sur ha resultado destructiva para las clases trabajadoras de México y Centroamérica; ha desarraigado a millones de pequeños productores agrícolas y trabajadores urbanos que se han vuelto obsoletos por la competencia desleal, la privatización de empresas estatales y la reducción del Estado de bienestar. La migración ha fluido en sentido inverso por estos mismos canales, pues los trabajadores siguen el flujo de las ganancias que se traduce en una desproporcionada creación de empleos al norte de la frontera. Una vez acomodados en los mercados laborales estadounidenses, los trabajadores indocumentados se ven regulados no por un "libre mercado" liberal, sino por las agencias migratorias y los patrones mismos. En términos económicos, la nueva "amenaza morena" cumple el propósito de disciplinar a los trabajadores migrantes y facilitar un medio actualizado de control de la mano de obra.

LA POLÍTICA MIGRATORIA COMO CONTROL LABORAL

La desestabilización inducida por el libre comercio ha producido una enorme oleada de migración procedente de México y Centroamérica. Desde 1990, más de 10 millones de personas se han desplazado hacia Estados Unidos: una de las mayores transferencias de población en la historia humana.[23] Puesto que está compuesta fundamentalmente por trabajadores, esta migración ha conducido a un cambio considerable en el carácter de la mano de obra estadounidense. Esta situación se ha utilizado para beneficio del capital, pues los gobiernos tanto demócratas como republicanos han reducido las vías para que esta generación más reciente de migrantes obtenga la ciudadanía, al tiempo que incrementan las sanciones.

Esto ha transformado la migración de manera gradual, de un acto económico a un acto criminal, al mismo tiempo que la migración ha aumentado como consecuencia de políticas dictadas por Estados Unidos y los migrantes se han integrado plenamente a la economía. Aunque su trabajo se acepta de manera tácita como algo necesario y productivo, la criminalización de su presencia y la negación de la ciudadanía erosiona su capacidad de participar en actividades que mejoren sus salarios y sus condiciones laborales. Al mantener a un sector cada vez mayor de la mano de obra como no ciudadanos, vulnerables a la persecución, los capitalistas pueden reducir los salarios, despedir más fácilmente a quienes intenten organizarse o protestar, y fomentar o explotar las tensiones raciales a fin de dividir y segmentar la mano de obra para impedir negociaciones colectivas. El uso de estas tácticas puede debilitar la organización laboral con el fin de extraer mayores ganancias de todos los trabajadores.

Esto ayuda a explicar el crecimiento exponencial de las agencias migratorias y el espectáculo público de la represión a migrantes a pesar de la correspondiente *disminución* de los delitos cometidos por migrantes.[24] El considerable aumento de las deportaciones no ha sido una respuesta episódica o mesurada a una amenaza existencial, sino un método sistemático e institucionalizado para vigilar a una población entera y reforzar la distinción entre ciudadanos y no ciudadanos.

Lo anterior explica por qué la deportación se ha convertido en un elemento permanente y normalizado del aparato de las agencias migratorias, independientemente de otros factores variables, como las tasas de migración y de delitos, o el estado de la economía. También ilustra la continuidad de las políticas migratorias sin importar qué partido esté en el poder. Durante el gobierno de Ronald Reagan, 168 364 personas fueron deportadas; otras 141 326 fueron expulsadas en el gobierno de George H. W. Bush. Después de que se aprobaran restricciones aún más severas en el gobierno de Bill Clinton, se deportó a 869 676 personas, seguidas por 2 millones más en el gobierno de George W. Bush.[25] Después de los ocho años de gobierno de Obama, la cifra de deportaciones rebasó los 3 millones, a pesar de que el número de intentos de cruzar la frontera se redujo de manera constante después de la Gran Recesión de 2007.[26] Las deportaciones sistemáticas han afectado, sobre todo, a trabajadores sin antecedentes ni acusaciones penales, una práctica que ha continuado en el gobierno de Trump, lo que revela su función como forma de control de la mano de obra en el capitalismo más que "aplicación de la ley" o actos de un presidente canalla que apela a un electorado racista.[27]

Los miembros más conservadores y reaccionarios del Partido Republicano han impulsado el discurso de la exclusión de los migrantes, que incluye la movilización de sectores de extrema derecha de la clase media y algunas partes de la clase capitalista.[28] Los opositores más rabiosos a la integración de los migrantes también obtienen enormes ganancias con su explotación, ya sea de manera individual o como industria.[29] Al mismo tiempo, otros sectores corporativos se han opuesto a las propuestas de política antimigrante más extremas que amenazan el acceso a esa mano de obra.[30] En general, en torno a este tema existe una considerable división política entre la extrema derecha, que se ha alineado detrás de Trump, y los elementos más moderados y liberales de ambos partidos, pero a pesar de estas diferencias el aparato y el discurso antimigrantes establecidos por la derecha han conducido incluso a los demócratas más liberales a estrechar sus miras reformistas para establecer un umbral que ahora acepta la autorización laboral por encima de la ciudadanía. Por ejemplo, la orden ejecutiva del gobierno de Obama que concedía permisos de trabajo temporales, pero no la ciudadanía, a los migrantes indocumentados llegados en la niñez (por medio de la DACA) y a los padres indocumentados de niños ciudadanos nacidos en Estados Unidos (por medio de la Deferred Action for Parents of Americans [Acción Diferida para Padres de Estadounidenses], o DAPA), es una muestra del reducido terreno discursivo de quienes alguna vez se pronunciaron a favor de "una vía hacia la ciudadanía".[31]

La precariedad y el limitado alcance de las protecciones aplicadas en el gobierno de Obama para estas categorías de trabajadores indocumentados quedaron en evidencia por la manera en que la derecha pudo obstruir y desmantelar incluso esos exiguos gestos. La oposición a la DAPA de 26 gobiernos estatales republicanos motivó a un juez federal de derecha, en el sur de Texas, a emitir una orden restrictiva contra el mandato, con lo que logró inhabilitarlo. Más aún, el gobierno de Trump, representado por el muy reaccionario fiscal general, Jeff Sessions, anuló la orden ejecutiva que establecía DACA, lo que cambió el estatus de unos 800 mil jóvenes trabajadores antes protegidos, devolviéndolos a la categoría de "deportables".[32]

El considerable valor adicional que puede obtenerse de un trabajador migrante sin derechos y con protecciones limitadas o nulas ha fomentado un cambio gradual en el pensamiento sobre el valor de la política migratoria, que ahora se considera una forma de obtención y control de mano de obra.[33] La inmensa mayoría de los migrantes sobrexplotados trabaja en la agricultura, la jardinería, la limpieza doméstica, el cuidado de niños y ancianos, la construcción y la industria restaurantera. El alcance de la mano de obra migrante se ha ampliado hasta abarcar otras industrias y ocupaciones, desde plantas de procesamiento de carne en regiones rurales hasta la venta al menudeo y la prestación de servicios en zonas urbanas, desde la docencia y las manufacturas hasta el trabajo técnico en Silicon Valley. Lo lucrativo de la mano de obra migrante ha motivado a grupos empresariales de interés y a organizaciones filantrópicas ligadas a inversionistas multimillonarios a cerrar filas en torno al asunto y a lanzar campañas de presión para influir en las políticas públicas en los pasillos de Washington.[34]

Esta situación ha catalizado la evolución de la "reforma migratoria", que pasó de estar en la legislación que contempla la ciudadanía, como la Immigration Reform and Control Act [Ley de reforma y control migratorio] (IRCA) de 1986, a ser una legislación diseñada específicamente para obtener mano de obra cautiva y fácil de controlar, con una vía muy estrecha hacia la ciudadanía. La propuesta más reciente de "reforma migratoria completa", conocida como Border Security, Economic Opportunity, and Immigration Modernization Act [Ley de seguridad fronteriza, oportunidades económicas y modernización migratoria] (s. 744), de 2013, exige que los aspirantes a ciudadanos trabajen diez años antes de tener acceso al proceso de solicitud de ciudadanía y a pagar impuestos, mientras se ven excluidos de los servicios gubernamentales y pueden quedar "descalificados" si pierden su trabajo o caen en la pobreza; al mismo tiempo, aumenta drásticamente el gasto en medidas punitivas más estrictas y militarización de las fronteras. Esta última manifestación de la "reforma" revela el éxito que han tenido las grandes empresas al redefinir el discurso y promover sus intereses en los dos grandes partidos políticos. Además, permite rastrear la degeneración del discurso, pues la idea del migrante criminal ahora goza de amplia aceptación entre los comentaristas y quienes definen las políticas públicas.

LA POBREZA DE LA POLÍTICA MIGRATORIA
Y EL EVITABLE ASCENSO DE TRUMP

Mientras que el capital y la mano de obra se han internacionalizado en términos muy desiguales, los defensores de los migrantes y los trabajadores organizados se han ajustado a la estructura capitalista neoliberal, que ha dado prioridad a la imposición y al lucro por encima de la ciudadanía. La expresión "reforma migratoria exhaustiva" se refiere a un continuo aumento de la imposición y las restricciones, y a una forma de residencia elusiva y con muchos requisitos, que perpetúa la mano de obra explotable, no ciudadana. La complicidad de republicanos y demócratas para propiciar este desplazamiento a la derecha de los líderes empresariales en torno al tema ha alentado a la extrema derecha a tratar de apropiárselo. Estos factores permitieron el ascenso del trumpismo, que anuló y revirtió el impulso de la reforma migratoria surgido de las marchas masivas de 2006 y la elección de una mayoría demócrata en 2008. El gobierno de Obama, que abandonó los esfuerzos de legalización y continuó y amplió la represión de la era de Bush, destruyó todas las esperanzas. En 2016, la candidatura de Hilary Clinton, que prometía continuar la política "duro con la migración" de Obama, sin compromiso alguno, aunque fuera retórico, con la legalización, desmotivó a millones de personas que habían votado por Obama en 2008 y que se abstuvieron de acudir a las urnas el día de la elección. Esto le allanó en algo el camino a Trump.

A falta de una estrategia alternativa, los trabajadores organizados y las organizaciones no gubernamentales han seguido el mismo camino, dando prioridad a las campañas de presión para competir contra las grandes empresas por la influencia dentro del Partido Demócrata. Su razonamiento es que, si pueden ayudar a varios millones de trabajadores indocumentados a obtener la ciudadanía, podrán reclutar a esos mismos trabajadores al finalizar el proceso de reforma. Ésta ha sido la estrategia adoptada desde la aprobación de IRCA en 1986, que creó el primer modelo de "reforma exhaustiva" que otorgaba legalización a corto plazo a cambio de la militarización a largo plazo y la criminalización de los migrantes actuales. A pesar de la legalización anterior, la estrategia "exhaustiva" no ha producido resultados importantes con miras a la ciudadanía y las entidades corporativas han consolidado su poder y sus intereses en ambos partidos.

Los trabajadores organizados han demostrado ser incapaces de influir en la economía política capitalista utilizando las herramientas de la clase capitalista y copiando sus métodos. No pueden superar, ni igualar siquiera, la inversión de las grandes empresas (en todas sus formas) y no pueden convencer a los partidos políticos, con estructura empresarial y financiados por empresas, de que la legalización de la migración y la organización sindical convienen a sus intereses en un momento en que el capitalismo estadounidense se restructura para aumentar sus ganancias explotando trabajadores tanto en el país como en el extranjero. Más aún, los sindicatos no pueden organizar con rapidez a millones de trabajadores vulnerables al arresto y la deportación, y están sujetos a los caprichos de patrones con la capacidad de despedirlos o reportarlos a las autoridades migratorias para frustrar sus intentos de organización.

Los sindicatos y los defensores de los derechos de los migrantes necesitan rechazar la lógica, contraria a los trabajadores, de la militarización de la frontera y la criminalización de los migrantes, y buscar activamente organizar a todos los trabajadores de Estados Unidos, sin importar su estatus migratorio, si quieren frenar el deterioro de su poder e influencia, y reposicionar a las organizaciones laborales para su crecimiento en los años venideros. Extender la lucha por el derecho a la ciudadanía más allá de las fronteras capitalistas también fortalecerá los esfuerzos de oposición a los tratados de libre comercio neoliberales y destructivos como el TLCAN o el Acuerdo Transpacífico de Cooperación Económica, que al momento de escribir esto aún estaba pendiente de confirmar.

En la encrucijada de las luchas por los derechos de los migrantes y los derechos laborales, hay dos direcciones fundamentales para el futuro de los trabajadores. Continuar la estrategia de alinearse con el Partido Demócrata, que busca mantener la mano de obra migrante como un sector subordinado y segregado de la clase obrera, garantizará otra década de creciente represión estatal y degradación del trabajo, y fomentará el crecimiento de la derecha racista, reaccionaria y fascista, así como la intensificación de su violencia. O bien, como con el ascenso del CIO en 1938, el movimiento obrero podría volver a fundarse uniéndose a los trabajadores migrantes y apoyándolos, a fin de reconstruir una militancia capaz de revertir el régimen represor de migrantes.

El potencial de esta opción quedó demostrado con las huelgas masivas, las marchas y las protestas escolares de 2006. También en los primeros meses de la presidencia de Trump vimos el potencial de resurgimiento de un movimiento por los derechos de los migrantes, con grandes protestas contra la prohibición de la entrada de musulmanes en los aeropuertos de todo el país: de San Diego a Nueva York, los participantes en las manifestaciones enarbolaron el lema "Sin prohibición, sin muro, santuario para todos". El 1 de mayo de 2017, trabajadores migrantes, apoyados por sus sindicatos y sus comunidades, participaron una vez más en las marchas del Día Internacional del Trabajo, demostrando el potencial de reconstrucción de la resistencia obrera a las políticas de Trump, encabezada por migrantes.

Ahora más que nunca es evidente que la plena legalización e integración de la clase obrera migrante es una condición indispensable para revertir el deterioro de las organizaciones laborales mismas. además, en la era de Trump, el tema de la migración se entrelaza, con todos los demás derechos y nos afecta a todos. Nuestra capacidad de construir movimientos sociales amplios, interconectados y resilientes, afianzados en una auténtica solidaridad con todos los migrantes y arraigados en nuestros lugares de trabajo, universidades y comunidades, determinará el rumbo de los acontecimientos que nos afectarán a todos en los años venideros.

"Acabas de patear a un gigante dormido." La multitudinaria marcha por los derechos de los migrantes del 25 de marzo de 2006 en Los Ángeles ilustró de forma precisa la suma de los acontecimientos ocurridos a lo largo de todo el país. O, como afirmó un activista en un mitin: "Ellos no estaban durmiendo, ¡estaban trabajando!" Al momento de escribir esto, un nuevo movimiento por los derechos de los migrantes, que involucra a millones de personas en Estados Unidos, está entrando en su tercer mes de actividad.

Con una súbita intensidad, el debate sobre la política migratoria, que históricamente ha sido un asunto de las grandes empresas y de la extrema derecha, se ha esparcido por doquier, pasando a formar parte de las discusiones cotidianas de la gente común. Este nuevo movimiento, que en gran medida se organizó y se activó a sí mismo, ha incorporado a las comunidades más afectadas, que estaban apartadas de las organizaciones existentes que enarbolaban un liderazgo histórico entre las comunidades de migrantes.

El nuevo movimiento, conducido por trabajadores migrantes y estudiantes latinos pero que apelan a toda la clase trabajadora, golpea ahora las puertas del Congreso para exigir igualdad. En los carteles de protesta, desde San Diego hasta el puente de Brooklyn, puede leerse: "No somos criminales" y "Amnistía sí", lo que revela la enorme indignación que sienten, su disposición a salir de las sombras y el deseo de ser escuchados. Con un verdadero carácter masivo, todas las generaciones están siendo alcanzadas por la onda expansiva de este movimiento de gran escala. Un estudiante de sexto año que protestaba, junto a unas 100 mil personas, el 9 de abril en San Diego, expresaba así su estado de ánimo: "En la escuela, los ricos nos enseñan su democracia. Aquí les enseñamos la nuestra."[1] En cuestión de semanas, el movimiento pasó de una posición defensiva a una posición ofensiva y prometía redefinir el panorama de la historia estadounidense, con los trabajadores migrantes llevando la voz cantante.

Este sentimiento llegó a la superficie con la entrada en la Cámara de Representantes de la draconiana ley HR 4437 (también conocida como Ley Sensenbrenner), que, de ser aprobada por el Senado, convertiría en delincuentes tanto a los migrantes como a quienes los protejan. El movimiento puso a la defensiva a los promotores del proyecto de ley, quienes han marcado la pauta en los debates sobre la llamada "reforma migratoria". Esto ha cambiado los parámetros del debate, que anteriormente estaban restringidos a la criminalización, por un lado, y a la legalización parcial combinada con un programa de trabajo temporal, por el otro. El movimiento sacó a la luz la lucha de los trabajadores y de sus familiares por ser tratados con igualdad y dignidad, como seres humanos.

Al igual que las grandes luchas obreras de los años previos, este movimiento enfrentará muchos retos, giros, derrotas y victorias. Contiene en su seno las semillas para hacer que otro mundo sea posible, uno que permita que la clase trabajadora ejerza el control de su vida diaria y ofrezca una nueva definición al concepto de democracia.

Este libro intenta trazar la dimensión histórica y contemporánea de la lucha por los derechos de los migrantes, centrándose principalmente en la frontera entre México y Estados Unidos, y en la experiencia de los trabajadores que atraviesan la frontera (o que han sido atravesados por ella). En la sección escrita por Mike Davis se examinan el origen y la evolución del movimiento antimigrante, esclareciendo sus orígenes políticos, raciales y de clase. Luego yo expongo una visión panorámica de la formación de las políticas migratorias en el contexto de la lucha entre el capital y la mano de obra.

Darle la palabra a la experiencia de los trabajadores migrantes resulta fácil por el hecho que ellos mismos están haciendo historia al momento de escribir estas líneas. Espero que este libro sirva de referencia y ayude a darle seguridad a la generación de activistas que está tomando la iniciativa en las calles, los planteles universitarios y los centros de trabajo del nuevo Estados Unidos. Deseo también que desate una discusión y un debate más amplios sobre el mundo que queremos y necesitamos como trabajadores: "un pueblo mundial sin fronteras".

JUSTIN AKERS CHACÓN
San Diego, California
15 de mayo de 2006

Parte I

"¿Qué es un vigilante?"
La violencia blanca
en la historia de California

MIKE DAVIS

FIGURA I. Victoria Cintra (en el coche), coordinadora de la Mississippi Immigrants Rights Alliance [Alianza por los Derechos de los Inmigrantes en Mississippi] (MIRA) en la costa del Golfo de México, asesora a los trabajadores indocumentados en el hangar 216 del Naval Construction Battalion Center [Centro del Batallón de Construcción Naval] en Gulfport, Mississippi. Algunos de los 270 trabajadores contratados por una empresa privada, entre ellos 30 mujeres, acusaron al propietario de imponer un sistema inhumano por las condiciones de trabajo en la base naval de Nueva Orleans. Vivían en tiendas de campaña sin agua ni electricidad, la comida era escasa y eran forzados a trabajar en exceso y con mala paga. Fueron evacuados a Gulfport cuando el huracán Rita tocó tierra, en septiembre de 2005.

Introducción

Los dorados campos de California han sido irrigados muy a menudo con la sangre de quienes trabajan en ellos. Un caso bien conocido fue la gran huelga que se diseminó como un fuego sin control por todo el valle de San Joaquín en el otoño de 1933. En protesta por los salarios de hambre que les impedían alimentar a sus hijos, unas 12 mil personas, principalmente mexicanos recolectores de algodón, en actitud desafiante, abandonaron sus trabajos conducidos por la izquierdista Cannery and Agricultural Workers Industrial Union [Sindicato Industrial de Trabajadores Agrícolas y de las Conservas]. La manifestación masiva, desplazándose en caravanas de coches y camiones entre las diferentes granjas, rápidamente detuvo la cosecha en un área de casi 800 kilómetros cuadrados. Los patrones pronto trajeron esquiroles provenientes de Los Ángeles, pero la mayoría de ellos desertó para unirse al sindicato o fue ahuyentada por la feroz militancia, animada por el hambre, de los huelguistas.

Los patrones, los desmontadores de algodón y la gente de la cámara de comercio recurrieron a una estrategia clásica: se armaron a sí mismos y crearon grupos de vigilancia para imponer un régimen de terror en los condados algodoneros. Estas Farmer's Protective Leagues [Ligas de Protección de Granjeros] reventaron los mítines de los huelguistas, los expulsaron de sus campamentos, quemaron sus tiendas, los apalearon en los piquetes, los arrestaron en los caminos y amenazaron a los comerciantes que ofrecían créditos a los huelguistas, así como a cualquier pequeño granjero que se negara a contratar a los esquiroles. Cuando los huelguistas se quejaron ante las autoridades, los alguaciles locales de inmediato actuaron en sintonía con los vigilantes. "Protegemos a nuestros agricultores aquí en el condado de Kern —dijo un subalguacil—: son nuestra mejor gente [...] hacen que el país vaya adelante [...] Los mexicanos son basura. No tienen un mínimo estándar de vida. Los arreamos como cerdos."[1]

A pesar de las palizas, los arrestos y los desalojos, la solidaridad de los huelguistas permaneció inconmovible hasta principios de octubre, cuando los productores agrícolas ya veían venir la pérdida total de las cosechas. El *San Francisco Examiner* informó que todo el valle era un "volcán ardiente" listo para hacer erupción. Con preocupación, funcionarios del

Estado ofrecieron crear una comisión para investigar los hechos, que el sindicato rápidamente aceptó, pero los vigilantes respondieron con asesinatos. En una reunión en Pixley el 10 de octubre, el líder sindical Pat Chambers se dirigía a los huelguistas y sus familias cuando diez camionetas de vigilantes con escopetas irrumpieron abruptamente en la escena. Chambers, un veterano en este tipo de trifulcas, previendo el peligro inminente, dispersó la reunión y conminó a los huelguistas a que se refugiaran en las oficinas centrales del sindicato, un edificio de ladrillo a un lado de la carretera. El historiador Cletus Daniel describió así la masacre:

> Cuando el grupo se dirigía hacia el edificio, uno de los productores que lo perseguía disparó su rifle. Cuando uno de los huelguistas se aproximó al productor y empujó el cañón del fusil, otro de los productores, también armado, corrió hacia él y de un golpe lo tiró al suelo; mientras el huelguista yacía tirado, el segundo hombre lo asesinó a tiros. De inmediato, los demás productores abrieron fuego sobre los huelguistas y sus familias, que trataban de huir. En medio de los gritos de quienes permanecían heridos en el suelo, los productores continuaron disparando dentro del vestíbulo del sindicato hasta que se les acabaron las municiones.[2]

Los vigilantes mataron a dos hombres, uno de ellos el representante local del cónsul mexicano, e hirieron gravemente a otros ocho huelguistas, entre ellos una mujer de 55 años. Un periodista de San Francisco informó de que el salvaje tiroteo destrozó las banderas estadounidenses que colgaban en las oficinas del sindicato. Casi al mismo tiempo, en Arvin, a unos cien kilómetros al sur, otra banda de vigilantes agricultores abrió fuego contra un grupo de manifestantes, matando a uno e hiriendo a varios. Aunque los trabajadores regresaron con ánimo desafiante a los piquetes, los productores amenazaron con expulsar del campamento a las familias de los huelguistas, cerca de Corcoran. Enfrentados a una mayor violencia de alcance incierto, los trabajadores cedieron a regañadientes a las presiones federales y estatales, y aceptaron un aumento de salario en lugar del reconocimiento de su sindicato.

Al año siguiente, mientras la atención pública se encontraba fascinada con la épica huelga general de San Francisco, los productores-vigilantes y los alguaciles locales violaron la Constitución en los campos de cultivo californianos e impusieron lo que los promotores del New Deal y los comunistas denunciarían como "fascismo agrícola". Uno de los sitios más tenebrosos fue el valle Imperial —el entorno más parecido racial y socialmente a Misisipi—, donde sucesivas huelgas de quienes cosechaban lechuga, chícharo y melón durante 1933 y 1934 fueron reventadas con prácticas de terror, como arrestos masivos, decretos antihuelgas, desalojos, palizas, secuestros, deportaciones e intentos de linchamiento contra los abogados de los huelguistas. Aunque en San Francisco y Los Ángeles los trabajadores urbanos, guiados por los sindicatos pertenecientes al nuevo Congress of Industrial Organizations [Congreso de Organizaciones Industriales] (CIO), estaban venciendo la práctica de las *open shops* —empresas que empleaban a trabajadores no sindicalizados—, los trabajadores agrícolas de California, se llamaran María Morales o Tom Joad, estaban siendo aterrorizados por emisarios fanáticos y pandillas furiosas. Los amargos recuerdos de esos sucesos brutales serían parte de las novelas de John Steinbeck *En dudosa batalla* y *Las uvas de la ira*, así como de la evocadora canción de Woody Guthrie "Vigilante Man":

¿Oh, por qué el vigilante,
por qué el vigilante
lleva esa escopeta recortada en sus manos?
¿Pretende acabar
con sus hermanas y hermanos?

Pero dicho vigilante no fue sólo esa siniestra figura de la década de la Gran Depresión: como explicaré en esta historia resumida, el vigilante proyectó una sombra duradera sobre California desde la década de 1850 en adelante. De hecho, el "vigilantismo" —la violencia (o amenaza de violencia) de clase, racial y étnica, enmascarada en un llamado pseudopopulista a las autoridades y las leyes más elevadas— ha desempeñado un papel mucho más importante en la historia del estado del que se conoce. Un amplio arco iris de grupos minoritarios, que incluye a pueblos originarios, irlandeses, chinos, punyabíes, japoneses, filipinos, *okies* —oriundos de Oklahoma—, afroamericanos y (de manera persistente en cada generación) mexicanos, así como radicales y sindicalistas de varias denominaciones, fueron víctimas de la represión de los vigilantes. La violencia privada organizada, casi siempre de la mano con las instituciones responsables de que se cumplan las leyes, ha dado forma en California a un sistema racial de castas dentro de la agricultura, derrotó a movimientos radicales de trabajadores como Industrial Workers of the World [Trabajadores Industriales del Mundo] (IWW) y mantuvo el New Deal del presidente Roosevelt fuera de los condados agrícolas del estado. También ha alentado innumerables leyes reaccionarias y ha reforzado la segregación, tanto la legal como la *de facto*. Por otro lado, el vigilante no es una curiosidad de un pasado lamentable sino un personaje patológico que en la actualidad está experimentando un dramático resurgimiento conforme los anglocalifornianos se aterrorizan por el declive demográfico y por la erosión, según ellos, de sus privilegios raciales.

En la actualidad, los *minutemen* en sus diversas formas, armados y camuflados con ropa de combate, dispuestos a promover confrontaciones en la frontera o, vestidos de civil, a hostigar a los jornaleros frente a las grandes tiendas de herramientas de los suburbios, son la última encarnación de ese viejo personaje. Su infantil forma de pavonearse contrasta, quizá de forma jocosa, con la auténtica amenaza fascista de los Associated Farmers [Granjeros Asociados] y demás grupos de la época de la Gran Depresión, pero sería tonto ignorar su trascendencia. Así como los productores-vigilantes de la década de 1930 lograron militarizar la California rural para enfrentar los movimientos laborales, los *minutemen* contribuyen a radicalizar el debate dentro del Partido Republicano respecto de la migración y la raza, logrando así el completo retroceso nativista contra la propuesta del gobierno de Bush de un nuevo Programa Bracero. Los candidatos en las elecciones republicanas en el sur de California compiten ahora unos contra otros por los favores de los líderes de los *minutemen*. Estos neovigilantes, armados y expertos en el manejo de los medios, al tiempo que amenazan con reforzar las fronteras, contribuyen también a las cada vez más exitosas campañas para transformar las leyes locales en políticas migratorias. Y como dirían los verdaderos dialécticos, lo que comienza como farsa a veces se convierte en algo mucho más desagradable y peligroso.

1. *Pinkertons, klansmen* y vigilantes

Los estadounidenses son los responsables de desarrollar el vigilantismo, la expresión máxima de la violencia tradicionalista

ROBERT INGALLS[1]

Antes de echar una mirada a la trayectoria del vigilantismo en la historia de California, resulta útil localizar su posición dentro de la larga historia de violencia racial y clasista estadounidense. El eminente historiador Philip Taft una vez afirmó que Estados Unidos "tiene la más sangrienta y violenta historia laboral de todas las naciones industrializadas". Si dejamos de lado las guerras civiles y las revoluciones europeas, Taft probablemente esté en lo correcto: los trabajadores estadounidenses han enfrentado por parte del Estado y de los empresarios una violencia crónica a la que frecuentemente han respondido con la misma moneda. Robert Goldstein, en su estudio enciclopédico de la represión política en Estados Unidos, calcula que alrededor de 700 huelguistas y manifestantes fueron asesinados por la policía o por el ejército entre 1870 y 1937.[2] En contraste con las sociedades de Europa occidental, más centristas desde un punto de vista político, la peor violencia (como las masacres de Ludlow y Republic Steel) ha provenido de la policía y de las milicias locales. Pero lo que en realidad distingue a Estados Unidos no es la escala o la frecuencia de la represión estatal sino la extraordinaria importancia de la violencia privada institucionalizada en el mantenimiento del orden racial y social. Ninguna sociedad europea ha tolerado tan enorme y casi permanente esfera de actividad represiva y justicia sumaria por actores no gubernamentales.[3] Tampoco ninguna sociedad europea compartió la reciente experiencia estadounidense de violencia genocida en la frontera —frecuentemente organizada por pandillas y grupos informales— contra los pueblos originarios, o la muy extendida participación de los blancos pobres del sur en el mantenimiento del régimen esclavista.

En efecto, ha habido tres sistemas distintos y no excluyentes de represión privada. Primero, en la zona central industrializada, donde los

1] Violencia estatal
  a] *federal:* ejército regular
  b] *estatal:* milicias, guardia nacional y policía estatal
  c] *local:* policía, alguaciles, pandillas juramentadas
2] Violencia privada o paraestatal
  a] *zona central:* policía corporativa y agencias privadas de detectives *(pinkertons)*
  b] *sur:* supremacistas blancos organizados (Ku Klux Klan)
  c] *oeste:* vigilantes (Order of Caucasians)

DIAGRAMA 1. Modos de represión

gobiernos locales ocasionalmente han estado en manos de socialistas o demócratas simpatizantes con el movimiento obrero, las mayores corporaciones industriales, mineras y ferrocarrileras, reacias a confiar del todo en el Estado local, desplegaron auténticos ejércitos y guardias armadas, detectives enfocados en las plantas y policías empresariales. Casi no existen en la historia europea casos equivalente al formidable papel represivo jugado por los *pinkertons,*[†] la Sherman Corporation, la Bergoff Agency, la Baldwin Felts Detective Agency, la Pennsylvania Coal and Iron Police o el Ford Service Department. (Se dice que, a principios de la década de 1890, tan sólo los *pinkertons* superaron en número al ejército regular estadounidense.[4]) No hay comparación tampoco en la experiencia obrera europea con las épicas batallas "privadas", por ejemplo la de Homestead en 1892, cuando los obreros siderúrgicos derrotaron a un regimiento de *pinkertons,* o la de Blair Mountain en 1921, cuando 10 mil mineros de Virginia Oriental combatieron a los Baldwin Felts durante más de una semana.

Segundo, a lo largo de la Reconstrucción —el periodo de finales de la década de 1860 y comienzos de la de 1870, tras la Guerra de Secesión—, la supremacía blanca en los estados sureños fue reforzada por medio del nudo corredizo y la hoguera, en una continuación de las tradiciones anteriores a la guerra de ejercer violencia señorial contra los esclavos y de reclutar blancos pobres como cazadores de esclavos.

Tampoco hay parangón, excepto de manera episódica en la Rusia imperial, de las Centurias Negras, con el terror sembrado en forma continua mediante arrestos, cadenas, incendios provocados, asesinatos, masacres y linchamientos públicos (320 entre 1882 y 1930).[5] Cuando las muertes por linchamiento se combinaban con las ejecuciones legales,

[†] Apelativo empleado para referirse a los detectives privados; proviene de la Pinkerton Agency, fundada por Allan Pinkerton en 1850. [N. del e.]

"moría un afroamericano cada cuatro días en promedio".[6] A pesar del estereotipo de las bandas de linchamiento, compuestas por blancos descalzos y analfabetas, el violento derrocamiento de la reconstrucción fue llevado a cabo por las élites regionales y los estratos de los dueños de plantaciones; los comerciantes siguieron justificando y orquestando la violencia racial siempre que fuera políticamente conveniente o reforzara su dominio económico. Raras veces cuestionaban y con frecuencia se beneficiaban de esa cultura, en la que "la justicia comunitaria incluía tanto la ley reglamentaria como los linchamientos"[7]. De hecho, el alquiler en los campos de algodón y el peonaje por deudas, y con ello las ganancias de terratenientes y comerciantes, pervivieron durante los periodos de crónica violencia racial y de extinción de los derechos civiles de los negros.

Tercero, el vigilantismo constituyó un sistema característico de la violencia localmente aceptada en todos los ex estados fronterizos del oeste, pero especialmente en el suroeste, donde la ley de los angloparlantes se impuso mediante conquistas militares sobre las poblaciones de indígenas americanos, hispanos y mexicanos. En California —el estado que fue epicentro del vigilantismo, como Misisipi lo fue para el Klan y Pensilvania para la represión corporativa—, la dominación de la conquistada población hispanoparlante se entrecruzó con el control social de los migrantes asiáticos. El vigilantismo —muchas veces encomiado desde el púlpito o desde las páginas editoriales— salvaguardaba las fronteras de la "blanquitud" y del "americanismo". Pero los vigilantes, organizados en bandas, fueron también los esquiroles de último recurso y el brazo popular de las cruzadas antirradicales (como las ocurridas de 1917 a 1919 o a principios de los años treinta).

Debe enfatizarse, por supuesto, que, aunque esos tres sistemas de violencia paralegal tuvieron fuertes focos geográficos, obviamente hubo superposiciones entre ellos. Los negros, por ejemplo, fueron asesinados en las calles de Springfield (1908) e East St. Louis (1917), y linchados en Duluth (1920) y en los ex estados de la Confederación. Asimismo los *pinkertons* aterrorizaron al IWW en Montana (el tema de la primera novela de Dashiell Hammet, *Cosecha roja*) y el "segundo" Klan de la década de 1920 fue probablemente más poderoso en Oregón, Colorado e Indiana. Los vigilantes de clase media desempeñaron a menudo roles auxiliares en las fuertes confrontaciones entre los obreros del medio oeste y el gran capital, como en Akron en 1913 o Mineápolis en 1934. El mejor estudio histórico sobre el vigilantismo antiobrero es el libro de Robert Ingall sobre Tampa, Florida —ciudad del "nuevo sur"—, donde las élites comerciales locales aterrorizaron a "trabajadores, activistas obreros, migrantes, negros, socialistas y comunistas": una sangrienta historia que culminó con la represión de una huelga de cigarreros cubanos en 1931.[8]

No es conveniente, dada la división en castas de la clase trabajadora estadounidense, intentar distinguir rigurosamente la violencia étnicoreligiosa y racial de la violencia de clase. La masacre de Latimer en 1897, donde alguaciles y vigilantes asesinaron a 21 mineros eslavos que pacíficamente protestaban por el recién aprobado "impuesto a los extranjeros", fue una masacre contra los migrantes ("¡Les daremos infierno, no agua!", gritaban los alguaciles) y también una represión de clase. Asimismo, muchos de los aparceros negros y los campesinos independientes que fueron asesinados o linchados en el sur estaban señalados por desafiar al amo, por competir con los blancos por la tierra o por prosperar de forma inusual. Como Stewart Tolnay y E. Beck mostraron en su conocido estudio, los linchamientos en el sur solían seguir el ciclo económico del algodón: "los negros se libraban de la violencia pandillera cuando aumentaban las ganancias con el algodón".[9] Ciertamente, es la fusión del odio étnico y racial con el interés propio en materia económica (real o percibido) lo que explica en la historia estadounidense mucho del extremismo y de la autojustificación de la violencia privada dirigida contra los grupos subordinados.

¿Para qué, entonces, molestarse en diferenciar el vigilantismo del oeste de la violencia pandillera en el sur, en particular si los vigilantes eran racistas y los terroristas del sur también estaban dispuestos a golpear a radicales blancos, judíos y luchadores por los derechos civiles? Asimismo, la agricultura a gran escala en el suroeste y en el sureste fue capitalizada por la discriminación de castas, la privación de los derechos ciudadanos y la violencia de los patrones. En *Factories in the Fields* [Fábricas en el campo] (un correlato no literario de *Las uvas de la ira*, de Steinbeck), el periodista radical Carey McWilliams fue enfático al respecto, cunado dijo que el vigilantismo en California, aun cuando "actualmente [...] se haya sofisticado de manera consciente", se construyó sobre la base de "un sesgo contra los extranjeros" y se difundió como un "sentimiento racial".[10] Pero, si bien la distinción entre el oeste y el sur sólo puede sostenerse dentro de un continuo más profundo, el vigilantismo al estilo californiano, no obstante, ha tenido una tendencia más episódica y *ad hoc*, menos anclada en la desigualdad jurídica (como la surgida de las leyes racistas), más pluralista en los destinatarios de su intolerancia, pero menos dualista en su legitimación moral y legal.

El reclamo clásico del vigilante del oeste es su derecho a actuar porque el Estado se encuentra ausente, ya sea porque está en manos de los criminales o porque es incapaz de cumplir sus obligaciones fundamentales (por ejemplo, hacer que se cumplan las leyes migratorias o defender la propiedad privada). Así, en 1973 el *Brawley News* recurrió a la siguiente argucia para justificar un ataque particularmente brutal de unos vigilantes contra unos campesinos mexicanos en huelga: "No fue violencia pandillera, sino un movimiento de ciudadanos, planeado y organizado, en busca de la única forma de desembarazarse de los problemas que amenazan la paz de la comunidad, en un momento en que las manos de la ley están atadas por la propia ley."[11] Los sureños blancos, por su parte, siempre han sostenido que las prerrogativas de supremacía racial los ponen por arriba de cualquier disposición estatal o federal y que ello no requiere una compleja racionalización. Los del oeste defienden sus acciones en nombre de las leyes que no se aplican y en el principio fronterizo de *posse comitatus*,[†] mientras los sureños apelan a la prioridad de la raza y al "honor blanco". Si bien el frenesí sádico de la violencia contra los negros a lo largo de la historia del sur de Estados Unidos ha encontrado pocos defensores fuera de la región, el vigilantismo del oeste —a menudo igual de racista y despreciable— fue elogiado por personas como Hubert Howe Bancroft, Leland Stanford y Theodore Roosevelt, y de hecho aún es celebrado como una "saludable tradición de justicia comunal espontánea", parte de una romántica herencia de la democracia practicada en la frontera.[12]

¿Cuáles son las raíces sociales del vigilantismo? En su estudio sobre Tampa, Ingalls encuentra una continuidad fundamental con el control de las élites: "Los vigilantes toman las leyes en sus propias manos para hacer que se mantengan las relaciones de poder existentes, no para subvertirlas [...] No importaba que el objetivo fuera un prisionero negro, un activista sindical, un político radical o un delincuente común, la violencia extralegal estaba hecha para preservar el *statu quo*."[13] Con algo más de ponderación, Ray Abrahams, que ve a los grupos de vigilantes como un fenómeno internacional, concluye que "el vigilantismo difícilmente es una mera respuesta popular a la falta de debidos procesos legales para atender las violaciones a la ley. El 'pueblo' y la 'comunidad' son conceptos complejos,

---

[†] El principio de *posse comitatus* se refiere al derecho que se confiere a una autoridad, por ejemplo un alguacil, para organizar a los habitantes de una zona para mantener la paz. [N. del e.]

y el populismo presente en mucha de la retórica de los vigilantes encubre [...] un presuntuoso elitismo."[14] Richard Brown, en un reciente estudio sobre el vigilantismo en la frontera, explica que, "una y otra vez, eran los líderes más eminentes de la comunidad los que encabezaban los movimientos de vigilantes [...] los líderes vigilantes solían ser ambiciosos jóvenes de las viejas áreas colonizadas del este, que deseaban establecerse en los niveles más altos de la nueva comunidad, en el estatus que ellos tenían o al que aspiraban en su lugar de origen."[15]

En la historia de California, sin embargo, hay una notable diferencia entre los perfiles de clase del vigilantismo en los siglos XIX y XX. Los vigilantes victorianos (con la notable excepción de los dos movimientos vigilantes de San Francisco en la década de 1850) solían ser trabajadores, pequeños empresarios y agricultores que luchaban en nombre de los valores jacksonianos para preservar el monopolio de los "trabajadores blancos" contra lo que ellos interpretaban como conspiraciones de las élites para inundar el estado de "culíes" y de "extranjeros".[16] Hacia finales de siglo, sin embargo, tal nativismo plebeyo, aunque aún existía, derivó hacia un arrebato contra los asiáticos y contra los radicales conducido por los agricultores más ricos, los profesionales de clase media y las élites de comerciantes locales, que lo mismo eran californianos liberales que parte de la vieja guardia republicana. Durante la década de 1930 se diseminó el vigilantismo de una forma sin precedentes, como parte de una contrarrevolución de patrones guiada por la asociación fascista Associated Farmers. El espíritu del vigilantismo, brevemente revivido por los productores durante la épica huelga de United Farm Workers [Trabajadores Agrícolas Unidos] a finales de los años sesenta y principios de los setenta, migró de los valles agrícolas a los suburbios más conservadores, donde el espectro del migrante "ilegal" ayudó a llenar el incómodo vacío que el colapso de la conspiración comunista internacional había dejado en la imaginación de derecha.

2. Salvajes blancos

Lo primero que hicieron los vigilantes fue erigir una horca improvisada y colgar a Joaquín Valenzuela ante toda la población de San Luis Obispo. El desafortunado Valenzuela probablemente era inocente de las muertes más recientes

JOHN BOESSENECKER[1]

Las breves campañas y las cortas batallas cerca de lo que hoy son Los Ángeles y San Diego, con las que tomó forma la conquista de California entre 1846 y 1847, fueron sólo el preludio de un prolongado y más violento saqueo por parte de pandilleros angloamericanos, filibusteros y vigilantes que se apropiaron de tierra y trabajo de la población nativa durante la década de 1850. La "frontera", en primera instancia, no fue la línea que trazaron topógrafos militares como consecuencia del Tratado de Guadalupe Hidalgo, sino la violencia genocida que la democracia jacksoniana desató en el sureste de Estados Unidos. Esta violencia en la frontera, en una época que Marx habría calificado de "acumulación originaria", es el tema de la épica novela *Meridiano de sangre* de Cormac McCarthy, un recuento alucinante e históricamente riguroso de los actos de la pandilla Glanton, que mató y desolló a su antojo desde Chihuahua hasta San Diego. Para salvajes blancos como Glanton, la doctrina del Destino Manifiesto era un permiso divino —"un imperialismo personal"— para matar y saquear los campos y las aldeas indias.[2]

Los indios californianos fueron las primeras víctimas de la conquista angloamericana. Las sociedades instantáneas creadas por hombres blancos durante la fiebre del oro tenían un insaciable apetito de objetos sexuales y trabajo doméstico servil. La primera legislatura le encontró acomodo a esta demanda mediante leyes que, en lo esencial, esclavizaban a mujeres y niños indios ante los amos blancos. Las bandas de *squawmen* (cazadores de indias), encabezadas por personajes similares a Glanton como Robert *Growling* Smith, se diseminaron por los valles de Napa y Sacramento, raptando a las indias y asesinando a cualquiera que se resistiera. "Usted puede escucharlos hablar del descuartizamiento de una mujer india 'como si rebanaran un queso añejo' en sus correrías en busca de bebés", escribió el *Union Sacramento* en 1862. "Los cazadores de bebés se acercaba con todo sigilo a las rancherías, mataban a los varones, violaban a las indias más hermosas y se escapaban con los niños."[3]

El rapto y el asesinato de indios eran subsidiados por el gobierno del estado, que emitió bonos para pagar a compañías de voluntarios —parecidos a los cazadores de cabelleras de Glanton— que debían exterminar a los pueblos originarios de California. De una población de indios estimada en 150 mil personas en 1846 (ya reducida a la mitad respecto de los niveles prehispánicos), sólo quedaban 30 mil en 1870. Bret Harte, junto con Mark Twain un cronista pionero de la época de la fiebre del oro, describió una atrocidad ocurrida en una aldea india que fue atacada por vigilantes cerca de Redwood Coast en 1860: "Se podían ver los heridos, los muertos y los agonizantes por todas partes y en cada aposento los cráneos y los cuerpos de mujeres y niños descuartizados por hachas y perforados por cuchillos, y los sesos de un niño que se escurrían de su cabeza hacia el suelo."[4]

En los propios campos auríferos, los vigilantes cumplieron su función estereotípica de administrar, desde la rama de cualquier árbol, la ruda justicia de la frontera a los cuatreros y los matones, pero también actuaban a menudo como una milicia étnica para desalojar por la fuerza a los mineros hispanoparlantes que habían sido los primeros en llegar a la zona. Si los yacimientos de oro fueron por un breve tiempo la mejor aproximación a la utopía jacksoniana de una "república de la fortuna", conformada por productores formalmente iguales e independientes excavando en busca de oro, también fue una democracia cerrada, anglosajona, que excluía a los *greasers*, un apelativo para todos los "latinos o de raza mestiza". El impuesto punitivo que debían pagar los mineros extranjeros, aprobado por la primera legislatura en 1850, le brindó un pretexto a los grupos de vigilantes armados para expulsar a los mineros mexicanos y chilenos de sus dominios. Cuando se resistían, eran linchados, como fue el caso de 16 chilenos en el distrito Calaveras o de "la bella mexicana, embarazada y rebosante de vida, de nombre Josefa" en Placer County, que le disparó a un minero estadounidense por decirle "puta".[5]

En la región minera de Sonora, unos temerarios mineros mexicanos y europeos, encabezados por revolucionarios franceses y alemanes de 1848, exiliados en la zona, se resistieron a la intimidación de los angloamericanos en diversas confrontaciones que estuvieron cerca de generar una guerra civil. El famoso historiador Leonard Pitt relata:

Por las excavaciones marchaban 400 estadounidenses —una "máquina de terror en movimiento"— en dirección al campamento de Columbia, cuartel general de los extranjeros. Recababan dinero de los impuestos provenientes de unos pocos extranjeros pudientes y hostigaban al resto con la amenaza de dejarlos en ruinas. Un soldado recuerda haber visto "hombres, mujeres y niños empaquetando y mudándose, con bolsas y equipaje". Las tiendas eran derribadas, las casas y las chozas destruidas [...] hasta que el grupo armado arrestó a dos franceses exaltados [...] de la orden de los republicanos rojos [...] Los hombres se emborracharon antes de lanzarse a los caminos, izaron en la punta de un pino la bandera de las barras y las estrellas, dispararon en señal de saludo y se marcharon rumbo a casa.[6]

Los "republicanos rojos" rápidamente organizaron su propia columna y asaltaron el poblado de Sonora, pero finalmente el gran número de angloamericanos y la presencia del ejército regular produjo el éxodo de los extranjeros de las minas de oro. Posteriormente, las milicias de California les robaron a muchos habitantes de Sonora sus mulas y sus caballos cuando trataban de cruzar el río Colorado a la altura de Yuma, mientras iban de regreso a casa.

Entretanto, en las comarcas "vaqueras" del sur y a lo largo de la costa central, las poblaciones de mexicanos pobres e indios de las misiones (llamados neófitos) pelearon en encarnizadas batallas contra los usurpadores angloamericanos. Calificados como forajidos, Tiburcio Vásquez, Pío Linares, Juan Flores y el casi mítico Joaquín Murrieta fueron, de hecho, bandidos sociales o incluso guerrilleros en un sombrío conflicto que enfrentó a los grupos de vigilantes, compuestos por soldados desmovilizados y asesinos de indios, contra la desposeída "gente de razón". En el sur, terratenientes *californios* más o menos aristocráticos, como los Sepúlveda y los Pico, apoyaron a los vigilantes, pero en el norte algunas de las principales dinastías, como el clan Berreyesa, que contó seis muertos entre sus miembros, fueron aniquilados por los conflictos con los angloamericanos.[7]

Uno de los mayores movimientos de vigilantes —de hecho, "uno de los más violentos en la época de la fiebre del oro"— fue la campaña organizada en Los Ángeles para derrotar a la llamada "revolución de Flores", encabezada por Juan Flores y Pancho Daniel. Arrestado por los angloamericanos en 1855, Flores pronto se escapó de San Quintín para unirse a las fuerzas de Daniel, ex compañero de Joaquín Murrieta, y una docena de trabajadores agrícolas y mineros. En enero de 1857, mientras visitaba a su joven amante india, Chola Martina, en San Juan Capistrano, Flores mató a un tal Barton, alguacil de Los Ángeles, y a tres miembros de su grupo. Los vigilantes, entre ellos unos texanos conocidos como El Monte Boys, capturaron a Flores después de varios enfrentamientos y de que se escapara en repetidas ocasiones; fue linchado ante una gran muchedumbre al pie de Fort Hill, en el actual centro de Los Ángeles. Otros *californios* murieron de forma más anónima. Según el historiador John Boessenecker: "Juan Flores fue el décimo segundo hombre aniquilado por los vigilantes de Los Ángeles. [...] Diez sospechosos habían sido ahorcados y dos asesinados a tiros. De ésos, sólo cuatro estaban realmente vinculados con la banda de Flores y Daniel."[8]

Boessenecker ve estos incidentes como parte de una larga guerra étnica desatada en El Camino Real a mediados de la década de 1850, con el área de San Luis Obispo como segundo epicentro. Allí la banda de Pío Linares, a la que se unieron Joaquín Valenzuela y el jinete irlandés Jack Powers, atacó a viajeros y rancheros angloamericanos, y los vigilantes angloamericanos en represalia aterrorizaron a los *californios* locales. Fue una guerra despiadada por ambas partes. Antes de que los vigilantes se detuvieran, mataron a Linares en un famoso tiroteo y lincharon a siete de sus compañeros, Valenzuela entre ellos (por un asesinato que probablemente éste no cometió). Más o menos al mismo tiempo, unos 200 vigilantes irrumpieron en la cárcel de Los Ángeles, se llevaron a Pancho Daniel, el líder sobreviviente de la banda de Flores, y lo colgaron en un portón cercano. El *Bulletin* de San Francisco comparó la diferencia de actitudes entre "la clase baja de California, o de Sonora", que juró vengar al heroico Daniel, y "la respetable porción" que apoyó a sus ejecutores angloamericanos.[9]

Aunque el eje central de la violencia social en la fiebre del oro en California fue el conflicto entre los plebeyos *californios* y los indios, por un lado, y los hijos del Destino Manifiesto, por el otro, los vigilantes más célebres fueron los hombres de negocios y los políticos de San Francisco que conformaron los dos Comités de Vigilancia de 1851 y 1855. El primer comité hizo su aparición en público en junio de 1851 cuando, bajo la histriónica incitación de Sam Brannan —un notorio mormón filibustero y especulador de tierras que había sido el promotor original de los descubrimientos de oro en 1849—, un ladrón australiano llamado John Jenkins fue linchado en la vieja casa de encargo en Portsmouth Square. Cuando el alcalde trató de persuadir a los vigilantes de que dejaran la justicia en manos de la corte, Brannan vociferó: "¡Al diablo su corte! ¡Nosotros somos la corte! ¡Y el verdugo!"[10] Otros miembros de la banda conocida como Sydney Ducks —principalmente australianos e irlandeses culpados de provocar incendios y cometer crímenes en San Francisco— siguieron rápidamente el mismo camino que Jenkins; dos de ellos fueron asesinados a patadas en las calles. "Como extranjeros en California —escribe Robert Senkewicz en su relato del incidente—, los australianos eran considerados intrusos en el jardín del Edén." Los vigilantes —sobre todo comerciantes, importadores, banqueros y abogados— interrumpieron sus actividades después de que la mayoría de los australianos dejara la ciudad.[11]

Luego las retomaron en mayor escala en 1856 con el desafío que les planteó la maquinaria política que el carismático David Broderick (ex miembro de la facción de los "locofocos" en el Partido Demócrata de la ciudad de Nueva York) y su gran cantidad de seguidores católicos irlandeses pusieron en marcha en San Francisco. La muerte de dos prominentes líderes contrarios a Broderick —William Richardson (mariscal del ejército estadounidense) y James King (editor de un periódico)— en dos confrontaciones distintas con los ex seguidores de Broderick —Charles Cora (italiano dedicado a las apuestas) y James Casey (supervisor demócrata del condado)— dio pie inmediatamente al reagrupamiento del comité. Pero el linchamiento de Cora y Casey en mayo de 1856 por el segundo Comité de Vigilancia, encabezado por William Tell Coleman (demócrata proesclavista de Kentucky), tuvo menos que ver con la justicia criminal que con la determinación de los comerciantes protestantes, ignorantes y anticatólicos, de contener el crecimiento de la maquinaria de Broderick.

Los vigilantes, en efecto, eran insurrectos de clase alta empeñados en barrer con el poder político irlandés.

Con Casey y Cora fuera de combate —escribe el padre Senkewica—, el comité pronto volvió a su importante tarea. En poco tiempo, varios cuadros políticos de Broderick se hallaron en las calles rodeados por escuadras de vigilantes armados y conducidos al comité ejecutivo. Allí fueron juzgados por diversas ofensas, la mayoría relacionadas con el fraude electoral y la falsificación de papeletas. Después de ser condenados, lo que fue algo prácticamente automático, fueron enviados a unos barcos que ya estaban esperando en el puerto, para deportarlos.[12]

Los funcionarios demócratas electos que evitaron la deportación fueron obligados a dimitir y reemplazados en la siguiente elección por candidatos avalados por Coleman, el dictador temporal de la ciudad, y por los vigilantes. El llamado Partido del Pueblo del segundo Comité de Vigilancia pronto se fundió con el nuevo Partido Republicano y gobernó en San Francisco hasta 1867. La destrucción de su maquinaria política en la ciudad, sin embargo, tuvo el irónico resultado de reconcentrar las ambiciones de Broderick en la política: pronto fue elegido por la legislatura local para ocupar un sitio en el Senado. (El senador Broderick, "demócrata de tierra libre", fue asesinado en un famoso duelo en 1859 por David Ferry, juez de la Suprema Corte de Justicia de California y rabioso partidario de la esclavitud.)

Uno de los oponentes contemporáneos de los vigilantes, William Tecumseh Sherman (entonces banquero en San Francisco), señaló que, "como ellos controlaban la prensa, escribían sus propias historias". De hecho, El Comité de Vigilancia de San Francisco fue exaltado por el filósofo Josiah Royce (en su libro *California*, de 1886) y el historiador Humbert Howe Bancroft (en su libro *Popular Tribunals*, de 1887) como epítome de la libertad y las virtudes cívicas. La imagen del heroico vigilante burgués que episódicamente recurre a su revólver para restaurar la ley y el orden en una sociedad invadida por migrantes criminales y políticos corruptos se convertiría en un mito permanente en California, inspirando a liberales antiasiáticos en las décadas de 1910 y 1920, y a nativistas de los suburbios a comienzos del siglo XXI.

3. La amenaza amarilla

Para un estadounidense, es preferible morir que vivir como un chino

DENIS KEARNEY (1877)[1]

El *Times* de Londres es, por supuesto, el periódico de referencia para el siglo XIX; el primer registro en su índice para "Los Ángeles" es "Masacre china, 24 de octubre de 1871". Como consecuencia de la muerte de un alguacil (como en el caso de Juan Flores), una pandilla de vigilantes compuesta por unos 500 angloamericanos barrió "el callejón de los negros" (cerca de la actual Union Station) masacrando a todo niño o adulto chino que se encontraron. El número oficial de víctimas fue de 19 (casi el 10% de la población china local), pero comentaristas de la época pensaban que había sido un número mucho mayor. En una reflexión moderna sobre el acontecimiento, el historiador William Locklear sostiene que las dos décadas de vigilantismo angloamericano y de odio racial en Los Ángeles produjeron "la tierra fértil" para la peor de las matanzas (sin considerar las masacres de indios) ocurrida en la historia de California.[2]

Los chinos (que en 1860 eran la quinta parte de la mano de obra del estado) a menudo fueron víctimas en la época de la fiebre del oro —cuando se les permitió trabajar en condiciones de abandono y con exigencias muy elementales—, pero la persecución de forma sistemática comenzó con la depresión económica regional de 1869 y 1870. A lo largo de la dilatada depresión de la década de 1870, los chinos fueron los chivos expiatorios del desvanecido sueño californiano, cuando las esperanzas utópicas de los primeros colonos de 1849 se toparon con las realidades del poder económico concentrado, la escasez de tierras de cultivo, los bajos salarios y el desempleo incontrolado. Si durante unos años al comienzo de la década de 1850 los yacimientos de oro constituían una democracia de productores, en la que los hombres blancos de diferentes clases sociales trabajaban codo con codo, para finales de esa década el monopolio se afincó firmemente en la tierra, los comercios y la minería. El surgimiento de los ferrocarriles de la Central Pacific Railroad (más tarde Southern Pacific Railroad) y el equipo de capitalistas que la dirigían, los "cuatro grandes", durante la década de 1860, establecieron señoríos semifeudales sobre las ruinas de la igualdad jacksoniana; mientras tanto, la larga crisis económica arruinaba a miles de pequeños agricultores, carretoneros, jóvenes y ambiciosos profesionales, y empresarios diversos. Su histeria pequeñoburguesa se convirtió en alucinante furia contra la "amenaza amarilla", que demagogos como Denis Kearney (un marinero convertido en próspero hombre de negocios) esparcieron entre los movimientos obreros de San Francisco y otras poblaciones de California, convirtiéndose en una incurable obsesión durante los siguientes 50 años.

En *Indispensable Enemy* [Enemigo indispensable], un crudo y revolucionario análisis de la "falsa conciencia" que padece la clase obrera, Alexander Saxton explica cómo el populismo excluyente antiasiático, enraizado en las contradicciones de la ideología productora jacksoniana, anticipó el universo moral de los obreros californianos. En lugar de hacer causa común con los trabajadores chinos, el Workingman's Union of San Francisco [Sindicato de Trabajadores de San Francisco], liderado por Kearney, y su emanación, el Workingman's Party of California [Partido de los Trabajadores de California], gritaban "¡Los chinos tienen que irse!" y demandaban la abrogación del Tratado de Burlingame de 1868, que había normalizado la migración china hacia Estados Unidos. Las enormes procesiones con fogatas terminaban en motines y en la destrucción de los negocios chinos. Kearney y otros líderes de su movimiento atribuyeron la crisis económica a una conspiración de "culíes" y monopolistas, cuyo objetivo final no era otro que la destrucción de la república blanca estadounidense.[3]

De hecho, en la novela *The Last Days of the Republic* [Los últimos días de la república] (1880), el autor, Pierton Dooner, partidario de Kearney, describe cómo los desesperados intentos de los trabajadores blancos de San Francisco por masacrar a los chinos fueron frustrados por la milicia capitalista, lo que habría conducido a la liberación de los chinos y, en último término, a su conquista de Norteamérica. "El Templo de la Libertad se ha derrumbado y sobre sus ruinas se levantó la colosal estructura de esplendor barbárico conocida como Imperio Occidental de su Augusta Majestad, el Emperador de China [...] El nombre mismo de Estados Unidos fue así borrado de la lista de naciones."[4]

La novela de Dooner es el ancestro de cientos de peroratas sobre la amenaza amarilla y el peligro que acecha a la civilización blanca. (Entre sus descendientes actuales están el apocalipsis de la migración y "la amenaza morena" que se aborda en libros recientes de Victor Davis Hanson, Daniel Sheehy, Tom Tancredo y otros xenófobos).[5] Su defensa de las masacres al estilo de las de Los Ángeles también convirtió a *The Last Days of the Republic* en una especie de *Turner Diaries* [Los diarios de Turner] para los miembros del movimiento de Kearney y sus aliados rurales. Si bien los ataques a los chinos en San Francisco fueron disipados por vigilantes burgueses (un Comité de Seguridad Pública entrenado por el venerable William Tell Coleman) y el oportuno arribo de buques de guerra estadounidenses, la violencia contra los culíes se volvió crónica en los campos de California, donde muchos chinos, ex trabajadores de los ferrocarriles, buscaban trabajo como sembradores y cosechadores.

La Order of Caucasians [Orden de los Caucásicos] fue el equivalente rural de los clubes antichinos en San Francisco inspirados por Kearney; el número de sus miembros creció rápidamente en el valle de Sacramento. En 1877, en el apogeo del malestar antichino, miembros desempleados de la orden atacaron los campamentos chinos en todo el valle: quemaron barracas, apalearon a los campesinos y, en marzo, cerca de Chico, asesinaron a cuatro trabajadores chinos. Ese verano la violencia se diseminó por Great Gospel Swamp, cerca de Anaheim, en el sur de California, donde los vigilantes que pertenecían a la orden atacaron a los chinos recolectores de lúpulo. Al año siguiente la poderosa rama estatal de The Grange[†] apoyó el llamamiento de Kearney a una cruzada exhaustiva contra los "parias asiáticos con trenzas", aduciendo que los chinos son una "plaga siniestra que socava los fundamentos de nuestra prosperidad, la dignidad del trabajo y la gloria del estado".[6]

El vigilantismo fue también, por supuesto, una puesta en escena política, cuyo objetivo primario era presionar a los políticos para que aprobaran leyes antichinas. En 1879, mientras trabajadores sin domicilio fijo continuaban arremetiendo contra los migrantes chinos en los valles agrícolas, se negoció en Sacramento una nueva constitución del estado bajo la influencia de los delegados del Workingman's Party y de The Grange. Anticipándose a las últimas constituciones racistas en el sur profundo, ésta establecía escuelas segregadas para los "mongoles", les negaba el acceso a los empleos públicos y les permitía a las comunidades segregarlos en barrios chinos (instrumentos del prejuicio más que una decisión colecti-

---

[†] The National Grange of the Order of Patrons of Husbandry es un movimiento nacional de granjeros en Estados Unidos, cuya primera gran ola de actividad se dio en las décadas de 1860 y 1870. [N. del e.]

va). Poco después, 94% de los votantes californianos respaldaron un referéndum para impedir que llegaran más migrantes chinos. El reformador agrario Henry George, conocido como "el Karl Marx de California", se lamentaba de que esa histeria blanca sobre los chinos desperdiciaba una oportunidad histórica para reformar de forma radical el sistema económico del estado. (George, que un principio fue un fanático antichino, se apartó de la demagogia racista de Kearney.)[7]

Ni siquiera los "monopolistas", presuntamente patrocinadores de la "amenaza culí", defendieron a los chinos con total ardor. En su historia del trabajo agrícola en California durante el siglo XIX, Richard Street explica que, cuando en la década de 1870 y principios de la de 1880 los campesinos chinos comenzaron a organizarse e inclusive a protestar, muchos de sus empleadores perdieron rápidamente su entusiasmo por el tratado de Burlingame. Al estar ahora la población blanca de California poderosamente unida contra la migración china, el presidente Chester Arthur ignoró las protestas de Pekín y firmó una ley de exclusión de los chinos en mayo de 1882.[8]

Pero el fin de la migración hizo que aumentaran las presiones para expulsar a los chinos de los campos agrícolas. Las ligas y las organizaciones antichinas locales organizaron boicots a los rancheros que empleaban a trabajadores chinos e incluso provocaron incendios y amenazaron de muerte a la gente del gran rancho Bidwell. En febrero de 1882, los vigilantes expulsaron a los trabajadores chinos de los campos de lúpulo al norte de Sacramento y quemaron sus barracas cerca de Wheatland. Un mes después, en una enorme convención antichina en Sacramento, el abogado Grover Johnson, padre del futuro gobernador liberal y senador Hiram Johnson, pronunció un discurso en el que hizo un llamado a expulsar del estado a los chinos.[9]

La masacre de 28 mineros chinos en septiembre de 1885 por miembros blancos de los Knights of Labor [Caballeros del Trabajo] en Rock Springs, Wyoming (que obligó al presidente Cleveland a enviar tropas federales para proteger a los supervivientes), detonó la violencia en el lejano oeste. Alexander Saxton lo describe así: "El fondo de furia y descontento acumulado por los trabajadores [durante la crisis económica de 1884-1886], como por ejemplo la ley Gresham, se convirtió en la moneda más barata del movimiento anticulí." En la primera mitad de 1886 emergieron comités de vigilantes para abatir y eliminar a los chinos en 35 poblaciones de California, entre ellas Pasadena, Arroyo Grande, Stockton, Merced y Truckee. Fue una limpieza étnica sin precedentes y miles de chinos fueron expulsados de esas pequeñas ciudades y poblados. La mayoría de ellos huyó al fortificado barrio chino en San Francisco, donde se vieron reducidos a "luchar en los callejones por basura y pescado podrido", mientras los agricultores —acostumbrados a conseguir suplentes para el trabajo— se quejaban por la escasez de mano de obra barata.[10]

En los años siguientes, la agitación antichina se calentó lentamente hasta casi alcanzar el punto de ebullición, pero la depresión de 1893 desató otra ola de chovinismo y violencia pandillera. En el valle de Napa, la White Labor Union [Unión Obrera Blanca] se organizó para sacar a los chinos de los viñedos, mientras otros vigilantes atacaron a migrantes chinos en Selma y mataron a dos jornaleros cerca de Kingsburg. El vigilantismo también se diseminó por los naranjales del sur de California y cientos de hombres blancos expulsaron, "a punta de fusil", a los migrantes chinos de la opulenta ciudad citrícola de Redlands. Gracias al representante Geary, del condado de Sonoma, el Congreso dispuso que los chinos debían presentar certificados de residencia, creando, como señaló Street, "el primer sistema de pasaporte interno de Estados Unidos". El "plan Redlands", popularizado por un alguacil local, usó la ley Geary para legalizar la expulsión de los chinos locales no registrados. Pero en muchas ciudades citrícolas —entre ellas Anaheim, Compton y Rivera— a los blancos desempleados no les importaron los legalismos: simplemente formaron pandillas y atacaron a los chinos en sus campamentos.[11]

Cuando la depresión se profundizó, el vigilantismo continuó activo durante todo el invierno y llegó incluso a la primavera y el verano de 1894. Los productores gradualmente fueron cediendo al terror, contratando vagabundos y desempleados blancos para reemplazar a la mano de obra china, vieja y soltera, cuyas filas fueron disminuyendo rápidamente debido a la ley de exclusión y a sus enmiendas. Durante medio siglo, los chinos entregaron su sangre y su sudor en la construcción del estado: ahora eran brutalmente segregados. Las nuevas generaciones tendrían pocos indicios del irreemplazable rol que desempeñaron los trabajadores chinos en la construcción de infraestructura vital (caminos, ferrocarriles, acueductos, campos agrícolas y frutales) para la vida moderna de California.[12]

4. "Aplasta al japo"

Subyacente a este problema con los japoneses está la afirma-
ción central de que éste es un país de hombres blancos y así
debe mantenerse

ASIATIC EXCLUSION LEAGUE (1909)[1]

Los primeros grandes flujos de japoneses migrantes hacia California vinieron de Hawái: gente que trabajaba en plantaciones y escapaba de los bajos salarios y las condiciones infernales en los campos de caña. Después de la anexión de las islas en 1898, la migración hacia el continente, así como la migración directa desde Japón, se volvió más fácil. Los trabajadores japoneses rápidamente reemplazaron a los chinos en los cultivos de betabel y de árboles frutales, e inmediatamente adquirieron el estatus de parias. Ya en 1892, cuando la población japonesa era insignificante, el incansable fanático Denis Kearney vociferaba: "¡Los japoneses deben irse!", aunque, como enfatiza el historiador Roger Daniels, el prejuicio hacia los japoneses "era sólo la estela dejada por el cometa antichino". Sin embargo, poco antes del terremoto de San Francisco, los japoneses ya eran una porción significativa de la mano de obra agrícola, con una creciente reputación de defender sus derechos. De hecho, fueron los pioneros del sindicalismo agrícola en el siglo XX y organizaron una impresionante huelga junto a los mexicanos en los cultivos de betabel de Oxnard en 1903. Pero los poderosos sindicatos de San Francisco despreciaban a los nuevos migrantes y en mayo de 1905 organizaron la Japanese and Korean Exclusion League [Liga de Exclusión de Japoneses y Coreanos] (en parte, según Saxton, para distraer la atención de los escándalos dentro del Union-Labor Party [Partido Sindicalista]).[2] Puesto que la envejecida población china estaba declinando, los japoneses, más jóvenes y económicamente más dinámicos, pasaron a ser la nueva encarnación de la amenaza amarilla.

En San Francisco, la violencia hacia los japoneses residentes se convirtió en un problema crónico, con incidentes particularmente descarados durante y después del terremoto de abril de 1906. "Se informó de 19 casos de asaltos contra los residentes japoneses [...] a pesar de que el gobierno japonés había enviado fondos para ayudar a la ciudad abatida." Cuando el sismólogo de renombre internacional, el profesor Fusakichi Omori, de Tokio, se presentó para donar a la Universidad de California un nuevo sismógrafo, él y sus colegas fueron golpeados y apedreados por una pandilla en Mission Street. Los gamberros fueron luego alabados por la prensa local, a los que se consideró héroes populares.[3]

Ese otoño, además, los niños japoneses fueron expulsados de las escuelas blancas y segregados con los chinos, un insulto que pronto se convirtió en un notable incidente diplomático. En las décadas de 1870 y 1880, y a diferencia de China, Japón era una gran potencia emergente que acababa de lograr una victoria impresionante sobre la Rusia zarista. Theodore Roosevelt se convirtió en el primero en una serie de presidentes estadounidenses obligados a regañadientes a establecer una política exterior racional, en oposición a la implacable histeria antijaponesa de la costa oeste. Un paliativo temporal, que hizo poco por aliviar a los japoneses o a la opinión pública californiana, fue el "acuerdo de caballeros" de 1908, que frenó la migración de trabajadores, al tiempo que permitió la llegada paulatina de "novias de fotografía".[†]

Pero para 1908 el sustrato social de la agitación antijaponesa fue trasladándose de los movimientos obreros urbanos hacia las clases medias urbana y rural. Con extraordinario trabajo y solidaridad comunitarios, los *issei* (primera generación de migrantes) y sus hijos fueron ahorrando dinero y comprando o arrendando tierras. Crearon nichos dinámicos de horticultura a gran escala, cultivo de moras y flores, viveros y jardines urbanos. Los agricultores californianos y los acaudalados productores de fruta, como los magnates hawaianos del azúcar antes que ellos, estaban consternados con la firme determinación de los japoneses de convertirse en sus propios patrones, "competidores más que empleados". Carey McWilliams explicó que los grandes productores agrícolas se oponían a que los japoneses poseyeran tierras porque eso "amenazaba la existencia de las grandes unidades de producción y disminuía la oferta de mano de obra agrícola".[4] Por su parte, los migrantes se topaban con la cólera de los pequeños productores, resentidos por los diestros e intensivos méto-

[†] A comienzos del siglo XX se extendió la costumbre entre los migrantes japoneses y coreanos en Hawái y la costa oeste de Estados Unidos de concertar matrimonios a partir de la selección que los novios hacían viendo fotografías de novias potenciales. [N. del e.]

dos de cultivo que aplicaban los granjeros japoneses, métodos que contribuían al aumento del valor de la tierra y de los arriendos.[5] Los liberales de clase media, obsesionados con los conceptos darwinianos de competencia racial, defendieron la "agricultura anglosajona" y enarbolaron la consigna de "conservar blanca a California". Mientras los demócratas y la prensa de Hearst pontificaban contra el mestizaje y a favor de la necesidad de contar con escuelas segregadas, los liberales veían a los japoneses como implacables competidores agrícolas y subrayaban la necesidad de contar con leyes para evitar que adquirieran más tierras. Ya inelegibles para la ciudadanía estadounidense gracias a las anteriores leyes de exclusión, ahora se les prohibiría a los *isseis* poseer tierras.

Sin embargo, la propuesta de ley de extranjería fue inmediata y drásticamente objetada por los rentistas europeos, en particular los holandeses y los británicos, que desde hacía tiempo poseían grandes y muy buenas parcelas en California. La legislatura controlada por los liberales rápidamente cedió y fraseó la disposición en términos que eximían a esos grandes intereses y que constreñía aún más a los *isseis*.[6] La aprobación de la ley en 1913, después de algunos cambios cosméticos para apaciguar al preocupado secretario de estado William Jennings Bryan, dio pie a protestas masivas en Japón, que demandaban el envío de la Flota Imperial a California. Como explica Kevin Starr, los liberales californianos envenenaron de forma irreparable la opinión pública de Japón haciendo virtualmente inevitable la guerra del Pacífico:

> Durante la agitación que condujo a la ley de extranjería de 1913, apareció una facción probélica en el gobierno japonés, estimulada por las ofensas producidas en California, y sus representantes se pusieron a explorar las posibilidades de financiar una guerra contra Estados Unidos. En otras palabras, 18 años antes de Pearl Harbor y mucho antes de la toma del poder por el círculo fascista en el gabinete japonés, la campaña para conservar blanca a California logró que muchas personas en las altas esferas del gobierno japonés vieran en la guerra contra Estados Unidos la única respuesta adecuada al insulto racial recibido. Incluso en ese momento se sugirió que Japón declarara la guerra sólo a California y no al resto de Estados Unidos.[7]

La legislación pudo incendiar Tokio pero no impidió a los *isseis* obtener tierras en nombre de sus hijos nacidos en Estados Unidos, o arrendar más tierras a los avariciosos propietarios blancos. Sin embargo, las confrontaciones con los blancos se pospusieron de forma temporal por la demanda de productos agrícolas en tiempos de guerra, lo que brindó elevadas ganancias a todos los productores agrícolas y menguó durante un tiempo la agitación racial. Pero el nativismo demagógico tuvo su revancha durante la recesión de posguerra, en 1919, y se manifestó en varias formas violentas y malignas en la década de 1920.

Esta nueva ola de activismo antijaponés se dirigió contra el éxito de los *isseis* en la agricultura y contra los intentos de sus hijos, ciudadanos angloparlantes, de integrarse a la vida diaria de California. Bajo la dirección de dos venerables liberales —el senador (y ex gobernador) Hiram Johnson y el editor retirado del *Sacramento Bee* V. S. McClatchy—, una amplia coalición nativista, que incluía a organizaciones como Native Sons of the Golden West, la American Legion, la State Federation of Labor, The Grange, la Federation of Women's Clubs y la Loyal Order of Moose, en 1920 promovió una nueva ley de extranjería en el Poder Legislativo de California, más estricta, y luego continuaron su cabildeo en Washington (DC) a favor de la prohibición total de la migración japonesa.

Mientras el Congreso debatía la ley Johnson-Reed (que fijaba cuotas migratorias), los xenófobos Native Sons presionaron a las universidades para que despidieran a los profesores "projaponeses" y advirtieron a los familiares de las peligrosas preferencias sexuales de los *nisei* (estadounidenses de origen japonés): "¿Te gustaría que tu hija se casara con un japonés?". Una frecuente exigencia nativista (que resurgió en 2005 con los republicanos antimigrantes) fue la enmienda para negar la ciudadanía a los niños de padres extranjeros nacidos en Estados Unidos. Entretanto, los grupos antijaponeses en la zona de Los Ángeles, entre ellos los Native Sons y el Ku Klux Klan, así como asociaciones locales de propietarios, organizaron un movimiento de vigilantes "concebido para hacerle imposible la vida a los japoneses que residen ahí". En la campaña Swat the Jap [Aplasta al japo], de 1922 y 1923, se utilizaron desde carteles, boicots o escupitajos a transeúntes japoneses hasta asaltos y agresiones, con siniestras amenazas de mayor violencia si los *nisei* insistían en mudarse a un barrio de blancos y en actuar como ciudadanos estadounidenses de pleno derecho.

Swat the Jap, con su insistencia en los rituales de humillación pública, fue una espeluznante prefiguración del tratamiento a los judíos en la Alemania nazi, pero —como lo ejemplifica un folleto reimpreso por Daniels— tuvo una considerable resonancia en las peroratas contemporáneas contra los migrantes de origen latino.

Vienen a cuidar el césped,
    Lo aceptamos.
Vienen a trabajar en las grandes granjas,
    Lo aceptamos.
Metieron a sus hijos a nuestras escuelas públicas,
    Lo aceptamos.

....

Propusieron construir una iglesia en nuestra vecindad
    PERO
NO LO ACEPTAMOS NI LO ACEPTAREMOS

....

NO LOS QUEREMOS CON NOSOTROS,
ASÍ QUE, JAPOS, PÓNGANSE A TRABAJAR Y
LÁRGUENSE DE HOLLYWOOD[8]

El Congreso, sometido al intenso cabildeo de Johnson y otros representantes y senadores del oeste, aprobó la ley Johnson-Reed en 1924 y prohibió toda futura migración desde Japón. Pero la ley de extranjería y la que impedía la migración fracasaron en su intento de expulsar a los japoneses de sus granjas y negocios. Finalmente, Johnson y sus seguidores verían coronado el trabajo de su vida con la Orden Ejecutiva 9102, del 18 de marzo de 1942, que ordenó la internación de los nipoamericanos de California en campos de concentración en el desierto. Como señala Daniels, "Mazanar, Gila River, Tule Lake, White Mountain y los demás campos de reubicación fueron los últimos monumentos a su fervor patriótico".[9]

Figura 2. Camino de Altar a Sasabe. Se cobra una tarifa de 3.00 dólares a todos los que usen ese camino de terracería. Es la ruta hacia el norte que utilizan las furgonetas repletas de migrantes y, a veces, también los camiones cargados de marihuana.

5. Disturbios antifilipinos

Nunca olvidaré lo que sufrí en este país a causa de los prejuicios raciales

CARLOS BULOSAN (1937)[1]

La victoria de los exclusionistas antijaponeses entre 1920 y 1924 agudizó la escasez de mano de obra en la agricultura, que los grandes productores intentaron remediar importando trabajadores mexicanos y filipinos. Si la historia de California parece a menudo una implacable cinta transportadora que envía grupos de migrantes unos tras otros al mismo caldero de explotación y prejuicio, la experiencia filipina fue quizá la más paradójica. Como ciudadanos de lo que hasta 1934 fue una colonia estadounidense, los filipinos no eran técnicamente "extranjeros" y por lo tanto no estaban excluidos por el sistema de cuotas de 1924, pero, al contrario de mexicanos y japoneses, carecían de la protección de un país de origen soberano y por ello estaban más a merced de los gobiernos locales y de los racistas californianos. La migración de trabajadores filipinos en la década de 1920 consistió casi en su totalidad en hombres jóvenes y solteros cuya gravitación natural hacia los salones de baile y las zonas rojas provocó una histeria sexual-racial entre los blancos de una magnitud tan enloquecida, que invita a la comparación con el sur faulkneriano.[2]

Nadie se preocupó más por el honor de las muchachas blancas o por el peligro de la "degradación racial" que el jerarca liberal V. S. McClatchy, que fue a su vez secundado en su fobia racial por los senadores Hiram Johnson y Samuel Shortridge, el ex senador James Pheland y el gobernador Friend Richardson, así como el eje reaccionario conformado por Chandler, Cameron y Knowland, editores de periódicos de Los Ángeles, San Francisco y Oakland. Esta poderosa alianza, cuyos prejuicios eran avalados por los sindicatos derechistas de la American Federation of Labor [Federación Estadounidense del Trabajo] (AFL), no se cansó de decir que los filipinos representaban (en palabras de un funcionario de la Cámara de Comercio de Los Ángeles) "lo más despreciable, inescrupuloso, vago, enfermizo y semibárbaro que jamás haya arribado a nuestras costas".[3] Los filipinos, que en su tiempo libre tenían aficiones iguales a las de decenas de miles de solteros, marineros blancos, jornaleros y vagabundos que atestaban la Main Street en Los Ángeles o el Tenderloin de San Francisco, eran descritos (nuevamente, en imágenes que prefiguran las calumnias empleadas por los nazis) como "mestizadores obsesivos".

Sin embargo, la agitación contra los filipinos también tenía una dimensión económica muy concreta: el feroz llamado al temor sexual por parte de los blancos generalmente se ajustaba a las condiciones del mercado de trabajo y a la militancia de los filipinos en la defensa de sus derechos. A finales de la década de 1920, Carey McWilliams aseveraba que "el miedo hacia los filipinos se intensificó por el deseo de la mayoría de los productores de marginarlos como trabajadores". Como explicó un líder contemporáneo de la agroindustria: "Cuesta 100 dólares per cápita traer a un filipino. Y no podemos tratarlo como a un mexicano: a los mexicanos los podemos deportar." Además, agregaba McWilliams, "los filipinos no se prestan para ser esquiroles con sus compañeros y no aceptan reducir su salario para obtener un trabajo [...] El filipino es un auténtico luchador y sus huelgas son peligrosas."[4] Fue precisamente este "peligro" económico el que los enemigos de los filipinos transmutaron en una leyenda de amenazas sexuales.

Fue así como sus nexos con mujeres blancas sirvieron de pretexto para un pequeño disturbio en Stockton en 1926 en vísperas del año nuevo y luego un vigilantismo de envergadura organizado por la American Legion contra los campesinos filipinos en Dinuba, condado de Tulare, en agosto de 1926, cuando "los cosechadores de frutas insistieron en su derecho de asistir a los bailes y acompañar a las muchachas blancas por la ciudad".[5] El comienzo de la depresión inflamó aún más el resentimiento de los blancos, ya enardecido por las incesantes insinuaciones de los grupos nativistas, como Native Sons y la American Legion. "El 24 de octubre de 1929, el día de la caída de Wall Street —escribe Richard Meynell en "Little Brown Brothers, Little White Girls" [Hermanitos morenos, hermanitas blancas]— algunos filipinos fueron apedreados con resorteras cuando acompañaban a muchachas blancas en un festival callejero en Exeter, al sur de Fresno. Estalló una pelea y un hombre blanco fue apuñalado, lo que dio pie a un disturbio en el que los vigilantes blancos, comandados por el jefe de la policía, C. E. Joyner, golpearon y apedrearon a los filipinos en los campos agrícolas." Unos 300 vigilantes incendiaron los campamentos de trabajo de los filipinos en las cercanías del rancho Firebaugh.[6]

Seis semanas después, la policía de Watsonville encontró a dos muchachas blancas menores de edad en la habitación de un trabajador filipino de 25 años; pronto se supo que los padres de las muchachas prostituían a la hija mayor. La furia blanca cristalizó de inmediato alrededor del suceso en el periódico local, con una provocativa foto de la muchacha mayor abrazada al joven filipino. El juez D. Rohrback, la más estridente voz del odio racial en el valle de Pájaro, advirtió: "si esta situación continúa [...] en diez años habrá más de 40 mil mestizos en el estado de California". Pero, como señaló Howard DeWitt en un importante estudio, las actitudes violentas hacia los filipinos también estaban determinadas por el hecho de que ellos trabajaban en grandes plantaciones de lechuga que eran controladas por corporaciones foráneas, las cuales habían marginado a los trabajadores blancos y los campesinos locales.[7] En su constante incitación al vigilantismo, el juez Rohrback planteó una extraña identidad entre el mestizaje y el desplazamiento económico. "Él [el filipino] les da ropa interior de seda y las deja embarazadas y desplaza a los blancos en la búsqueda de trabajo."[8]

El periódico local, *Pajaronian*, que imprimía las acusaciones de Rohrback así como artículos equívocos y distorsionados sobre las relaciones entre filipinos y muchachas blancas, anunció la apertura el 11 de enero de 1930 de un salón de baile dirigido a filipinos en Palm Beach, a 20 minutos al sur de Watsonville. Este lugar muy pronto se convirtió en el foco de la furia de los jóvenes blancos y de desempleados, atizados por la llamada del *Pajaronian* al vigilantismo ("Las organizaciones estatales combatirán el influjo filipino dentro del país"). En el fin de semana del 18 y el 19 de enero, los blancos provocaron repetidos y fallidos intentos de causar estragos en el salón de baile de Palm Beach, a lo que le siguieron algunos apedreamientos en el centro de Watsonville. "Entonces los blancos —escribe Meynell— formaron 'partidas de cacería' [...] después de un 'encuentro por la indignación' en un sala de billar local." Mientras cientos de espectadores observaban desde la carretera, la muchedumbre trató de tomar el salón de baile pero fue repelida con perdigones y gas lacrimógeno. Al día siguiente, los vigilantes tuvieron su revancha:

> El miércoles 22 de enero, el disturbio alcanzó su clímax cuando una multitud de cientos de personas sacó a los filipinos de sus hogares, azotándolos, golpeándolos y arrojándolos del puente del río Pájaro. La muchedumbre avanzó por la carretera de San Juan, atacando a los filipinos en los ranchos Storm y Detlefsen [...] En el campo agrícola Riberal, 22 filipinos fueron arrastrados

y golpeados. Esta vez la multitud ya tenía líderes y estaba organizada; se movían como militares y respondían a la orden de ataque o retirada [...] A la mañana siguiente (la del día 23), dispararon contra una barraca en el rancho Murphy en la carretera de San Juan. Para escapar del tiroteo, once filipinos se refugiaron en un armario. Al amanecer descubrieron que otro, Fermin Tobera, había sido alcanzado en el corazón por una bala.[9]

DeWitt sostiene que los vigilantes que asesinaron al joven Tobera, de 22 años, también eran jóvenes, "provenientes de familias acomodadas", y no vagabundos sin trabajo como después trataron de pintarlos.[10] Aunque las autoridades de Watsonville recurrieron a la American Legion (algunos de cuyos miembros probablemente eran vigilantes) para restaurar el orden, la masacre del valle de Pájaro tuvo una repercusión inmediata en Stockton, donde un club filipino fue dinamitado; en Gilroy, donde los filipinos fueron expulsados de la ciudad, y en San José y San Francisco, donde unos angloamericanos atacaron a grupos de filipinos en las calles. Barracones de filipinos fueron dinamitados cerca de Reedley en agosto y en El Centro en diciembre. En 1933, la legislatura cedió a las presiones de los nativistas y reformó la ley sobre mestizaje de 1901, que ya prohibía los matrimonios de blancas con "negros, mongoles y mulatos", para incluir también a los "miembros de la raza malaya".

Entretanto, decenas de miles de mexicanos residentes en la frontera eran repatriados a la fuerza en 1933-1934, las presiones aumentaron para también deportar a los filipinos. Cuando el flujo de refugiados blancos, víctimas del Dust Bowl,[†] comenzó a llegar a los valles de California, los productores tuvieron menos necesidad de esos dos grupos que habían demostrado tanta destreza y fuerza en las últimas huelgas agrícolas. En agosto de 1934, por ejemplo, 3 mil huelguistas filipinos se las ingeniaron para conseguir un aumento de salario de parte de los productores de lechuga en Salinas, una victoria casi sin precedentes en los violentos años de la depresión. Pero al mes siguiente, vigilantes campesinos armados atacaron los campamentos de los filipinos golpearon a uno casi hasta la muerte y obligaron a 800 de los huelguistas a abandonar el condado. Cuando los trabajadores expulsados trataron de encontrar trabajo en el área de Modesto-Turlock, fueron enfrentados por otros vigilantes. Aun-

---

[†] Fenómeno que, en la década de 1930, afectó a las Grandes Llanuras debido a la intensa sequía; su nombre refiere a las severas tormentas de polvo que obligaron a muchos granjeros a abandonar su tierra. [N. del e.]

que transformados en parias desempleados, cazados por los vigilantes y vilipendiados por la prensa, los jóvenes filipinos de California rechazaron abrumadoramente el "barco gratis de regreso a casa" que ofrecían las leyes de repatriación promovidas por los exclusionistas.[11] De hecho, algunos permanecieron en los campos, donde, 30 años más tarde, emergieron nuevamente en la lucha como los primeros y más fervientes defensores de la National Farm Workers Association [Asociación Nacional de Trabajadores Agrícolas].

6. IWW *versus* KKK

Durante la visita de Industrial Workers of the World se les concederá una guardia de honor día y noche, compuesta por ciudadanos armados con rifles. El juez de instrucción atenderá en su oficina todos los días

HARRISON GRAY OTIS (1912)[1]

Como en otros estados del oeste, en California los miembros de Industrial Workers of the World [Trabajadores Industriales del Mundo] (IWW) fueron el blanco favorito de los vigilantes. El pecado original de los *wobblies*, más que su objetivo expreso de demoler el sistema salarial, fue su voluntad de organizar a todos los parias obreros —vagabundos blancos, mexicanos, japoneses y filipinos—, siempre despreciados por los sindicatos conservadores de la AFL. Entre 1906 y 1921, el igualitarismo radical y el espíritu rebelde del IWW se diseminaron con la velocidad de quien difunde el evangelio por los campos agrícolas, las barracas de quienes estaban tendiendo el ferrocarril, las colonias de vagabundos y los barrios marginales. Los *wobblies* defendieron la causa de los trabajadores oprimidos, sin tener en cuenta las diferencias étnicas, y rechazaron los salarios ventajosos en favor de la "solidaridad permanente". En contraposición a los sindicatos de la AFL, que de manera subrepticia aprobaban los sabotajes con explosivos, el IWW era inquebrantable en su compromiso con la resistencia no violenta. Ningún otro grupo como el IWW en su apogeo, ni siquiera el Partido Comunista en las décadas de 1930 o 1950, se las arregló para enfurecer tanto a los empleadores o causar más histeria entre los propietarios de clase media; al mismo tiempo, ningún otro grupo fomentó jamás tan valiente y amplia rebelión en lo más profundo de las clases bajas de la sociedad californiana.

La primera prueba de fuerza a gran escala entre el IWW (organizado en 1905) y los vigilantes ocurrió en Fresno en 1910 y en San Diego en 1912. La Rama 66 del IWW, en Fresno, al igual que otras ramas, usaba los mítines en las calles del centro para resaltar su presencia y predicar su credo a favor de un gran sindicato entre los trabajadores locales ("guardianes del hogar", en la jerga de los *wobblies*), así como entre los trabajadores de la construcción y agrícolas migrantes que constantemente pasaban por esa ciudad del valle de San Joaquín. En tan sólo un año organizaron a los trabajadores mexicanos en un embalse cercano y dirigieron en una huelga a un grupo de trabajadores de los ferrocarriles de Santa Fe. Los patrones, alarmados, presionaron al jefe de la policía para que le retirara a la Rama 66 el permiso para hacer discursos públicos y encarcelara a sus activistas. Frank Little, un tuerto descendiente de indios que había emergido como héroe de una anterior batalla del IWW en Spokane, Washington, llegó a Fresno para encabezar la lucha. Little y los *wobblies* desafiaron la prohibición y atiborraron la cárcel de la localidad con montones de animosos trabajadores. Cuando los terratenientes los expulsaron de sus centros de reunión en los barrios marginales, los *wobblies* erigieron una gran carpa en un terreno alquilado a un simpatizante y llamaron a todos los miembros del IWW en el oeste a tomar el próximo tren de carga rumbo a Fresno. Temeroso de que radicales de otras ciudades inundaran su cárcel, el jefe de la policía —como explica Philip Foner en su historia del IWW— delegó la responsabilidad en los vigilantes:

> El 9 de diciembre, una muchedumbre de más de mil vigilantes atacó y golpeó severamente a hombres del IWW que pretendían pronunciarse en las calles, luego avanzaron hacia la carpa principal de la organización y quemaron el campamento y todos los suministros, marcharon a la cárcel del condado y amenazaron con entrar en ella y linchar a los *wobblies* prisioneros. La turba estaba alentada por una declaración de Shaw, el jefe de la policía, de que, "si los ciudadanos deseaban actuar, podían hacerlo y él no se los impediría". La declaración de Shaw surgió al descubrir que la ciudad de Fresno no contaba con ninguna ordenanza que prohibiera pronunciarse en las calles y que las acciones de la policía carecía de toda autoridad.[2]

Ante el asombro de los vigilantes y la policía, los *wobblies*, endurecidos por la calmada valentía de Frank Little, se negaron a abandonar la lucha. Los 150 prisioneros en la cárcel de Fresno se mantuvieron durante semanas, enfrentando el régimen sádico de golpes, chorros de agua con mangueras y dieta de agua y pan. Con nuevos "ejércitos" de cientos de voluntarios del IWW que se unían a la lucha, provenientes de todos los confines de California y el noroeste, las autoridades de Fresno de mala gana anularon la prohibición y permitieron que se hablara con libertad en las calles.

Si bien la de Fresno fue una victoria inspiradora para el IWW, la amarga experiencia en San Diego en 1912 anunció con antelación la despiadada represión que los *wobblies* y otros radicales californianos enfrentarían de 1917 en adelante. En San Diego, el valor de los luchadores del IWW por la libre expresión se topó con una pared de granito erigida por dos de los mayores magnates de California: el general Harrison Gray Otis, propietario de *Los Angeles Times* y arquitecto del sistema de contratación de trabajadores no sindicalizados, y John D. Spreckels, editor del *San Diego Union* y el *Tribune*, y dueño de casi todas las cosas de valor en la ciudad de San Diego.

Después del bombardeo del *Times* por sindicalistas de la AFL en 1910, Otis recorrió la costa oeste con el fin de engatusar a sus colegas capitalistas para que militarizaran las relaciones industriales locales, tal como había hecho en Los Ángeles la Merchants and Manufacturers' Association [Asociación de Fabricantes y Comerciantes] (M&M), de la cual el propio Otis había sido fundador. Como uno de los más rabiosos enemigos de los sindicatos en la historia de Estados Unidos, Otis defendía una "libertad industrial" (eslogan que encabezaba el *Times*) que no dejaba espacio para peroratas obreras, protestas o sindicatos. En diciembre de 1911, se reunió confidencialmente con los líderes empresariales de San Diego en el U. S. Grant Hotel para exhortarlos a aplastar el IWW mediante la adopción de la draconiana prohibición de expresarse libremente en las calles y de hacer huelga. El principal capitalista de la ciudad, John D. Spreckels, no necesitó mucho para convencerse. Sus periódicos habían venido asediando con gran insistencia a los *wobblies* desde que éstos participaron en una breve invasión revolucionaria de Baja California en 1911 (para apoyar al anarquista Partido Liberal de Ricardo Flores Magón) y más recientemente se había molestado al descubrir que la Rama 13 del IWW en San Diego estaba tratando de organizar a los empleados de sus tranvías. Aunque había poco amor entre los editores rivales, Spreckels apoyó el exterminio del IWW y pronto logró que el consejo de la ciudad y el resto de los empresarios compartieran el mismo punto de vista.

Como en Fresno, la lucha por la libertad de expresión comenzó de forma desigual en febrero de 1912, con represiones, arrestos masivos, chorros de agua y condiciones brutales de encarcelamiento, mientras los periódicos de Spreckels diseminaban una mortífera bilis, que los lectores afectos a las insinuaciones habrían tenido entre lo mejor de *Los Angeles Times*: "La horca es demasiado buena para ellos —decía un editorial del *San Diego Tribune*—, que estarían mejor si estuvieran muertos, porque son absolutamente inútiles para la economía humana; son escorias de la creación y deben ser echados en el drenaje del olvido para yacer en fría cárcel y pudrirse igual que el excremento."[3]

El *Tribune* recomendaba arrojar a los miembros del IWW a la cárcel, mientras el más moderado *Union* se contentaba con apoyar las palizas y las deportaciones. Entretanto, cientos de *wobblies*, con una temeridad y una valentía que enfurecían a sus perseguidores, continuaron llegando a "Spreckelstown" en carros de carga o a pie. Esta vez, sin embargo, descubrieron que los vigilantes estaban listos para una segunda función. Con un reportero del *Union* entre los cabecillas identificados, una fuerza armada de varios cientos de vigilantes, algunos de ellos obviamente secundados por sus patrones, establecieron un régimen de terror sin precedentes durante más de tres meses. Un contingente actuaba como patrulla fronteriza a la medida, con su campamento en la frontera del condado de San Onofre para interceptar a *wobblies* que iban hacia el sur; otra banda trabajaba con el brutal jefe de policía Wilson aterrorizando a los prisioneros, llevándolos en ocasiones al desierto Imperial, donde eran golpeados y abandonados a los cactus y las serpientes de cascabel.[4]

Un miembro del IWW, pateado sin piedad en los testículos por los carceleros, murió debido a las lesiones; en la procesión del funeral, sus deudos también fueron apaleados. Muchos otros luchadores por la libertad de expresión fueron mutilados y cientos más fueron salvajemente golpeados. Al Tucker, un mordaz miembro proveniente de Victorville, le envió al secretario-tesorero del IWW, Vincent St. John, un recuento del tratamiento de rutina que aplicaba el comité de recepción de los vigilantes:

> Era cerca de la 1 a. m. El tren disminuyó la velocidad y nos vimos entre dos filas de casi 400 hombres armados hasta los dientes con rifles, pistolas y garrotes de todo tipo. La luna brillaba débilmente a través de las nubes y pude ver picos, mangos de hacha, piezas de tren y todo tipo de porras balanceándose en las muñecas de todos ellos mientras nos apuntaban con los rifles [...] Nos ordenaron descender y nos negamos. Entonces rodearon el carro donde estábamos y comenzaron a aporrearlo y a jalar a los hombres por los tobillos, de modo que en menos de media hora nos bajaron del tren; raspados y ensangrentados fuimos puestos en fila y marchamos hacia el corral de ganado [...] a cada rato seleccionaban a alguno que ellos suponían que era un líder y le daban una paliza extra. Varios hombres fueron llevados inconscientes y creo que había algunos muertos, pues más adelante algunos de los nuestros

estaban desaparecidos y nunca se supo nada más de ellos. Todos los vigilantes llevaban puestas insignias y pañuelos blancos en el brazo izquierdo. Se emborracharon y estuvieron gritando y maldiciendo toda la noche. En la mañana nos tomaron en grupos de cuatro o cinco y nos llevaron hasta el límite del condado [...] donde fuimos obligados a besar la bandera y luego nos hicieron enfrentar a 106 hombres, que nos golpearon tan fuerte como pudieron con los mangos de sus hachas. Le quebraron la pierna a uno y todos quedamos llenos de moretones y sangrando por las heridas.[5]

Kevin Starr escribió que "las batallas de San Diego por la libertad de expresión suscitaron la peor reacción posible en las amenazadas clases media y baja de California". Afirma que los vigilantes fueron reclutados dentro de una burguesía ansiosa y mezquina, "insegura de lo que había obtenido o soñaba con obtener al venir a California". Como en la Alemania de Weimar, "la oligarquía, es decir, las clases media-alta y alta, abominaba y temía al IWW, pero los oligarcas no estaban entre los vigilantes que tomaron las calles. Ellos, más bien, alentaban a las clases media y baja para que hicieran ese trabajo."[6]

Pero según testigos presenciales, Starr está equivocado: la "oligarquía" instigó y participó físicamente en el festival de violencia vigilante de San Diego. Abram Sauer era el editor del *Herald*, un pequeño semanario que apoyaba el movimiento por la libertad de expresión. Fue secuestrado, amenazado con que lo lincharían y luego se le instruyó para que abandonara la ciudad (más tarde su prensa fue dañada). Sauer, sin embargo, valientemente se negó a huir y publicó un artículo sobre su secuestro, en el que identificaba a los vigilantes como prominentes banqueros y comerciantes, así como "miembros de la iglesia y cantineros, de la cámara de comercio y del consejo de bienes raíces [...] así como miembros del jurado de acusación".[7] Aunque la teoría de Starr sobre el vigilantismo puede aplicarse a otra situación histórica, los antirradicales de San Diego (si no consideramos a los cantineros) parecen haber tenido mayor categoría que "los tenderos, los corredores de bienes raíces de menor escala, los dependientes de alto nivel y los supervisores de primer nivel", a quienes identifica como el centro de ese estrato social.[8] La clase media común, sin embargo, se vio sujeta a considerables presiones para escoger de qué lado iba a estar.

Anticipándose a la cacería de brujas que vendría luego, la prensa de Spreckels engatusó a los habitantes de San Diego diciéndoles que debían velar por la "lealtad" de cada quien. Así, "cada vecino sabrá dónde está parado en esta cuestión de vital importancia para San Diego"; el *Union* recomendaba a los ciudadanos leales llevar puestas banderitas estadounidenses en las solapas, con la siniestra consecuencia de que aquellos que se negaban a exhibir su patriotismo o hacían consideraciones indebidas sobre la Carta de Derechos debían ir pensando en un cambio de domicilio.[9]

A mediados de mayo estuvo a punto de ocurrir un importante linchamiento, cuando la anarquista más notoria de Estados Unidos, Emma Goldman, llegó a San Diego, en teoría para dar una conferencia sobre Ibsen, aunque era evidente que quería mostrar su repudio a las leyes de los vigilantes. Los nervios de acero de Emma eran célebres y no se arredró al enfrentar a la multitud sedienta de sangre que se congregó afuera de su hotel al grito de: "Dennos a esa anarquista, la desnudaremos, le sacaremos las tripas." Pero su amante y agente, Ben Reitman (pionero de la educación sexual y autor de *Boxcar Bertha*), fue secuestrado y luego torturado de una manera que dejó entrever el considerable disfrute de sus raptores ante las perversiones sexuales. Los secuestradores (¿"miembros de la iglesia y cantineros"?) lo llevaron a una remota planicie donde orinaron sobre él, lo desnudaron, lo golpearon y lo patearon. Luego Reitman contó a unos reporteros en Los Ángeles que más tarde, "con un cigarro encendido, me quemaron las nalgas grabando las letras IWW [...] vertieron una lata de brea sobre mi cabeza y, a falta de plumas, restregaron artemisa sobre mi cuerpo. Uno de ellos intentó meterme una caña en el recto. Otro torció mis testículos. Me obligaron a besar la bandera y a cantar el himno nacional."[10]

A pesar de tal sadismo, los *wobblies*, increíblemente, continuaron su lucha, apoyados por socialistas y más adelante por indignados sindicalistas de la AFL y algunos liberales. Pero la cantidad de víctimas del terror resultó aplastante. Incluso los abogados que trataron de representar al IWW fueron encarcelados y cuando otros juristas se quejaron con el gobernador Hiram Johnson, el campeón de los liberales, éste replicó que "la anarquía y la brutalidad del IWW es peor que la de los vigilantes". Cuando un año después Goldman y Reitman trataron de volver, de nuevo casi fueron linchados y tuvieron que escapar a Los Ángeles. Aunque, tiempo después, el ayuntamiento revocó el estatuto contra las manifestaciones públicas y la libre expresión retornó a las calles céntricas de San Diego, aquello resultó una victoria pírrica para el IWW. Como señala Philip Foner, algunos de los principales miembros del IWW comenzaron a objetar el enorme costo humano y organizativo de tales experiencias, aunque muchos miembros apoyaron de corazón al magullado Al Tucker, quien juró que si volvía a participar en otra batalla por la libertad de expresión "lo haría con ametralladoras y bombas".[11]

Al final, sin embargo, el IWW continuó sus desafiantes pero pacíficas campañas organizando a vagabundos que buscaban empleo en las cosechas, a trabajadores textiles, a personal de la construcción, a marineros y a desempleados. Los *wobblies* probablemente constituyeron la mayor amenaza en el valle Central, donde cada intento de destruir su liderazgo —como la trampa tendida a *Blackie* Ford y Herman Suhr después del llamado motín de Wheatland en 1914, cuando emisarios de los vigilantes dispararon contra una manifestación— fue repelido con el surgimiento de un nuevo tipo de "delegados de campamento" y activistas itinerantes. Aunque el IWW fracasó en el intento de establecer representaciones duraderas, su núcleo agrícola permaneció intacto, amenazando con aprovechar cualquier chispa de descontento para convertirla en una huelga. Los productores estuvieron de acuerdo con el general Otis y otros promotores de la contratación de no sindicalizados en que la represión selectiva de los líderes del IWW era poco efectiva y que sólo se podría vencer a la organización aplicando, a nivel estatal, los métodos utilizados en San Diego.

La primera Guerra Mundial sirvió de patriótico pretexto para esa cruzada. En el plano nacional, la American Protective League [Liga Protectora Estadounidense] (APL), que con el tiempo llegó a tener uno 350 mil miembros, se convirtió en "una agencia semivigilante, semigubernamental, fuera de control, que estableció una red de espionaje masivo en todo el país", con la aprobación del Departamento de Justicia. En California y en todas partes, la APL se enfocó en los *wobblies* y los socialistas "desleales", al igual que las páginas editoriales de todos los periódicos de California. En agosto de 1917, muchedumbres saquearon las oficinas del IWW en Oakland y Los Ángeles, y, en septiembre, la Guardia Nacional fue enviada para aplastar una huelga, dirigida por el IWW en una planta de conservas de San José. Los funcionarios federales y locales asaltaron las oficinas de los *wobblies* en California central y arrestaron a muchísimos activistas. En Sacramento fueron encarcelados 46; "los editoriales del *Sacramento Bee* apoyaban el linchamiento de los prisioneros y los rumores de linchamientos en toda la regla flotaban en el aire".[12] En los hechos, el IWW fue convertido en una organización ilegal y los ataques a sus miembros y a sus instalaciones fueron aplaudidos como formas de patriotismo.

El fin de la guerra no significó un respiro: 1919 fue el año de las grandes huelgas así como de las "Palmer Raids"[†] y la deportación masiva de "extranjeros radicales". Contra la amenaza de una huelga general en Seattle, que por primera vez aliaba a los sindicalistas de la AFL con los del IWW, la legislatura de California aprobó una ley de "sindicalismo criminal". Concebida por la M&M de Los Ángeles y la Cámara de Comercio de San Francisco, permitía a las autoridades enviar a decenas de *wobblies* a San Quintín simplemente por su testaruda creencia —para citar el preámbulo del texto fundacional del IWW— de que "la clase trabajadora no tiene nada en común con la clase patronal".[13]

Unos pocos meses después, *Los Ángeles Times* —los *wobblies* lo llamaban *"Los Ángeles Crimes"*, o sea "los crímenes de Los Ángeles"— publicó una serie de artículos exhortando a renovar el vigilantismo contra el IWW. Los productores citrícolas en los valles de San Gabriel y Pomona ya habían escuchado la llamada, con ataques y deportaciones dirigidos a los huelguistas del IWW en los huertos. Luego, en noviembre, una turba de soldados y civiles atacó una reunión del IWW en Los Ángeles, destrozando el vestíbulo e hiriendo de gravedad a cuatro personas, mientras la policía arrestaba al resto de las víctimas por "incitación a los disturbios".[14] Según Philip Foner, la American Legion de Los Ángeles había organizado un ala paramilitar "especializada en atacar librerías radicales, apalear a los *wobblies* y acosar al dueño del salón en el que se reunían".[15] Las reuniones del IWW en Los Ángeles fueron entonces prohibidas por la razón, infinitamente kafkiana, de que el sentimiento público consideraba "inseguro que los enemigos de la paz y del gobierno se reunieran en público".[16]

Sin embargo, en las propias fauces de ese terror, los *wobblies* comenzaron a multiplicarse una vez más. Los trabajadores habían perdido todas las grandes batallas de 1919, quedando fragmentados muchos de los sindicatos de la AFL y santificada la contratación de trabajadores no sindicalizados en toda la costa del Pacífico, incluido San Francisco. La mayoría de los militantes de los movimientos obreros le echaron la culpa de esta épica derrota al sindicalismo poco comprometido y al liderazgo un tanto de derecha que estaba al frente de la AFL. Los *wobblies*, con su irrenunciable devoción por la lucha de clases y su defensa religiosa del sindicalismo industrial, de pronto se convirtieron en una alternativa atractiva,

---

[†] Campaña ordenada por el fiscal general Michell Palmer para perseguir y deportar a supuestos socialistas. [N. del e.]

por lo que el IWW ganó un impresionante número de adeptos, especialmente en el problemático litoral de California, donde el Marine Transport Workers Industrial Union [Sindicato Industrial de Trabajadores del Transporte Marino] (MTWIU), miembro del IWW, combatía la contratación de trabajadores no sindicalizados. A pesar del mito de que los *wobblies* habían muerto en 1918, cuando el gobierno federal encarceló a sus líderes nacionales, su verdadero "último conflicto" —al menos en la costa oeste— fue la atrevida y quijotesca "huelga general para liberar a prisioneros de guerra" que el IWW lanzó el 25 de abril de 1923.

Aunque la huelga afectó ambas costas, y de hecho fue acompañada por actos de solidaridad mundial, desde Montevideo hasta Yokohama, su escenario principal fue San Pedro. Aquí los marineros y estibadores del MTWIU, apoyados por algunos trabajadores petroleros que simpatizaban con su causa, pararon el puerto de Los Ángeles, para completa sorpresa tanto de los patrones como de los sindicatos de la AFL. Mientras 90 barcos permanecían varados, "una aeronave roja voló sobre el muelle y los campos de petróleo, lanzando panfletos, y un automóvil también de color rojo, conocido como 'Spark Plug' [Bujía], conducía por la ciudad llevando oradores para dirigirse a miles de trabajadores en mítines al aire libre".[17] Al menos en Los Ángeles, el IWW estaba vivito y coleando.

De hecho, la huelga se convirtió en una extraordinaria y prolongada prueba de fuerza entre las clases en pugna. De un lado estaba la clase trabajadora del puerto, apoyada por los sindicalistas del comercio de Los Ángeles y por los socialistas. Del otro estaban los patrones (especialmente la súper reaccionaria Hammond Lumber Company), respaldados por *Los Angeles Times* (ahora capitaneado por el yerno de Otis, Harry Chandler), el M&M y su "ala militar": el Departamento de Policía de Los Ángeles. Éste, luego de declarar que las huelgas y mítines eran "incompatibles con la seguridad pública", arrestó a tantos miembros y defensores del IWW que la ciudad se vio forzada a construir una empalizada especial en Griffith Park para alojar tal exceso. Una simpatizante local, la señora Minnie Davis, permitió a los *wobblies* reunirse en un espectacular promontorio de su propiedad, que pronto fue bautizado por los huelguistas como "Colina de la Libertad".

Con unos 70 metros sobre el nivel de la Tercera Avenida, la Colina de la Libertad tenía varios senderos con peldaños de piedra que conducían hacia ella. Arriba tenía bancos de madera, hechos a mano, para cerca de 800 personas, una pequeña plataforma de unos dos por tres metros, y una zona para varios miles de personas de pie. Allí, en esa colina, el IWW llevaba a cabo cinco mítines por semana, a los que concurrían entre mil y 3 mil personas cuando eran en inglés y entre 500 y 800 cuando eran en español.[18]

El jefe del Departamento de Policía de Los Ángeles, Louis Oakes, arremetió contra la Colina de la Libertad con arrestos masivos, completamente ilegales, advirtiendo que "todo hombre del muelle que estuviera desocupado tenía que explicar por qué no tenía nada que hacer y mostrar que no era miembro del IWW, o de lo contrario iría a la cárcel". El residente más famoso de Pasadena, el periodista y novelista Upton Sinclair, pronto retó al jefe de la policía, al que describió como un secuaz de M&M, a un duelo constitucional y fue arrestado mientras leía la Constitución. El arresto de Sinclair sólo logró enfurecer a la opinión liberal y en los siguientes días atrajo a la Colina de la Libertad a unas 5 mil personas adicionales. Así las cosas, y siendo la policía incapaz de parar la huelga solamente con los arrestos, aparecieron de repente los vigilantes con capuchas blancas: el *deus ex machina* de quienes no querían contratar trabajadores sindicalizados.[19]

En anteriores confrontaciones de posguerra, la American Legion había sido la fuente confiable de multitudes antirradicales, pero a inicios de 1924 el Ku Klux Klan había crecido astronómicamente en toda California, al punto de que se decía que controlaba los equilibrios de poder electoral en Los Ángeles. No está claro cómo y por qué el Klan fue reclutado para enfrentar a los trabajadores del puerto, pero presumiblemente el motivo fue su nativismo y su antirradicalismo, ya que el IWW tenía muchos miembros mexicanos en el puerto y muchos estibadores hablaban con acento serbocroata, italiano o escandinavo.

El KKK hizo su debut en la región en marzo de 1924, cuando miles de visitantes encapuchados rodearon el pabellón del IWW en San Pedro; dos semanas después, la policía irrumpió en un mitin del sindicato de petroleros, arrestó a varios líderes y luego desalojó al resto de los sindicalistas, mientras decenas de miembros del KKK destruían por completo el local.[20] Fue evidente la cooperación de la policía con los terroristas encapuchados. El 14 de junio, después de que se esparcieran rumores falsos de que algunos miembros del IWW se alegraban con la noticia de una mortífera explosión a bordo del *USS Mississippi*, 150 vigilantes, miembros del KKK y probablemente también policías fuera de servicio volvieron a atacar la sede del IWW en las avenidas Central y Duodécima.

Unos 300 hombres, mujeres y niños estaban en el local, participan do en un acto de beneficencia para algunos miembros que habían muerto recientemente en un accidente de ferrocarril. Con toda malicia, los vigilantes sacaron a las mujeres y los hombres, y luego volcaron su furia sobre los aterrorizados niños del IWW, algunos de ellos apenas capaces de caminar.

> Parecían disfrutar particularmente al zambullir a los niños en el recipiente de café hirviendo. Esto se lo hicieron a Lena Milos, de diez años, conocida como "el pájaro cantor *wobbly*"; a Lillian Sunsted, de ocho años; a May Sunsted, de trece años; a John Rodin, de cinco años; a Andrew Kulgis, de doce años, y a Joyce Rodilda, de cuatro años. Andrew Kulgis recibió un baño adicional de grasa caliente por parte de uno de los sádicos de la multitud. Todos los niños también recibieron palizas.[21]

El joven Andrew Kulgis fue hervido casi hasta morir, mientras los otros niños sufrieron quemaduras severas. Entretanto, siete hombres fueron secuestrados y llevados a un remoto lugar en el cañón de Santa Ana, donde fueron salvajemente golpeados y luego embetunados y emplumados. Nunca se procesó a los vigilantes (por el contrario, fueron ensalzados por el *Times*) y, cuando abogados de la American Civil Liberties Union [Unión por las Libertades Civiles de Estados Unidos] intentaron protestar por la atrocidad en un mitin en el centro de San Pedro, rápidamente se les encarceló. A finales de 1924, la representación del MTWIU en San Pedro estaba agonizando; los activistas más dedicados del IWW, condenados ahora por "sindicalismo criminal", dirigían huelgas en San Quintín, y *Los Ángeles Times* de Harry Chandler proclamaba la victoria "en la guerra de 30 años entre los obreros y el capital".[22]

FIGURA 3. Un grupo de 27 personas sale de Sasabe, en México (junio de 2004); entre ellos hay mujeres y niños. Al fondo se ve el Buenos Aires National Wildlife Refuge, en el lado estadounidense de la frontera. Las temperaturas diurnas en la zona pueden superar los 45 °C.

7. Dudosa batalla

—Tú, rojo hijo de puta —gritó Livingston—, pides reglas constitucionales. ¡Pues te daremos a probar nuestra regla constitucional!

Vigilante de El Centro (1934)[1]

En vísperas de la Gran Depresión, California era el "paraíso para vivir o para mirar" de la clase media, como apuntó Woody Guthrie, pero para aquellos sin acceso a las fuentes de dinero —trabajadores agrícolas y especialmente los radicales— era una sociedad semifascista, cerrada, donde la clase empleadora, especialmente en el valle Central y en el sur de California, estaba acostumbrada a la violencia vigilante como una forma normal de establecer las relaciones industriales de trabajo. La cruzada contra el IWW reforzó la ya generalizada creencia de que los subversivos no tenían libertades civiles y que la aburguesada ciudadanía estaba perfectamente facultada para blandir las escopetas, marchar con capuchas y despedazar los centros de reunión de los sindicatos.

Las grandes batallas de la década de 1930, más aún, dejarían un ambiguo legado: el movimiento obrero urbano, comandado por los nuevos sindicatos del Congress of Industrial Organizations [Congreso de Organizaciones Industriales] (CIO), como el International Longshore and Warehouse Union [Sindicato de Trabajadores Portuarios] (ILWU) y el United Automobile Workers [Trabajadores Unidos de la Industria Automotriz] [UAW], lograría eliminar la contratación de trabajadores no sindicalizados y fortalecería el sindicalismo en la producción masiva en tiempo de guerra; sin embargo, en los valles, la militarizada organización Associated Farmers [Granjeros Asociados], junto a Sunkist (los productores citrícolas), golpearían todo intento de establecer sindicatos agrícolas duraderos. En defensa del sistema californiano de agricultura corporativa y de los grandes latifundios familiares, el vigilantismo alcanzaría niveles no vistos desde la sangrienta década de 1850.

Después de la derrota final de las diversas ramas del IWW en el valle Central en 1917-1919, los productores empezaron a reemplazar a los blancos que iban de un campo a otro (en la jerga del IWW eran *bindlestiff*, "trabajadores migratorios") por familias mexicanas. Al igual que otros grupos étnicos, como los chinos y los japoneses, que habían ocupado previamente el nicho de esclavos agrícolas, los mexicanos primero fueron ensalzados como modelos de docilidad y amor al trabajo rudo, y luego desechados como gentuza y como amenaza racial cuando comenzaron a organizarse y a hacer huelgas. A pesar de los esfuerzos de algunos cónsules locales mexicanos por promover sindicatos de una sola etnia (lo que frecuentemente, como enfatiza Gilbert G. González, equivalía a poco más que sindicatos de una sola compañía), los campesinos se unieron a otros grupos, de blancos, afroamericanos y especialmente militantes filipinos, con lo que llevaron a cabo alrededor de 49 huelgas entre 1933 y 1934, con casi 70 mil trabajadores de las granjas y de las fábricas de conservas.[2]

La más importante de esas batallas —entre ellas la épica huelga de los algodoneros en 1933 y las luchas entre 1933 y 1934 en el valle Imperial— fue llevada a cabo bajo el estandarte del Cannery and Agricultural Workers Industrial Union [Sindicato Industrial de Trabajadores Agrícolas y de las Conservas] (CAWIU), uno de los sindicatos comunistas del "tercer periodo" establecido después de 1928. Para los productores, el CAWIU era un tentáculo de una vasta conspiración "roja", una amenaza que debía ser eliminada a cualquier precio. En realidad, el sindicato era una iniciativa con escasos recursos, financiada no por el oro de Moscú sino por cuotas de 50 centavos que aportaban sus miembros, con la extraordinaria dedicación de un puñado de activistas. En contraposición al mito propalado por la derecha de que había un plan de subversión cuidadosamente preparado, como insistían una y otra vez William Z. Foster y sus subordinados en sus oficinas neoyorquinas en Union Square, el CAWIU fue una pequeña brigada de combate que respondía a las rebeliones espontáneas en los campos, ayudando a darles forma y transformarlas en campañas continuas y huelgas organizadas. Contaba con escasos recursos —unos cuantos automóviles, algunos mimeógrafos y unos pocos abogados de izquierda que colaboraban *pro bono*—, pero se las ingenió para encender la lucha de los trabajadores agrícolas que no poseían prácticamente nada aparte de sus andrajosas ropas y el hambre de sus hijos.

La verdadera amenaza del CAWIU, como sabían algunos productores, era que representaba una versión aumentada del IWW, con una base de apoyo urbano de la que carecieron los *wobblies*. De hecho, el principal activista, Pat Chambers, fue un duro ex *wobbly*; el CAWIU mantuvo el modelo de organización participativa del IWW: "cada nuevo miembro se convierte en un activista [...] con los líderes de las huelgas y los presidentes de comité elegidos por los trabajadores y con las principales decisiones sometidas a votación. El sindicato cuidadosamente limitó las demandas de cada huelga a lo que deseaban los trabajadores." Por otro lado, el CAWIU, a diferencia de los sindicatos blancos de la AFL, predicaba un evangelio de solidaridad interétnica y de rechazo a la discriminación, que respaldaba con un valor y un sacrificio muy consistentes por parte de sus organizadores.[3] ("Sólo un fanático —señalaba cínicamente un líder de la AFL— desearía vivir en tugurios o carpas y dejar que le rompan la cabeza por defender los intereses de trabajadores migrantes.")[4]

Denominada originalmente Agricultural Workers Industrial League [Liga Industrial de Trabajadores Agrícolas] (AWIL), el bautismo de fuego del CAWIU fue la huelga en los campos de lechuga del valle Imperial en 1930. La Trade Union Unity League [Liga Sindical de Unidad], progenitora de AWIL/CAWIU, envió algunos de sus más experimentados activistas para ayudar en esta huelga de jornaleros mexicanos y filipinos, pero estos comunistas se convirtieron en blanco de las persecuciones al sindicalismo criminal, por lo que seis de ellos terminaron en San Quintín. Un año después, los comunistas ayudaron en una huelga de trabajadores de las conservas en el valle de Santa Clara, que fue rápidamente aplastada por la policía y por miembros de la American Legion ("vigilantes con insignias"), a pesar de apoyar las protestas de los desempleados en San José. La primera mitad de 1932 fue igualmente sombría. En mayo, una desesperada sublevación de los recolectores de chícharos dirigida por el CAWIU cerca de Half Moon Bay fue eficientemente desbaratada por un destacamento de policías y granjeros de relevo. En junio, uno de los veteranos del CAWIU, Pat Callahan, fue golpeado por matones casi hasta la muerte durante una desesperada huelga de cosechadores de cerezas en el valle de Santa Clara.[5]

El CAWIU se reagrupó en septiembre alrededor de una serie de huelgas que siguieron a la cosecha de uva al norte del valle de San Joaquín. Aunque una huelga cerca de Fresno fue desbaratada rápidamente, cerca de 4 mil cosechadores de uvas en los viñedos de Lodi mostraron unas agallas impresionantes al enfrentar palizas y arrestos. Los productores, a su vez, movilizaron su propio ejército. "Grupos de productores, negociantes y miembros de la American Legion —escribe Cletus Daniel— fueron enviados en cuanto se hizo el emplazamiento a huelga y puestos bajo las órdenes del coronel Walter E. Garrison, un prominente patrón agrícola y militar retirado. Una vez formada esta fuerza rompehuelgas, los agentes de los órganos responsables de hacer cumplir la ley en la región se desvanecieron en las sombras." Los vigilantes de Garrison fueron tras los líderes de la huelga, encarcelando a 30 activistas del CAWIU y líderes de piquetes. También forzaron a las agencias gubernamentales de asistencia a cortar la ayuda a las familias de los huelguistas e impidieron todo intento de realizar mítines. Pero el CAWIU respondió creativamente con tácticas de guerrilla, usando grupos que "golpeaban y huían" para impedir el acceso a los esquiroles, forzando así a los productores a acceder a las demandas de los huelguistas. Los productores, a su vez, apelaron a las muchedumbres violentas.

En la tarde del 2 de octubre, alrededor de 1500 vinicultores, negociantes, miembros de la American Legion y otros residentes de Lodi se reunieron en un teatro local para perfeccionar el plan para acabar con la huelga sin mayor dilación. Después de muchos debates, se estableció un "comité de 1500" para expulsar a los huelguistas del área a la mañana siguiente [...] A las seis en punto de la mañana siguiente, cientos de vigilantes armados con palos y armas de fuego entraron en el centro de Lodi para llevar a cabo sus planes. Cuando un grupo de alrededor de cien huelguistas se situó frente al campamento central del CAWIU para planear sus actividades diarias, se desató la tormenta. Los vigilantes, dejando a un lado su compromiso de no violencia, y guiados por un pequeño grupo de vaqueros, cargaron contra los huelguistas con palos y a puñetazos. Los huelguistas no ofrecieron resistencia cuando, asustados y maltratados, fueron conducidos a las afueras de la población. Sin embargo, cuando unos pocos trataron de defenderse de los ataques, la policía intervino, arrestándolos por "resistencia a la policía" o por "vandalismo". Los ataques continuaron durante toda la mañana, con los vigilantes cruzando la zona en automóviles para sacar a los huelguistas de sus campamentos. Más tarde, cuando los huelguistas trataron de reagruparse, fueron atacados por los vigilantes y las autoridades locales con chorros de agua y bombas de gas lacrimógeno.[6]

La derrota en la huelga de los viñedos alimentó un ya intenso debate entre los comunistas sobre la necesidad de priorizar sus objetivos en vez de sumarse a las huelgas espontáneas que se producían en el estado. En noviembre, después de una cuidadosa preparación, el CAWIU volvió a la carga en Vacaville, donde 400 cosechadores —mexicanos, filipinos, japoneses y angloamericanos— marcharon en una manifestación contra los recortes salariales. La respuesta fue previsiblemente brutal, conforme a las mismas tácticas usadas por los vigilantes de San Diego y las generaciones anteriores. "En la primera semana de diciembre —escribió Orrick Johns—, cuando la huelga llevaba apenas algunas semanas, unos 40 hombres enmascarados, con varios coches, sacaron a seis líderes huelguistas de la cárcel de Vacaville, los llevaron unos 30 kilómetros fuera de la ciudad, los azotaron con látigos, les raparon la cabeza con esquiladoras de ovejas y los bañaron con pintura de esmalte roja". No obstante, la huelga de quienes trabajaban en los frutales continuó durante dos meses, a pesar de todos los factores en contra, como los funcionarios de la AFL que fueron a Vacaville para denunciarlos. Al final, el hambre y las amenazas de muerte, en particular contra los filipinos, los obligaron a regresar al trabajo, pero los activistas del CAWIU fueron alentados por la solidaridad de los huelguistas y su heroica resistencia. Muchos estaban animados por la posibilidad de vencer al fascismo agrícola, si combinaban esa temeridad con una organización eficiente y, cosa todavía más importante, si lograban una publicidad favorable respecto de las condiciones y las demandas de los huelguistas.

Al final, la gran huelga agrícola de 1933, justo en el nadir de la Gran Depresión, tomó por sorpresa tanto a los productores como a los sindicalistas. La agroindustria, según Donald Fearis, creía que los trabajadores hispanohablantes del campo estaban muy asustados por las masivas deportaciones de mexicanos (y sus hijos, ya ciudadanos estadounidenses) que estaban ocurriendo en Los Ángeles y otras zonas, y que no correría más riesgos con esas huelgas.[7] Pero ante esos sucesos, lejos de intimidarse, "la raza" se embraveció. La huelga de los algodoneros fue la mayor en la historia de Estados Unidos y, como vimos, constituyó un éxito parcial: falló en lograr el reconocimiento del sindicato pero se impuso al voto de los productores de no atender las demandas de aumento salarial.

El espíritu de lucha de los trabajadores agrícolas de todos los orígenes étnicos fue magnífico, pero era casi imposible derrotar a los productores mientras los tribunales locales y los alguaciles permanecieran firmemente alineados con los vigilantes, mientras los gobiernos federal y estatal se mantenían al margen. A pesar de las innumerables manifestaciones ante el gobernador Rolph sobre el terror que se vivía en los condados algodoneros, éste se negó a dar órdenes a la policía de caminos de California de proteger la vida y las libertades civiles de los huelguistas. Desde luego, tanto Sacramento como Washington enviaron inspectores y delegados oficiales a los campos de batalla; la mayoría de éstos corroboró las quejas de los trabajadores en su esfuerzo por sobrevivir a los crueles recortes salariales mientras los productores eran rescatados con los nuevos subsidios agrícolas federales. Pero los inspectores no podían, por sí solos, apartar la bota de hierro que aplastaba el cuello de los trabajadores del campo.

Por otro lado, los productores agrícolas no se amedrentaron ante el inesperado vendaval en los campos. En el valle Imperial, donde el CAWIU se reconcentró en el otoño de 1933 para apoyar una nueva lucha de los sembradores de lechuga, el fascismo agrícola adquirió su forma definitiva. Si bien en anteriores batallas los vigilantes se agrupaban en fuerzas de entre 40 y 150 hombres —sobre todo granjeros, mayorales y comerciantes locales con intereses bien particulares en cada contienda—, los grandes agroexportadores de El Centro pretendían militarizar por completo a los sectores de clase media y a los trabajadores cualificados del valle. La Imperial Valley Anti-Communist Association [Asociación Anticomunista del Valle Imperial], formada en marzo de 1934, se negó a aceptar la neutralidad en la lucha de clases: "Operando bajo el principio coercitivo de que quien no deseara unirse a la asociación era, casi por definición, un comunista o un simpatizante de éstos, los líderes del grupo informaron que, en poco más de una semana tras su fundación, la asociación tenía entre 7 mil y 10 mil miembros en el valle Imperial."[8] Los reporteros de los periódicos muy pronto llamaron al valle el "Condado Harlan de California", en referencia al célebre condado minero de Kentucky donde los pistoleros de las empresas habían acabo con la libertad de expresión.[9]

De hecho, el CAWIU pronto perdió todo espacio público o legal en el cual actuar. "Los agentes declararon que no se permitiría ningún tipo de mitin en el valle —le dijo A. L. Wirin, consultor en jefe del ACLU en el sur de California, a sus compañeros—. Los mítines en salones o terrenos privados están incluidos en la prohibición. Si media docena de mexicanos se encuentran charlando en una calle, constituyen un 'mitin público' y serán dispersados por la policía."[10] Cuando el abogado Grover Johnson llegó a El Centro para presentar un amparo en beneficio de los líderes huelguistas encarcelados, él y su esposa fueron atacados y golpeados en las calles por brigadas anticomunistas y luego casi linchados cuando buscaban refugio en la cárcel. También fueron golpeados en público otros dos abogados venidos de afuera y Wirin, uno de los más prominentes defensores de los derechos civiles en el estado, fue secuestrado por vigilantes ("más tarde afirmó que uno de ellos era un policía de caminos uniformado"), agredido físicamente, robado, amenazado de muerte y abandonado sin zapatos en el desierto. Incluso Pelham Glassford, un general retirado, anticomunista, que era el representante personal del secretario del Trabajo, Frances Perkins, recibió un trato hostil y fue objeto de amenazas de muerte anónimas. Un capitán de la policía de caminos le dijo a dos agentes del comisionado obrero del estado, después de haber sido detenidos por vigilantes: "Ustedes lárguense de aquí. Ustedes perjudican nuestro trabajo. No queremos conciliación. Sabemos cómo manejar a esta gente y donde nos topemos con alguien causando problemas 'nos haremos cargo' de él."[11]

8. Gracias a los vigilantes

Los trabajadores agrícolas de California emergieron de la década de 1930 como "hombres olvidados" desde el punto de vista político. No contaban con la protección que disfrutaban sus colegas industriales, ni con una mínima seguridad económica ni con garantías para ayudarse a sí mismos en la acción colectiva

DONALD FEARIS[1]

En el verano de 1934, el embarcadero de San Francisco fue el escenario de la batalla obrera más importante en la historia de California. Ésta tomó la forma de una obra en tres actos, comenzando con una revuelta de estibadores que rápidamente llegó a ser una huelga costera que cerró todos los puertos del Pacífico estadounidense y derivó más tarde en una huelga general en San Francisco que duró tres días. Un cuarto acto, apocalíptico, se evitó de milagro. Mientras los patrones alertaban a los gritos que se estaba preparando una "insurrección roja", el gobernador Frank Merriam envió 450 soldados armados de la Guardia Nacional a San Francisco, bajo las órdenes de David Barrows, un teniente general "francamente anticomunista", cuyo currículo militar, como señala Kevin Starr, incluía haber participado en "la fuerza expedicionaria estadounidense enviada para ayudar a los rusos blancos en su contrarrevolución contra los bolcheviques".[2]

El país entero observaba en suspenso si, como esperaban muchos conservadores, el general Barrows ordenaría a sus pistoleros masacrar a los "bolcheviques" locales en la costa. Llegado el momento, los huelguistas, respaldados por la huelga general que unificaba a toda la familia obrera de San Francisco, con toda calma unieron sus brazos y se negaron a retirarse, incluso después del asalto a las oficinas centrales del Marine Workers Industrial Union [Sindicato Industrial de Trabajadores Marítimos]. Pero si bien se evitó una sangrienta confrontación entre las tropas y los huelguistas, la Industrial Association [Asociación Industrial], que representaba a los principales patrones de la ciudad, aprovechó la ocupación militar para lanzar una brigada de pistoleros como si fueran "ciudadanos vigilantes irritados" sobre el Partido Comunista local y otros grupos progresistas, entre ellos el movimiento de Upton Sinclair conocido como Epic (End Poverty in California [Acabar con la Pobreza en California]), al que se acusaba de instigar y apoyar la huelga. En *The Big Strike* [La gran huelga], el periodista radical Mike Quinn rememoró la notoria ofensiva "antirroja", de una semana de duración, iniciada el 17 de julio:

> El plan de ataque fue el mismo en todos los casos. Una caravana de automóviles que llevaban pandillas de hombres con chaquetas de cuero, identificados por los periódicos como "vigilantes ciudadanos", se detenía frente al edificio. Lanzaban pedazos de ladrillo que rompían todas las ventanas y luego asaltaban el lugar, golpeando a todos los que veían, destrozando todos los muebles, haciendo añicos los pianos a golpe de hacha, lanzando las máquinas de escribir por las ventanas y dejando el lugar hecho un desastre.
>
> Luego regresaban a sus coches y se marchaban. La policía llegaba inmediatamente, arrestaba a los hombres que habían sido golpeados y tomaba el control de la situación.[3]

Con la complicidad o incluso la participación de la policía de San Francisco, los vigilantes arrasaron con las oficinas del *Western Worker* [Trabajadores del Oeste], golpearon a tres hombres sin ton ni son en el Workers' Open Forum [Foro Abierto de los Trabajadores], destruyeron la Mission Workers' Neighborhood House [Casa Comunal de los Misioneros] y estaban en proceso de demoler el interior de la Workers' School [Escuela de los Trabajadores] cuando inesperadamente encontraron una resistencia homérica:

> Aquí, los vigilantes sembraron el caos en el primer piso, pero cuando intentaron ascender a los pisos superiores se toparon con la mole de David Merihew, un ex soldado que trabajaba en el edificio como cuidador. Merihew portaba un viejo sable de caballería en una mano y una bayoneta en la otra. Blandiendo sus armas les hacía señas para que avanzaran. Ellos avanzaron unos pocos pasos y él le dio un sablazo al pasamanos, cortándole un buen trozo. Los atacantes se retiraron discretamente y le dejaron el campo a la policía, a la que Merihew se rindió después de establecer un pacto con ellos para no ser entregado a los vigilantes si deponía las armas.[4]

Aunque el capitán Joseph O'Meara de la "brigada roja" de San Francisco fanfarroneaba con que "el Partido Comunista estaba acabado en San Francisco, pues no puede afrontar un sentimiento público tan adverso", otras comunidades estaban aterrorizadas ante la amenaza de futuras huelgas e "invasiones comunistas" como sensacionalmente anticipaba la prensa.[5] Grupos de patrones en la zona de la bahía y otras zonas cercanas patrocinaron "ligas anticomunistas" y discutieron cómo combatir la "amenaza roja":

> Se hicieron vehementes solicitudes para que las bibliotecas quedaran "purgadas" de libros presumiblemente "rojos". Otros patriotas querían establecer una rígida censura en el sistema de escuelas públicas para garantizar que las ideas rojas no impregnaran los manuales. Algunos pedían la creación de campos de concentración, en Alaska o en la península de Baja California, donde se pudiera exiliar a los comunistas.[6]

Para los activistas obreros veteranos, el retorno del vigilantismo les produjo un *déjà vu*, que recordaba las luchas por la libertad de expresión de 1910 a 1912, las masacres patrióticas en el otoño de 1917 y los ataques al IWW en 1919 y 1924. Pero el resultado, esta vez, fue radicalmente diferente: a pesar de las intimidaciones y las amenazas, las ametralladoras y los vigilantes, el núcleo de la insurrección marítima permaneció incólume durante la represión. Para sorpresa y consternación de los patrones en todo el país, la tropa de estibadores guiados por el migrante australiano Harry Bridges obtuvo una victoria espectacular sobre los magnates de la navegación, que abrió las puertas a la creación de nuevos sindicatos. En los cinco años siguientes, esta insurgencia obrera urbana barrería con gran parte del aparato represivo de quienes contrataban trabajadores no afiliados a sindicatos, incluyendo a los tenebrosos vigilantes, las inconstitucionales leyes antimotines e incluso las brigadas "rojas" y los espías obreros.

Pero en la California rural la historia fue diferente. Aquí, para utilizar una expresión de Regis Debray en el contexto de Latinoamérica de la década de 1960, "la revolución revolucionó a la contrarrevolución". Lo que las élites agrícolas reconocieron universalmente como una "victoria comunista" en San Francisco intensificó su determinación de no ceder una centímetro al sindicalismo moderado. La violencia privada, siempre en conjunción con la represión de los alguaciles locales, surgió mejor organizada y más centralizada que nunca en la historia de California.

Camuflada por la histeria alrededor de la huelga general, la policía de Sacramento —asesorada por William Hynes, ex jefe de la infame "brigada roja" del Departamento de Policía de Los Ángeles— atacó las oficinas centrales del CAWIU en el estado y arrestó al veterano líder Pat Chambers, a Carolina Decquer (una joven de apenas 21 años: "la Pasionaria de la huelga del algodón", según Kevin Starr) y a más de una docena de personas. Con el tiempo, 18 activistas fueron acusados con base en una ley de sindicalismo criminal y ocho fueron condenados y encarcelados después del juicio más prolongado en la historia del estado. El CAWIU fue obligado a redirigir los recursos que empleaba para la organización en los campos hacia la defensa de su personal clave. Luego las sentencias serían anuladas durante la apelación, pero este "carnaval antirrojo", como lo llamó McWilliams, "lesionó y destruyó al Cannery and Agricultural Workers' Industrial Union. Con sus líderes en prisión, los trabajadores quedaron momentáneamente desmoralizados y apaciguada la gran ola de huelgas."[7]

Entretanto, una nueva y siniestra organización emergió en la región para coordinar la lucha contra los huelguistas de los campos agrícolas y sus sindicatos embrionarios. Después de derrotar al último enclave del CAWIU en los campos de melón en el verano de 1933, los productores del valle Imperial decidieron compartir sus métodos rompehuelgas y el antirradicalismo militante con los granjeros del resto del estado. Los miembros de Associated Farmers of California [Granjeros Asociados de California] —una organización inspirada también en la Merchants' and Manufacturers' Association [Asociación de Comerciantes y Fabricantes] de Los Ángeles y en su retoño a nivel estatal, la Industrial Association [Asociación de Industriales]— se "comprometieron a ayudarse unos a otros en caso de emergencia. Acordaron cooperar realizando las cosechas en caso de haber huelgas y ofrecer sus servicios al alguacil local inmediatamente, como si lo representaran, en caso de disturbios o sabotajes".[8]

Aunque las raíces de la organización estaban en la American Legion de El Centro y Brawley, Associated Farmers —como ha enfatizado Carey McWilliams— llegó a ser un poder estatal porque las mayores empresas de California (y los periódicos reaccionarios, como *Los Angeles Times*) favorecieron la institucionalización del movimiento de los vigilantes:

Los primeros recursos fueron reunidos por el señor Earl Fisher, de Pacific Gas and Electric Company, y por el señor Leonard Word, de California Packing Company. En esta reunión [la de fundación de Associated Farmers, en mayo de 1934], se decidió que los campesinos debían "liderar" la organización, aunque las compañías financieras y los bancos ejercerían el verdadero control [...] Cuando uno ve que aproximadamente 50% de las tierras de la California central y del norte están controladas por una sola institución —el Bank of America— se nota lo irónico de que esos "irritados" campesinos defiendan sus "hogares" contra los huelguistas.[9]

Associated Farmers tenía una infraestructura parecida a la de las agencias de detectives industriales para espiar y ofrecer a los patrones locales listas negras de empleados problemáticos, y actuaba como un poderoso cabildero legislativo en todos los asuntos laborales. Esta organización se opuso no sólo al sindicalismo radical, sino a las negociaciones colectivas y a la mediación industrial *per se*. También actuaba contra los trabajadores urbanos y sus nuevos sindicatos. En pocas palabras, Associated Farmers estaba allí para instrumentar el ilimitado despotismo de los agroindustriales contra la mano de obra. Con el Bank of America, Calpack y Southern Pacific Railroad actuando como ventrílocuos, la organización propugnaba por la hegemonía de los grandes productores sobre los pequeños campesinos, granjeros y negociantes, que intentaban hacer acuerdos con los sindicatos. Philip Bancroft, el popular productor que era hijo del historiador decimonónico que había creado el mito de los originales comités de vigilantes, personificaba la "voz de los pequeños campesinos" cuando las circunstancias exigían que se apelara con nostalgia a la mitología agraria, pero las verdaderas decisiones se tomaban en las bóvedas de los bancos y en las salas de juntas corporativas.

Uno de los primeros proyectos de Associated Farmers fue contratar a un veterano de las "brigadas rojas" del Departamento de Policía de Los Ángeles, William Hynes, y a un abogado en el distrito del condado Imperial, Elmer Heald, para ayudar a las autoridades de Sacramento en su feroz persecución de los seguidores del CAWIU. De hecho, la intensa aplicación de la ley sobre sindicalismo criminal para destruir el ala izquierda del movimiento obrero fue uno de los principales objetivos de Associated Farmers; sus miembros prometían actuar en representación de los demás para detener de golpe cualquier huelga o campaña de organización.[10] De forma más ambiciosa, urgía a la movilización de "ejércitos ciudadanos" contrarios a los trabajadores, en sintonía con la Anti-Communist League [Liga Anticomunista] del valle Imperial. A lo largo del estado, los llamados caballeros o cruzados de California (con las sedes de la American Legion como sus centros de reclutamiento) comenzaron a pertrecharse. Entretanto, ante la alerta de Associated Farmers de que "los rojos volverán", los supervisores del condado aprobaron ordenanzas antimotines, los espías se infiltraron entre los cosechadores, los rancheros tendieron alambradas de púas e incluso cavaron trampas, y los alguaciles locales se abastecieron de gas lacrimógeno y construyeron celdas para el esperado desbordamiento de prisioneros.

Pero la militarizada Associated Farmers no se sentó a esperar las huelgas, sino que fue a buscarlas; propusieron adelantarse aplicando "el terror sistemático a los trabajadores en las áreas rurales" como forma de mantener la lucha de clases. "No toleraremos a esos activistas de ahora en adelante —fanfarroneaba un productor agrícola—. Cualquiera que hable de aumentos de salarios deseará no haberlo hecho." Otro líder de Associated Farmers regresó de Alemania cargado de elogios para Adolf Hitler (que "había hecho más por la democracia que cualquier otro hombre antes que él") y de la admirable definición nazi de *ciudadano:* "simplemente dices que todo aquel que coincida contigo es un ciudadano de primera clase y cualquiera que no coincida contigo es un ciudadano sin derecho al voto".[11] El fascismo se convirtió en el modelo explícito de las relaciones laborales agrícolas en California y, cuando en 1935 comenzó la cosecha de verano, hubo cruces ardiendo en las laderas de todo el estado, para advertir a los trabajadores que los vigilantes estaban cerca y al acecho.

En el condado de Orange, varios cientos de huelguistas mexicanos citrícolas fueron rodeados por un pequeño ejército que McWilliams describe como "guardias especiales armados, bajo las órdenes de antiguos 'héroes del futbol' de la Universidad del Sur de California, camuflados como si fueran tropas de asalto". El alguacil de Orange aconsejó con entusiasmo a los hijos de los productores que "tiraran a matar" si era necesario, y los mítines y los campamentos de los huelguistas fueron cubiertos con gases lacrimógenos. Unos pocos meses después, una pandilla de "caballeros" de Santa Rosa agarraron a cinco "radicales" defensores de los obreros, los hicieron desfilar por las calles y luego los obligaron a besar la bandera estadounidense en las escaleras de los tribunales. Cuando dos de ellos se negaron a abandonar la ciudad, fueron golpeados, cubiertos de alquitrán y plumas, todo para deleite editorial de los periódicos de Hearst en San Francisco y Los Ángeles.[12]

En 1936, Associated Farmers ejerció una fuerte vigilancia sobre todos los aspectos de la vida rural en California. "No hay nada en otro estado —escribió McWilliams— que se parezca a esta red de organizaciones de patrones agrícolas que representan una cohesionada combinación de poder político, social y económico."[13] Por otro lado, la organización fue bañada en dinero proveniente de "una lista de patrocinadores que constituía un perfecto quién es quién del empresariado de California", mientras la llegada de un enorme excedente de trabajadores que buscaban refugio ante la extrema sequía que azotaba las planicies hacía más fácil que nunca encontrar reemplazo para los huelguistas de los campos y de las fábricas de conservas.[14]

La batalla más dramática, y absolutamente desigual, de 1936 ocurrió en los cultivos de lechuga en el valle de Salinas, la tierra de Steinbeck. Aquí, la Vegetable Packers Association [Asociación de Empacadores de Verduras] —que seguía su ritmo anual de trabajo por temporada en el valle Imperial y en el valle de Salinas, y luego de regreso— era el único sindicato que se mantenía activo en el estado. Afiliado al AFL, sólo aceptaba trabajadores blancos y representaba la enorme mano de obra de Oklahoma y Texas en las labores de empacado. (La mano de obra de la zona era en su mayoría mexicana y filipina, y por lo tanto no podía unirse al sindicato.) La rama de Associated Farmers en el condado de Monterey, que operaba mediante un grupo fachada muy bien financiado, la Citizens Association [Asociación de Ciudadanos] del valle de Salinas, decidió cerrar y destruir el sindicato, reemplazando a sus afiliados esenciales y a los "agitadores problemáticos" por trabajadores más dóciles.

El aniquilamiento de la Vegetable Packers Association fue planeado con enorme precisión, utilizando una abrumadora superioridad en potencia de fuego y recursos legales, lo que hace recordar la monstruosa masacre de migrantes pobres a manos de rancheros millonarios relatada en el filme épico de Michael Cimino La puerta del cielo, de 1980 (una versión libre de la lucha por la tierra en el condado Johnson, Wyoming). Para garantizar la completa coordinación entre los productores, la policía y los vigilantes ciudadanos, Associated Farmers persuadió a los funcionarios del estado de que permitieran al coronel Henry Sanborn, un notorio anticomunista que había entrenado a un grupo de vigilantes (llamados "los nacionales") durante la huelga general de San Francisco en 1934, ir a Salinas como generalísimo de todas las fuerzas antisindicales. Para cumplir esa función, se pertrechó de gases lacrimógenos, instaló ametralladoras en las plantas de empaque y coordinó un "ejército regular" de alguaciles locales y patrullas de caminos que los funcionarios de Sacramento habían puesto a su disposición.

Sanborn también reclutó una milicia de vigilantes, al estilo de la del valle Imperial. "El 19 de septiembre [de 1936] —escribe Carey McWilliams—, el alguacil emergió de su retiro temporal y ordenó la movilización de todos los hombres de Salinas, de entre 18 y 45 años de edad, y amenazó con arrestar a cualquier residente que se resistiera a obedecer. De esta manera se hizo el reclutamiento del 'ejército ciudadano' de Salinas."[15] Desde el punto de vista de Sanborn, nadie era demasiado joven para no defender la civilización blanca de Salinas: los *boy scouts* fueron reclutados como auxiliares, mientras los estudiantes de carpintería de la preparatoria fabricaron pesados mazos para aporrear a los huelguistas. En cierto momento, la ciudad fue parapetada y los movimientos en la carretera fueron controlados estrictamente: a los peatones y los automovilistas que portaban en la solapa los distintivos de la campaña de Roosevelt (era un año electoral) se los arrancaban.[16]

No es de sorprender que el paro de los lechugueros evolucionara como un hiperbólico espectáculo de fuerza hasta llegar a verdaderas atrocidades. Las armas químicas estuvieron a la orden del día y no hubo privilegios para los trabajadores de piel blanca. La policía usó muchísimo gas lacrimógeno y vomitivo para dispersar los piquetes de manifestantes. Luego persiguió a los sindicalistas y los golpeó. Cuando cerca de 800 personas horrorizadas fueron a refugiarse al Labor Temple [Templo del Trabajo] de Salinas,

> la policía, los comisionados y los patrulleros bombardearon el templo con gas lacrimógeno y luego, protegidos por este elemento, se movieron hacia las oficinas centrales del sindicato, arrojando más gases, lacrimógeno y vomitivo, y azufre. Cientos de huelguistas huyeron de las instalaciones sólo para encontrarse con la policía que les lanzaba más gas lacrimógeno y con los vigilantes blandiendo sus mangos de hacha y mazos.[17]

El editor del *San Francisco Chronicle,* Paul Smith, visitó Salinas después de que dos de sus reporteros resultaron seriamente lesionados y recibieron amenazas de que los vigilantes los lincharían. Estaba escéptico respecto de que el gobernador y el fiscal general de California, así como los funcionarios locales, hubieran entregado de buena gana el monopolio estatal de la violencia legítima al fanático coronel Sanborn y a Associated Farmers. "Durante toda una quincena —escribió—, las 'autoridades constituidas' de Salinas no han sido otra cosa que los indefensos peones de unas siniestras fuerzas fascistas que han operado desde el piso de un hotel parapetado en el centro de la ciudad."[18]

Para los trabajadores de Oklahoma, el paro resultó un brutal espejo que no reflejaba su tradicional autoimagen del compañero blanco, emprendedor y fuerte, sino el desprecio que les profesaban los productores, que los consideraban una casta de "basura blanca". Descubrieron que no había excepciones para los estereotipos raciales estructuralmente asociados a los trabajadores agrarios en California, ni siquiera para los antiguos anglosajones. "Puedo recordar —rememoraba un activista— la gran impresión que recibí al ver a esa gente blanca que venía de Oklahoma, Arkansas y Texas, con sus prejuicios y odios enraizados, y cómo en el curso de la huelga aprendieron que tenían más en común con los negros y los morenos que con los vigilantes y con los blancos que golpeaban a todo el mundo."[19]

La huelga de Salinas, si bien fue un golpe preventivo contra la participación de la AFL en el sindicalismo agrícola, así como un auténtico ensayo del fascismo estadounidense, fue también una victoria decisiva para Associated Farmers. Inspiró las tácticas de "guerra relámpago" empleadas al año siguiente cuando otro afiliado de la AFL, el Cannery Workers Union [Sindicato de Trabajadores de Conservas], intentó asestar un golpe a la Stockton Food Products Company. "El llamamiento fue instantáneo para el ejército ciudadano", escribe McWilliams: 1 500 leales pobladores, armados con escopetas y mangos de hacha, respondieron puntualmente. El coronel Garrison, el héroe de los vigilantes de El Centro, era ahora presidente de Associated Farmers y él personalmente dirigió el ataque contra los piquetes de manifestantes el 24 de abril de 1937. "Durante casi una hora, 300 manifestantes se mantuvieron en la lucha, 'tosiendo y ahogándose', mientras los vigilantes y los 'delegados' lanzaban rondas y más rondas de gas lacrimógeno sobre ellos." Cuando estas bombas dejaron de ser efectivas, las tropas de Garrison usaron perdigones, provocando lesiones graves a unos 50 trabajadores.[20]

Kevin Starr hace notar que, cuando algunos empresarios de Stockton, apoyados por el fiscal local del distrito, se dieron cuenta de que vivían en una ciudad ocupada, sometida a los caprichos de Associated Farmers, protestaron en Sacramento y pidieron que enviaran la Guardia Nacional para restaurar el orden. "Como en el caso de Salinas, el gobernador Merriam se negó, y el coronel Garrison y su ejército mantuvieron a su notable fuerza en la zona." El gobernador, en otras palabras, ratificó a los vigilantes como autoridad legítima: una fórmula peligrosa, la gama del fascismo y el nazismo, que cedía todo el poder a los productores y los propietarios de las fábricas de conservas.[21]

Pero esto fue algo difícil de sostener con argumentos: en las ciudades de California, como en el resto del país, 1938 fue un año legendario para los paros, las manifestaciones y la fiebre de CIO, la alianza de sindicatos industriales. No obstante, los campos y las plantas de empaque permanecieron misteriosamente tranquilas, con no más de una docena de pequeñas huelgas que involucraron a menos de 5 mil trabajadores, una pequeña fracción de los que habían participado en 1933-1934. Las victorias del New Deal en Washington y Sacramento no se tradujeron en progresos significativos para los trabajadores agrícolas, que fueron excluidos de la cobertura de la ley nacional sobre relaciones laborales, mejor conocida como ley Wagner, y la ley de seguridad social. La elección en 1938 del demócrata Culbert Olson como gobernador pudo haber sido una victoria para los sindicatos de la ciudad (su primera acción al llegar al gobierno fue perdonar al sindicalista radical Tom Mooney, quien había estado en prisión de manera injusta durante 22 años). Pero las iniciativas de ley para ayudar a los trabajadores del campo —incluso medidas en apariencia poco controvertidas como prohibir que la policía de caminos tomara partido en las disputas obreras o asegurarse de que el socorro no se produjera "sólo en caso de necesidad"— fueron barrenadas por la coalición de demócratas y republicanos rurales.[22]

Aunque permanecían activos dos movimientos sindicales agrícolas en California —las ramas "federales" de la AFL y el establecido por CIO: United Cannery, Agricultural, Packing, and Allied Workers of America [Trabajadores Unidos de las Conservas, la Agricultura y el Empacado de Estados Unidos] (UCAPAWA)—, ambos se diluyeron tras las apocalípticas confrontaciones en los campos. Redirigieron sus esfuerzos hacia la organización (exitosa en el norte de California) de los procesadores de alimentos en los pueblos, cuyos derechos fueron protegidos por la ley nacional sobre relaciones laborales y su poder huelguístico se vio multiplicado por grupos aliados de camioneros y estibadores.

Si hubo alguna duda sobre el importante papel desempeñado por la represión privada y estatal en la conversión de los trabajadores rurales en parias del New Deal —sin un lugar en los programas sociales o dentro de los movimientos obreros organizados—, ésta quedó despejada por el destino que corrieron las huelgas en la zona de Marysville, al norte de Sacramento. Las primeras huelgas tuvieron lugar durante la primavera y el verano de 1939, seguidas por una huelga algodonera durante el otoño en el valle de San Joaquín. Las últimas grandes huelgas de la década de 1930 fueron las victorias que coronaron a Associated Farmers.

En Marysville, los trabajadores frutícolas que vivían en "Okieville" —por los *okies*, personas provenientes de Oklahoma— le plantaron cara a

Earl Fruit, una subsidiaria del imperio DiGiorgio, equivalente a la General Motors en la agricultura californiana. Sólo una minoría de los miembros de Associated Farmers en la zona eran verdaderos granjeros; el resto eran corredores de bienes raíces, editores, alcaldes y policías, entre ellos el jefe de la policía de Marysville y el comandante local de la policía de caminos. El agresivo dueño de Earl Fruit, Joseph DiGiorgio, contó con la clase gobernante, con sus vigilantes, totalmente movilizada para proteger a sus capataces y guardias armados.

La primera disputa se produjo en la primavera cuando, según el historiador Donald Fearis, un popular capataz renunció en protesta porque la empresa tenía espías (una de las principales iniciativas de Associated Farmers) que infestaban todos los niveles de la producción agrícola. Earl Fruit tentó a los huelguistas, prometiéndoles que al volver al trabajo se aumentarían los salarios y no habría sanciones para los líderes; al producirse pronto algunos despidos en represalia, los furiosos trabajadores llamaron al CIO y, para el comienzo de la cosecha de pera en julio, la Rama 197 de UCAPAWA rodeó los huertos con piquetes de manifestantes. Las representaciones de Associated Farmers en los condados Sutter y Yuba respondieron de inmediato con los usuales arrestos, palizas y amenazas de muerte; los productores ya habían sopesado la idea de contar con un "ejército ciudadano", pero prefirieron el uso ocasional de rancheros y capataces. Sin embargo, fracasaron temporalmente, pues las mujeres *okies* decidieron reemplazar en los piquetes a sus padres y esposos arrestados. "La tenacidad de la mujeres y el suministro de alimentos por campesinos amigos y agencias estatales —escribe Fearis— mantuvieron viva la huelga por un tiempo." Pero una batida contra las oficinas centrales del sindicato le cortó la cabeza a la huelga y obligó a los trabajadores a volver al trabajo o a abandonar la zona.[23]

La huelga de UCAPAWA en el otoño, detonada, al igual que en 1934, por recortes salariales, se diseminó a partir de una manifestación inicial en Madera hacia toda la faja algodonera de San Joaquín. A pesar de la apasionada respuesta de los trabajadores *okies*, el sindicato fue incapaz de resistir los métodos de Associated Farmers: arrestos, desalojos y terrorismo vigilante. El golpe fatal fue asestado en un furioso ataque contra una manifestación en Madera, a finales de octubre, donde participaron 300 productores armados "con palos, cadenas y piquetas, mientras el alguacil permanecía a un lado".[24]

La huelga algodonera de 1939 fue como un último respiro: UCAPAWA pronto renunció a organizar a los trabajadores del campo para concentrarse en los obreros procesadores y envasadores protegidos por la ley nacional de relaciones laborales, mientras que con el tiempo los *okies* encontraron su propio camino en trabajos de supervisión o se mudaron a las ciudades para trabajar en las plantas que producían para la guerra.[25] Su lugar fue ocupado desde 1942 por jornaleros mexicanos conforme el sistema de castas raciales en California fue restaurado al amparo de un tratado internacional que buscaba lidiar con la escasez de mano de obra en tiempos de guerra.

El vigilantismo, casi convertido en una ciencia por Associated Farmers, infligió una histórica derrota no sólo a la súper explotada mano de obra de los campos agrícolas, sino también al proyecto del trabajo progresista y la reforma del New Deal en California. Un comité del Senado presidido por Robert LaFollette, de Wisconsin, que investigó las relaciones laborales en la agricultura de California entre 1939 y 1940, concluyó después que Associated Farmers había organizado una conspiración "destinada a evitar el ejercicio de las libertades civiles de los trabajadores agrícolas mal pagados, la cual se había ejecutado cruelmente con todas las formas de represión que los antisindicalistas pudieron imaginar". Por otro lado, cuando "el monopolio de los patrones para controlar las relaciones de trabajo" —un eufemismo del monopolio de la violencia— se combinó con la completa ausencia de autoridad política y estatus legal de los trabajadores, "el resultado fue el fascismo local".[26]

9. Las guerras de los *zoot suit*

¡Atrapémoslos! ¡Atrapemos a esos bastardos comedores de chili!

Pandilla angloamericana
(Santa Mónica, 1943)

Pearl Harbor dio a las fuerzas antijaponesas de California el permiso para emprender la limpieza étnica que había sido su principal objetivo durante más de una generación. Nadie defendió con más fiereza la eliminación de los *nisei* —estadounidenses de origen japonés— y de sus padres que el fiscal general de California, Earl Warren, un viejo miembro de Native Sons of the Golden West [Hijos Autóctonos del Oeste Dorado] y *protégé* político del jefe "antijaponeses" V. S. McClatchy. A principios de febrero de 1942, Warren —que definía a los japoneses californianos como una "quinta columna" y un "talón de Aquiles"— convocó a una reunión con los funcionarios estatales encargados de hacer cumplir la ley para demandar el reacomodo y el internamiento de los japoneses. Cuando se determinó que a esos grupos no se les podía acusar de traición o sabotaje, Warren respondió que era sólo una prueba "ominosa" de la negación de los japoneses a denunciar su deslealtad.[1]

Entretanto, los autoproclamados vigilantes lanzaban piedras contra las ventanas de las tiendas propiedad de los japoneses y atacaban en las calles a los *nisei* adolescentes, amenazándolos con más violencia en el futuro. La campaña de intimidación fue más intensa en las zonas rurales, como se puede apreciar en un memorando enviado a Sacramento en enero de 1942 por el personal del Departamento de Agricultura del estado que estaba en la zona: "Ellos [los nipoamericanos] no salen de sus casas en la noche [...] Las autoridades policiales probablemente no simpatizan con los japoneses y les dan la menor protección posible. Las investigaciones sobre asaltos a japoneses han sido muy superficiales y no se ha iniciado ningún proceso."[2]

En testimonio ante el Congreso, Earl Warren mencionó esos asaltos como pretexto para que se confinara a los japoneses, alertando que el generalizado e incontrolado vigilantismo sería inevitable a menos que el presidente Roosevelt firmara una orden ejecutiva para deportar a los japoneses de la zona costera. El jefe de las fuerzas del orden de California dejó claro que él simpatizaba completamente con los instintos de los vigilantes: "Mi opinión sobre el vigilantismo es que las personas no se involucrarían en este tipo de actividades si el propio gobierno, por medio de sus agencias prestara más atención a sus importantes problemas."[3]

Por supuesto, los germano e italoamericanos de la costa oeste no fueron confinados y a nadie le pareció raro el espectáculo, frecuente en 1943, de unos prisioneros de guerra italianos y alemanes recogiendo frutas y trabajando en las granjas locales. La verdadera amenaza de los japoneses era su éxito económico y su internamiento obligaba a una liquidación apresurada de sus bienes, conseguidos con gran esfuerzo, incluidas las granjas situadas en zonas, como el oeste de Los Ángeles, ya marcadas por el desarrollo residencial de posguerra. En nombre del patriotismo, sus enemigos recolectaron los mejores frutos producidos por dos generaciones de diligentes trabajadores. Aunque algunos *nisei* volvieron a la agricultura después de la guerra, nunca pudieron recuperar la influyente posición que tuvieron en 1941 en la agricultura de California.[4]

A pesar del internamiento de los japoneses, el fanatismo no cesó. Pero los vilipendiados *okies* ahora eran de nuevo ciudadanos blancos que realizaban el trabajo duro en las plantas de aviones o peleaban con los marines en Guadalcanal, y los "heroicos" chinos y filipinos temporalmente dejaron de ser parte de la "amenaza amarilla", siempre que conviniera a la propaganda en tiempos de guerra. Sin embargo, el embate más fuerte de los prejuicios raciales y la violencia vigilante o de las masas, en especial en Los Ángeles y sus alrededores, fue dirigido contra los jóvenes chicanos y afroamericanos. El movimiento vigilante —instigado de forma deliberada por la prensa de Los Ángeles—, que suele recordarse como los "disturbios de los *zoot suits*", fue por supuesto tan sólo la expresión local del arrebato nacional de violencia blanca durante el "verano de odio" de 1943. En este contexto, dos tipos distintos de quejas —uno enraizado en el privilegio blanco en el trabajo, el otro en el imaginario social— se combinaron en proporciones diferentes y en diferentes ciudades.

Primero fue la reacción violenta de los trabajadores blancos que participaban en el combate a la comisión establecida por Roosevelt en 1941 para propiciar los empleos justos ante la amenaza de una manifestación de líderes negros en Washington. En 1943 se lograron algunos avances en la integración racial de los astilleros, las fábricas de aviones y el tránsito urbano, a pesar de las protestas de las ramas locales de la AFL, que se sentían segregadas, y de los demagogos. En las poblaciones de la costa oeste o del medio oeste que prosperaban por la actividad de defensa, oleadas de trabajadores emigrantes blancos y negros provenientes de los estados en torno a la línea Mason-Dixon competían por viviendas y trabajo, así como por la jerarquía y por diversas habilidades. Como advirtió un artículo de la revista *Life* en 1942, "Detroit es dinamita. Puede hacer volar lo mismo a Hitler que a Estados Unidos."[5] Oakland y Los Ángeles (a donde cada mes llegaban unos 10 mil migrantes negros de Oklahoma y Texas en 1943) eran igual de volátiles.[6]

El espacio público urbano fue otro de los escenarios donde la agitación racista sembró las semillas de la violencia en diferentes ciudades de Estados Unidos. Gracias en gran parte a las campañas reaccionarias de los periódicos, la subcultura de los *swing kids* de principios de la década de 1940, con su lenguaje cifrado y su extravagante indumentaria —el *zoot suit* de pantalones muy holgados y sacos grandes—, se combinaron con la amenaza racista y casi por completo imaginaria de adolescentes gangsteriles o contrarios al servicio militar. Contraria a la reacción ante los negros en las fábricas de guerra, la histeria hacia los *zooters* apuntaba a diferentes grupos étnicos. En Nueva York, a pesar de las hordas de jóvenes blancos con atuendo similar, los problemáticos *zooters* fueron identificados como delincuentes negros, mientras que en Los Ángeles también se refería a los negros pero en particular a los chicanos. En la Montreal en tiempos de guerra, que en junio de 1944 tuvo sus propios disturbios con sus *zoot suiters*, la prensa en lengua inglesa incitaba a los soldados a cometer actos violentos contra los jóvenes francófonos "antipatrióticos" que parrandeaban (y competían por la atención de las muchachas) en los mismos clubes y salones de baile visitados por los militares.[7]

Las raíces de la obsesión con el *zoot suit* se remontan a la recuperación económica de 1940 y 1941, cuando periódicos, jefes de policía y ministros de culto en todo el país empezaron a quejarse del auge de la extravagante y antiautoritaria cultura juvenil basada en las grandes orquestas de swing, que alcanzaba sus más peligrosas tendencias entre los jóvenes de las minorías. La principal queja era que el nuevo orgullo racial y la insolencia generacional ya no reconocían las tradicionales divisiones de color ni las fronteras de segregación étnica en los espacios públicos, como parques de diversiones, teatros y vehículos de transporte. (Ya habíamos visto esto en el caso de los orgullosos e insumisos jóvenes filipinos que chocaron con los supremacistas blancos en los salones de baile y los clubes de la California rural a finales de la década de 1920.) Como lo refleja Spike Lee en las primeras escenas de su película *Malcolm X*, la exuberancia desinhibida de estos jóvenes *zooters* representaba un nacionalismo cultural embrionario y el despertar de una cultura interracial entre los jóvenes. Como respuesta se publicaron muchísimos artículos periodísticos en los que se lamentaba el menguante control social y se atacaba con furia la "nueva delincuencia". En opinión de las autoridades locales, los jóvenes de color estaban fuera de control.[8]

La muerte de un adolescente chicano en agosto de 1942, en circunstancias inciertas, cerca de un estanque llamado Sleepy Lagoon, fue el pretexto para una ininterrumpida campaña de la prensa de Los Ángeles —especialmente los periódicos de Hearst y *Los Angeles Times*— contra los gángsters, los "pachucos" y los *zooters* chicanos. Aunque la presunta ola de crímenes fue en gran parte una fabricación editorial, produjo el núcleo sensacionalista para amalgamar todo tipo de acusaciones, entre ellas la de que los jóvenes de la parte este de la ciudad estaban siendo cooptados para formar una quinta columna al servicio del tenebroso movimiento sinarquista —grupo fascista mexicano con sólo un puñado de verdaderos miembros en el sur de California— y que "los japoneses, que están siendo evacuados, incitan a la violencia a la población mexicana de Los Ángeles". Por supuesto, tales calumnias eran tonterías —inclusive resultaban obscenas—, frente a las medallas de honor del Congreso y las cruces de la marina que se le confirieron a numerosos jóvenes chicanos por su actuación en el Pacífico. Pero, como enfatizó Carey McWilliams, presidente de un "comité de defensa" de Sleepy Lagoon, la aportación de los mexicoamericanos a la guerra se vio oscurecida por la incesante identificación, en las primeras planas, de los mexicanos con el crimen. "A todo joven mexicano que era arrestado, sin importar cuán trivial fuera la falta, o si era inocente o culpable, se le fotografiaba con un encabezado que los calificaba de 'gángster pachuco' o 'rufián vestido con *zoot suit*'."[9]

En la primavera de 1943, se convenció a la opinión pública de Los Ángeles de que la violencia de las pandillas estaba casi fuera de control en los barrios "desleales" alrededor del centro de la ciudad y al este del río. Al mismo tiempo, las tensiones entre negros y blancos en los centros de trabajo alcanzaron su punto máximo con la integración federal del transporte público de Los Ángeles, conflicto que con el tiempo requirió una intervención armada para prevenir la violencia de las masas. Además de esta mezcla estaban las crónicas e inevitables fricciones entre los diferentes grupos de jóvenes —marineros, infantes de marina, trabajadores de las fábricas de guerra, jóvenes de los barrios— que competían para divertirse y llamar la atención de las chicas en el abarrotado centro de la ciudad, en Hollywood y en las playas. Las que podrían haber sido ser pequeñas riñas entre marineros blancos y jóvenes chicanos o negros fueron magnificadas por la histeria periodística y convertidas, con la complicidad policial, en una gran campaña vigilante contra los jóvenes de color de Los Ángeles.

La primera sacudida fue un disturbio en el muelle de Venice a mediados de mayo. Según el historiador Eduardo Pagan, un falso rumor de que unos chicanos habían apuñalado a un marinero incitó en represalia una cacería masiva en el salón de baile de Aragón:

> Como dijo luego un testigo presencial: "A ellos no les importó si los chicos mexicanos vestían *zoot suits* o no; ellos sólo buscaban mexicanos." Cuando el baile finalizó y los jóvenes mexicanos comenzaron a salir, una turba de casi 500 marineros y civiles se pusieron a perseguirlos por todo el paseo marítimo. "¡Atrapémoslos! —decía la turba—. ¡Atrapemos a esos bastardos comedores de chili!"[10]

Varias semanas más tarde, después de otras confrontaciones entre marineros y jóvenes chicanos, un grupo de marineros regresó a la armería naval de Elysian Park diciendo que habían sido atacados por unos jóvenes *zoot suiters* cerca de un barrio marginal. Cuando el asalto fue notificado al Departamento de Policía de Los Ángeles, los agentes formaron un "escuadrón de venganza", como le llamaron, pero no pudieron encontrar a los supuestos asaltantes. Como señala McWilliams, "la ofensiva no cumplió ningún objetivo aparte de que los nombres de los agentes a cargo del operativo aparecieron en los periódicos y de que se incitó la furia de la comunidad contra la población mexicana, lo que tal vez fuera la verdadera razón de esa ofensiva." La noche siguiente, varios cientos de marineros, en una cuadrilla de 20 coches de alquiler, cruzaron el centro de la ciudad y la zona del este para golpear a cualquier joven mexicano vestido con un *zoot suit*, ritual que se repitió las dos noches siguientes sin interferencia de la policía, que, por el contrario, hizo una "limpieza" cuando terminaron los vigilantes militares, arrestando a todos los *zooters* y chicos del barrio que encontraron.[11]

Incitados por periódicos como *Los Angeles Daily News*, que avisaban de "la preparación de cabecillas *zoot suiters* para una guerra contra la marina", cientos de soldados blancos y jóvenes civiles, sin que la policía intentara contenerlos, se reunieron en el centro de la ciudad el lunes 7 de junio para una última noche de infamia. Cualquier joven chicano era un blanco legítimo.

> Tras forzar la entrada en los principales cines, la turba ordenaba al responsable de la sala que encendiera las luces y recorría las filas de arriba a abajo, haciendo que cualquier mexicano se levantara de su butaca. Los coches de transporte público eran detenidos y levantaban de sus asientos a mexicanos y algunos filipinos y negros, los ponían en la calle y los golpeaban con un frenesí sádico. Si éstos llevaban un *zoot suit*, les arrancaban la ropa y los dejaban desnudos o casi en las calles, sangrando y llenos de raspones. Bajando por la calle principal, la turba se detuvo en el límite del distrito negro. Como los negros la estaban esperando, la muchedumbre se retiró y marchó a la zona mexicana, en el este, diseminando allí el terror.[12]

Aunque los militares prudentemente decidieron no atacar el gueto de Central Avenue, un trabajador negro fue sacado de un transporte público y le fue arrancado un ojo. Carey McWilliams, un abogado y activista por los derechos civiles, y también periodista, tomó declaración jurada a muchas de las víctimas, de las cuales no más de la mitad vestían *zoot suits*. Como el brote de una enfermedad que se convierte en epidemia nacional, la violencia en Los Ángeles fue de inmediato seguida por otros disturbios raciales y por ataques a personas de color en todo el país, todo lo cual culminó en los terribles sucesos de Detroit entre el 20 y el 21 de junio, en los que murieron 29 personas. McWilliams, cuyos artículos de la época son insuperables en cuanto a pasión y honestidad, afirmó que los disturbios expusieron "los cimientos podridos sobre los que la ciudad de Los Ángeles construyó una fachada de papel maché de 'la buena voluntad entre los estadounidenses'".[13]

10. Golpear a UFW

Era como estar en una guerra. Arrestaban a los trabajado-
res agrícolas y los golpeaban con palos. Había camioneros
por todos lados. Si los camioneros veían que tenías un águila
en tu coche, te detenían y rompían tu parabrisas

Simpatizante de UFW (1973)[1]

Cuando terminó la guerra, los esporádicos ataques racistas continuaron
—terrorismo contra los *nisei* que volvían a casa, incendios contra los negros que intentaban comprar casa en un barrio de blancos...—, pero el
vigilantismo parecía estar neutralizado. Sus principales promotores, los
grandes productores agrícolas, ya no tenían que movilizar al "ejército ciudadano" cuando podían manipular el Programa Bracero para importar
esquiroles y, si más tarde éstos se organizaban, llamar a la Patrulla Fronteriza para deportarlos. De hecho, la Patrulla Fronteriza se convirtió en
parte integral de las relaciones de producción represivas en la agricultura californiana: la violencia vigilante resultó menos necesaria cuando la
deportación era fácilmente asequible contra los insolentes huelguistas.

Los intentos de posguerra de organizar a los trabajadores agrícolas,
como la huelga de octubre de 1947 contra el gigante DiGiorgio en el condado de Kern, fueron eficientemente repelidos con el uso de esquiroles
traídos de fuera, arrestos masivos, deportación selectiva, desalojo de las
familias de los huelguistas, acusaciones de comunismo por parte del Comité de Actividades Antiestadounidenses del Congreso de California, terrorismo patronal (a un líder huelguista le dispararon en la cabeza). Associated Farmers también organizó un comité ciudadano para apoyar
a DiGiorgio, pero no creyó necesario armar a sus miembros con mangos de hacha ni enviarlos a arrasar los campamentos de los trabajadores.
Después de la derrota de los huelguistas y la purga masiva de la mano de
obra prosindicalista en el valle Imperial, los intentos posteriores de negociación colectiva en la agricultura californiana resultaron infructuo-
sos.

Pero el final del Programa Bracero en 1964 y el resurgir de una mano de obra firmemente establecida, con arraigo familiar, permitieron una nueva revuelta en los campos, comandada por la National Farm Workers Association [Asociación Nacional de Trabajadores Agrícolas] (NFWA). La gran huelga en los viñedos de Delano que comenzó en 1965 fue inesperada, como lo había sido la del algodón en 1933, y movilizó con igual pasión y compromiso a la mano de obra explotada. La extraordinaria resistencia de los huelguistas y el carisma del nuevo sindicato, que apelaba al orgullo tanto de clase como étnico, sacudieron la confianza de los productores en su propia omnipotencia. Los huelguistas enfrentaron el clásico repertorio de intimidaciones por parte de los capataces y guardias de seguridad, que los atacaban con perros, los perseguían en sus camionetas, los amagaban a punta de pistola y los golpeaban con total impunidad; no obstante, tales tácticas parecían insuflar mayor energía a la huelga. Con el tiempo, las mayores empresas agrícolas, como United Fruit y DiGiorgio, decidieron resucitar a los "ejércitos de la noche" de los tiempos de la Gran Depresión. Los vigilantes ahora no eran hijos de los productores o miembros de la American Legion, sino miembros bien pagados del sindicato de camioneros, importados por centenares para intimidar, golpear y expulsar a los huelguistas de la NFWA.

En 1967, los principales patrones decidieron firmar contratos abusivos con los camioneros para prevenir y sabotear la organización de los trabajadores agrarios. Al no estar éstos protegidos por la ley nacional de relaciones laborales, "no hubo elecciones para elegir sindicato ni intentos de averiguar las preferencias de los trabajadores del campo, que sí estaban cubiertas en los contratos con los camioneros. No se les dio la oportunidad de ratificar los contratos, aunque se les exigió unirse a los camioneros y aceptar que sus cuotas semanales se tomaran de sus salarios."[2] Por otro lado, los camioneros hicieron poco por ocultar su desprecio hacia los nuevos miembros, afiliados a la fuerza. "No estoy seguro —reconoció Einar Mohn, líder de la poderosa Western Conference of Teamsters [Conferencia de Camioneros del Oeste]— de qué tan efectivo puede ser un sindicato si se compone de mexicoamericanos y mexicanos con visas temporales."[3]

Los camioneros no tardaron en implementar los acuerdos con tácticas de mano dura, al punto de que el líder de los trabajadores agrícolas, César Chávez, tuvo grandes dificultades para impedir que sus iracundos representados pagaran con la misma moneda. Las confrontaciones de 1970 entre la Grower-Shipper Association [Asociación de Agricultores y Embaladores] y los camioneros por un lado y por el otro el United Farm Workers Organizing Committee [Comité Organizador de Trabajadores Agrarios Unidos] (UFWOC), formado por la unión de la NFWA y el Agricultural Workers Organizing Committee [Comité Organizador de Trabajadores Agrarios], evocaron los peores recuerdos de los paros de 1936.

> Los productores agrícolas reclutaron guardias armados con escopetas para patrullar sus propiedades y los camioneros enviaron a golpeadores con bates de beisbol para amedrentar a los chavistas. Uno de los pistoleros más infames [...] era Ted *Speedy* Gonsalves, que vestía un traje a rayas blancas y negras, y conducía una limusina blindada [...] Los golpeadores venidos de fuera amenazaban a los huelguistas en todas partes, golpeaban las paredes de los salones donde se reunían los negociadores del UFWOC y les volcaban las tazas de café e insultaban a los miembros del UFWOC cuando se los topaban en los restaurantes.[4]

El terror tenía la intención de recordarles a los trabajadores agrícolas que los productores y sus vigilantes todavía eran los reyes del valle. El abogado del UFWOC tuvo que ser hospitalizado tras ser golpeado hasta quedar inconsciente por un golpeador de los camioneros; un capataz lanzó su tractor hacia un grupo de huelguistas y la oficina del comité en Hollister —que pronto se convertiría en United Farm Workers [Trabajadores Agrícolas Unidos] (UFW)— fue dinamitada. César Chávez fue encarcelado por no acatar una orden unilateral de la Corte de detener el boicot en la cosecha de lechuga. Cuando Ethel Kennedy (la viuda de Robert F. Kennedy) visitó a Chávez en la cárcel de Salinas, fue rodeada y amenazada físicamente por cientos de opositores a la huelga, entre ellos un gran contingente de la rama local de la John Birch Society [Sociedad John Birch].

El despliegue, por parte de los productores, de los camioneros como vigilantes y golpeadores llegó a su clímax en la primavera y el verano de 1973, que resultaron brutales, cuando los huelguistas del UFW intentaron boicotear la cosecha de la uva conforme avanzaba por el valle de Coachella, cerca de Palm Springs, hasta el valle de San Joaquín. Bajo el liderazgo "multitudinario" de Frank Fitzsimmons, los camioneros se convirtieron en el principal apoyo de Richard Nixon, haciendo donaciones masivas y aportando músculo para su notable campaña de reelección de 1972. La Casa Blanca del presidente Nixon, por medio de Charles Colson, el principal asesor de la presidencia (que luego sería reclutado por los camioneros), ordenó al Departamento de Justicia y al Consejo Nacional sobre Relaciones Laborales unirse a Fitzsimmons y los productores en contra de los huelguistas de César Chávez.

El Pentágono trató primero de romper el boicot del UFW obligando a las tropas estadounidenses a consumir grandes cantidades de uva: "las cantidades de uva enviadas al ejército estadounidense en Vietnam pasaron de poco más de 250 toneladas a casi mil toneladas en 1968-1969".[5] Luego el Departamento de Justicia hizo la vista gorda cuando cientos de camioneros golpeadores, que cobraban 70 dólares diarios y blandían barras de hierro, aterrorizaron a los huelguistas, golpeando a sus simpatizantes, incluso a un sacerdote católico. Cuando los agentes del FBI supieron que los camioneros ordenaron a sus secuaces ebrios "escalar la violencia", dirigiendo ataques repentinos y personalizados contra los principales líderes de la huelga, el Departamento de Justicia no hizo nada para alertar o proteger a las víctimas.

Al menos en Coachella, los alguaciles del condado de Riverside mantuvieron la neutralidad y en ocasiones ayudaron al UFW, pero cuando los piquetes se movieron al norte, hacia San Joaquín, encontraron la resistencia de los alguaciles locales —al igual que en 1933, 1939 y 1947—, que desvergonzadamente sumaron fuerzas con los golpeadores de los productores y los camioneros. Fueron arrestados alrededor de 3 500 huelguistas y dos fueron asesinados. Nagi Daifullah, un yemení de 24 años y líder de un piquete del UFW, fue aporreado hasta la muerte por un emisario del condado de Fresno, y poco después murió de un disparo Juan de la Cruz, en un piquete cerca de Arvin, no lejos de donde había muerto uno de los huelguistas del algodón en 1933.

Pero 1973 no era 1933: las tropas del UFW estaban dispuestos a poner en práctica una autodefensa más activa. A diferencia de la situación de 40 años atrás, ahora había un poderoso movimiento chicano en las ciudades, dispuesto a ayudar —y a armar un buen lío si era necesario— a la causa agrícola. Temiendo la radicalización y una espiral de violencia, César Chávez tomó la desafortunada decisión de dirigir los escasos recursos con que contaban de la huelga principal al boicot de la uva. Los simpatizantes del sindicato en el mundo, y no precisamente sus propias tropas en los campos, fueron los principales actores en una lucha centralizada alrededor de un pequeño círculo liderado por Chávez. Aunque esta estrategia evitó la violencia y generó una enorme simpatía pública —con la cual después se aprobó, en 1976, una ley sobre las relaciones laborales agrícolas, que finalmente ofreció algunos derechos a los trabajadores del campo—, el auge del boicot coincidió con un marcado declive en el activismo de base. A pesar de un "armisticio" con los camioneros (que pronto perdieron interés en los trabajadores agrícolas), el sindicato fue incapaz de consolidar sus logros y conservar el terreno que había ganado con tan heroica lucha.

Cuando murió, en 1993, Chávez se había convertido en un santo estadounidense y el UFW, en una muy querida causa de los liberales. No obstante, de manera paradójica, la mayoría de los trabajadores agrícolas permaneció desorganizada, pobre hasta la desesperación y casi invisible. En esa patria chica del fascismo agrícola —Salinas, San Joaquín y los valles de Coachella e Imperial—, los migrantes indígenas de México, mixtecos especialmente, en pleno siglo XXI aún trabajan en condiciones no muy diferentes de aquellas por las que el IWW protestó en 1914 y por las que la CAWIU se rebeló en 1933. Ciertamente, si uno vuelve la vista a la década de 1970, no es difícil concluir que una vez más el vigilantismo y la violencia privada, aliados con quienes debían hacer cumplir las leyes localmente y con un tolerante gobierno federal, terminó venciendo a la épica sublevación del campesinado.

11. ¿Los últimos vigilantes?

Estadounidenses que hacen el trabajo que el gobierno no hace

Eslogan de Minuteman Project

Ha habido una extraordinaria coherencia en los prejuicios raciales de los blancos durante los últimos 150 años de historia en California. La ira de nativistas y vigilantes siempre ha recaído sobre el sector de la población más pobre e indefenso, el de quienes realizan los trabajos más rudos: gente proveniente de Donegal, Cantón, Hokkaidō, Luzón, Oklahoma y ahora Oaxaca. Y el discurso que se transmite a diario en decenas de programas radiofónicos de AM en California y el suroeste de Estados Unidos se ha mantenido prácticamente idéntico al que describió Steinbeck en 1939: "Hombres que nunca han pasado hambre miran a los hambrientos [...] Ellos dicen: 'Esos malditos *okies* son sucios e ignorantes. Son degenerados y maniacos sexuales. Esos malditos *okies* son ladrones. Se roban cualquier cosa. No tienen sentido del derecho de propiedad.'"[1]

Los más célebres de los neovigilantes actuales son los llamados *minutemen* (una verdadera miscelánea disgregada de grupúsculos y líderes), que comenzaron a patrullar la frontera entre México y Arizona en abril de 2005, justo —y quizá de forma apropiada— el día de los inocentes en Estados Unidos. El movimiento de Tombstone, Arizona, muy mediático, fue la última encarnación de las patrullas antimigrantes que han plagado las zonas fronterizas durante más de una década. Con el pretexto de que protegen la soberanía nacional de la "amenaza morena", diversos grupos paramilitares, comandados por rancheros racistas y autodeclarados "guerreros arios" —incitados por influyentes personajes de la radio de derecha—, han acosado, detenido y probablemente asesinado a migrantes que cruzan los ardientes desiertos de Arizona y California.

El Minuteman Project fue un teatro del absurdo y un certero intento de hacer que el vigilantismo regresara a las políticas conservadoras dominantes. Quienes participaban en Tombstone —un contador retirado y un antiguo profesor de preescolar, ambos del sur de California—

encantaron a la prensa con la promesa de reunir a mil súper patriotas fuertemente armados que enfrentarían a las hordas de mexicanos a lo largo de la frontera en el condado de Cochise. Llegado el momento, reunieron a 150 crápulas, devotos de las armas y sociópatas, que permanecieron varios días en unas reposeras, limpiando sus fusiles, farfullando con la prensa y husmeando con binoculares militares en las montañas cubiertas de saguaros donde cada año varios cientos de migrantes perecen por insolación y sed. No era muy probable que ese mes de abril ocurriera el "apocalipsis en la frontera", pues los indocumentados leyeron los periódicos o escucharon la radio como cualquier hijo de vecino. Enfrentados a los *minutemen* y a los cientos de agentes fronterizos adicionales que fueron enviados para protegerlos, los campesinos esperaron con paciencia del lado de Sonora a que los vigilantes se quemaran al sol, se aburrieran y luego se fueran a casa.

Sin embargo, sería un error desestimar la importancia de esos fanáticos enfundados en trajes de camuflaje: sus sucesivas apariciones fársicas en el desierto (diferentes grupos de *minutemen* patrullaron varias veces la frontera cerca de San Diego en 2005 y 2006) habían tenido un electrizante impacto en las bases conservadoras. Por primera vez, el gobierno de Bush se sintió seriamente asediada, no por los demócratas (éstos nunca serían tan mal educados), sino por una rebelión antimigrante en su propio bando. En el caldeado mundo de la política en los suburbios conservadores, los *minutemen* se convirtieron en superhéroes que combatían contra una conspiración criminal (similar a la de la "amenaza amarilla") que buscaba inundar el país de malhechores y futuros pandilleros de piel morena. Por supuesto, la contradicción entre esos demagogos andrajosos que se hacen pasar por guerreros vigilantes y su impresionante imagen dentro de la retórica derechista no es mayor que la contradicción entre la tremenda abominación racista republicana por los migrantes ilegales y su dependencia personal de esclavos hispanoparlantes para que laven sus ropas y limpien el trasero de sus bebitos.

Las raíces de este neovigilantismo se remontan a 1996 y al polarizado debate en California en torno a la Propuesta 187, que planeaba negar educación pública y servicios de salud a los indocumentados. La violenta reacción contra los latinos, que el malévolo brujo Pete Wilson, ex gobernador de California, había reanimado, no logró desvanecerse, como quizás habrían querido Karl Rove y otros estrategas electorales de la Casa Blanca. En las últimas décadas, en cambio, las campañas que se originaron en California —contra los derechos sociales de los migrantes y el uso del español en las escuelas— se exportaron a Arizona, Colorado y muchos otros estados del sur con una creciente población de origen latinoamericano. Como las primeras protestas contra el aborto (que culminaron en terrorismo de derecha), el movimiento vigilante representa una eficaz táctica para llamar la atención de la prensa, encender la oposición a la migración y cambiar el equilibrio de poder dentro del Partido Republicano.

Por otro lado, y para malestar de la Casa Blanca, los *minutemen* encontraron un efusivo (aunque inarticulado) admirador en el gobernador de California Arnold Schwarzenegger: "Creo que ellos han hecho un estupendo trabajo. Han reducido considerablemente el porcentaje de migrantes que cruzan la frontera. Esto demuestra que las cosas funcionan bien cuando uno se empeña y trabaja duro. Es algo que puede lograrse." Luego, cuando los furiosos líderes latinos lo acusaron de "crear chivos expiatorios e incriminar a los migrantes", e incluso después de que el presidente Bush caracterizara al grupo como "vigilantes", Schwarzenegger reiteró con actitud desafiante que él acogería la ayuda de los *minutemen* en la frontera de California. (Como suele hacer, el *governator* afirmó en seguida con incongruente tranquilidad que se consideraba un "defensor de los migrantes".)[2]

Algunos comentaristas políticos con experiencia, que consideraban que se trataba de una tormenta en un vaso de agua, se quedaron con la boca abierta en noviembre de 2005 cuando uno de los fundadores del Minuteman Project, Jim Gilchrist, se postuló como candidato, con el respaldo del sindicato de la Patrulla Fronteriza, y ganó casi tantos votos como el candidato demócrata en el condado de Orange en la elección de representantes ante el Congreso. En subsiguientes contiendas electorales en el sur de California, como la elección especial de 2006 para sustituir al congresista *Duke* Cunningham, un bandido caído en desgracia, los republicanos compitieron por el respaldo de prominentes vigilantes y demagogos que hablaban del "peligro moreno". Entretanto, Gilchrist y sus seguidores hicieron de Costa Mesa, una ciudad del condado de Orange con una significativa población latina, una obra maestra de sus políticas —especialmente el despliegue de la policía local para verificar el estatus migratorio—. En su visión maniqueísta, nadie puede ser neutral: estás de parte de la Patrulla Fronteriza o eres un delincuente extranjero.

Tal fanatismo, en un estado donde está configurándose una mayoría latina, puede parecer el último suspiro de una cultura en decadencia, y de hecho es probable que así sea. Pero por el momento los neovigilantes aún controlan la situación, con los ojos puestos firmemente en el glorioso pasado californiano, ejemplificado por la pandilla de Glanton, la Order of Caucasians [Orden de los Caucásicos], los Native Sons of the Golden West, la American Protective League, el Ku Klux Klan y Associated Farmers.

Parte II

México, atrapado en la red
del imperio estadounidense

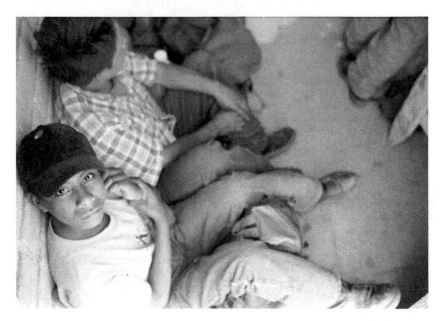

FIGURA 4. Sixto Méndez Coyazo, de 14 años, proveniente de Chiapas, nunca ha ido a la escuela. Es analfabeto. No conoce Estados Unidos y no sabe a dónde va a ser llevado para trabajar una vez que cruce la frontera en Sasabe. Sixto viaja con su tío Felipe Coyazo, de 32 años, un campesino que no tenía trabajo en Chiapas porque las importaciones de maíz estadounidense subsidiado han hecho que el precio sea tan bajo que los agricultores locales no logran ganarse la vida. Sixto quiere trabajar en Estados Unidos para mantener a sus padres.

Introducción

Los seres humanos han estado siempre en constante movimiento y las migraciones masivas indican grandes hitos en la historia. Los antropólogos que se ocupan de las épocas más remotas creen que *Lucy*, el primer homínido en los registros arqueológicos, murió mientras migraba.[1] Muchas personas abandonan su ambiente familiar sólo cuando la subsistencia y el bienestar están en peligro. En 2004, más o menos una de cada 35 personas era un migrante internacional.[2] Si todas ellas vivieran en un mismo lugar, constituirían el quinto país más poblado del mundo. La migración moderna está motivada por los mismos deseos de subsistencia, exacerbados por el efecto desestabilizador del capitalismo global, aunque con frecuencia el debate es "nacionalizado" por quienes se oponen a la migración, para separarlo de su contexto fundamental. El capitalismo corporativo, llamado también neoliberalismo por sus detractores, exige que las decisiones políticas de los Estados favorezcan la rentabilidad a expensas de la sostenibilidad social, con los intereses de las empresas y los inversionistas por encima de los intereses de los trabajadores, los indígenas, los pobres del mundo y el medio ambiente.

El capitalismo corporativo también establece una simple estrategia de desarrollo para las naciones pobres, orientada hacia el mercado, conducida por el sector privado y basada en las exportaciones, lo que las abre al capital foráneo y la inversión extranjera.[3] Más aún, la aplicación práctica del neoliberalismo ha redefinido, por un lado, el rol del Estado en relación con su pueblo y, por el otro, las exigencias del sistema capitalista global.[4] Como consecuencia, las naciones ricas pueden ejercer control sobre las naciones en desarrollo, creando así una situación que recuerda al periodo colonial que, de entrada, dividía a las naciones en ricas y pobres. Los procesos de redistribución emprendidos por el gobierno mediante el financiamiento al bienestar social y las inversiones en infraestructura, vivienda, salud, empleo y educación, han sido severamente reducidos o desmantelados. En su lugar, el gobierno invierte en la creación de un entorno favorable a los negocios. Se han desmantelado las regulaciones y las restricciones a los movimientos y a la concentración de capital por parte de las grandes empresas, con lo que se les ha permitido ejercer una influencia casi total sobre todos los aspectos de la vida diaria.[5]

Exportada por las naciones más poderosas del planeta (particularmente Estados Unidos) y reforzada por las políticas de instituciones financieras globales como el Fondo Monetario Internacional (FMI), el Banco Mundial y la Organización Mundial del Comercio (OMC), la política neoliberal ha fusionado a los gobiernos y a la clase capitalista en todo el globo. En las décadas recientes, la reorganización económica interna y radical en numerosos países ha desplazado a millones de trabajadores, principalmente en países en vías de desarrollo, llevándolos a una odisea desesperada en busca de trabajo en cualquier parte y produciendo migraciones masivas desde los países pobres hacia los países ricos. La mayoría de los migrantes escogen su destino con base en la cercanía, la disponibilidad de empleo y la esperanza de obtener algún grado de seguridad social, o en algunos casos con base en alguna relación económica que haga más simpe el desplazamiento.[6] Por ejemplo, se estima que hoy día en todo el mundo 180 millones de personas viven lejos de su país de origen, 40% de las cuales se ha desplazado hacia países más desarrollados, que tienden a tener economías más estables y necesitan de la mano de obra de los migrantes como un medio para reducir los salarios.[7] Los migrantes son también reclutados para enfrentar la escasez de mano de obra en determinadas industrias, lo que explica que los migrantes en España, Italia y Francia realicen casi siempre los mismos trabajos que los mexicanos realizan en Estados Unidos.

La "migración neoliberal" —en otras palabras, el desplazamiento acompañado de la privación de los derechos de ciudadanía y de la segregación interna en el país anfitrión— se ha implementado a escala internacional con las estipulaciones del "modo 4" del Acuerdo General sobre el Comercio de Servicios (AGCS), dentro de la Organización Mundial del Comercio, que versa sobre la migración de "personas físicas". Esta estipulación sienta las bases jurídicas para la legalidad de programas de "trabajador invitados" y para el reacomodo de los desplazados como "trabajadores temporales" en un país extranjero. El modo 4 legitima el que se le nieguen los derechos de ciudadanía a los trabajadores temporales y los ata a empleadores específicos. Esto es así dado que el migrante es un "proveedor de servicios" más que un trabajador propiamente dicho y su movimiento a través de las fronteras es "comercio" más que migración. De esta forma, no están protegidos por los estándares mínimos establecidos por la Organización Internacional del Trabajo o por las leyes del país de acogida donde trabajen. El lenguaje del modo 4 del AGCS sólo garantiza a los trabajadores migrantes la protección que ya tengan en su país de origen.

Según Basav Sen, periodista y activista por los derechos de los migrantes, en la práctica el modo 4 del AGCS "es un absurdo":

> por estar en un país extranjero, ellos pierden el acceso físico a los sindicatos, los servicios legales, las organizaciones por los derechos humanos y los juzgados en sus propios países. Incluso en el caso extremadamente improbable de que superaran esas barreras e iniciaran un proceso legal en su país de origen contra su empleador, las jurisdicciones de esos tribunales no procederían en la mayoría de los casos, dado que el abuso habría ocurrido fuera del territorio de su país de origen. [Con las empresas multinacionales] es también muy probable que el patrón radique en un tercer país.[8]

El reacomodo global de personas ocurre sin tener en cuenta dónde se sitúen las fronteras políticas, puesto que la migración de personas —mucho más que la migración de empresas— es resultado de las transacciones económicas globales. Como explica Néstor Rodríguez, "la crisis en la frontera no es la de esos 'extranjeros ilegales' que infestan Estados Unidos tras cruzar la frontera con México, sino que es la del crecimiento del capitalismo global que aplasta a los Estados nación en cuanto unidades de desarrollo económico".[9] En otras palabras, mientras la migración global es instigada por una creciente economía internacionalizada, la reacción hacia ella es borrar las fronteras nacionales y permitir que resurjan las políticas de exclusión. La extrema derecha culpa a los trabajadores migrantes de los problemas económicos y sociales, estribillo que ha proliferado en un ambiente donde prevalecen la guerra, la pobreza y los conflictos de clase.

En Estados Unidos, el ataque a los migrantes ocurre tras una de las mayores transferencias de riqueza de los pobres hacia los ricos en la historia de esa nación. Según el Center on Budget and Policy Priorities [Centro sobre Prioridades Políticas y Presupuestales], el costo total de los recortes fiscales en el gobierno de Bush habría alcanzado los 3.9 billones de dólares, con una reducción en los ingresos de 297 mil millones de dólares en el 2004 y de la colosal cifra de 600 mil millones de dólares en 2014, que ha beneficiado en primer lugar a los súper ricos.

> Las rebajas de impuestos benefician principalmente, por mucho, a las familias de altos ingresos —los menos necesitados de recursos adicionales—, en un momento en que los ingresos están excepcionalmente concentrados en lo más alto de la distribución [...] El 1% de las familias más acaudaladas recibirá

recortes de impuestos que promedian los 35 mil dólares, o sea 54 veces lo que recibirán los que están en la parte media de la distribución [...] Los recortes de impuestos le entregarán más de 30 mil millones de dólares a los 257 mil millonarios de la nación, tan sólo en 2004.[10]

Otra forma de esta lucha de clases económica está ocurriendo con la eliminación coordinada del salario mínimo. Según un estudio realizado por el Economic Policy Institute [Instituto sobre Políticas Económicas],

El valor del salario mínimo ajustado a la inflación es 26% menor en 2004 que en 1979. Además, si se compara lo que ganan los trabajadores con salario mínimo con el salario promedio por hora, encontramos que aquéllos no crecieron al ritmo de los demás trabajadores. El salario mínimo equivale a 33% del salario promedio por hora de los trabajadores estadounidenses, el menor nivel alcanzado desde 1949.

El Congreso no ha incrementado el salario mínimo en siete años, el segundo periodo más largo sin intervención del gobierno desde que se implementó el salario mínimo en 1938. Mientras el Congreso no incremente el salario mínimo, éste continuará perdiendo valor.[11]

Otro revelador estudio del Economic Policy Institute muestra que la recuperación después de la depresión económica de 2001 no ha sido equitativa:

Las ganancias empresariales subieron 62% desde el punto más alto, comparadas con el crecimiento promedio de 13.9% respecto del mismo momento en las últimas ocho recuperaciones que han durado lo mismo que la actual. Es la tasa de crecimiento de las ganancias más rápida en una recuperación desde la segunda Guerra Mundial. La compensación laboral total también ha tenido un comportamiento histórico: creció sólo 2.8%, el menor crecimiento en cualquier recuperación desde la segunda Guerra Mundial, muy por debajo del promedio histórico de 9.9%. El grueso de estas compensaciones se debe al incremento de los pagos no salariales, como las prestaciones en materia salud y las ganancias en los fondos para el retiro. El rápido incremento de los costos de la salud y los requerimientos financieros de las pensiones implican que esos pagos más elevados en las prestaciones no se han traducido en *incrementos en los estándares de vida* para los trabajadores, sino que sólo cubren los altos costos del cuidado de la salud y el financiamiento de las pensiones. El crecimiento en el *sueldo total y los ingresos salariales*, que son la primera fuente de la paga neta que los trabajadores llevan a sus hogares, en realidad ha sido negativo para los trabajadores del sector privado, de –0.6%, en comparación con 7.2%, que es el incremento promedio en los sueldos privados y los ingresos salariales en este momento de la recuperación.[12]

Los expertos en migración están más que dispuestos a eliminar al Estados Unidos corporativo de su repartición de culpas. Al pasar por alto de manera consciente el papel de las grandes empresas y del gobierno en la disminución del salario de los trabajadores, señalan con dedo flamígero a los migrantes, cuya culpabilidad se convierte en algo de "sentido común", algo que se repite hasta la saciedad en los medios de comunicación. Los intereses de los ricos de Estados Unidos han sabido mezclarse en el trasfondo de la política nacional, un astuto logro si se tiene en cuenta que son ellos, y no los migrantes, los culpables del declive en las condiciones de trabajo y en los estándares de vida.

Finalmente, el debate nacional sobre migración se llevó a cabo con el telón de fondo de los gastos masivos de la guerra de Irak. Según un estudio realizado en enero de 2006 por el economista Joseph E. Stiglitz, de la Universidad de Columbia, y la profesora de Harvard Linda Bilmes, el costo total de la guerra podría haber alcanzado la marca de los 2 *billones de dólares* si Estados Unidos hubiera permanecido en Irak hasta 2010. A partir de enero de 2006, según un portavoz de los marines, la guerra saldría en unos *4.5 mil millones de dólares mensuales* tan sólo en "costos de operación" militares (sin mencionar los costos por adquirir nuevas armas y equipo).[13]

Los gastos militares totales en 2005 alcanzaron la enorme cifra de 419 300 millones de dólares, 41% más que en 2001. Al mismo tiempo, el gobierno de Bush reveló una enorme ronda de recortes de gasto en 150 áreas del presupuesto federal en 2005, "eliminando decenas de programas internos políticamente sensibles, entre ellos el financiamiento para la educación, la protección del medio ambiente y el desarrollo empresarial, mientras proponía aumentos significativos para el gasto militar e internacional".[14] En medio de esta monumental transferencia de riqueza de la clase trabajadora a la maquinaria de guerra de Estados Unidos y sus grandes empresas, los migrantes aparecen en el centro de la atención del Congreso estadounidense, de unos medios de comunicación sumisos y de un regimiento de *apparatchiks* antimigrantes, bien financiados y bien ubicados.

Aunque este libro se enfoca sobre todo en el fenómeno de la migración en la frontera entre México y Estados Unidos, es necesario tener presente el contexto internacional para apreciar completamente su significado. Los movimientos racistas de extrema derecha, como el de los *minutemen*, tienen sus antecedentes tanto en Estados Unidos como en otros países. Por ejemplo, los países de Europa occidental han atestiguado el auge de movimientos políticos sustancialmente antimigrantes, el cual ha coincidido con los programas de reestructuración económica destinados a reducir el gasto en el sector público. En Francia, el Frente Nacional —hoy Agrupación Nacional—, una organización abiertamente fascista que promueve la oposición a los migrantes como su principal causa, tuvo un alarmante éxito en las elecciones presidenciales de 2002. El crecimiento de la extrema derecha también fue impulsado por el gobierno de Jacques Chirac, dispuesto a culpar de los infortunios sociales a los migrantes.

A finales de 2005, la absurda muerte de dos jóvenes migrantes —electrocutados cuando se escondían detrás de un transformador eléctrico, luego de ser perseguidos por la policía sólo por sus características raciales— dio inicio a protestas masivas en los suburbios de trabajadores norafricanos en las afueras de París. Las protestas se diseminaron entre los abandonados distritos de migrantes hasta alcanzar nueve poblaciones alrededor de la capital, reflejando la creciente insatisfacción de las comunidades primordialmente musulmanas. Un tercio de los estimados 6 millones de descendientes de norafricanos en Francia viven en guetos suburbanos. El desempleo entre los argelinos y los marroquíes, que constituyen los principales grupos de migrantes, ronda 30%, en contraste con la media nacional de 9.6%. Christophe Bertossi, un especialista en migración del Institut Français des Relations Internationales [Instituto Francés de Relaciones Internacionales], señala la verdadera causa del conflicto: "Detrás del velo de igualdad, florece la discriminación, alimentando las viejas divisiones raciales y privando a los migrantes de riqueza y oportunidades."[15]

La respuesta del entonces ministro del Interior, Nicolas Sarkozy, fue tildar de "escoria" a los protestantes, prometiendo "limpiar" los suburbios de esa "gentuza" y lanzar una guerra "sin piedad". A principios de 2006, introdujo leyes excluyentes que prometían restringir la entrada de migrantes árabes y musulmanes (e introducir un programa para trabajadores temporales) y afirmó: "no queremos más una migración impuesta; queremos una migración selectiva".[16]

También es importante reconocer que la incriminación de los migrantes se da también dentro de los países "exportadores de trabajadores". Por ejemplo, para los 500 mil migrantes guatemaltecos en México, el racismo y la violencia a manos de agentes de los diversos cuerpos policiacos corruptos son rasgos comunes de la vida diaria. Según José Luis Soberanes, en su momento presidente de la Comisión Nacional de los Derechos Humanos, "uno de los problemas más tristes en asuntos migratorios es la contradicción de demandar que en el norte se respeten los derechos de los migrantes cuando nosotros no somos capaces de garantizarlos en el sur".[17]

Los intereses comerciales en México, al igual que en Estados Unidos, se aprovechan de los indefensos guatemaltecos para reducir los salarios. Puesto que las leyes mexicanas consideran que la migración indocumentada es un delito (como intentó hacer la ley Sensenbrenner) y parte del sur de México sufre de escasez de mano de obra debido a la migración hacia el norte, los guatemaltecos se suman a la clase trabajadora desposeída a nivel internacional. Su migración, segregación, empobrecimiento y persecución son un "buen negocio".

El mismo patrón de explotación, violencia y agresiones a los migrantes se da en todos los países. Las campañas orquestadas contra las comunidades de migrantes (particularmente los que son de color) se dan en España contra los marroquíes, en Inglaterra contra los de Europa del Este, en Alemania contra los turcos y en Japón contra los coreanos. En Estados Unidos, un proceso similar ha ocurrido desde el 11 de septiembre de 2001, pues se ha detenido, deportado y perseguido por sus características raciales a árabes y musulmanes, lo que sirve de precedente para los ataques contra los trabajadores migrantes mexicanos. Los ataques contra éstos también están ligados a una larga y horrible historia de victimización basada en su estatus marginal dentro de Estados Unidos.

La segunda y la tercera partes de este libro resaltan la interrelación histórica entre Estados Unidos y México, especialmente el expansionismo estadounidense y los nexos entre los obreros mexicanos y la economía de Estados Unidos. Mi premisa es que los obreros mexicanos son una parte integral e inseparable de la clase obrera estadounidense, a pesar de los muros en la frontera. Los obreros mexicanos, desde principios del siglo XX, han aportado la mano de obra necesaria para las empresas capitalistas estadounidenses, tanto en Estados Unidos (trabajadores subyugados, migrantes o "temporales") como en México mismo (trabajadores en las maquiladoras y en las grandes multinacionales).

Aunque hay quienes rinden pleitesía al mundo sin fronteras del "libre mercado" (es decir, la hegemonía empresarial y la absoluta libertad de movimiento del capital y de los ricos), también se quejan de la migración trasnacional de los obreros desplazados. El incremento de la migración se ha convertido en una cortina de humo para los políticos que buscan hacer carrera profesional y acrecentar el poder del capital sobre el trabajo, mediante la criminalización de los movimientos transfronterizos. En otras palabras, junto con la "desnacionalización" de la economía global se produce la "renacionalización" de la política para producir una orientación intensiva, dirigida por el Estado, hacia el reforzamiento de las fronteras y hacia las restricciones a la migración.[18] Aunque las redes de transporte global han facilitado el traslado de artículos en todo el mundo de forma rápida, las nuevas restricciones en las fronteras están diseñadas para obstruir, controlar y regular el movimiento de trabajadores.

La tercera parte del libro explica la razón por la que el contorno del sistema capitalista necesita de esos obstáculos para fomentar divisiones en la clase trabajadora. En el contexto del sistema de clases, el poder de los trabajadores para negociar una mayor participación en la riqueza que ellos producen —mediante mejores salarios, bienestar social y derechos democráticos— está en proporción directa a su capacidad para participar en la lucha colectiva: sindicatos, huelgas, protestas sociales y otras formas de resistencia organizada. Mientras menos organizados están los trabajadores (a causa de las fronteras, las restricciones a la participación política y la percepción de las diferencias culturales), más poder tendrá el capital para imponer sus condiciones sobre cada trabajador.

Al ejercer un monopolio sobre aquello que confiere la ciudadanía, la clase capitalista (por medio de sus representantes políticos en el Estado) es capaz de crear niveles de integración/segregación dentro de la clase obrera, para así reforzar el aislamiento político, cultural y físico de sus diversos sectores. Estos capítulos narran la génesis y la evolución de las políticas migratorias como forma de debilitar al movimiento obrero y evitar su cohesión, de institucionalizar la discriminación racial, nacional y política, y de fragmentar la conciencia de la clase trabajadora.

Adicionalmente, mostraré cómo la migración se politiza en épocas de estancamiento o depresión económicas o en periodos de polarización social. A menudo, la percepción de la migración se proyecta a través de la lente de los objetivos de la política exterior, como un medio para obtener apoyo interno de la mayoría trabajadora para los objetivos del Estado fuera del país, que representan los objetivos de los sectores más preponderantes del capital.

Por ejemplo, el capítulo 25 examina las cambiantes facetas del discurso sobre migración desde el 11 de septiembre de 2001 y cómo la frontera entre México y Estados Unidos ha sido manipulada en la conciencia pública como el mayor campo de batalla en la "guerra contra el terrorismo". Todos los migrantes y todos los que actualmente cruzan la frontera portan el estigma de "terroristas potenciales" y cargan el peso de la persecución racial, el hostigamiento y la violencia. Otros capítulos ilustran cómo la ausencia de una oposición política unificada y la complicidad del Partido Demócrata en el llamamiento a "tomar medidas enérgicas contra la migración" han permitido a la extrema derecha dominar el terreno político y hacer que su agenda extremista se convierta en la dominante.

Los políticos y los movimientos contra los migrantes han exagerado el tema, dándole connotación de "crisis nacional". Apelan al racismo y a la xenofobia cuando le dan forma al debate nacional y son la fuente principal de muchas teorías dudosas (si bien son casi universalmente aceptadas) sobre las consecuencias negativas de la migración.

Esos grupos buscan obtener seguidores entre los trabajadores nacidos en cada lugar, en especial en tiempos de incertidumbre económica. Mediante un lenguaje populista, se disfrazan de "defensores" de los intereses ciudadanos, promoviendo la idea de que los trabajadores migrantes compiten por los recursos limitados y son fuente de "degeneración" social y política. Los opositores a la migración también intentan impulsar el activismo contra las grandes empresas, pues éstas necesitan a toda costa acceso a la mano de obra barata y desprovista de derechos, así como a las ganancias que ésta genera.

Cuando la animosidad racial se instala en los debates dominantes, como explican los capítulos 27 y 28, las formaciones de extrema derecha son legitimadas y reactivadas, y sus conclusiones acerca de la necesidad de la violencia racial conquistan un público amplio. Cualquiera que sea la escisión entre los intereses de las grandes empresas y la extrema derecha, el debate parte desde un punto de vista común: los trabajadores migrantes no deben tener acceso a los derechos humanos y democráticos básicos de que disfrutan las personas nacidas en el lugar. Por todo ello, la quinta parte del libro se centra en la necesidad de repensar nuestra visión de la migración en el contexto de una lucha general por la justicia social, que permita crear un movimiento por los derechos de los migrantes que fomente la oposición colectiva a las restricciones fronterizas y migratorias, y que apoye la igualdad fundamental y absoluta de toda la clase trabajadora.

Figura 5. Altar, en Sonora, es un importante polo para los migrantes
provenientes de México y Centroamérica. La autopista, que por un lado conecta
la ciudad con los estados del sur de Estados Unidos y por el otro conduce hacia
el norte hasta Mexicali y Tijuana, es la principal (y única) avenida de Altar.

12. La conquista preparó el escenario

Es común entre muchos antimigrantes preguntarse por qué los mexicanos simplemente no se "largan a su propio país". Lo que muchos no ven, o no quieren ver, es que varios de los estados que conforman Estados Unidos antiguamente fueron la parte norte de México. Este territorio sólo pasó a formar parte de Estados Unidos después de la guerra entre ambos países, en 1846-1848. La guerra demostró ser un punto clave en las relaciones entre Estados Unidos y México, y fue la culminación de un periodo de expansión y conquista angloamericana en toda Norteamérica. Avalados por los intereses esclavistas del sur e industriales del norte, los expansionistas decidieron que el norte de México estaba listo para ser ocupado. México era especialmente vulnerable, pues se encontraba en medio de una guerra civil y sus sucesivos gobiernos eran incapaces de reunir los recursos suficientes para poner en orden el lejano norte. La expropiación y la anexión del norte de México se llevó a cabo por medio de la ocupación militar directa de las fuerzas estadounidenses. Esto fue legalizado mediante la imposición del Tratado de Guadalupe Hidalgo en 1848, cuya ratificación por parte del gobierno mexicano fue un requisito para el retiro de las tropas. El tratado cedía California, Arizona, Nuevo México, Nevada, Utah, Colorado y partes de Wyoming y Oklahoma. También obligaba a México a abandonar cualquier reclamo sobre Texas. A manera de lavado de conciencia, el gobierno de Estados Unidos dio a México la simbólica cifra de 15 millones de dólares por lo que era casi la mitad del territorio mexicano y tres cuartas partes de sus recursos naturales.

La conquista de México por parte de Estados Unidos demostró el procedimiento histórico global por medio del cual las naciones ricas e industrializadas doblegan por la fuerza a las naciones menos desarrolladas con fines de explotación económica. Uno de los frutos de tales conquistas es la ideología racista, engendrada y perpetuada por intelectuales y políticos a sueldo de los intereses económicos dominantes. La conquista del norte de México dejó a más de 125 mil mexicanos marcados por una nueva frontera, convertidos en extranjeros en su propia tierra ancestral. La doctrina del Destino Manifiesto definió las relaciones entre los emigrantes angloamericanos y la población mexicana en los desiguales términos de conquistadores por un lado y conquistados por el otro.[1] Según el historiador Reginald Horsman, la noción del Destino Manifiesto encapsulaba muchas de las teorías a modo que buscaban justificar la anulación de la soberanía y la integridad territorial de indios y mexicanos, junto con su expansión hacia el oeste. "En 1850, se difundía la versión de los estadounidenses 'anglosajones' como personas diferentes y superiores, destinadas a ofrecer buen gobierno, prosperidad comercial y cristianismo al continente americano y al mundo entero. Era una raza superior y las razas inferiores estaban condenadas a la subordinación o la extinción."[2]

El Destino Manifiesto, que fue una especie de marca de nacimiento de la dominación imperial de Estados Unidos, era una filosofía materialista que proclamaba la superioridad política y económica de las instituciones estadounidenses y declaraba que el capitalismo y el sistema de plantaciones tenían el derecho de cruzar las fronteras y expropiar territorios si éstos no eran bien defendidos. En fecha tan temprana como 1801, Thomas Jefferson afirmó: "Aunque nuestros actuales intereses nos restringen a determinados límites, es imposible no mirar hacia el futuro distante, cuando nuestra rápida multiplicación nos lleve más allá de esos límites, cubriendo todo el norte y de ser posible el sur del continente."[3]

Para lograr que la clase trabajadora estadounidense apoyara ese proyecto de expansión, la doctrina promovía la superioridad de los euroamericanos, al tiempo que prometía las nuevas tierras adquiridas a los obreros y los campesinos pobres que habían peleado por ellas.[4]

Entretanto, los mexicanos que residían en la porción recién adquirida por Estados Unidos eran reducidos a ciudadanos de segunda clase. Aunque el Tratado de Guadalupe Hidalgo establecía un conjunto de garantías para proteger las tierras y el derecho al voto de los mexicanos, "posteriormente los tribunales estadounidenses locales, estatales y federales determinaron que las medidas del tratado podían ser reemplazadas por leyes locales".[5] Los intereses económicos de los angloamericanos usaron al gobierno federal, por medio de una ley de 1851, para privar a los mexicanos de sus tierras y usaron a los gobiernos estatales y locales para implementar una estructura social racista en toda la parte sur.[6] Muchísimos mexicanos que poseían tierras fueron degradados en las décadas posteriores a la guerra y reducidos a la categoría de clase trabajadora.

En los años previos a la conquista de México se preparó el fermento ideológico que habría de condicionar el proceso de expansión. La idea de una raza anglosajona, de naturaleza superior al resto de los habitantes de Norteamérica, penetró en el debate nacional, conduciendo luego al conflicto. Según esta idea, los mexicanos eran inherentemente inferiores a los anglodescendientes, dado que eran "mestizos", resultado de una fusión de la sangre de los indios y los africanos, por un lado, y la sangre de los españoles, por el otro. Los intelectuales y los líderes políticos estadounidenses que tenían nexos con los intereses expansionistas apoyaron con escritos y discursos la idea de que los mexicanos eran una "subespecie", algo que anulaba cualquier intento de soberanía. Richard Henry Dana, un famoso congresista del siglo XIX, defensor de la expansión comercial del norte hacia los territorios mexicanos, definió a los mexicanos como "vagos y perezosos", y llegó a fantasear: "en manos de gente emprendedora, ¡qué país sería éste!".[7] Waddy Thompson, un político y diplomático de Carolina del Sur que se convirtió en una figura nacional por defender la expansión territorial de Estados Unidos en Texas, compartía estas ideas. En su famosa autobiografía, *Recollections of Mexico* [Recuerdos de México], publicada en vísperas de la guerra entre México y Estados Unidos, concluía: "Que la raza india de México retrocederá ante nosotros [...] es tan cierto como lo fue el destino de nuestros propios indios", e iba más allá, al decir que los negros de México eran "igual de vagos, inmundos y viciosos si no son sometidos a la esclavitud". En general, los mexicanos eran "vagos, ignorantes y por supuesto viciosos y deshonestos".[8]

Este desembozado asco racial ofrecía una cobertura ideológica al expansionismo territorial de Estados Unidos, un proceso ya bien encaminado cuando los ideólogos de la raza empezaron a promover sus teorías. La expansión hacia el oeste comenzó como una válvula de escape a las presiones por la desigualdad de clase, cuando los campesinos pobres migraban hacia los territorios del oeste (las tierras de los indios y los mexicanos) buscando las oportunidades que se les negaban en los estados ya establecidos, donde las tierras pertenecían a una minoría privilegiada. La migración era promovida por las élites como forma de diluir la conciencia de clase y de poner a los trabajadores europeos en contra de los pueblos originarios y los mexicanos, con quienes competían ahora por el territorio. Finalmente, esos "pioneros" prepararon el camino para la posterior consolidación territorial en manos de los intereses ferroviarios, agrícolas y mineros.

Entre 1820 y 1924, 36 millones de trabajadores de todo el mundo entraron a Estados Unidos y, entre 1820 y 1850, unos 4 millones se desplazaron hacia el oeste.[9] Muchos de los primeros migrantes alemanes e irlandeses, perseguidos como "hordas invasoras", fueron hacia la frontera con la esperanza de adquirir tierras. Los migrantes eran ridiculizados por las capas más altas de la sociedad. Por ejemplo, Benjamin Franklin se preguntaba abiertamente:

> ¿Por qué sufrir a los campesinos del Palatinado que inundan nuestras colonias y se juntan para establecer su lenguaje y sus maneras, excluyendo las nuestras? ¿Por qué Pensilvania, fundada por los ingleses, se ha convertido en una colonia de *extranjeros*?; pronto serán tan numerosos como para germanizarnos en lugar de que nosotros los anglicanicemos a ellos; ellos nunca adoptarán nuestro lenguaje o costumbres, como tampoco pueden adoptar nuestro aspecto.[10]

Aunque ellos mismos eran víctimas del fanatismo, esos emigrantes adoptaron la ideología racista que les aplicaban los expansionistas, convirtiéndose en los bastiones de la conquista territorial. Como explica el historiador del trabajo Sharon Smith, la clase trabajadora euroamericana apoyó el proyecto de expansión hacia el oeste dada la forma en que la conciencia de clase se desarrolló entre los trabajadores estadounidenses. En primer lugar, la ausencia de una tradición feudal en Estados Unidos significó que los trabajadores preindustriales no tenían la experiencia de organizarse para luchar por los derechos democráticos que los trabajadores de Inglaterra y Francia sí tenían; la conciencia de clase, por lo tanto, fue asimilada por los partidos burgueses que configuraron plataformas populistas. En segundo, la rápida industrialización de Estados Unidos permitió a un gran número de trabajadores convertirse en administradores de alto nivel o explorar sus habilidades empresariales. En tercero, la mano de obra de Estados Unidos estaba estratificada, segregada y legalmente subdividida por una constelación de leyes caracterizadas por la estrategia de "divide y vencerás" practicada por la clase dominante. Las mujeres, los afroamericanos y varios grupos de trabajadores, migrantes y nacidos en el lugar, eran puestos unos contra otros por empleadores inescrupulosos, respaldados por sus aliados en el Congreso y la Casa Blanca. Estos factores impidieron la formación de una conciencia de clase independiente entre los trabajadores —lo que facilitó las divisiones nacionales y raciales dentro de esa clase— y permitió que penetraran las ideas de la clase dominante de ese momento: el racismo, la expansión y la conquista.[11]

Creyéndose con derecho a esas tierras, los migrantes euroamericanos se desplazaron hacia el oeste en número creciente, esperando que su acción fuera aprobada y finalmente protegida por el gobierno de Estados

Unidos. Las "guerras indias", que se prolongaron por todo el siglo XIX a la par de las correrías expansionistas, reflejaron la voluntad del gobierno federal de proteger las demandas de tierra de los migrantes.[12]

Así, desde el principio, el racismo definió las relaciones entre los recién asentados angloamericanos y la población mexicana, así como en lo sucesivo entre las dos naciones. El proceso de expansión finalmente abrió los territorios indios (y luego mexicanos) a la proliferación del sistema de plantaciones y a industrias como la de los ferrocarriles.[13] La apropiación del norte mexicano significó un logro para la economía estadounidense, pues esta región contenía 75% de los recursos naturales de México. La nueva frontera, abierta para cualquier propósito hasta que fue necesaria una migración "selectiva" en el siglo XX, sirvió de medio para que Estados Unidos mantuviera sus exigencias sobre los territorios recién adquiridos. No obstante, los intereses económicos de Estados Unidos "continuaron considerando la tierra por debajo de la frontera como un depósito de riquezas y oportunidades".[14] En otras palabras, en la mente de los expansionistas la frontera servía en primer lugar como el punto de apoyo para dar el próximo salto en la penetración hacia territorio mexicano.

Aunque algunos en Washington clamaban por adquirir *todo* el territorio mexicano, los intereses empresariales prefirieron la inversión extranjera como medio para obtener ganancias sin tener que aportar recursos para el mantenimiento de un régimen colonial. Facilitado por la dictadura cómplice de Porfirio Díaz (1876-1911), el capital estadounidense penetró en la venas de la economía mexicana.

El desarrollo económico de México había sido deformado y paralizado en los dos siglos previos por el sofocante legado del colonialismo español: un sistema agrícola decrépito y semifeudal, mantenido por una añeja oligarquía y una iglesia autoritaria. Las sucesivas guerras civiles y el incesante asedio de los invasores extranjeros (México sufrió una invasión cada 10 años en promedio durante el periodo de 1821 a 1920)[15] animaron a los gobiernos estadounidenses a intervenir periódicamente en los asuntos de México para garantizar las condiciones favorables para hacer negocios.

Esas intervenciones fueron volviéndose imperiosas a medida que México se convertía en un importante destino para la inversión del capital estadounidense en el periodo posterior a la guerra. Cuando la diplomacia no funcionaba, Estados Unidos recurría al ejército. Durante la Revolución mexicana, por ejemplo, las tropas estadounidenses invadieron el suelo mexicano en dos ocasiones para inclinar la balanza en contra de los líderes a los que consideraba una "amenaza" para los negocios yanquis.[16]

México no fue la única víctima de la intromisión de Estados Unidos. A finales del siglo XIX, el capital financiero estadounidense comenzó a imponerse en todo el mundo. Lenin describió este "imperialismo" de la siguiente forma:

> Las asociaciones monopolistas de capitalistas (cárteles, consorcios, *trusts*) se reparten entre ellas, en primer lugar, el mercado doméstico, haciéndose de forma más o menos total con la producción del país. Pero, bajo el capitalismo, el mercado interior está ligado inevitablemente al exterior. Ya hace tiempo que el capitalismo creó un mercado mundial. Y a medida que se acrecentaba la exportación de capitales y que se expandían las "esferas de influencia" y las conexiones con el extranjero y las colonias de las grandes asociaciones monopolistas, el rumbo "natural" de las cosas ha conducido al acuerdo internacional entre éstas, a la formación de cárteles internacionales.[17]

Al empezar el siglo XX, el capital estadounidense se extendió más allá de la frontera con México, controlando sectores importantes de la economía mexicana, como el petróleo, los ferrocarriles, la minería y otras industrias intensivas en capital. El periodista e historiador John Ross explica:

> Célebres fortunas estadounidenses se fraguaron en el México porfiriano. La Standard Oil de Rockefeller actuó allí desde el inicio mismo de su desarrollo. Los Guggenheim, refinados y amantes del arte, contaminaron durante un siglo el aire de El Paso-Juárez con su refinería ASARCO. J. P. Morgan estableció bancos y se apropió de grandes porciones del campo mexicano con títulos financieros. El magnate de los ferrocarriles Jay Gould fue detrás de Ulysses Grant, pero quebró al invertir en el ferrocarril del sur de México que se dirigía al estado natal de Díaz: Oaxaca. Los Hearst exigieron enormes porciones de la selva mexicana en Chimilapas, en el istmo de Tehuantepec, y en la sierra Tarahumara, en Chihuahua. El volumen de los negocios estadounidenses [...] aumentó 14 veces durante la larguísima presidencia de Díaz [...] Estados Unidos dominó el comercio de bienes, con 51% del mercado [...] y tenía invertidos 646 millones de dólares para hacer perdurar la estabilidad de la economía mexicana.[18]

En la década de 1920, los intereses estadounidenses controlaban 80% de los ferrocarriles mexicanos, 81% de todo el capital en la minería y 61%

de las inversiones totales en los campos petrolíferos.[19] Los ferrocarriles, que conectaban a las "ciudades empresariales" estadounidenses en México con los mercados a través de la frontera, también permitían el tránsito hacia el norte de los trabajadores mexicanos. Una de las más importantes líneas férreas conectaba la segunda mayor ciudad de México, Guadalajara, con Nogales, en Arizona, para garantizar que los trabajadores mexicanos siguieran el flujo de la riqueza mexicana cuando ésta era extraída y exportada hacia los bancos y los mercados de Estados Unidos.

Los cambios económicos generados por este flujo masivo de capital extranjero dieron como resultado la dislocación masiva de los trabajadores mexicanos. Los capitalistas mexicanos, particularmente los que estaban vinculados con el capital extranjero, alentaron la desintegración de las propiedades comunitarias (ejidos) para favorecer la producción en gran escala, en beneficio de terratenientes e inversores extranjeros. En las regiones urbanas, los mercados se abrieron a las compañías foráneas, atropellando a los pequeños productores y exprimiendo a los sectores más débiles del capital mexicano.

Con ayuda de las tropas federales y de los "rurales", las grandes haciendas y los intereses extranjeros desplazaron a millones de pequeños agricultores, convirtiéndolos en proletariado agrícola o en parte del flujo de trabajadores migrantes. En 1910, 96% de las familias mexicanas no poseía tierras, al tiempo que en las ciudades el flujo de artículos de bajo costo provenientes del extranjero desplazaba a la clase tradicional de artesanos.[20]

La Revolución mexicana fue una respuesta popular a la tectónica ruptura económica de la población y a la sociedad radicalmente desigual que surgió de ello. A las masas se sumaron los capitalistas mexicanos que habían estado subordinados al capital extranjero y que habían sido abandonados por el régimen de Díaz. La Revolución le costó la vida a uno de cada diez mexicanos y expulsó a 1.5 millones más allá de las fronteras, en su intento por escapar de la violencia.

Si bien la Revolución tuvo éxito en acabar con el régimen de Díaz y en demoler los últimos vestigios del poder feudal, no consiguió una reestructuración radical y a largo plazo de la economía, para ponerla al servicio de la extensa población compuesta por trabajadores empobrecidos y campesinos que apenas lograban sobrevivir. No obstante, el carácter social de la Revolución produjo una Constitución que evitaba por un lado cualquier forma de neocolonialismo por parte de los poderes económicos extranjeros y por otro el retorno de regímenes dóciles que cumplieran las órdenes de algún gobierno extranjero. Por ejemplo, consideraba al "pueblo" como el dueño de la tierra y prohibía que las compañías extranjeras fueran socios mayoritarios de las empresas mexicanas.

Más aún, la Constitución contenía cláusulas que hacían del gobierno el principal protector de los derechos de los trabajadores y de los pobres, e introdujo progresivamente leyes laborales y el famoso artículo 27, que obligaba al gobierno a distribuir la tierra entre los campesinos y apoyar a los pequeños agricultores. A pesar del carácter radical de la Constitución, la actuación real de ese gobierno visionario habría requerido una revolución de obreros y campesinos, una etapa que la Revolución mexicana no pudo alcanzar.[21] Al final, ésta significó el ascenso de la clase capitalista mexicana, si bien se vio forzada a negociar durante décadas con las poderosas organizaciones de trabajadores y campesinos, un hecho que contribuyó al ascenso de un presidente populista como Lázaro Cárdenas.[22]

Durante su presidencia (1934-1940), Cárdenas nacionalizó algunos sectores importantes de la economía, entre ellos la lucrativa industria petrolera. Redistribuyó la tierra entre los pobres y ayudó a institucionalizar esa forma del populismo que se conoce como corporativismo, que permitía a los líderes de movimientos populares participar en el gobierno. Mediante permisos e incluso favores personales a los líderes de sindicatos y organizaciones campesinas, Cárdenas supo frenar la actividad de la clase trabajadora independiente. Al incorporar a los movimientos y al cooptar a sus líderes, desmovilizó eficazmente a trabajadores y campesinos, y los dejó sin preparación para el cambio procapitalista y de derecha que llevarían a cabo los presidentes después de la segunda Guerra Mundial.

La clase trabajadora soportaría el embate de este cambio, especialmente en el campo, donde la concentración de la tierra en manos de unos pocos desplazó a millones de pequeños agricultores en las décadas posteriores a la Revolución. A pesar del uso continuo de la retórica revolucionaria, que sostenía las promesas de una reforma agraria, después de 1940 el gobierno mexicano instituyó un cambio cualitativo hacia la agricultura capitalista a gran escala. Por ejemplo, se estima que 90% de la inversión en el sector social se dirigió a la producción agrícola a gran escala, con una orientación hacia el mercado, y fueron olvidadas las propiedades comunitarias de producción a pequeña escala.[23] Adicionalmente, muchos campesinos desplazados durante la Revolución nunca recibieron tierras, por lo que entraron al flujo creciente de trabajadores desposeídos. Tom Barry lo explica así: "La distribución de tierras que ocurrió en este periodo no estuvo dirigida al progreso económico ni para mejorar la situación de los campesinos pobres, sino que más bien se utilizó como instrumento de pacificación de los campesinos rebeldes y para crear comunidades de mano de obra barata cerca de las instalaciones agrícolas comerciales."[24]

Aunque las luchas de la década de 1930 llevaron al presidente Cárdenas a instituir algunas reformas significativas,[25] el comienzo de la segunda Guerra Mundial cambió la trayectoria de la economía mexicana. La guerra produjo una nueva apertura de las exportaciones mexicanas hacia el mercado mundial, una vez que Estados Unidos y sus aliados adaptaron su producción para adecuarse al esfuerzo bélico y alentaron una rápida aceleración de la inversión mexicana en el sector agrícola orientado a las exportaciones. Al mismo tiempo, el gobierno cooptó con éxito a las principales organizaciones populares mediante una combinación de fuerza, corrupción y patronazgo. Este doble proceso —dirigir los recursos hacia la producción masiva orientada a la exportación, mientras se limitaba la capacidad de obreros y campesinos para organizarse— continuó durante las siguientes décadas y alcanzó su clímax con el advenimiento del neoliberalismo. Como observa la historiadora Judith Hellman:

Cada nuevo gobierno continuó repitiendo la retórica del pasado [...] [Pero al mismo tiempo] cada uno de estos gobiernos propuso políticas específicas que [...] reflejaban los intereses de la burguesía dominante. En conjunto, estas políticas menoscabaron las ventajas de los campesinos obtenidas en el pasado y disminuyeron el proceso de reforma agraria, concluido en los años ochenta, ya con el presidente José López Portillo, quien prácticamente abandonó los compromisos [agrarios] de la Revolución.[26]

13. El neoliberalismo consume el "milagro mexicano"

El cambio hacia las exportaciones reflejó el deseo de la clase capitalista mexicana de instituir un programa de desarrollo estatal como medio para participar en los mercados agrícolas mundiales (y luego en el petrolero) y así financiar la modernización de México. Esto, unido al proteccionismo, fomentó el desarrollo de los centros urbanos. Entre 1940 y 1970, los esfuerzos del gobierno se concentraron en aumentar la productividad del campo y la inversión en unidades de producción agrícolas a gran escala, orientadas a la exportación, un proceso que se conoció como "revolución verde". Como resultado, la economía se expandió a una velocidad de 6% anual (por eso México fue celebrado como un "milagro"), pero los intereses y el bienestar de la enorme clase de campesinos se eliminaron de la fórmula.

Esos pequeños campesinos eran incapaces de competir con los grandes productores capitalistas. La mayoría, que sembraba maíz y frijoles para el consumo nacional, se debilitó frente a una minoría capitalista que producía café, tomate y fresa para el mercado estadounidense. Conforme se incrementaba la producción mexicana, la distribución de las ganancias de esta modernización fluía desde las clases trabajadoras hacia los capitalistas en ambos lados de la frontera. A pesar de algunos proyectos para tratar de sostener la agricultura de pequeña escala, el deterioro gradual de las condiciones en el campo empujó a los pobres hacia las ciudades,[1] donde se sumaron a la mano de obra industrial en plena expansión o a la burocracia estatal; algunos se veían obligados a mirar hacia "el norte", una hemorragia que continúa en la actualidad.

Si bien la población agrícola declinaba de forma sostenida respecto de la población total, el número absoluto de personas en todo México se incrementó de 14 millones en 1940 a una cifra estimada de 28 millones en 1980.[2] En ese mismo periodo, la propiedad de la tierra permaneció prácticamente constante, con 20% de la tierra cultivable concentrada en manos del 2% de los grandes productores capitalistas, el resto distribuido entre el campesinado medio, pequeño y de subsistencia.[3] Desde entonces, esos porcentajes han seguido cambiando hacia una mayor concentración de la tierra, por un lado, y hacia un aumento de la proletarización, por el otro. Los censos muestran que, en 1970, 1.2 millones de mexicanos en el campo eran trabajadores sin tierra.[4] Como porcentaje de la población rural, el número de proletarios agrícolas se disparó, hasta 46.2% en 1990 e incrementándose a un enorme 55.6% en 1995, justo cuando entró en vigor el TLCAN y se dio el desmantelamiento final del apoyo estatal a la agricultura de los pequeños campesinos.[5]

Uno de los principales factores que ayudó a sostener el "milagro mexicano" de la expansión agrícola fue la creciente dependencia de los préstamos estadounidenses para sostener el proyecto. Por ejemplo, entre 1952 y 1958, la deuda externa se incrementó en 500%, o sea casi 500 millones de dólares, principalmente en deuda con Estados Unidos. Los préstamos contenían "caballos de Troya" en sus cláusulas, que otorgaban a Estados Unidos los medios para influir en la economía mexicana. Según John Ross,

> uno de los préstamos que vinculaba a México con los designios de Washington [respecto de la adopción del neoliberalismo] se dio luego de la devaluación del peso en febrero de 1982: los 75 millones de dólares supuestamente perdidos por la Reserva Federal de Estados Unidos contenía una lista de sugerencias antiproteccionistas, según revelan los documentos del Departamento de Estado.[6]

En este contexto del despiadado desarrollo capitalista en la agricultura mexicana y su integración al mercado mundial —principalmente orientado hacia Estados Unidos— debemos entender el surgimiento de ciertos rasgos de la migración a través de la frontera. La subordinación del capitalismo mexicano al imperialismo estadounidense y a las instituciones globales del neoliberalismo preparó el escenario de las posteriores convulsiones sociales. La migración hacia el norte funcionaba como válvula de escape para la dislocación social.[7] Este subproducto fue bien recibido por el mercado estadounidense, ansioso de absorber no sólo artículos mexicanos, sino también su ejército industrial de reserva, pues los migrantes podían ser mal pagados y utilizados como esquiroles.

Para aprovechar las oportunidades que ofrecía el suministro casi ilimitado de trabajadores muy vulnerables, el gobierno, a petición de las grandes empresas, patrocinaba periódicamente programas de trabajadores temporales, mediante los cuales los trabajadores migrantes podían ser importados o exportados como una mercancía con base en acuerdos contractuales. Estos programas instituyeron un sistema de castas entre los trabajadores, privándolos de los derechos fundamentales que tienen los trabajadores en una sociedad democrática y creando una clase segregada cuya participación en la sociedad —más allá de aportar lo que producían sus manos y su sudor— estaba proscrita por la ley.

El esquema de trabajadores temporales más significativo hasta la fecha, el Programa Bracero (1942-1964), daba autorización oficial al uso de la migración para satisfacer las necesidades de Estados Unidos y México (este programa lo discutiremos con más detalle en el capítulo 17). Establecía, además, canales para la migración no oficial, pues respaldó el movimiento masivo de mexicanos hacia el norte durante más de dos décadas, estableciendo así patrones de migración que continuarían aunque hubiera cambios en la ley. De esta forma, la migración mexicana se convirtió en una institución "oficialmente no oficial" que ha continuado hasta nuestros días.

En la década de 1970, los esfuerzos de México por mantener un desarrollo patrocinado por el Estado comenzaron a flaquear y sus trabajadores una vez más enfrentaron la crisis económica que los orillaba a migrar.[8] La apertura gradual del mercado mexicano a la inversión extranjera de las empresas trasnacionales, que claramente era un medio para acelerar el proceso de industrialización, condujo en cambio a la dominación del sector industrial por capitales extranjeros, con la complicidad del gobierno mexicano.[9] En 1970, por ejemplo, 70% de los ingresos por la producción de bienes de capital fueron a parar a empresas extranjeras (principalmente estadounidenses), con sólo 20% para el Estado y 10% para las empresas privadas mexicanas.[10]

La exportación masiva de riqueza desde México hacia Estados Unidos se exacerbó por cuantiosos préstamos hechos a los sucesivos gobiernos mexicanos. A partir de la presidencia de Adolfo Ruiz Cortines (1952-1958), los préstamos de Estados Unidos fluyeron hacia la hacienda pública mexicana, hasta llevar la deuda externa a 500 millones de dólares. Con el descubrimiento de nuevas reservas petroleras en México y el aumento de los precios del petróleo tras el embargo de la Organización de Países Exportadores de Petróleo (OPEP) en 1973, los presidentes mexicanos solicitaron más préstamos para financiar el desarrollo y el mantenimiento de la economía interna.[11] La llegada de "petrodólares", como los llamaron, daba la impresión de contar con una economía en expansión. Al mismo tiempo, México fue incrementando su dependencia hacia tales préstamos, con pocos medios, salvo la venta de petróleo, para financiar la creciente deuda externa. Durante la presidencia de Luis Echeverría se contrataron nuevos préstamos para comprar y nacionalizar numerosas industrias. La intención era usar el petróleo para desarrollar la economía, pero, para finales de la década de 1970, el auge del petróleo había convertido a México en exportador de un solo producto, inhibiendo el desarrollo de otros sectores de la economía.

Durante la presidencia de José López Portillo (1976-1982), la deuda de México se catapultó hasta los 80 mil millones de dólares, contraída principalmente con los bancos estadounidenses y negociada por medio del Fondo Monetario Internacional, que concedía los préstamos en efectivo a cambio de la reestructuración neoliberal.[12] Para 1994, la deuda mexicana alcanzó los 130 mil millones de dólares. En 1982, los intereses de la deuda equivalían a la mitad del valor de las exportaciones (predominantemente petroleras), cuyo principal destino era Estados Unidos. Para conseguir los préstamos que formaron esa enorme deuda externa, el gobierno mexicano firmó ocho "cartas de intención", en las que aceptaba abrir más adelante la economía mexicana a las empresas extranjeras, recortar el gasto público y reorientar la producción hacia las exportaciones. Por ejemplo, en una carta de intención de 1984 el gobierno se comprometía a deshacerse de 1 200 empresas estatales y reducir el gasto público del 18% al 8% del producto nacional bruto.[13]

México se vio en problemas cuando el precio del petróleo cayó en picada a mediados de la década de 1980, lo que creó la necesidad de más préstamos y, a cambio, mayores "ajustes estructurales". Y México no era el único en crisis: entre 1968 y 1980, la deuda del Tercer Mundo se incrementó de 47 mil millones a 560 mil millones de dólares. En 2003, la deuda total acumulada por los países en desarrollo alcanzó 2.3 billones de dólares.[14] El monto de los intereses y la reestructuración de las reglas de producción y comercio en favor de las empresas extranjeras constituyen una de las mayores transferencias de riqueza de los países pobres a los países ricos en la historia.

Aunque algunos capitalistas mexicanos supieron enriquecerse, los trabajadores debieron hacer un sacrifico adicional. Por ejemplo, en 1996, 24 familias mexicanas se unieron a las filas de las cien familias más ricas del mundo, comprando acciones clave en empresas privatizadas que eran responsables del 14% del producto interno bruto.[15] Al mismo tiempo, el estándar de vida de los trabajadores y los pobres alcanzó niveles catastróficos.

Según un estudio realizado por la Organización Internacional del Trabajo (OIT), el salario de la clase trabajadora mexicana cayó más rápido que en cualquier otra nación latinoamericana en las últimas décadas del siglo XX. La devaluación del peso, implementada para contrarrestar la inflación, hizo que el costo social de la reestructuración neoliberal y el fracaso económico recayera en los trabajadores, los campesinos y los más pobres. Hubo cuatro devaluaciones del peso (1976, 1982, 1986, 1994), que hicieron declinar el salario y los ahorros de los trabajadores, así como el valor de las propiedades agrícolas de los pequeños campesinos, convirtiéndolos casi de la noche a la mañana en potenciales trabajadores migratorios dispuestos a cobrar poco.[16]

Antes de la era neoliberal, el salario promedio del trabajador mexicano era aproximadamente un tercio del salario promedio del trabajador estadounidense. El promedio en la primera década del siglo XXI era aproximadamente un octavo y en algunas industrias llegó a ser de un quinceavo.[17] En conjunto, la tasa de pobreza en México abarca a más del 50% de la población,[18] si bien un estudio realizado por El Colegio de México estima que 80% de los mexicanos vive en la pobreza.[19] Como consecuencia, millones de mexicanos dependen de las remesas que les envían familiares que viven del otro lado de la frontera.

No es de extrañar que la reestructuración capitalista nacional e internacional de la economía mexicana haya diezmado a los sindicatos. Si bien en los años ochenta tres cuartas partes de la mano de obra estaba afiliada a alguno, en la primera década del siglo XXI era menos de 30%.[20] Esto ocurrió principalmente por las privatizaciones, los despidos masivos, la migración y la intervención abierta del Estado contra los sindicatos para garantizar un clima "favorable a los negocios".

La conflictiva historia de México comenzó con la larga lucha por despojarse de los remanentes del feudalismo español, seguida de una era marcada por el dominio imperial estadounidense, la pérdida de la mitad del territorio y la subordinación económica a Estados Unidos. A pesar de las heroicas luchas de los obreros y los campesinos, la consolidación del capitalismo mexicano y su integración al sistema mundial, junto con la creciente dependencia de los préstamos estadounidenses y la reestructuración neoliberal, llevaron al abandono del legado nacionalista emanado de la Revolución mexicana. Esto propulsó hacia el poder a una camada de líderes "tecnócratas", que reestructuraron la economía nacional según las órdenes de Washington, en beneficio de un pequeño círculo de capitalistas mexicanos e inversionistas extranjeros, y a expensas de la gran mayoría de la población nacional.

14. De las maquiladoras al TLCAN: sacar provecho de las fronteras

En sintonía con el énfasis neoliberal en el desarrollo alcanzado por medio de las exportaciones y animado por el rápido crecimiento de las empresas trasnacionales, el Programa de Industrialización Fronteriza (PIF), iniciado en 1965, redirigió hacia el capital extranjero los esfuerzos nacionales de industrialización, apartándolos del Estado. El PIF significó el primer paso del Estado mexicano para alejarse de la "industrialización por sustitución de importaciones" y hacia la emergente ortodoxia neoliberal de la industrialización mediante la inversión extranjera directa (IED), lo que llevó a la creación de las maquiladoras, plantas ensambladoras de propiedad extranjera situadas en "zonas de libre comercio" a lo largo de la frontera norte de México.

> Los fabricantes estadounidenses fueron invitados a trasladar sus fábricas hacia el sur, a lo largo de los 3 600 kilómetros de frontera entre Estados Unidos y México, para sacar provecho de una mano de obra mucho más barata. Los subsidios federales mexicanos alentaron el rápido crecimiento de parques industriales y las nuevas regulaciones permitieron a los fabricantes importar maquinarias, piezas y materia prima libres de impuestos. El programa ha sido una muy exitosa estrategia de acumulación; en su corta vida de 30 años, ha sido relanzado y expandido varias veces.[1]

El PIF se justificó inicialmente como una forma de absorber a los trabajadores agrícolas desplazados en el mismo año en que concluyó el Programa Bracero, pero se convirtió en una muy lucrativa institución a lo largo de toda la frontera entre México y Estados Unidos. El programa de las maquiladoras buscaba de entrada sacar provecho de la enorme y concentrada población de trabajadores mexicanos en las ciudades limítrofes, muchas de las cuales son ahora "hermanas" de grandes ciudades estadounidenses: 14 grandes centros metropolitanos, como Tijuana-San Diego y Ciudad Juárez-El Paso, concentran 90% de los 12 millones de personas que viven en la región fronteriza.[2] Aunque topográficamente contiguas, estas megaciudades están divididas de forma artificial por muros, que igualmente separan a los trabajadores y degradan sus derechos.

Aparte de los beneficios por las rebajas de impuestos, el PIF permitió la súper explotación de los trabajadores mexicanos, a quienes se le paga una pequeña fracción de lo que devenga un trabajador al norte de la frontera. Según Maquiladora Management Services [Servicios de Administración para las Maquiladoras], una empresa de marketing ubicada en San Diego que promueve esa actividad industrial y se anuncia a sí misma como "su conexión con la mano de obra barata de México", a las compañías que se trasladan al otro lado de la frontera se les garantiza que el costo de la mano de obra disminuirá en 75%.[3]

Según *Twin Plant News*, una revista empresarial que promueve la industria de las maquiladoras, es precisamente el control casi total sobre los trabajadores mexicanos lo que un eventual dueño ve tan atractivo en este negocio:

> La ventaja inicial para una compañía estadounidense de operar una maquiladora es el bajo costo de la mano de obra. El trabajo en Estados Unidos se paga a 21 dólares por hora, mientras que en México, aproximadamente a 5 dólares por hora. Otras ventajas incluyen las regulaciones laborales más favorables y las reglas con menor control para los sindicatos. En algunos casos, las maquiladoras cubren el trabajo que los estadounidenses no quieren hacer. Estar durante ocho horas diarias en una línea de ensamblaje, haciendo algún tipo de trabajo manual, corresponde a puestos que a menudo quedan vacantes en Estados Unidos.[4]

Más aún, los dueños de las maquiladoras podían contar con que los bajos salarios se mantendrían así, pues los trabajadores en las zonas de libre comercio no contaban con recursos para organizarse en verdaderos sindicatos. En cambio, la afiliación a los llamados "sindicatos blancos" era obligatoria en muchos lugares. Estos "sindicatos" cooperaban con las compañías y con los gobiernos local, estatal y federal, para evitar toda organización sindical auténtica entre los trabajadores comunes.[5] Además de debilitar a los sindicatos, el gobierno mexicano subsidiaba a las maquiladoras "redistribuyendo" dinero de los contribuyentes mexicanos, todo en aras de que México resultara atractivo para la inversión extranjera. Por ejemplo, a Electrolux, una empresa con sede en Estados Unidos, el gobierno de Chihuahua le hizo un recorte de impuestos de 500 mil dólares para abrir una planta en Ciudad Juárez.[6] En otras palabras, además de no existir el más mínimo obstáculo para explotar la mano de obra barata, los *mexicanos mismos* les pagan (con sus impuestos) a esas empresas extranjeras para que saquen provecho de su trabajo.

La rentabilidad de trasladar plantas de ensamblado hacia México resultó irresistible para las compañías estadounidenses. "En 1972, cerca de un tercio del valor de todas las piezas estadounidenses enviadas al exterior fueron hacia México y, en 1977, más de mil millones de dólares en concepto de productos ensamblados en las maquiladoras regresó a Estados Unidos." El programa alcanzó su cénit en el año 2000, con 4 mil maquiladoras operando en todo el país y empleando más de 1.6 millones de trabajadores,[7] eclipsando así los esfuerzos de industrialización mediante el Estado. El sector se convirtió en una enorme fuente de ganancias para las grandes empresas estadounidenses, que llegaron a poseer cerca del 90% de todas las maquiladoras.[8] En 2005, las maquiladoras produjeron 113 mil millones de dólares en bienes —90% de ellos fueron a parar al mercado estadounidense—[9] y unas ganancias no previstas para corporaciones como General Motors, Dupont y Dow Chemical.

El cambio hacia la producción que aprovecha el libre comercio ha erosionado el núcleo industrial tradicional patrocinado por el Estado mediante el escaso financiamiento, la privatización y el abandono gradual de los emplazamientos industriales "poco rentables". Por ejemplo, después de la crisis de 1982 y la implementación de los "programas de ajuste estructural" del FMI, los seis años de presidencia de Miguel de la Madrid fueron testigos de la venta de unas 900 empresas al sector privado.[10] A pesar de una andanada de huelgas que buscaban proteger los logros históricos de los trabajadores, este proceso redujo los polos sindicales y una vez más los obreros desempleados tuvieron que marcharse a otros lugares para encontrar trabajo. En otras palabras, una de las principales razones de la migración hacia el norte, especialmente en las regiones del interior de México, es el proceso de desindustrialización fomentado por la "maquiladorización" de la economía.

El cambio hacia las políticas orientadas al mercado tuvo también un efecto nocivo sobre los salarios en el largo plazo. Los salarios reales, que ya habían caído en 20% entre 1977 y 1982, cayeron en picada un 66% adicional entre 1980 y 1990.[11] Al momento de escribir esto, las fábricas en el sector de las maquiladoras, de propiedad sobre todo estadounidense, empleaban aproximadamente 1.2 millones de personas. Los trabajadores de las maquiladoras —a diferencia de los administradores de nivel medio nacidos en Estados Unidos que se mudaron al sur para obtener posiciones lucrativas en esas plantas— viven en la miseria y cobran una miseria. Los salarios apenas superaban el piso de 4 dólares diarios, con lo que en la práctica nadie puede sobrevivir. La pobreza que enfrentan los trabajadores de las maquiladoras es asombrosa. En Baja California, durante la temporada de cosecha de fresas, familias completas trabajan juntas —niños al lado de sus padres— en las maquiladoras agrícolas, ya que el pago a los adultos es de sólo 6 dólares diarios y a los niños, apenas 3 dólares diarios. Comentaba un trabajador: "No podemos vivir si no trabajamos todos."[12] Un experimentado activista por los derechos humanos en la frontera, Enrique Dávalos, explica:

Las maquiladoras mezclan las formas tradicionales de explotación (mano de obra barata, salarios bajos, mala regulación sobre higiene y seguridad) con formas nuevas e intensivas, basadas en una productividad de alta velocidad. Trabajar en una maquiladora significa vivir en la pobreza, sin esperanza de mejorar el salario u obtener algún ascenso, cambio en la jerarquía o seguridad laboral. El salario promedio en las maquiladoras de Tijuana es de alrededor de seis o siete dólares por diez horas de trabajo. Esto alcanza sólo para pagar 25% de los gastos básicos, sin incluir renta ni educación. Así, quienes trabajan en las maquiladores están condenados a vivir en barrios marginales, sin agua potable, energía eléctrica, drenaje ni recolección de basura. La temperatura en Tijuana oscila entre unos grados bajo cero y 45 grados centígrados, pero 66% de las casas no cuenta con agua potable.

Las maquiladoras son lugares de trabajo peligrosos e insalubres. La mayoría de las compañías obliga a los trabajadores a trabajar con reactivos químicos dañinos sin entrenamiento y sin protección adecuada. Por esto, los accidentes y las enfermedades laborales son comunes en Tijuana. A los trabajadores se les arruinan ojos, pulmones, manos, espalda y sistema nervioso después de trabajar unos pocos años en las maquiladoras. No es raro ver a trabajadores sin dedos o mancos, pero se apela a la negligencia de los trabajadores para explicar los "accidentes" recurrentes. De hecho, las maquiladoras no sólo afectan la vida de los trabajadores, sino que también contaminan la de las familias y la comunidad. El ejido Chilpancingo es un barrio localizado cerca de Otay, uno de los parques industriales de Tijuana más caros. Debido a la contaminación de las maquiladoras, los habitantes de Chilpancingo están expuestos a niveles de plomo 3 mil veces más altos que los estándares estadounidenses.[13]

cal. En cambio, las compañías se enfocan hacia la utilización de la mano de obra barata para producir bienes de exportación.

El TLCAN no contiene protecciones obligatorias para los sindicatos, los salarios o los trabajadores desplazados. Como consecuencia de ellos, en las tres naciones que suscribieron el tratado —Estados Unidos, México y Canadá— se presentó una caída de los salarios en la mayoría de sus respectivas fuerzas de trabajo, mientras que las ganancias de las grandes empresas se fueron a las nubes. Pero México se llevó la peor parte. Entre 1993 y 1994, 40% de los fabricantes de ropa mexicanos quebró, pues las tiendas minoristas estadounidenses se trasladaron a México y comenzaron a importar textiles baratos de Asia. Este fenómeno también afectó a otras muchas industrias, como las de juguetes, calzado y cuero.[21] El gobierno mexicano estimó que, en el año siguiente a la ratificación del TLCAN, la economía mexicana perdió alrededor de un millón de empleos.[22]

La agricultura también recibió un golpe mortal. En 1993, México, una civilización que creció y se desarrolló a partir del maíz, importó más mazorcas de Estados Unidos que las que produjo localmente, lo que se sumó al caos que afectaba a los campesinos pequeños y de subsistencia que dependían de los subsidios y el control de precios del gobierno. Con la aprobación del TLCAN, se abandonaron estas protecciones, completándose así el "dominio neoliberal":

En el sector agrícola, la internacionalización del capital fue reorganizando gradualmente los sistemas de producción y comercio locales, regionales y nacionales [...] En México, esto se vio en la expansión de la industria de granos, la gran integración entre la agricultura y el procesamiento de alimentos, el rol expansionista de las empresas trasnacionales y la creciente orientación del gobierno hacia los sectores agrícolas más rentables y tecnológicamente avanzados.[23]

Con el TLCAN, México se volvió casi completamente dependiente del comercio con Estados Unidos. La reorientación hacia la economía dirigida a las exportaciones unió a México con el mercado estadounidense. Por ejemplo, Estados Unidos llegó a absorber 88% de las exportaciones mexicanas, lo que constituye 25% de su PIB.[24] Como contraprestación, México abrió las fronteras a las grandes empresas estadounidenses. Según la Oficina del Representante de Comercio de Estados Unidos, la inversión directa de Estados Unidos en México alcanzó los 61 500 millones de dólares en 2003, la mayoría en manufacturas (las maquiladoras) y en la banca (véase más tarde el tema de las remesas).[25] México también abrió sus mercados a la agricultura estadounidense.

Abrir el mercado mexicano al maíz estadounidense, por ejemplo, ha devastado a los productores locales. Según el Departamento de Agricultura de Estados Unidos, las exportaciones hacia México se duplicaron después de la aprobación del TLCAN, alcanzando los 7 900 millones de dólares en 2003. Sólo de maíz fueron 653 millones de dólares en 2002. Esto convirtió a México en el tercer país receptor de las exportaciones agrícolas estadounidenses.[26] El gobierno de Estados Unidos, que ahora se queja de los migrantes mexicanos, facilitó este desplazamiento, tanto con el TLCAN como con diversos incentivos dirigidos a las corporaciones estadounidenses en México. Según el Departamento de Estado:

En 2005, el Departamento de Agricultura aportó 10 millones de dólares a 71 proyectos agrícolas estadounidenses en México, Brasil, Venezuela, Centroamérica y otras partes, en lo que se llamó "Programa de mercados emergentes". Este programa apoya la promoción y la distribución de los productos agrícolas estadounidenses, las misiones comerciales, el estudio de nuevos mercados y las actividades que alientan las políticas de libre mercado.[27]

Alrededor de 1.3 millones de pequeños campesinos en México se vieron arruinados debido a los granos estadounidenses importados entre 1994 y 2004.[28] Luis Téllez, ex subsecretario de planificación de la Secretaría de Agricultura, estimó que alrededor de 15 millones de campesinos abandonarían la agricultura en las décadas siguientes, con la migración hacia el norte como única opción.[29] Esta dinámica fue señalada por los rebeldes zapatistas de Chiapas como una de las principales razones de su alzamiento.

Mientras tanto, la desindustrialización de México continúa sin freno. México perdió la cifra sin precedentes de 515 mil empleos industriales tan sólo en los tres primeros meses de 2005[30] y ese proceso se ha mantenido desde la aprobación del TLCAN, de modo que las manufacturas constituyen sólo 16% del PIB, con caídas cada año entre 2000 y 2005.[31] Esto ayuda a explicar por qué un número creciente de los migrantes que cruzan la frontera —cerca de 50%— provienen de áreas urbanas.[32]

Al absorber un creciente monto de exportaciones estadounidenses, México se ha convertido en el segundo socio comercial de Estados Unidos, aniquilando en el proceso sus bases agrícolas e industriales. La hemorragia de trabajadores desplazados continúa no sólo en México sino también en Estados Unidos. El consorcio de empresas industriales que cabildearon por la aprobación del tratado afirmaba que su aprobación crearía 100 mil nuevos empleos en el sector exportador de Estados Unidos. Si bien este objetivo se cumplió en un periodo de cuatro años, 151 256 empleos se perdieron en el sector manufacturero en el mismo lapso.[33] Según David Bacon, el número de empleos perdidos en Estados Unidos alcanzó los tres cuartos de millón, mientras que Canadá perdió 18% de los empleos manufactureros desde 1995.[34] De esta forma, los trabajadores han perdido con el TLCAN, pero las empresas que cabildearon por su aprobación actuaron como auténticos bandidos. La mitad de las empresas que cabildearon por la introducción del TLCAN enviaron empleos a México e incrementaron sus ganancias en cerca de 300% en 1997.[35]

A pesar de la correlación entre las políticas de "libre mercado" y el desplazamiento de trabajadores, los políticos neoliberales siguen adelante, condenando la "migración ilegal". En 2005, sin una pizca de ironía, el congresista republicano de Arizona, Jim Kolbe, celebró la aprobación en el Congreso del acuerdo de libre comercio entre Estados Unidos, Centroamérica y la República Dominicana afirmando que "la mayor integración sólo puede crear empleos y mitigar la pobreza, reducir los flujos migratorios hacia el norte y hacer que la región sea más competitiva en los mercados mundiales".

Parte III

*Trabajadores mexicanos: la "otra"
clase trabajadora estadounidense*

FIGURA 6. Limpieza y reconstrucción tras el huracán Katrina. Inmediatamente después de llegar desde Beaumont, Texas, a la costa del Golfo en Mississippi, 13 trabajadores especializados en tejados encontraron empleo: arreglar un conjunto de departamentos en W. Pine y Hill, en Gulfport. Hay un hondureño en el grupo; el resto es de San Luis Potosí.

15. Trabajadores mexicanos al rescate

A finales del siglo XIX, los trabajadores mexicanos comenzaron a trasladarse a Estados Unidos para trabajar en la agricultura y la industria. Seducidos por la promesa de empleos y reclutados por intereses económicos privados y por el gobierno estadounidense, los trabajadores mexicanos ayudaron a forjar el actual Estados Unidos con su trabajo, su cultura y su participación política. De esta forma, se unieron a los primeros *estadounidenses* en el sudoeste: los pobladores mexicanos e indígenas que vieron cómo se evaporaban o desplazaban hacia el sur las fronteras tradicionales conforme Estados Unidos iba conquistando más y más de sus tierras. Puesto que ellos solos eran insuficientes como mano de obra para la industria en expansión en el oeste, los primeros capitalistas y sus aliados voltearon hacia otras naciones para superar el déficit laboral.

La inexistencia de un proletariado numeroso y permanente en el sudoeste obligó a los capitalistas agrícolas e industriales a recurrir a las grandes comunidades de migrantes. Por esta razón, Estados Unidos *tuvo abiertas sus fronteras* durante la mitad de su historia, lo que permitió la formación de un proletariado internacional dentro de los límites territoriales de ese país en una etapa necesaria para la consolidación del capitalismo. Una vez en Estados Unidos, los migrantes integraron las filas de la nueva "clase trabajadora estadounidense", que fue, y todavía es, una amalgama multiétnica de nativos y extranjeros.

La proximidad, la interrelación económica y la historia compartida hicieron de la migración hacia Estados Unidos una elección natural para los trabajadores mexicanos desplazados. En las primeras etapas, esos trabajadores entraron en las fábricas y los campos agrícolas como cualquier trabajador de cualquier parte del mundo. Después de que las restricciones a la migración cerraran las puertas a la mayoría de los migrantes en la década de 1920, los mexicanos continuaron sumándose a las filas de la clase obrera estadounidense. De hecho, los trabajadores venidos de México llegaron a ser los preferidos de algunos políticos. El presidente demócrata Woodrow Wilson declaró en 1916: "Personalmente, creo que los trabajadores mexicanos son la solución a nuestro común problema laboral; esta tierra alguna una vez formó parte de su país, pueden hacer el trabajo y lo harán."[1]

Cuando el gobierno federal introdujo las primeras grandes restricciones a la migración en 1917, los mexicanos fueron excluidos, ya que muchos legisladores del oeste y del sudoeste "insistieron en que la región necesitaba trabajadores agrícolas mexicanos".[2] Inicialmente, estos trabajadores se vieron favorecidos por la naturaleza temporal de su migración: muchos iban a las cosechas de temporal y luego regresaban a México. Esto le permitía a los productores agrícolas no pagarles su salario durante todo el año. Al finalizar una cosecha, la mayoría de los trabajadores simplemente se trasladaban a otras granjas o regresaban a su país.

Como esta rutina cíclica de la migración agrícola se estableció antes de las restricciones migratorias, así se mantuvo durante y después de la erosión gradual del estatus de los trabajadores mexicanos. Desde el valle Central en California hasta el delta del Misisipi, los productores pronto apreciaron el valor de usar trabajadores que no fueran ciudadanos. Los migrantes tenían pocos derechos políticos, no podían votar y estaban aislados del resto de los trabajadores, lo que les dificultaba organizarse en sindicatos.

Agentes del gobierno, contratistas privados y toda una gama de intermediarios en los servicios de la agricultura industrial recorrían los pueblos de México ofreciendo empleos en "el norte". Los productores de azúcar de betabel publicaban anuncios atractivos y distribuían carteles y volantes bilingües para invitar a los mexicanos a la "tierra de la abundancia". Un periódico de Texas revela por qué los patrones miraban hacia el sur:

> En varios años no había existido tal necesidad de recolectores de algodón en el sudoeste de Texas. Casi todos los vecindarios están pidiendo ayuda para la cosecha. Para satisfacer la demanda, se han enviado agentes al otro lado de la frontera con México [...] Muchos [trabajadores mexicanos contratados] van a los campos de algodón de Texas acompañados de sus familias. Esto le gusta a los productores, ya que los niños recogen tanto algodón como los adultos.[3]

La industria pesada, como la de los ferrocarriles, también apeló a los trabajadores mexicanos. A menudo, la preferencia de trabajadores migrantes se basó en el estereotipo de que los mexicanos protestaban menos por las malas condiciones de trabajo y eran más tolerantes con el trabajo agotador. En 1909, los ferrocarriles del oeste emplearon cerca de 6 mil trabajadores, 98% de los cuales eran mexicanos migrantes. Al explicar la creciente dependencia de los trabajadores migrantes, el comisionado general de migración dijo alguna vez que los mexicanos

cumplen los requisitos económicos para este sector en particular, que demanda trabajadores que soporten el calor y las incomodidades del trabajo. El peón produce vías férreas con calidad, ya que es dócil, ignorante y desapegado de sus pares, hasta el punto de que uno o más trabajadores pueden ser despedidos y los demás siguen haciendo el trabajo; además, está deseoso de trabajar por un salario bajo.[4]

Aunque no hay dudas de que los mexicanos estaban deseosos de trabajar por bajos salarios —que eran, no obstante, sustancialmente altos en comparación con los salarios más altos de México en aquellos tiempos—, el estereotipo del "peón dócil" se desvaneció cuando los mexicanos comenzaron a participar en las primeras huelgas por el reconocimiento sindical a principios del siglo XX. Después de atraer deliberadamente la mano de obra mexicana hacia la región para inundar los mercados locales, los productores de papa en Colorado encontraron que, "primero ellos [los mexicanos] cobraban por costal. Luego querían ser contratados por hectárea... Y luego los muy canallas establecían sus propias tarifas." Los agricultores pronto se quejaron: "Estaban dispuestos a quedarse sentados en el sembradío sin trabajar, si se enteraban de que alguien pagaba un par de centavos más."[5]

Esa clase de desafíos por parte de los trabajadores mexicanos acabó con el mito de su supuesta pasividad y al mismo tiempo incitó a los productores a actuar juntos para apaciguarlos. Cuando los trabajadores comenzaron a luchar para formar sindicatos, su "buena disposición" a trabajar por salarios bajos tuvo que ser ayudada con varias formas de represión, desde los alguaciles locales hasta la patrulla fronteriza. Por ejemplo, la Cotton Growers' Association [Asociación de Algodoneros] obtuvo grandes beneficios a partir del trabajo de los migrantes, pues actuaba en colusión para mantener los salarios al mínimo y exigía que sus agremiados se mantuvieran unidos antes las acciones de los trabajadores. Un representante de Arizona se jactaba diciendo que, "si la asociación no hubiera protegido el valle [de Salt River] en lo que respecta a las tarifas por cosecha [...] cada agricultor habría pujado ante las tarifas de su vecino y los precios habrían subido y subido".[6] El impulso a la migración mexicana continuó, pero ahora ocurría junto con los esfuerzos por limitar los derechos de los migrantes —entre ellos el derecho a formar sindicatos— por medios legales o de otro tipo.

En la década de 1920, los trabajadores migrantes eran algo corriente en muchas industrias. Un funcionario del Departamento del Trabajo informó en 1925 que "todas las principales empresas de California y Nevada que empleaban trabajadores no calificados tenían un reclutador en Los Ángeles que les conseguía trabajadores por medio de las numerosas agencias especializadas en mano de obra mexicana".[7] Los dueños también impulsaban el reclutamiento mediante las redes familiares o de parentesco, que se consideraban efectivas y poco costosas. La migración y los asentamientos crearon redes familiares binacionales, con familias establecidas que traían a otros miembros de la familia, que luego se trasladaban a otras industrias. En 1928, el comisionado de Texas para asuntos laborales estimó que 75% de las obras de construcción en el estado era realizado por mexicanos. En ese mismo año, una encuesta industrial de 695 fábricas en California reveló que los trabajadores mexicanos constituían 10.8% de la mano de obra.[8]

Los empleadores del norte y del medio oeste también se beneficiaron del flujo de trabajadores del sudoeste. Cuando, en 1924, las restricciones a la migración frenaron el flujo de trabajadores proveniente del otro lado del Atlántico, los trabajadores mexicanos se animaron a peregrinar más hacia el norte, ansiosos de escapar de la segregación racial que existía en el sudoeste. Los trabajadores se trasladaron a fincas productoras de azúcar de betabel en Michigan, trabajaron en las líneas férreas al este de Chicago y finalmente llegaron a las plantas aceleras, de carne y de automóviles en el medio oeste que caracterizaron al Estados Unidos industrial. En 1927, la población mexicana en el medio oeste alcanzó las 80 mil personas, abriendo los caminos a sucesivas oleadas de migrantes que contribuyeron al auge de la economía del país y a conformar la clase trabajadora que la cargaba sobre sus hombros.[9]

En 1912, los mexicanos eran mayoría entre quienes tendían el ferrocarril al oeste de Kansas City y ayudaron a construir las vías férreas desde Tijuana hasta Chicago. Para explotar la diversidad racial de los trabajadores, los empleadores establecieron niveles salariales con base en el origen étnico, con los mexicanos frecuentemente entre los peor pagados.[10] A pesar de esto, en 1929, 59% de quienes trabajaban en el tendido de las vías en el Pacífico noroeste provenía de México.[11]

Las mujeres también se sumaron masivamente a la mano de obra. Según la historiadora chicana Vicki Ruiz, la proporción de mexicanas y mexicoamericanas en puestos relacionados con las ventas o el trabajo de oficina se incrementó desde 10.1% en 1930 hasta 23.9% en 1950. En 1930, aproximadamente 25% de las mexicanas o mexicoamericanas que cobraban un salario correspondía a trabajadoras industriales, muchas de ellas en las fábricas de conservas de California.[12] Cuando una cantidad considerable de mexicanos y mexicoamericanos —entre 250 mil y 500 mil— se alistó en el ejército para pelear en la segunda Guerra Mundial, muchas latinas trabajaron en la industria pesada, desde los ferrocarriles hasta la fabricación de aviones. Un trabajador de Douglas Aircraft en Burbank, California, recuerda que sus colegas mujeres eran "estadounidenses nativas, muchachas mexicanas, negras y de origen anglo". En los años de la guerra, las mujeres constituyeron 42% de la mano de obra en las mayores plantas relacionadas con la defensa, y en zonas como Los Ángeles las latinas representaban una importante tajada de este porcentaje.[13]

16. Trabajadores segregados: la lucha de clases en el campo

Los mexicanos no fueron los únicos trabajadores incentivados a buscar trabajo en Estados Unidos. La consolidación de la propiedad de la tierra y la naturaleza intensiva del trabajo en los campos agrícolas produjeron escasez de mano de obra. En la década de 1920, la agricultura cambió de la producción local en pequeñas granjas a una producción en gran escala para el mercado mundial. Gigantescas granjas comenzaron a aparecer en el paisaje rural del sudoeste. En 1929, "California, Arizona y Texas contaban con 47% de los mayores sembradíos de algodón del país; sólo California representaba 37% de las granjas de grandes proporciones."[1] Para enfrentar la consecuente escasez de mano de obra, los productores agrícolas del oeste idearon sistemas para importar trabajadores de los estados del este y del extranjero. Subsidiaban descuentos en la tarifa para viajar en tren desde los estados del este y acordaron con contratistas y contrabandistas el transporte de obreros de China y Japón.

El rápido desarrollo del sudoeste y la consolidación de poder en los negocios agrícolas y ferroviarios fueron asombrosos. Karl Marx, que habría de convertirse en un analista visionario del ascenso del capitalismo, insistía en que "California es muy importante para mí porque en ningún otro lado los más vergonzosos trastornos causados por la centralización capitalista ocurrieron con tanta rapidez."[2] Los capitalistas de California lograron dominar la instituciones del Estado. La tierra fue distribuida en masa entre los magnates de los ferrocarriles y los empresarios agrícolas. En 1871, los dueños de los ferrocarriles controlaban unos 8 millones de hectáreas, al tiempo que apenas 516 capitalistas agrícolas controlaban otros 3.2 millones de hectáreas de tierras cultivables de primera.[3] Aunque California estableció la norma, un proceso similar de concentración de tierra ocurrió a lo largo de todo el sudoeste.

En la década de 1930, los mayores intereses agrícolas se combinaron en Associated Growers [Productores Asociados], una agrupación que habría de dominar la agricultura en California. La asociación mezcló sus grandes posesiones con las de la Cámara de Comercio, el Bank of America, Pacific Gas and Electric y la California Packing Company, creando un monstruo financiero que llegó a controlar el gobierno de California y también ejerció una gran influencia sobre el gobierno federal.[4] Combinaciones similares llegaron a dominar otros sistemas agrícolas estatales, todos encaminados a crear imperios agroindustriales.

Teniendo de su lado el aparato del Estado, los productores agrícolas dieron forma conscientemente a una mano de obra del todo subordinada a la dictadura del capital agrario. Ávidos de obtener grandes ganancias, los productores solían reclutar trabajadores en exceso, para crear una vasta "reserva" de trabajadores desempleados. Esta población grande, temporal y empobrecida era abandonada a su propia suerte en la temporada muerta, una estrategia que favorecía a los productores como mecanismo para reducir costos.[5]

Las condiciones de sobreexplotación que se derivaron del deseo de los productores de extraer el máximo provecho de los trabajadores redujeron la mano de obra agrícola a un estado de impotencia semejante a las primeras formas de servidumbre medieval. Un informe de la State Fruit-Grower's Association [Asociación de Productores Frutícolas del Estado] de 1902 explicaba lo siguiente: "Nosotros [los productores] hemos degradado tanto ciertas formas de trabajo, que no hay hombre de ninguna localidad agrícola que quiera hacer este trabajo."[6] En los tiempos en que estaba formándose la clase trabajadora agrícola-industrial, los capitalistas con conciencia de clase establecían y controlaban los parámetros del trabajo, dejando pocas opciones a los trabajadores aparte de huir de los campos de cultivo. Esto produjo el aislamiento de los trabajadores agrícolas respecto de sus colegas urbanos, dificultó la creación de sindicatos e incrementó la posibilidad de que los patrones emplearan la mano de obra de los migrantes para alejar la chispa del combustible.

A medida que los trabajadores blancos nacidos en Estados Unidos se trasladaban hacia otras industrias, huyendo de las penurias del trabajo en el campo, se importaban trabajadores migrantes —tanto del propio país como del extranjero— para llenar el vacío. Tener una mano de obra diversa en términos culturales y étnicos permitía a los productores separarlos en grupos para las diferentes etapas de la producción, manteniéndolos aislados unos de otros lo más posible. Esto impedía la creación de un frente común en torno a las demandas compartidas de mejorar las condiciones de trabajo y les permitía a los productores aislar y aplastar los movimientos de huelga o de creación sindicatos en algún tramo de la producción sin detenerla en su conjunto. Un productor de Hawái recomendaba a otros: "Mantengan la diversidad entre los trabajadores, de diferentes nacionalidades, lo que evita acciones concertadas en caso de huelga, porque es raro ver que japoneses, chinos o portugueses participen juntos en una huelga."[7]

Para inicios del siglo XX, evitar las huelgas era una preocupación fundamental, pues la agitación sindical comenzaba a diseminarse por todo el sudoeste. Los productores transformaron la mano de obra para debilitar su poder. No sólo se usaron grupos de migrantes para desplazar o reemplazar a los trabajadores nativos, sino que los diferentes grupos étnicos fueron enfrentados entre sí, una estrategia apoyada por las agencias migratorias estatales y federales, que trabajaron hombro con hombro con los productores para garantizar que hubiera una mano de obra barata. Un conjunto variopinto de políticas de migración favorecieron a chinos, japoneses, filipinos, indios y mexicanos en diferentes periodos. Así lo describe el historiador Carey McWilliams:

> Desde el punto de vista del productor agrícola, el hindú se ajustaba bien a las características del trabajo rural en California. No sólo era un buen trabajador, sino que podía usarse como un grupo racial más en competencia con otros grupos raciales, para así disminuir los salarios. Un aspecto notable del trabajo rural en California era la práctica de los patrones de aplicar escalas de pago según las razas, es decir, establecer diferentes salarios para cada grupo racial, fomentando así el antagonismo racial y de paso manteniendo los salarios al nivel más bajo posible.[8]

A pesar de las barreras que esto creó para estorbar a los sindicatos, los trabajadores lucharon durante todo el siglo XX. Desde 1903, los intentos de crear sindicatos se expandieron como una onda en las industrias, lo que llevó a una revista de los productores a hacer un llamamiento por "una ley general que establezca una veda a los huelguistas durante la cosecha y el traslado de cultivos básicos".[9] Puesto que la mayoría de los trabajadores nativos (con excepción de los negros) podían escapar de la súper explotación en los campos y tenían acceso a los derechos básicos de los ciudadanos, mantener una población de trabajadores para realizar el trabajo duro en las infames condiciones de la agricultura resultaba difícil sin recurrir a la importación de trabajadores extranjeros.[10]

El ingenioso diseño de las leyes migratorias permitía importar trabajadores de las naciones pobres bajo condiciones que favorecían a los productores. Por ejemplo, la primera gran política migratoria, una ley migratoria de 1917, excluía a los "radicales políticos" (en aquellos tiempos, organizarse en sindicatos era considerada una idea radical) y creó los primeros programas para trabajadores invitados, que les negaban la ciudadanía y el derecho a formar sindicatos. Los trabajadores tenían que volver a casa después de las cosechas, socavando así sus intentos de organizarse y reduciendo los costos para los productores. Las políticas legislativas que regulaban la migración, buena parte de las cuales contenía fórmulas escritas por los productores y entregas a los legisladores, les daban a los patrones formas de actuar contra los trabajadores.[11]

Los productores también contaban con la ventaja de deportar a los migrantes no deseados. Primero con la ley para la exclusión de chinos de 1882 y luego con la ley Geary de 1892, los trabajadores migrantes (en este caso los chinos) fueron blanco de la expulsión forzosa.[12] Esto beneficiaba a los productores de muchas formas. Primero, permitía a los empresarios agrícolas colgar la zanahoria de la ciudadanía delante del trabajador migrante para que trabajara en condiciones deplorables. Cuando había recortes de empleos o la economía se tambaleaba, esta distinción alentaba a los "ciudadanos" a dirigir su inconformidad hacia los que no eran ciudadanos.

Segundo, la amenaza de deportación podía usarse para desalentar las revueltas laborales. La deportación se usó para romper huelgas y resolver las periódicas crisis capitalistas sin alterar el sistema pero acusando a determinados grupos étnicos. Para los productores, la consolidación del Immigration and Naturalization Service [Servicio de Migración y Naturalización] (INS) y la creación de la Patrulla Fronteriza en 1924 marcó un momento de bonanza en las políticas migratorias. Más que expulsar a los trabajadores indocumentados, el INS sirvió como muro entre éstos y los nativos. Como puntualizaba un delegado en Salinas, California, ellos no estaban diseñados para expulsar en gran escala sino para "mantener su presencia" en los campos agrícolas.[13]

La segregación política de trabajadores con base en la ciudadanía poco a poco aisló a todos los trabajadores migrantes del resto de la clase trabajadora. Muchos trabajadores nativos y sus sindicatos se convencieron de que saldrían ganando con la exclusión de los migrantes, aunque en la práctica esto condujo a un deterioro de las condiciones laborales para todos los trabajadores, como lo demostraba la degeneración general del trabajo agrícola y el éxodo masivo de los trabajadores nativos cuando abandonaron el campo. No obstante, la principal federación sindical, la American Federation of Labor [Federación Estadounidense del Trabajo] (AFL), y su sucesor, el Congress of Industrial Organizations [Congreso de Organizaciones Indsutriales] (CIO), se opusieron a la migración durante la mayor parte del siglo XX.

Finalmente, la creciente distinción entre "legales" e "ilegales" produjo una creciente subclase de trabajadores y una dicotomía del trabajo rígidamente establecida. Los migrantes "legales", a menudo más acomodados, blancos y calificados, fueron disminuyendo en proporción a todos los migrantes a medida que se volvió prácticamente imposible para los nuevos migrantes convertirse en trabajadores documentados. El proceso de solicitar la ciudadanía, como se definía después de la década de 1920, requería pagar a abogados, impuestos y derechos, además de tomar clases de educación cívica y llenar formatos jurídicos.

Entretanto, las empresas y los productores agrícolas preferían para el trabajo manual a los trabajadores no afiliados a sindicatos e indocumentados. Sin ciudadanía y sin protección sindical, estos trabajadores se convirtieron en una gran parte de la mano de obra y han sido usados por los patrones, hasta nuestros días, para disminuir los salarios y las condiciones laborales en diversos sectores.

Aunque una mano de obra multiétnica ofreció muchas oportunidades para sembrar divisiones entre los trabajadores, y por ello era preferida por los productores, los 3 600 kilómetros de frontera entre México y Estados Unidos garantizaron que los trabajadores mexicanos fueran la mayor parte de los indocumentados, dado que, durante mucho tiempo en la historia de ambos países, no hubo barreras físicas y geográficas al movimiento de personas. Para 1917, los productores agrícolas ya preferían a los trabajadores mexicanos. La proximidad de la frontera creó una ruta natural para la migración de temporada. La deportación representaba una solución fácil y relativamente poco costosa al problema de las movilizaciones sindicales y las huelgas. Los alguaciles y los vigilantes simplemente rodeaban a los mexicanos y los enviaban al otro lado de la frontera, rompiendo así las huelgas por completo.[14]

A pesar de su aislamiento del resto de la clase trabajadora, los migrantes se beneficiaron del auge de las masivas movilizaciones obreras que se produjeron en tiempos de la Gran Depresión. Los costos del colapso del sistema capitalista recayeron en la clase trabajadora: desempleo masivo, recortes salariales y una violenta resistencia a la formación de sindicatos. A pesar la agitación y la inestabilidad, los trabajadores se las ingeniaron para organizarse y resistir en una escala sin precedentes en la historia de Estados Unidos. Entre 1936 y 1945, hubo un enorme número de huelgas —35 519 en total— que involucraron a 15 856 000 trabajadores.[15]

El movimiento huelguístico estimuló y dio coherencia a la emergente clase trabajadora industrial, que no sólo arremetió contra las condiciones laborales sino que cambió el equilibrio de fuerzas entre clases en Estados Unidos. La crisis general, junto con una clase trabajadora movilizada y atenta, permitió que Franklin Delano Roosevelt dividiera a la miope clase capitalista e implementara ambiciosas reformas que no sólo contribuyeron a la democratización sino que convirtieron a la clase trabajadora en una fuerza decisiva en la política estadounidense.[16]

En los campos agrícolas también se resintió la crisis económica y la lucha de clases. Como dijo un campesino durante la huelga de Vacaville en 1932: "Si vamos a morirnos trabajando, mejor nos morimos luchando."[17] Entre 1930 y 1932, hubo diez huelgas agrícolas en California que involucraron a miles de trabajadores. El pico de las huelgas agrícolas se produjo en 1933, cuando hubo más de 60 huelgas en 17 estados que involucraron a unos 60 mil trabajadores.[18]

Desafortunadamente, el poder de los productores agrícolas también alcanzó su cénit en la década de 1930. A pesar de la radicalización en masa de los trabajadores y de la proliferación de sindicatos, los productores fueron capaces de aislar a la mano de obra agrícola, tanto migrante como nativa, y de impedirle alcanzar los logros de la clase trabajadora industrial de las ciudades.

Los sindicatos dominantes les dieron una mano al negarse a apoyar las luchas de los migrantes, como ya habían hecho en el Congreso los segregacionistas del sur —conocidos como *dixiecrats*—, que se opusieron a la expansión de los sindicatos y al ejercicio de otros derechos democráticos en el sur racista. Como si esto fuera poco, la derrota de las huelgas agrícolas fue afianzada por diversas medidas extralegales empleadas por los gobiernos federal y local. Cuando éstas fallaban, se recurría a golpeadores para aterrorizar a los trabajadores, mediante acciones que algunos historiadores consideran de corte fascista, algo nunca visto con anterioridad en la historia de Estados Unidos. Al describir el auge de las brigadas de vigilantes, el historiador Jim Miller señala:

Estas organizaciones estaban conformadas por funcionarios públicos de diversos condados y en sus más altos niveles incluían a los comisionados del condado, la policía de caminos, la policía regular y los tribunales. Los trabajos más sucios los realizaban los vigilantes sacados de la American Legion, el Ku Klux Klan y Silver Shirts, un grupo fascista inspirado en las ss alemanas.[19]

Las fuerzas alineadas en contra de los trabajadores del campo mantuvieron al sector agrícola estadounidense en un estado semifeudal, muy atrasado. Incluso la ley sobre las relaciones laborales de 1935 —un hito para el movimiento obrero, pues garantizaba a los obreros el derecho a crear sindicatos sin temor a represalias— excluyó a los trabajadores agrícolas de sus estipulaciones. Según Grez Schell:

> Casi todas las disposiciones aprobadas a nivel federal y estatal antes de 1960 excluían a los trabajadores agrícolas. Mientras la suerte de los trabajadores industriales mejoró consistentemente, las ganancias de los trabajadores agrícolas se quedaron cada vez más atrás. Para finales de la segunda Guerra Mundial, existía un marcado abismo entre la protección a los obreros industriales y las condiciones decimonónicas en que vivían los campesinos.[20]

En el periodo posterior a la segunda Guerra Mundial, los patrones migratorios se vieron transformados por el Programa Bracero, que inició la participación formal del gobierno estadounidense en el reclutamiento de trabajadores mexicanos, así como la institucionalización de la dicotomía "legal *vs.* ilegal" en los modos de cruzar la frontera. Desde 1942, el Programa Bracero llevó a Estados Unidos a cerca de 5 millones de trabajadores visitantes, en un periodo de 20 años. Por cada bracero reclutado, se negaba la entrada a varios más. Muchos cruzaban la frontera de cualquier modo, alentados por la necesidad de los productores de incrementar la reserva de trabajadores indocumentados.

FIGURA 7. Un grupo de migrantes detenidos a lo largo de la carretera 92, entre Bisbee y Sierra Vista, en Arizona.

17. El Programa Bracero: un sistema de castas del siglo XX

Aunque los trabajadores estadounidenses tuvieron sus mayores logros en las décadas de 1930 y 1940, hubo importantes segmentos de la economía en los que los sindicatos no prosperaron. En los años posteriores, la derrota del movimiento de los trabajadores agrícolas mantuvo al sur y al suroeste del país como fuertes enclaves antisindicales, especialmente en lo que se refiere a la agricultura. La diferenciación entre mano de obra urbana y rural representó un obstáculo importante para los trabajadores estadounidenses, ya que favoreció el surgimiento de una región prácticamente sin sindicatos en uno de los sectores más relevantes de la economía de Estados Unidos. Esto permitió a los productores agrícolas elaborar una política legislativa que aprovechó la trazabilidad de la mano de obra agrícola, consolidando e institucionalizando así las victorias anteriores de los productores. Produjo también una mano de obra desechable que negaba a los trabajadores huéspedes el derecho a moverse libremente de un trabajo a otro, a formar sindicatos y a permanecer en el país cuando sus contratos terminaran. Fue, en toda forma, un retroceso hacia un sistema laboral en condiciones de servidumbre, lo que, según la Comisión Presidencial sobre el Trabajo Migratorio, proporcionó a los productores

> una oferta de mano de obra que, por un lado, está lista y dispuesta a satisfacer las necesidades de trabajo a corto plazo y, por otro lado, no les producirá problemas sociales y económicos a ellos o a su comunidad cuando el trabajo termine [...] La demanda de trabajadores migratorios es, por lo tanto, esencialmente doble: estar listo para ir a trabajar cuando se necesita; irse cuando no se necesita.[1]

Aunque se introdujo como un "plan de emergencia en tiempos de guerra" para aliviar la escasez de mano de obra en la agricultura, la iniciativa de los trabajadores huéspedes fue en realidad un esfuerzo certificado de la agroindustria para reestructurar una vez más las relaciones sociales del capitalismo agrícola. La derrota del movimiento obrero en los campos de cultivo a finales de los años treinta animó a los productores a seguir utilizando la mano de obra migrante como muro de contención contra nuevas incursiones sindicales.

Puesto que los trabajadores blancos nacidos en el país estaban abandonando los puestos con bajos salarios, condiciones agotadoras y una estructura totalitaria en el campo, para buscar puestos de trabajo con los sindicatos urbanos, se presentó una verdadera escasez de mano de obra "explotable", desde el punto de vista de los productores. El pleno empleo y el crecimiento de los sindicatos aumentaron el poder de negociación de los trabajadores agrícolas nacionales, fenómeno que fue transformado en "escasez de mano de obra" por los portavoces políticos del capital. Como dijo el veterano activista laboral Ernesto Galarza:

> La demanda de mano de obra debía entenderse como un número suficiente [de braceros] para sustituir a los miles de trabajadores nativos que buscaban salarios más altos en las industrias vinculadas con la guerra en todo el suroeste, y suficiente también para desplazarlos permanentemente cuando la presión de la guerra desapareciera y la mano de obra fuera arrojada a otro de esos retrocesos masivos que el Congreso parecía nunca prever.[2]

El Programa Bracero, cuyo nombre se refiere literalmente a "alguien que trabaja con los brazos", estableció un sistema de contratación laboral por el cual el gobierno de Estados Unidos negoció la importación temporal de 4.8 millones de trabajadores mexicanos para ser empleados principalmente en la agricultura, entre 1942 y 1964.[3] Bajo ese contrato, los trabajadores mexicanos eran transportados a las granjas para ocuparse de las cosechas. Se les garantizaba trabajo, un salario mínimo, transporte y vivienda, mientras que ellos debían hacerse cargo de sus propios alimentos, los servicios de salud y otros gastos mediante deducciones en su paga.[4]

El contrato obligaba al "trabajador invitado" a realizar un trabajo consistente y, al final de la cosecha, a regresar a México. Cualquier "incumplimiento" del contrato por parte de la persona, como dejar de trabajar, abandonar el puesto o "negarse voluntariamente" a cumplir el acuerdo, daba lugar a la deportación. Al individualizar el contrato, se impedía la negociación colectiva. Esto creo una forma de separar al bracero del resto de la clase obrera y de redefinir legalmente a los trabajadores temporales como una "propiedad" virtual de los productores.

Si bien el Programa Bracero confería el derecho formal a los trabajadores temporales de unirse a sindicatos estadounidenses, el proceso fue saboteado por múltiples obstáculos. Primero, los sindicatos asignaron muy pocos recursos para organizar a los braceros. Cuando éstos se manifestaron, o cuando hubo intentos de crear sindicatos, los esfuerzos fueron socavados por una alianza entre las fuerzas del gobierno y los productores agrícolas. Según Ernesto Galarza:

cuando en 1950 el National Farm Labor Union [Sindicato Nacional de Trabajadores Agrícolas] [...] empezó a afiliar a los mexicanos, la oposición de los empleadores apareció rápidamente. La consulta a los sindicatos agrícolas locales hecha por el Departamento del Trabajo fue anulada. Se estableció una disposición ambigua en el acuerdo de 1951, cuyo artículo 21 pretendía reconocer las prerrogativas para la organización y para la acción colectiva de los trabajadores contratados por medio de sus representantes electos. El texto de este importante artículo fue redactado por los abogados de los empleadores en colaboración con los negociadores del Departamento del Trabajo de Estados Unidos y limitaba los derechos de negociación de los braceros a "mantener el contrato de trabajo". Dado que no se indicaron procedimientos para la elección de los representantes de los trabajadores y dado que el Departamento del Trabajo se negó sistemáticamente a reunirse con los funcionarios del sindicato estadounidense para atender las quejas presentadas por los mexicanos que se habían afiliado a él, el artículo 21 nació muerto. Permaneció embalsamado en el lenguaje sin sentido de los acuerdos internacionales.

Además de estas dificultades, en cualquier caso habría sido difícil la organización de los braceros como miembros del sindicato. Los campos agrícolas estaban aislados. Como grupo, los braceros carecían de toda experiencia sindical. Las bandas se dispersaron de la noche a la mañana y los hombres eran trasladados a otros campos continuamente. El liderazgo estaba del todo ausente; sus manifestaciones poco frecuentes sólo daban pie a fuertes represalias.[5]

El carácter temporal de esta mano de obra traía aparejados otros beneficios. Como dijo la American Farm Bureau Federation [Federación de la Oficina Agrícola Estadounidense]: "Los trabajadores mexicanos [braceros] no acompañados por sus esposas y familias [...] pueden llenar nuestros picos estacionales y regresar a casa [...] sin crear problemas sociales difíciles."[6] La frase "problemas sociales difíciles" era un código para que los productores se vieran obligados a asumir la responsabilidad de la escolarización, la vivienda y la atención a la salud de los trabajadores agrícolas, necesarias para producir y mantener una mano de obra estable durante todo el año. En otras palabras, los contribuyentes de México y los propios trabajadores migrantes pagaban los costos iniciales de socializar, capacitar, educar y sostener la mano de obra mexicana que luego se insertaba en la economía de Estados Unidos. Los productores estadounidenses fueron absueltos de esta "reproducción de la mano de obra" y aprovecharon los beneficios a corto plazo durante las temporadas de cosecha. Como concluyó el historiador chicano Erasmo Gamboa, "el trabajo [de los braceros], en estados agrícolas ricos como California, Arizona y Texas, subsidiaba el consumo de alimentos del país mediante precios bajos durante un periodo extraordinario de prosperidad económica de la posguerra".[7] Además, como el gobierno de Estados Unidos pagaba los costos de transportación de los trabajadores a los lugares de trabajo, esto significa que, con sus impuestos, otros trabajadores estadounidenses también pagaban parte de la factura.

Para añadir el insulto a la herida, los braceros podían ser trasladados por sus empleados o por el gobierno, pero no podían abandonar su lugar de trabajo de forma independiente. Un abogado que hablaba en nombre de la industria agrícola dijo con desparpajo a un comité legislativo estatal que, por ello, el Programa Bracero "elimina completamente la posibilidad" de que estos trabajadores lleguen a formar parte del movimiento laboral estadounidense. La Oficina Agrícola de California también intervino, contrastando el valor de los braceros con el de los "empleados domésticos" que podían trasladarse a otro lugar si no estaban satisfechos con las condiciones.[8]

Inicialmente, el programa fue administrado de manera conjunta por ambos gobiernos, con estipulaciones que permitían al mexicano supervisar el tratamiento de sus trabajadores en Estados Unidos. Para 1951, el gobierno estadounidense había asumido por completo la gestión del Programa Bracero con la aprobación de la "ley pública 78". Esta legislación facultaba al Departamento del Trabajo para ser el contratista oficial de la agricultura corporativa. El gobierno de Estados Unidos había subvencionado el programa con 55 millones de dólares en años anteriores; ahora era el principal procurador y garante de mano de obra barata para las grandes empresas. Como lo describió el subsecretario de Agricultura, Mervin L. McClain, el Programa Bracero redefinió el "rol del gobierno como un empleado de las granjas".[9]

A medida que el gobierno aumentaba su papel de proveedor de mano de obra, disminuía en forma importante su papel de ejecutor de los acuerdos contractuales. Durante su mandato como subdirector de colocación en las granjas en el primer periodo del Programa Bracero, Don

Larin se convirtió en el campeón de la agroindustria. Larin toleró la colocación prioritaria de braceros, lo que permitió a los productores utilizarlos como "carta de negociación" contra los trabajadores del momento, y le dio prácticamente carta blanca a los productores para vigilarse a sí mismos respecto del cumplimiento de su parte del contrato.[10]

Conforme pasaba el tiempo, los productores encontraban cada vez más fácil eludir sus obligaciones y defraudar a los braceros de forma regular. El abandono gradual de la aplicación de la ley aseguró que estas prácticas permanecieran en gran medida sin control. Por ejemplo, en 1959, sólo a California y Arizona viajaron 182 mil braceros, pero sólo se pusieron a disposición 22 agentes sobre el terreno para atender las quejas.[11] Como consecuencia de ello, durante la década de 1950, los salarios agrícolas se estancaron o cayeron por debajo de los niveles de la época de la segunda Guerra Mundial.[12] La brecha salarial entre el proletariado urbano y el rural se amplió aún más. Los salarios agrícolas cayeron hasta 36.1% de los salarios de la industria manufacturera, en comparación con 47.9% en 1946.[13] Mientras que las condiciones de trabajo mejoraban poco a poco en otros sectores, las relaciones laborales en el campo hacían recordar las del siglo XIX.

El Programa Bracero se convirtió así en una herramienta para la completa transformación de la agricultura, directamente bajo la égida del gobierno de Estados Unidos. Una comisión presidencial sobre trabajo migratorio concluyó que, "después de la guerra, prácticamente abandonamos el escrutinio efectivo y la aplicación de los contratos individuales de trabajo, en los que los empleadores y los mexicanos eran las partes".[14]

Pronto se hizo evidente que la protección de los trabajadores nunca había sido una preocupación primordial para el Estado. Como explica Galarza, "Desde los niveles más altos hasta los más bajos, el Departamento del Trabajo era menos un defensor de los trabajadores que un sensible barómetro de las poderosas fuerzas que se concentran en la capital del país".[15]

Cuanto más rentable resultaba el programa, más dejaba de ser un arreglo temporal. Cuando los soldados volvieron a las filas del proletariado, muchos evitaron los campos agrícolas en favor de los centros urbanos industriales. Pronto los braceros y otros trabajadores migrantes se convirtieron en la mayoría de la mano de obra rural, reforzando así tanto el programa como la creencia generalizada de que sólo los migrantes harán el trabajo agotador que "los estadounidenses no quieren hacer".[16]

Aunque el programa se estaba convirtiendo en algo permanente, las estancias de los trabajadores individuales en Estados Unidos no lo eran. Para asegurarse de que los trabajadores mexicanos volvieran a su país de origen, se incorporaron al sistema una serie de salvaguardas. Primero, las esposas y las familias de los braceros no eran admitidas en el país, lo que motivaba a los braceros a regresar a casa al concluir sus contratos. Segundo, el gobierno de Estados Unidos retuvo hasta 10% de los salarios de los braceros hasta el final del contrato. Presuntamente diseñado para establecer un fondo de pensiones, esto fue para garantizar que los braceros volvieran a México, donde podrían obtener el resto de su paga.[17] Como dijo un representante de la Oficina de Tierras Agrícolas del valle de San Joaquín: "Pedimos mano de obra sólo en ciertas épocas del año, en el momento de mayor cosecha, y el tipo de trabajador que queremos es el que podemos enviar a casa cuando terminemos con ella."[18]

El aparato estatal regulaba el ir y venir de la mano de obra por medio de la intervención de la Patrulla Fronteriza. Entrenados para el trabajo policial, los agentes fronterizos actuaban como "capataces", haciendo cumplir la segregación en lugares públicos y disciplinando a los "agitadores" y a los inconformes. Por ejemplo:

Un alto agente de migración le dijo a un funcionario del Departamento de Estado en 1944, según un memorándum de su conversación telefónica, que "el servicio de migración se concentraba en aquellos que no se dedicaban a la preparación y la cosecha de cultivos perecederos". En 1949, el comisionado de migración explicó al Congreso que la "Patrulla Fronteriza no iría a las granjas en busca de 'espaldas mojadas', sino que confinaría sus actividades a las carreteras y los lugares de actividades sociales". El comisionado de migración, Watson Miller, dijo al comité de la Cámara de Agricultura [...] que era el "deber" de la agencia "proteger los cultivos valiosos y necesarios".[19]

En 1954 se abandonaron las últimas pretensiones de que fuera un programa binacional. El gobierno mexicano renunció a su derecho a intervenir en nombre de sus ciudadanos. Esta renuncia ocurrió por unas pocas razones de peso. Según el historiador bracero Mae Ngai, el gobierno estadounidense, que se convirtió en el árbitro oficial entre los braceros y los empleadores agrícolas, pasó cada vez más por alto al gobierno mexicano mediante un proceso humorosamente conocido como "secar a los espaldas mojadas". Se alentó a los braceros a que se internaran algunos metros en México y luego volvieran como "ilegales", que luego serían legalizados y tratados en consecuencia. Este proceso anulaba las obligaciones contractuales, con lo que se cancelaba la supervisión mexicana, principalmente para que el gobierno de Estados Unidos demostrara al de México su monopolio sobre las relaciones laborales.

El retiro del Estado mexicano también podría explicarse como resultado de un cambio ideológico en México que se alejó del paradigma nacionalista, que exigía la preservación del sector agrícola tradicional. La capitalización de la agricultura y el cambio a una economía basada en la exportación se consideraron como los medios para ayudar a subvencionar la industrialización en el sector urbano.

Estados Unidos también comenzó a abogar por una mayor integración económica entre los dos países, como medio para penetrar en el creciente mercado de México, así como para aumentar su influencia en la política de este país. La dramática expansión de la economía estadounidense después de la segunda Guerra Mundial fue suficiente para convencer a muchos dentro de la clase dirigente mexicana de que el crecimiento mediante la subordinación económica a Estados Unidos resultaría más rentable que el desarrollo nacionalista previsto por la Revolución.

A pesar de ceder el control, el gobierno mexicano continuó cosechando beneficios subsidiarios del Programa Bracero. La trayectoria de la industrialización urbana mexicana, junto con un aumento masivo de la producción agrícola, catalizó la dislocación masiva de los pequeños agricultores y los agricultores de subsistencia, e impulsó el crecimiento del proletariado agrícola mexicano, que no pudo ser absorbido por las ciudades y por lo tanto se dirigió hacia el norte. La exportación de este "excedente de población" mejoró las condiciones sociales y demostró ser lucrativa para el gobierno mexicano. Durante la década de 1950, los braceros enviaban a sus hogares unos 30 millones de dólares anuales en remesas, lo que convertía al Programa Bracero en la tercera "industria" más grande de México.[20] La emigración sigue siendo una salida social esencial hasta el día de hoy, aunque ahora como una consecuencia de la desindustrialización en las ciudades, así como una mayor concentración de tierras en el campo. El cierre de la frontera sería perjudicial para ambas naciones y tendría repercusiones a largo plazo, hecho que suele ocultarse tras una retórica nacionalista y xenófoba.

A medida que los trabajadores mexicanos entraban en el campo de Estados Unidos, se convirtieron en parte de la clase obrera estadounidense, aunque permanecieron segregados, como una casta separada dentro de las fronteras políticas del país. Los que emigraban al norte a menudo regresaban a México en la temporada baja, donde su identidad política permanecía intacta. Los sindicatos y las organizaciones de derechos civiles mexicoamericanos tendían a ver a los braceros como rivales y como una fuente de indignación, lo que reforzaba aún más su exclusión del sistema de gobierno. Esto debilitó el desarrollo de la conciencia de clase y redirigió las expresiones de furia contra los propios braceros, o hacia ámbitos en los que el poder de la clase trabajadora era más débil, como el cabildeo político.

Los productores hicieron lo que pudieron para ampliar esta división usando la mano de obra de los braceros para vigilar al resto de la clase trabajadora. Más de un millón de trabajadores se declararon en huelga en los volátiles años de 1945-1946 y, según el historiador del trabajo James Cockroft, "muchos de estos braceros resultaron ser útiles como 'esquiroles' en muchas de estas huelgas de posguerra".[21]

El "éxito" y la continuación del programa también crearon unas oportunidades no previstas. Aunque provocó una migración masiva desde los pueblos pobres hacia los centros de reclutamiento a lo largo de la frontera, los estrictos requisitos del programa excluyeron a la mayoría de los que hacían el viaje. Por cada bracero seleccionado, otros cinco o siete eran excluidos. Muchos fueron animados a cruzar sin papeles y encontraron trabajo en los campos y en las líneas de ferrocarril junto a los braceros. Según un estudio realizado en 1951, alrededor de 60% de la mano de obra que recogió la cosecha de tomates en esa temporada correspondía a trabajadores indocumentados.[22] Como concluyó un historiador de la migración:

es totalmente inverosímil considerar el papel de Estados Unidos en la entrada de los indocumentados como algo no intencional, ingenuo o inocente. Los encargados de la formulación de las políticas públicas en Estados Unidos debían ser conscientes de que las actividades de reclutamiento destinadas a promover el Programa Bracero alentarían a los mexicanos pobres a creer que Estados Unidos era una tierra de oportunidades, alentando así a los que no serían admitidos legalmente a entrar sin autorización.[23]

Estos trabajadores indocumentados ofrecían todos los "beneficios" de los braceros, pero con menos burocracia. Los trabajadores indocumentados tampoco podían protestar contra las condiciones ni formar sindicatos, pero ahora los productores no eran responsables de satisfacer siquiera las necesidades básicas que requerían los braceros. Y los productores agrícolas podían cosechar otros beneficios: por ejemplo, no tenían que pagar el bono de 25 dólares requerido por cada bracero, ni la tarifa de contratación de 15 dólares impuesta por el gobierno de Estados Unidos, y podían no cumplir el periodo mínimo de empleo, los salarios fijos y otras salvaguardas incorporadas en el programa oficial de braceros.[24] Los trabajadores indocumentados podían moverse como mano de obra libre, pero su condición laboral —la imposibilidad de ejercer sus derechos democráticos básicos— los seguía dondequiera que fueran. Los productores comenzaron a estimular que más trabajadores cruzaran la frontera sin papeles, lo cual inicialmente fue permitido por el gobierno de Estados Unidos. Como resultado, el flujo de mano de obra indocumentada pronto eclipsó el flujo de braceros acordado entre ambos países. Entre 1947 y 1949, 74 600 braceros llegaron a los campos agrícolas, mientras que el número de quienes cruzaron la frontera sin autorización, registrados por el gobierno estadounidense a su llegada, se disparó a 142 200.[25]

Estos braceros indocumentados poco a poco abandonaron el campo y se trasladaron a otros sectores de la economía, donde fueron acogidos por otras industrias.

Los cambios estructurales en la economía estadounidense después de la segunda Guerra Mundial crearon un gran número de empleos relativamente poco remunerados en el sector de los servicios y la manufactura ligera en las ciudades [...] Las fábricas de ropa de Nueva York y Los Ángeles, y los restaurantes, las lavanderías, los hoteles y los hospitales de casi todo el mundo empleaban de buena gana a personas sin los papeles adecuados.[26]

En 1960, alrededor de tres cuartas partes de la mano de obra agrícola en Texas y California consistía en "cuadrillas mixtas" de braceros y trabajadores sin papeles.[27] La amenaza de una represión por parte de *la migra* sigue acechando a los trabajadores que se salen de control o cuyos servicios ya no son necesarios. Si bien el Programa Bracero terminó en 1964, ya se habían arado los surcos del capitalismo agrícola y sectores cada vez más numerosos de la clase obrera mexicana se iban integrando a la economía de Estados Unidos como no ciudadanos sometidos. La migración "ilegal", facilitada por el Programa Bracero y que funcionaba en paralelo, siguió en pleno vigor después de 1964. La migración laboral "ilegal" de mexicanos se convirtió en la preferida por el capital de Estados Unidos, lo que terminó por desmantelar los últimos vestigios de la migración "legal". Los trabajadores indocumentados eran ahora responsables de conseguir su propia trasportación, su vivienda y su comida, y seguían trabajando por un salario de subsistencia, aliviando así al gobierno de Estados Unidos de la última de sus responsabilidades.

La migración no autorizada con destino a los campos agrícolas se regularizó después mediante las redes informales que vinculan las tierras de cultivo de todo el país con las ciudades y los pueblos del entorno mexicano. El absolutismo del capital agrícola, la degradación del trabajo agrícola y la formalización del sistema de castas es el legado del Programa Bracero, estructuras que ahora se mantienen gracias a la "ilegalidad" y la mano de obra socialmente impotente que ésta produce.

18. Pobreza en el campo: el legado del Programa Bracero

Sacudiéndose el frío de la mañana, Algimiro Morales y otros trabajadores agrícolas se preparan para un largo día más en los campos de hortalizas en las afueras de la ciudad costera de Oceanside, California. Al igual que los demás, Morales emigró de un pueblo indígena mixteco en el sur de México. Mantenidos fuera de la ciudad por las altas rentas y la omnipresente amenaza de *la migra,* Morales y sus compañeros establecieron sus hogares en las aisladas zonas periféricas más allá de las tierras de cultivo. Lo hicieron cavando agujeros de dos por dos metros en el suelo y cubriéndolos con tablas de desecho o trasladándose a pequeñas cuevas en la base de las laderas circundantes.[1] La mayoría no gana más de 4 mil dólares al año, manteniéndose en la pobreza por una combinación de bajos salarios y la negación de los derechos humanos básicos.[2]

Muchos campesinos empobrecidos como Morales van a trabajar a las empresas más sofisticadas y rentables de California. Desde sistemas de irrigación controlados por computadora hasta campos nivelados por láser, la industria de frutas y verduras de ese estado, con unos ingresos, hacia 2006, de 28 mil millones de dólares al año, produce la mitad de las cosechas anuales que abastecen los supermercados de barrio en todo el país.[3] Detrás de las granjas, al borde de las carreteras y entre las distantes y ordenadas hileras de vegetales maduros, se encuentra el mundo oculto de la agroindustria moderna, una combinación de la tecnología industrial del siglo XXI y las relaciones laborales del siglo XIX. Esta dicotomía es resultado de un siglo de guerra de clase en el campo, que continúa hasta hoy.

En 1997, había alrededor de 1.92 millones de granjas en Estados Unidos, que empleaban a casi 2% de la población. Alrededor de 8% de estas granjas representaban 72% de las ventas del sector y empleaban a 77% de los trabajadores agrícolas. Cerca de 163 mil grandes granjas de tamaño corporativo coexistían con 575 mil granjas familiares de tamaño medio, mientras que alrededor de 1.3 millones calificaban como granjas de baja producción (pequeñas granjas residenciales o de pasatiempo).[4] Las gigantescas granjas industriales —muchas de las cuales son propiedad de empresas corporativas como Monsanto, Archer Daniels Midland y Cargill— están reforzadas y subvencionadas por grandes transferencias del gobierno. El tamaño medio de las granjas de hoy en día es de casi 240 hectáreas; las pequeñas explotaciones comprenden casi 80% del total de los terrenos, pero su producción corresponde a menos de 25% del total.[5] Las tendencias muestran que las granjas pequeñas y medianas están perdiendo terreno frente a los gigantes corporativos; la agricultura en sí misma constituye la ocupación con el declive más rápido en Estados Unidos.[6]

Según Bill Christison, de la National Farm Family Coalition [Coalición Nacional de Familias Agrícolas], el declive de las granjas familiares tiene sus raíces en la globalización empresarial:

> La agroindustria corporativa de Estados Unidos ha estado imponiendo su agenda mediante acuerdos comerciales internacionales durante las últimas dos décadas. La política agrícola de Estados Unidos ha sido manipulada durante muchos años por ConAgra, Cargill y otras empresas trasnacionales, que a menudo influyen directamente en el proceso legislativo así como en el proceso reglamentario gracias a su influyente papel en el Departamento de Agricultura de Estados Unidos.[7]

Un ejemplo de esa "manipulación" fue la aprobación de la Federal Agriculture Implementation and Reform [Ley federal de aplicación y reforma de la agricultura] (FAIR) en 1996, legislación que se ajusta firmemente a los mandatos dictados por la Organización Mundial del Comercio (OMC). Utilizando la retórica del libre comercio, el entonces presidente Bill Clinton promulgó la ley, poniendo fin en los hechos a la práctica de los préstamos mínimos garantizados y los subsidios de la época del New Deal, que buscaban que los pequeños agricultores no padecieran la volatilidad del mercado. La ley eliminó el uso de "pagos por deficiencias" y los sustituyó por "contratos de flexibilidad en la producción" que fijaban los pagos de acuerdo con los niveles del pasado en lugar de con los altibajos de los precios del mercado. Además reorientó un porcentaje más alto de los préstamos y los subsidios gubernamentales hacia la producción agrícola de alto volumen y orientada a la exportación, a fin de aumentar la cuota de mercado y la rentabilidad, y reducir los subsidios gubernamentales con el tiempo.[8]

Así pues, la ley FAIR y la legislación posterior han hecho que los agricultores de menor escala sean más vulnerables a las fluctuaciones del mercado y menos capaces de competir con los gigantes corporativos. El flujo ascendente de subsidios a los grandes ha ayudado a asegurar el aislamiento de las erráticas fluctuaciones del mercado y les ha permitido alcanzar enormes ganancias, un proceso que continuó a toda velocidad bajo el mandato de George Bush.

A pesar de su parcialidad retórica respecto del libre comercio, una ley sobre seguridad agrícola e inversión rural de 2002, en tiempos del presidente Bush, asignó 248 600 millones de dólares a programas agrícolas, préstamos y subsidios. La dispersión de estos recursos se basó en la "rentabilidad", lo que garantizó que la mayor parte del dinero fue a parar a los bolsillos de los agronegocios y los grandes productores. De acuerdo con la organización Food First [Primero los Alimentos]:

> La ley agraria de 2002 puede describirse muy bien como una ley para el bienestar de la agroindustria. Los subsidios federales a las cosechas no se destinarán a los agricultores que se parecen a la familia Joad descrita por John Steinbeck, sino a los beneficiarios más ricos, como los 14 miembros del Congreso que elaboraron la ley; las corporaciones estadounidenses ricas como Westvaco (un conglomerado de productos de papel), Chevron y la John Hancock Insurance Company; y el principal ejecutivo de entretenimiento de Time-Warner, Ted Turner; el corresponsal de ABC, San Donaldson, y el multimillonario David Rockefeller, del Chase Manhattan Bank. La mayoría de las granjas familiares no recibirán nada más que un rembolso de impuestos. Esta ley agrícola inclina aún más el campo de juego en su contra.[9]

La agroindustria corporativa, gorda y rozagante gracias a las dádivas del gobierno, contrasta fuertemente con los trabajadores súper explotados que conforman la mano de obra.

Según el Departamento de Agricultura, a comienzos del siglo había entre 3 y 5 millones de trabajadores agrícolas en Estados Unidos que realizaban las cosechas estacionales de frutas, semillas y verduras.[10] De esta cifra, 1.3 millones eran trabajadores migrantes, entre ellos 400 mil niños.[11] De los trabajadores agrícolas, 77% había nacido en México. Las estimaciones federales indican que más de la mitad de todos esos trabajadores agrícolas eran indocumentados, 24% tenía visa de trabajo y 22% eran ciudadanos.[12]

Cualquiera que sea su estatus legal, lo que define al trabajador agrícola es la pobreza universal. En general, tres quintas partes de todos los trabajadores agrícolas son pobres y 75% de ellos ganan menos de 10 mil dólares anuales. El salario medio de los trabajadores agrícolas era de 5.94 dólares en 1998, con un poder adquisitivo que ha ido disminuyendo de forma constante cada año desde 1989. Lo más sorprendente es que todas las estadísticas sobre ingresos se reducen a la mitad cuando se aplica a los trabajadores indocumentados.[13]

Esta pobreza abyecta se ve agravada por una gran cantidad de consecuencias. Los riesgos para la salud son omnipresentes en la agricultura. El trabajo agrícola es una de las ocupaciones más mortíferas en Estados Unidos. Aparte de la tensión laboral, los accidentes y la exposición a productos químicos tóxicos, los trabajadores también padecen viviendas inseguras, aislamiento físico y falta de acceso a atención médica. En esencia, los costos de la reproducción de la mano de obra se trasladan a los propios trabajadores del campo. Como afirma Daniel Rothenberg:

> Cuando los trabajadores agrícolas encuentran trabajos lejos de su hogar, cubren sus propios gastos de viaje, incluyendo transporte, alojamiento y comida. Una vez que llegan a un sitio en particular, casi siempre tienen que esperar días o incluso semanas para que el trabajo comience y entonces nuevamente son responsables de todos los costos relacionados. Incluso después de que comience un trabajo, a menudo no se dispone de un empleo de tiempo completo inmediatamente. La inherente imprevisibilidad de la agricultura —heladas, sequías, olas de calor, plagas en los cultivos y fluctuaciones de los precios del mercado— sólo aumenta la incertidumbre general de la mano de obra agrícola. A los trabajadores rurales casi nunca se les da una compensación extra para cubrir el constante desplazamiento y el tiempo de inactividad que marca sus vidas.[14]

La mayoría de las familias de trabajadores agrícolas no tiene cobertura médica y en vez de ello depende de un mosaico de instituciones de beneficencia para acceder a servicios básicos. En algunas zonas, menos de 20% de los trabajadores agrícolas tiene acceso a algún tipo de cobertura de salud.[15] Los niños trabajadores son los más vulnerables a las condiciones precarias. Según Human Rights Watch, hasta 100 mil niños sufren cada año lesiones relacionadas con la agricultura.[16] Estas mismas condiciones producen un promedio de 300 muertes infantiles en los campos cada año.[17]

Lejos de ser "portadores de enfermedades", que es como los pinta la demagogia antiinmigrante, los trabajadores migrantes mexicanos son en gran medida víctimas de dolencias y enfermedades que contraen *mientras trabajan* en Estados Unidos. Por ejemplo, según un estudio realizado por el Departamento de Salud de California, 49% de los análisis de sangre que daban cuenta de concentraciones insalubres de plomo procedían de latinos, y ese plomo no se enviaba desde México sino que era absorbido por los trabajadores de los campos agrícolas. Además, los 45 mil diferentes pesticidas utilizados en la agricultura han sido vinculados a

> Leucemia, cáncer de los ganglios linfáticos, mieloma múltiple (cáncer de hueso) en adultos, leucemia y cáncer cerebral en niños; defectos de nacimiento, aborto espontáneo, esterilidad y disfunción menstrual; disfunción hepática y renal, trastornos del sistema nervioso, como mala coordinación motora y procesos de pensamiento, ansiedad y depresión; y anomalías inmunológicas.[18]

Este problema se agrava por el hecho de que muchos estados no ofrecen compensación laboral a los migrantes y la mayoría de los estados agrícolas hacen excepciones para el trabajo infantil en la agricultura. Según la legislación federal, niños de tan sólo 9 años pueden recoger moras en Oregón, los niños de diez años pueden trabajar en cualquier granja en Illinois y se suele ver a niños de doce años trabajando junto a sus padres en los campos agrícolas de California.[19]

Pero los trabajadores del campo siguen luchando a pesar de que los dados estén cargados en su contra. La Coalition of Immokalee Workers [Coalición de Trabajadores de Immokalee] (CIW), por ejemplo, fue el centro de atención en 2001 cuando sometió a Taco Bell a un boicot nacional. La CIW es una organización comunitaria de trabajadores agrícolas migrantes, de origen latino, haitiano y maya, con sede en Florida, y ha logrado centrar la atención nacional en la caída de los salarios de los trabajadores agrícolas. Su campaña, llamada Taco Bell Truth Tour, señaló el hecho de que el salario por hora de algunos trabajadores agrícolas había caído en más de 50% (ajustado por la inflación) entre 1980 y 2005.[20] Antes del lanzamiento de esa campaña, los trabajadores agrícolas de Florida ganaban unos 40 centavos por cada cubeta de tomates de 15 kilos que recogían, monto que se había mantenido constante durante los últimos 30 años. El trabajador agrícola promedio tenía que recoger dos toneladas de tomates sólo para ganar unos 50 dólares.[21] Dado que algunas de las mayores cadenas de comida rápida dependen de los tomates de Florida, la CIW hizo de Yum Brands, propietaria de Taco Bell, Pizza Hut y KFC, el blanco de su boicot. Después de cuatro años de lucha, mediante campañas de solidaridad, piquetes de trabajadores, marchas y otras tácticas organizadas en todo el país, la coalición logró que Yum Brands aumentara el pago por kilo de tomate. Por su parte, Taco Bell anunció que "se asegurará de que ninguno de sus proveedores de tomates emplee trabajadores forzados", una demanda planteada también por los trabajadores de Immokalee. La coalición ha puesto sus ojos en la cadena de restaurantes McDonald's, porque los trabajadores agrícolas que recogen los tomates comprados por ésta también se enfrentan a una increíble explotación.

Debido a las horribles condiciones de la industria agrícola, no resulta raro que alrededor de 40% de los trabajadores agrícolas indocumentados ya hayan migrado a la industria de la construcción, lo que crea la "escasez artificial" que los productores pregonan para exigir un nuevo programa de trabajadores huéspedes. Ante la pérdida de mil millones de dólares de su cosecha de invierno a principios de 2006, los productores agrícolas de Arizona canalizaron sus esfuerzos a cabildear por un programa de braceros del siglo XXI, en lugar de aumentar los salarios de los trabajadores del sector. Tal programa se prefiere a la "ilegalidad", ya que incluso los trabajadores no documentados pueden negociar salarios más altos durante la escasez de mano de obra. Un nuevo programa de trabajadores huéspedes volvería a poner el *control absoluto* sobre los trabajadores en manos de quienes manejan la agricultura.

19. Los trabajadores migrantes aún construyen Estados Unidos

Hoy en día, la incorporación anual de trabajadores indocumentados de México a la economía de Estados Unidos alarga la tradición en que se formó la clase trabajadora de ese país: mediante la llegada de migrantes. Al mismo tiempo, contribuye a los intentos capitalistas de reorganizar el mercado laboral. La "globalización" corporativa permite el libre movimiento del capital, que desplaza algunos centros de producción más allá de las fronteras y lejos de los entornos físicos del poder sindical. La intensificación de la concentración de capital ha ido en contra de la movilidad concomitante de la mano de obra. De hecho, la aplicación de las restricciones fronterizas y migratorias como atributos del control laboral ha incrementado en forma proporcional el poder corporativo. Pero incluso con estas mayores restricciones, la migración se ha acelerado, empujando a más trabajadores a arriesgar su vida y su integridad física para encontrar trabajo o refugio lejos de su hogar, particularmente en Estados Unidos.

Dos factores de finales del siglo XX fueron especialmente importantes para crear este escenario. En primer lugar, como han señalado muchos observadores, la globalización promovió un aumento de las tasas de migración. La expansión de la inversión privada y el comercio estadounidenses; la apertura de maquiladoras multinacionales —que emplean sobre todo a mujeres— a lo largo de la frontera entre México y Estados Unidos, así como en países del Caribe y de Centroamérica, facilitada por los esfuerzos legislativos del gobierno como el Programa de Industrialización Fronteriza, el Tratado de Libre Comercio de América del Norte y la Iniciativa de la Cuenca del Caribe; la creciente influencia de los medios de comunicación estadounidenses y la ayuda militar de Estados Unidos en Centroamérica: todo esto ha contribuido a reorganizar las economías locales y a estimular la migración desde el Caribe, México y Centroamérica hacia Estados Unidos.[1]

La política migratoria neoliberal implica el arribo y la absorción planificada de migrantes, aunque éstos hayan sido estigmatizados, desnaturalizados y desempoderados por el proceso legislativo de "ilegalización". Según la especialista en migración Saskia Sassen:

> las medidas usualmente pensadas para disuadir la migración —inversión extranjera o promoción de la agricultura y las manufacturas orientadas a la exportación en los países pobres— han tenido precisamente el efecto contrario. Esas inversiones contribuyen al desplazamiento masivo de las empresas agrícolas y manufactureras de pequeña escala, al tiempo que profundizan los lazos económicos, culturales e ideológicos entre los países receptores y Estados Unidos.[2]

Los capitalistas, con la ayuda del Estado, han podido no sólo debilitar los principales enclaves sindicales gracias a la movilidad del capital, sino también han "desindicalizado" (mediante la "ilegalización") a las nuevas poblaciones de trabajadores que se están desplazando hacia los sectores de bajos salarios de la economía. Al momento de escribir esto, la migración indocumentada ha vuelto a superar a la migración "legal" como resultado de estas tendencias. Según una encuesta del Pew Hispanic Center [Centro Hispano Pew], de los 35.2 millones de personas nacidas en el extranjero que habitan en Estados Unidos,

> el número de personas que viven en familias cuya cabeza o el cónyuge de ésta es un migrante no autorizado [era de] 13.9 millones en marzo de 2004, entre ellos 4.7 millones de niños. De esas personas, unos 3.2 millones son ciudadanos estadounidenses por nacimiento pero viven en familias "de estatus mixto", en las que algunos miembros no están en regla —normalmente un padre—, mientras que otros —normalmente niños— son estadounidenses por derecho de nacimiento.[3]

Si bien hasta un tercio de los indocumentados se quedan más de lo debido —quienes obtienen visa por provenir de países más ricos y permanecen en el país después de que ésta expira—, prácticamente toda la atención negativa se centra en los trabajadores mexicanos, que constituyen alrededor de 56% del total de la población indocumentada.[4] Los puestos fronterizos de control detienen los vehículos de aquellos que encajan en el "perfil" de un trabajador indocumentado. Esa operación se realiza echando un vistazo. Si eres blanco, te saludan, pero si eres moreno, resultas sospechoso. Los monumentos al racismo institucional como estos puestos fronterizos se mantienen en su lugar sólo para reforzar las barreras físicas entre los migrantes mexicanos y el resto de la clase trabajadora.

Estos trabajadores constituyen el vasto tejido conectivo que permite que funcione la economía estadounidense. La separación de esta mano de obra a lo largo de líneas nacionales canaliza la mano de obra "ilegal" invisible hacia diversas "tribus" en industrias y regiones sin sindicatos. Al reflexionar sobre la economía del sur de California, un sociólogo observó:

> Piensa en esto. Conserjes, cocineros, meseros, pintores, limpiadores de alfombras y jardineros que mantienen en funcionamiento los edificios de oficinas, los restaurantes y los centros comerciales probablemente son migrantes mexicanos o centroamericanos, al igual que muchos de los que trabajan entre bastidores en tintorerías, asilos, hospitales, centros turísticos y edificios de departamentos [...] La economía, el paisaje y el estilo de vida de Los Ángeles se han transformado de manera que dependen de la mano de obra migrante y latina de bajos salarios.[5]

En general, los trabajadores indocumentados constituyen alrededor de 5% del total de la mano de obra nacional —en algunos estados, como California y Texas, el porcentaje es mucho más alto— y, en los últimos años, los trabajadores migrantes se han concentrado en industrias clave dispersas por todo el país. Según una encuesta del Departamento del Trabajo de 2005, eran la cuarta parte de los trabajadores de la industria cárnica y avícola, 24% de los lavaplatos y 27% de los instaladores de paneles de yeso y tejados. También se cree que los trabajadores indocumentados constituyen hasta 25% de la mano de obra en la industria de la construcción y alrededor de un tercio en la de confección.[6] En la agricultura, alrededor de 24% de todos los trabajos agrícolas están en manos de los indocumentados, 17% de los trabajos de limpieza, 12% de la preparación de alimentos y alrededor de 31% del trabajo en general en los servicios.[7] Los estudios realizados en 2005 también muestran una población sustancial de jornaleros, trabajadores informales regularmente empleados por contratistas de la construcción y propietarios de viviendas. Se estima que hay más de 117 mil jornaleros itinerantes, aunque esa cifra es probablemente baja, ya que es difícil cuantificar una población tan poco estable.[8] En determinados "condados en crecimiento" del sur del país, los latinos constituyen más de 57% de los trabajadores de la industria manufacturera. En 2004, más de un millón de los 2.5 millones de nuevos empleos de todo el país fueron para trabajadores migrantes.[9]

Las mujeres constituyen un porcentaje sustancial de estos migrantes. Esto se demuestra por el hecho de que las latinas nacidas en el extranjero constituyen alrededor de 68% de las niñeras y las afanadoras en los principales centros poblacionales.[10] Las mujeres constituyen alrededor de 35% de los migrantes aprehendidos y deportados de Estados Unidos cada año desde 2002.[11] Cifras del Instituto Nacional de las Mujeres de México muestran que alrededor de la mitad de los 600 mil mexicanos que emigran cada año son mujeres.[12] Cosa trágica, se estima que las mujeres constituyeron alrededor de 25% de las 4 mil muertes ocurridas a lo largo de la frontera entre 1994 y 2005. Más aún: "según Laura Velasco Ortiz, investigadora de El Colegio de la Frontera Norte, más de 60% de los 20 mil millones de dólares en remesas que se estima que recibe México son enviados por mujeres, frente a 39% que envían los hombres".[13]

Según el Departamento del Trabajo, el número de empleos en Estados Unidos aumentó en 15 millones entre 1990 y 2003, y se proyectaba que se crearían más de 33 millones de nuevos puestos de trabajo entre 2000 y 2010. Los empleos de baja calificación, que probablemente serían ocupados por trabajadores migrantes, representan 58% de todas las nuevas ofertas de trabajo.[14]

¿Por qué continúa la migración? Como ya mencionamos, la mano de obra barata es rentable y el neoliberalismo causa desplazamientos, pero hay otra razón: la población trabajadora nativa se está reduciendo. Según Lewis W. Goodman, experto de la American University en relaciones entre Estados Unidos y América Latina, "si no tuviéramos esos trabajadores [migrantes] estaríamos entrando en una situación como la de Japón y Europa [...] en la que las poblaciones están encaneciendo de una manera muy alarmante y poniendo en peligro la productividad e incluso sus sistemas de seguridad básicos".[15] En muchos países del primer mundo, la propia estabilidad de la economía depende de la absorción de los trabajadores migrantes.

Este fenómeno se manifiesta más claramente en California, donde la migración es la piedra angular de la mayor economía del país. Según un estudio realizado en septiembre de 2005 por el California Budget Project [Proyecto sobre el Presupuesto de California], el segmento de la población que crece más rápidamente es el de los mayores de 65 años. Mientras que se espera que la población afroamericana se mantenga constante, la población anglosajona está disminuyendo en general (se espera que se reduzca en un millón para 2020); una de cada cuatro personas tendrá 75 años para 2020. En todo Estados Unidos, el número de trabajadores de 55 a 64 años habrá aumentado en más de la mitad en esta década, al mismo tiempo que los de 35 a 44 años habrán disminuido en 10%.[16]

Mientras tanto, los latinos están llenando ese vacío, agregando vitalidad juvenil a una sociedad en proceso de osificación. Se calculaba por ejemplo que, para 2014, en California la mitad de todos los alumnos en edad escolar serían latinos y que esa población emergería como la mayoría para 2020.[17] Por ejemplo, la población latina migrante ha crecido a gran velocidad en todo el sur: Carolina del Norte (394%), Arkansas (337%), Georgia (300%), Tennessee (278%), Carolina del Sur (211%) y Alabama (208%) registraron las mayores tasas de aumento de la población hispana de todos los estados entre 1990 y 2000, con la excepción de Nevada (217%).[18]

Aunque nunca lo sabrías si sólo escucharas los gritos hiperbólicos de la extrema derecha —que recibe una amplia cobertura de prácticamente todos los principales medios de comunicación de Estados Unidos—, la mayor parte del crecimiento de la población provendrá de los ciudadanos, no de los indocumentados. De hecho, aunque las tasas de natalidad entre los trabajadores indocumentados en general están aumentando, su ritmo se está desacelerando.

En un estudio realizado en 2005 se determinó que, "si bien la migración a California continuará, la proporción de la población del estado correspondiente a los migrantes recientes seguirá disminuyendo. Se proyecta que la proporción de migrantes recientes caerá a 7.5% para 2020 y a 7.0% para 2030".[19] De hecho, según *The Globalist*, la aportación de los trabajadores indocumentados al crecimiento poblacional general es insignificante. En 2005, los migrantes indocumentados contribuyeron al crecimiento de la población a un ritmo de aproximadamente 3.3 por cada mil personas.[20]

Alrededor de 12% de la población ha nacido en el extranjero y, de ellos, 71% son "residentes permanentes legales", mientras que alrededor de 29% son residentes sin papeles.[21] La migración sigue aportando la "mano de obra necesaria", como lo ha hecho a lo largo de la historia de Estados Unidos.

Detrás de esta cortina de humo política, quienes reconocen el peligro para sus propios intereses están empezando a sentirse presionados por las restricciones más severas a la migración. De acuerdo con *The Washington Post*:

el alcalde de Yuma [Arizona], el republicano Larry Nelson, dijo que una vez creyó que la frontera debía cerrarse por completo. La responsabilidad por la salud económica de su comunidad ha hecho que cambie de opinión, dijo. "Tenemos más trabajos en Estados Unidos que trabajadores", afirmó. "Si ahora mismo se eliminara a todos los ilegales de Estados Unidos, se cerraría la industria alimentaria, la gran mayoría de los hoteles y todas las industrias de servicios. Si se detiene [la migración], este país se detendrá de golpe."[22]

Un informe publicado por la American Farm Bureau Federation [Federación Estadounidense de Oficinas Agrícolas] afirma que, si se suprimiera la mano de obra migrante mediante leyes federales, desaparecerían entre 5 mil y 9 mil millones de dólares de ingresos agrícolas, junto con hasta un tercio de los productores agrícolas.[23] La escasez de trabajadores se da en los enclaves agrícolas del oeste; sólo en septiembre de 2005 se produjeron pérdidas por valor de 300 millones de dólares entre los productores de pasas en el valle de San Joaquín, en California.[24]

Los trabajadores migrantes vienen a Estados Unidos para trabajar. Según un estudio realizado en junio de 2005 por el Pew Hispanic Center, 92% de los varones indocumentados tiene un empleo remunerado, porcentaje más alto que el de cualquier otro sector de la población. Los migrantes también aceptan trabajos más diversos dentro de la economía, ya que una cuarta parte de ellos tiene al menos algo de educación universitaria y otra cuarta parte ha terminado la escuela secundaria.[25] La mano de obra migrante en realidad crea *más trabajos* que los que ocupa. La economía de Estados Unidos se está expandiendo a largo plazo a un ritmo promedio de 3.5% anual. Más de un punto porcentual de este aumento puede atribuirse al incremento poblacional debido a la migración.[26]

Los migrantes no sólo van a Estados Unidos a trabajar, sino que van por puestos de trabajo que saben que están disponibles. Los expertos antimigrantes ignoran su propia "regla de oro" de la oferta y la demanda. Los trabajadores indocumentados, como todos los trabajadores, buscan trabajos de verdad que estén disponibles, no buscan un bienestar social percibido. Según un informe del California Regional Economic Analysis Project [Proyecto de Economías Regionales de California], "la tasa de crecimiento poblacional de California también depende de qué tanto crezca el empleo. Entre 1992 y 1996, por ejemplo, durante la recesión económica en California, la migración dentro del país hacia otros estados equivalió a 1.4 millones de residentes. Esa emigración fue mayor que el volumen de la migración extranjera en el estado.[27]

A pesar de la caracterización errónea de la migración como un flujo infinito e inexorable, la tasa real generalmente es proporcional a las necesidades de los diferentes ciclos económicos. Según los especialistas en migración Jeffrey Passell y Roberto Suro:

en la última década del siglo XX y en la primera del XXI Estados Unidos experimentó un fuerte aumento en los flujos migratorios, con un principio, una parte media y un final muy distintos. Desde principios de la década de 1990 hasta mediados de ese periodo, en promedio un poco más de 1.1 millones de migrantes llegaron a Estados Unidos cada año. En los años pico, de 1999 y 2000, la afluencia anual fue cerca de 35% más alta, cuando superó los 1.5 millones. En 2002 y 2003, el número de personas que llegaron al país volvió a situarse en torno a 1.1 millones. Esta pauta básica de aumento, máximo y disminución es evidente para los nacidos en el extranjero de todas las regiones del mundo y para los migrantes tanto legales como no autorizados.[28]

Además, dado que los migrantes *crean* puestos de trabajo y, por lo tanto, riqueza, su presencia podría en realidad ayudar a aumentar los salarios o al menos a mantenerlos constantes. Esto queda demostrado por lo que está sucediendo en California, donde se encuentra el mayor porcentaje de migrantes indocumentados del país. Según un estudio de 2005,

en 1990 los salarios medios en California eran 10.9% superiores a la media nacional. En 2004, a pesar de la pérdida de empleos en la industria aeroespacial y de alta tecnología, y a pesar de que los niveles de migración todavía eran elevados, los niveles salariales en California habían subido hasta 13.4% por encima de la media nacional [...] California [también] sigue superando al resto del país en cuanto a crecimiento del empleo [...] En todo caso, los grandes flujos migratorios de California deberían haber aumentado los niveles de empleo y haber ofrecido apoyo al mercado de la construcción.[29]

En un estudio publicado en *USA Today*, el crecimiento del empleo en diez ciudades del interior de Estados Unidos con una elevada población de migrantes superó el crecimiento del empleo en sus áreas metropolitanas más amplias. El estudio determinó que el salario medio de los centros urbanos creció 1.8%, hasta 39 300 dólares, entre 1995 y 2003, superando el crecimiento medio de los salarios, de 1.7%, en las áreas metropolitanas.[30] Si bien estos datos contradicen la idea de que los trabajadores migrantes les roban puestos de trabajo a otros trabajadores, su segregación dentro del mercado laboral ha llevado al Pew Hispanic Center a concluir en un estudio que, aunque los migrantes latinos y los trabajadores nacidos en el país parecen estar en "caminos diferentes [...] la creciente oferta y la concentración [de los migrantes] en ciertas ocupaciones sugiere que los recién llegados están compitiendo entre sí en el mercado laboral, en su propio detrimento".[31]

Acusar a estos trabajadores de subvertir la economía se ha convertido en el grito de guerra del movimiento antimigrante. Nada podría estar más lejos de la verdad. Según Benjamin Powell, economista de la Universidad Estatal de San José:

> El razonamiento económico básico muestra que, cuando se aumenta la oferta de cualquier bien, manteniendo todo lo demás constante, su precio debe bajar. Sin embargo, la migración trae muchos efectos secundarios que contrarrestan la creciente oferta. De manera más inmediata, cuando los migrantes ganan dinero, demandan bienes y servicios. Esto aumenta la demanda de mano de obra, lo que a su vez crea más empleos y hace que los salarios vuelvan a subir.[32]

Un estudio realizado a finales de 2005 por el Kenan Institute of Private Enterprise [Instituto Kenan de la Empresa Privada], de la Universidad de Carolina del Norte en Chapel Hill, concluyó que en 2004 los latinos inyectaron 9 mil millones de dólares a la economía del estado. El estudio estimó que 45% de los aproximadamente 600 mil latinos del estado son trabajadores indocumentados que con su trabajo contribuyen en una proporción considerable a esa gigantesca suma.[33]

Un estudio de Thunderbird encontró que "el poder adquisitivo, o los ingresos después de impuestos, de los migrantes indocumentados también es importante en Arizona. Los migrantes mexicanos, legales e indocumentados, en 2002 representaban 3.1%, o casi 4 200 millones de dólares, del poder adquisitivo de todos los consumidores del estado".[34] En San Diego, "la Cámara de Comercio estima que hasta 8% de las transacciones minoristas en San Diego provienen de compradores transfronterizos. Con unas ventas que alcanzaron los 40 800 millones de dólares en 2003, eso significa que los mexicanos y otros habitantes de la frontera aportan unos 3 300 millones de dólares".[35] Aunque los trabajadores migrantes envían una parte importante de sus ingresos a sus países de origen en forma de remesas, un estudio citado en la revista *Time* concluyó que 80% de sus ganancias se reinvierte en las economías locales.[36]

Lejos de producir dificultades económicas, los migrantes revitalizan las comunidades. En muchos casos, el deterioro de los centros urbanos se ha contrarrestado con lo que se ha denominado "equidad del sudor" de los migrantes latinos. Por ejemplo, "unos 75 mil propietarios mexicanos y salvadoreños se han convertido en una fuerza constructiva sinigual (lo contrario de la huida de los blancos) que trabaja para restaurar los barrios debilitados y recrear su respetabilidad".[37] Este fenómeno se ha visto reforzado por los datos sobre vivienda reunidos en 2005 y 2006 en todo el país.

Un estudio de la Universidad de Harvard encontró que, entre 1998 y 2001, los migrantes que adquirieron una vivienda compraron 8% de las viviendas nuevas y 11% de las viviendas usadas, lo que representa 12% de quienes compraron casa por primera vez en 2001. El estudio llega a la conclusión de que la migración es un importante impulsor de la demanda en este sector vital de la economía.[38] Esto se repitió en un artículo de *USA Today*, en el que se informaba que, "en junio de 2004, casi un tercio de los compradores de viviendas en California tenía apellidos hispanos [...] Eso es un aumento con respecto a menos de una quinta parte en 2002. Los principales apellidos de los compradores fueron García, Hernández, López y Rodríguez."[39]

Según la National Association of Hispanic Real Estate Professionals [Asociación Nacional de Corredores Inmobiliarios Hispanos], unos 216 mil migrantes indocumentados *más* comprarían una casa si tuvieran mejor acceso al mercado. Según Mary Mancera, portavoz de la asociación, "hay muchos que han estado trabajando aquí, ahorrando dinero, criando a sus hijos y viviendo sus vidas, y quieren dar el siguiente paso, pero no han podido hacerlo debido a las barreras".[40]

Un artículo publicado en diciembre de 2005 en *Los Angeles Times* mostró que el estancado mercado inmobiliario en Watts se había recuperado, con un aumento del valor de reventa de las viviendas de más de 40% en 2004, mientras que la media del condado se había incrementado en 24.8%. Este cambio de rumbo fue impulsado por la demanda de los posibles propietarios latinos, muchos de los cuales no tienen papeles, lo que ha hecho que un número cada vez mayor de corredores inmobiliarios publique anuncios bilingües.[41] Otros estudios han mostrado efectos similares causados por la migración latina en ciudades y pueblos estancados de todo el país, hasta los rincones más alejados del noreste.[42] Además de comprar casas, los trabajadores migrantes también han impulsado el floreciente mercado inmobiliario con su trabajo. Un número considerable de migrantes está dejando la agricultura para construir casas, rascacielos y condominios, ayudando a producir la fortuna de numerosos multimillonarios.

El creciente poder adquisitivo de los trabajadores indocumentados está atrayendo la atención de las grandes empresas. En referencia a los migrantes indocumentados como un "motor de crecimiento sin explotar", *BusinessWeek* comentó:

> En los últimos años, las grandes empresas de consumo de Estados Unidos —bancos, aseguradoras, hipotecarias, empresas de tarjetas de crédito, compañías telefónicas, entre otras— han decidido que un mercado de unos 11 millones de clientes potenciales es simplemente demasiado grande como para ignorarlo. Puede que sea ilegal que los Valenzuelas estén en Estados Unidos o que un empleador los contrate, pero no hay nada ilegal en venderles [...] Más aún, 84% de los ilegales tienen entre 18 y 44 años, sus años de mayor gasto, contra 60% de los residentes legales. Las ventas y las ganancias de las empresas se darían un disparo en el pie si más de ellas abandonaran la economía del dinero en efectivo, pusieran su dinero en los bancos y retiraran las tarjetas de crédito, los préstamos para automóviles y las hipotecas. El producto nacional bruto de Estados Unidos también podría recibir un impulso, ya que los consumidores con crédito pueden gastar más que quienes se limitan al dinero en efectivo.[43]

Los trabajadores migrantes se están convirtiendo en un componente cada vez más importante de la economía internacional, no sólo porque integran una mano de obra cada vez más reducida en los países desarrollados, sino también porque envían remesas a sus hogares, unas divisas para los miembros de sus familias que ascienden a más de 167 mil millones de dólares al año.[44] Las remesas de los trabajadores migrantes a las naciones en desarrollo han superado en realidad la ayuda directa de los países y las instituciones más ricos.[45] En México, cada año se envían alrededor de 20 mil millones de dólares en remesas, lo que constituye la segunda fuente de divisas legales del país, sólo superada por las exportaciones de petróleo.[46] Más de 60% de este total proviene de mujeres mexicanas que viven en Estados Unidos.[47] El Salvador, Guatemala, Honduras y Nicaragua recibieron un total de 7 mil millones de dólares de los trabajadores migrantes sólo en 2004.[48]

Las remesas también son una fuente sustancial de ganancias para los bancos. Por los 72 mil millones de dólares enviados a las naciones en desarrollo en 2001, los trabajadores tuvieron que pagar a los bancos multinacionales la cuantiosa suma de 12 mil millones de dólares y los bancos con sede en Estados Unidos no fueron una excepción:

Los bancos estadounidenses obtienen enormes utilidades de las remesas enviadas a casa por los migrantes latinoamericanos. En 2001, se enviaron 28 400 millones de dólares a los países en desarrollo desde Estados Unidos. Casi un tercio de esto fue a México, lo que generó alrededor de 1.5 millones de dólares para los bancos de Estados Unidos.

Las proyecciones recientes del Banco de México estiman que las remesas en dólares para 2005 alcanzarán por lo menos 20 mil millones de dólares, una cantidad que duplica los ingresos del sector de exportación de vegetales en la economía promovida por el Tratado de Libre Comercio de América del Norte.[49]

Y, como de costumbre, los dueños del capital en Estados Unidos encuentran la manera de obtener ganancias en ambos lados de la frontera:

Las oportunidades comerciales más grandes y de más rápido crecimiento asociadas con las remesas de los trabajadores han atraído recientemente por lo menos dos importantes negocios de inversión extranjera directa (IED) en México. Valuado en 12 500 millones de dólares, el trato entre Citigroup y Banamex en 2001 es la mayor inversión al sur de la frontera para cualquier compañía estadounidense [...] En diciembre de 2002, Bank of America pagó al Banco Santander 1.6 mil millones de dólares por parte de Serfín.[50]

La rentabilidad de las transferencias de dinero está animando a las grandes empresas y a los políticos de Estados Unidos a encontrar más formas de cobrar. Un número creciente de bancos está ofreciendo servicios para los migrantes. Un artículo en La Jornada informaba:

Según el Banco de México, cada año se realizan 51 millones de operaciones de transferencia de dinero de Estados Unidos a México, con un promedio de 326 dólares por cada transacción. El negocio ha sido muy rentable para los bancos estadounidenses y otras empresas que cobran comisiones por las transferencias. En un informe del Consejo Nacional de La Raza, con sede en Washington, se estimó que desde mediados de 2002 hasta principios de 2004 se abrieron unas 400 mil nuevas cuentas bancarias en Estados Unidos en sucursales que ofrecen el servicio de envío de remesas.

En última instancia, muchos de los dólares de las remesas son reciclados en ciudades fronterizas como El Paso y Laredo por compradores mexicanos que prefieren comprar en el lado estadounidense.[51]

La hipocresía de perseguir a los migrantes mientras se aprovechan de ellos alcanzó nuevas cotas en Arizona a principios de 2006. El Comité de Asignaciones de la Cámara de Arizona aprobó una resolución que impondría un impuesto estatal de 8% a las transferencias electrónicas de dinero a México. El impuesto, que generaría unos 80 millones de dólares cada año, se utilizaría para pagar una valla fronteriza de doble y triple pared entre Arizona y México.[52] Esto conlleva la misma lógica colonialista que los políticos han utilizado en Irak: primero destruir una región y luego hacer que los habitantes paguen por reconstruirla.

Los trabajadores migrantes también pagan impuestos. Según un estudio realizado en 1997, los hogares que recibían subsidios de los migrantes pagaron aproximadamente 133 mil millones de dólares en impuestos directos a los gobiernos federales, estatales y locales. Otro estudio de la Academia Nacional de Ciencias encontró que los migrantes benefician a la economía de Estados Unidos en general, tienen poco efecto negativo en los ingresos y en las oportunidades de trabajo de la mayoría de los estadounidenses nacidos en el país, y pueden agregar hasta 10 mil millones de dólares a la economía cada año. En general, según el estudio, es probable que un análisis más detallado muestre "que 49 de los 50 estados salen ganando fiscalmente con la migración".[53] Si bien los migrantes pueden obtener recursos de los gobiernos locales, un estudio de la Academia Nacional de Ciencias de 1997 encontró que contribuyen en promedio con una cifra neta de 1 800 dólares más por persona de lo que utilizan, lo que equivale a una contribución neta de 80 mil dólares más que lo que sus descendientes reciben en beneficios locales, estatales y federales.[54] Incluso el ex presidente de la Reserva Federal, Alan Greenspan, llegó a reconocer discretamente que los trabajadores indocumentados tenían un papel importante en el mantenimiento de la tasa de inflación. De hecho, incluso el principal portavoz empresarial en el país, *The Wall Street Journal*, llegó a la conclusión de que la migración es más una bendición que una pesadilla. Una encuesta entre los principales economistas del país realizada por ese periódico encontró que 59% cree que el efecto de la migración ilegal en los salarios de los trabajadores de bajos ingresos es leve, mientras que 22% cree que los migrantes no tienen ningún efecto. Además, "casi todos los economistas —44 de los 46 que respondieron a la pregunta— creían que la migración ilegal ha sido benéfica para la economía".[55]

Según *The New York Times*, desde que la ley sobre la reforma y el control de la migración de 1986 estableció sanciones para los empleadores que a sabiendas contrataran a migrantes indocumentados, la mayoría se ha visto obligada a comprar tarjetas de seguridad social falsas para obtener trabajo. Aunque la mayoría de los trabajadores indocumentados (se estima que alrededor de 75%)[56] pagan a la seguridad social y a Medicare mediante deducciones de nómina, se les niegan los beneficios de esa prestación.

Desde la década de 1980, los administradores de la seguridad social han visto un aumento constante de los informes de ganancias salariales con números de seguro social falsos que no podrían vincularse con los indocumentados que las obtuvieron. Escondido en lo que se denomina "archivo de suspensión de ganancias", ya que no hay registros exactos de quién pagó los impuestos, el fondo se ha multiplicado hasta alcanzar la friolera de 189 mil millones de dólares en ingresos salariales, generando entre 6 mil y 7 mil millones en ingresos fiscales del seguro social y unos 1 500 millones de dólares en impuestos de Medicare, ninguno de los cuales puede ser reclamado por las personas que hicieron su aportación.[57] Esto pone a muchos trabajadores migrantes en la situación descrita por un tal Miguel: "He trabajado aquí 15 años y nunca he recibido nada al final del año [...] Sin papeles, no se obtiene nada a cambio. El gobierno ha reunido ese dinero para la jubilación y la atención médica. No sé qué hacen con él."[58] Un artículo de la revista *Time* estima que hasta 2002 los migrantes indocumentados han contribuido con hasta 463 mil millones de dólares a la seguridad social.[59]

Como parte de un esfuerzo por rastrear los salarios no asignados, los administradores de la seguridad social envían unas 130 mil cartas al año a los empleadores que tienen un gran número de declaraciones de pago con discrepancias. Una consecuencia de estas "cartas no coincidentes" es el despido de trabajadores indocumentados, o su éxodo voluntario, provocado por el miedo a ser aprehendidos. No obstante, un análisis de los datos de la seguridad social realizado por la National Foundation for American Policy [Fundación Nacional para la Política Estadounidense], una organización política no partidista, confirma que, con los niveles actuales de migración, los nuevos migrantes que entren en Estados Unidos proporcionarán un beneficio neto de 407 mil millones de dólares al sistema de seguridad social en los próximos 50 años.[60]

Los políticos antimigrantes, deseosos de poner sus manos en el dinero de otras personas, se apresuran a bloquear cualquier intento de asignar estos fondos a sus legítimos propietarios. Un proyecto de ley presentado en el Congreso en junio de 2005 por el representante J. D. Hayworth (republicano de Arizona) prohíbe la distribución de fondos de la seguridad social entre los indocumentados. Después de su victoria, declaró a todo volumen: "Me enorgullece que una Cámara unificada se haya puesto de mi lado para expresar nuestra determinación de que los extranjeros ilegales no saqueen los fondos de la seguridad social que están destinados exclusivamente a los estadounidenses jubilados y discapacitados."[61] En otras palabras, los salarios ganados por los trabajadores migrantes están siendo robados y serán utilizados para subsidiar a una población envejecida de ciudadanos estadounidenses.

Encima, los trabajadores indocumentados pagan otros impuestos, como el impuesto sobre la propiedad. Hace casi una década, el Internal Revenue Service [Servicio de Impuestos Internos] (IRS) comenzó a dar "números de identificación de contribuyentes individuales" para que las personas sin un número de seguro social legítimo pudieran pagar impuestos sobre la renta y comprar una casa.[62] Muchos eligen pagar impuestos sobre la renta para mostrar su voluntad de contribuir a la sociedad y cumplir con la ley, con la esperanza de algún día obtener la ciudadanía. Irónicamente, el IRS crea sus propias leyes separadas con el fin de poner sus manos en el dinero de los indocumentados, mientras que otras instituciones del mismo gobierno federal persiguen a las mismas personas. El IRS ha emitido más de 9.2 millones de estos números de identificación de contribuyentes individuales desde 1996, con 1.2 millones emitidos sólo en 2005. Como explicó el comisionado del IRS, Mark W. Everson: "Nuestro trabajo es asegurarnos de que todos los que obtengan ingresos dentro de nuestras fronteras paguen la cantidad apropiada de impuestos, incluso si no trabajan aquí legalmente."[63] Y, por supuesto, los migrantes indocumentados pagan impuestos locales y estatales cada vez que hacen compras.

A los expertos antimigrantes les gusta señalar los "costos de la migración ilegal" mediante el uso selectivo de estadísticas regionales aisladas sobre la educación y la atención a la salud, mientras evitan conscientemente un macroanálisis de las contribuciones económicas en general. Al repetir hasta la saciedad la mentira descarada de que los migrantes indocumentados son una "fuga de recursos", ignoran u ocultan el hecho de que el gasto social para *todos los trabajadores* se ha recortado o reducido en forma drástica en las últimas décadas, creando una escasez antinatural. Por ejemplo, alrededor de 46 millones de trabajadores no tienen acceso a la atención médica, una estadística que afecta a toda la clase trabajadora. Más de la mitad de las quiebras son resultado de las facturas de atención médica y 18 mil personas mueren cada año como resultado de un acceso insuficiente a los servicios médicos. Esto ocurre a pesar de que Estados Unidos gasta más en atención médica que cualquier otro país.[64]

De hecho, las crisis en la atención a la salud y en la educación son nacionales y afectan a todos los trabajadores. La aplicación de un sistema de atención a la salud universal, que reoriente la riqueza que los trabajadores producen *ellos mismos* hacia la satisfacción de las necesidades de atención médica de todos (en lugar hacerlo hacia los beneficios empresariales de unos pocos), eliminaría instantáneamente la escasez. El aumento en el financiamiento de las escuelas en lugar de los recortes presupuestales en educación eliminaría los problemas asociados con el hacinamiento que afecta a la clase trabajadora en todo el país.

Los expertos también dejan convenientemente fuera el hecho de que muchos de los niños nacidos en Estados Unidos de padres indocumentados son *ciudadanos*. Y aunque una ligera mayoría de los indocumentados no tienen seguro, no es porque no trabajen. Según la periodista Hilary Abramson, "casi dos tercios de los niños sin seguro en el estado tienen padres con empleos de tiempo completo. Pero muchos empleadores han repercutido el aumento de los costos recortando los beneficios para los cónyuges y los hijos. Quienes buscan un seguro médico privado pueden encontrar primas más bajas, pero generalmente tienen deducibles más altos y [...] una cobertura 'escasa'". Abramson cita a E. Richard Brown, director del Center for the Study of Latino Health [Centro de Estudios sobre la Salud de los Latinos] de la Universidad de California en Los Ángeles, quien argumenta: "Creo que las tendencias que estamos viendo son un claro indicio de que todos estamos al borde del precipicio al no poder pagar la cobertura del seguro médico para nosotros y nuestras familias".[65]

Más aún, las leyes actuales sólo permiten a los indocumentados acceder a los servicios de emergencia, ya que están excluidos de recibir otros programas de salud que están disponibles para los ciudadanos. Las cifras de un estudio de marzo de 2006 publicado en *Los Angeles Times* muestran que sólo 15% de quienes terminan en las salas de emergencia de California no tiene seguro médico.[66]

Además, según un estudio realizado conjuntamente por la Universidad de California y el Consejo Nacional de Población del gobierno mexicano, "la mayoría de los migrantes mexicanos llegan a Estados Unidos con mejor salud que la población blanca estadounidense, pero su salud se deteriora cuanto más tiempo permanecen ahí, debido en parte a la falta de seguro y al cambio en su estilo de vida".[67] La escalada de la histeria antimigrante ha servido para desalentar a los trabajadores indocumentados de buscar atención médica. Según Tanya Broder, abogada voluntaria del National Immigration Law Center [Centro Nacional de Leyes Migratorias]: "Hemos visto un aumento real de las medidas antimigrantes [...] que ha engendrado confusión y miedo, y que impiden a las familias migrantes obtener la atención que necesitan".[68]

Por ejemplo, en 2004, los centros de servicios de Medicare y Medicaid propusieron que los hospitales informaran sobre la situación migratoria de los pacientes de las salas de emergencias, a cambio de más dinero federal. Como explicó una trabajadora indocumentada llamada Alejandra: "escuché que si vas a la sala de emergencias o vas al médico, te van a deportar [...] así que mis cuatro hijos se van a quedar sin mí porque no tengo documentos".[69] Estas políticas, que aumentan la pobreza y el subdesarrollo de las comunidades de migrantes, se producen debido a prácticas discriminatorias asociadas a la exclusión cívica, a pesar de que el trabajo de esas comunidades *subvenciona* al resto de la sociedad estadounidense.

El politólogo Rodolfo O. de la Garza atribuye el confinamiento de la mayoría de los trabajadores mexicanos a los niveles inferiores de la clase obrera a su relativa segregación. La división racial hace que incluso la cuarta generación de mexicoamericanos esté por detrás de otros estadounidenses en educación, propiedad inmobiliaria e ingresos.[70]

Aunque la "ilegalización" y el racismo que conlleva arrastra todos los salarios, los indocumentados son los más afectados. En 2003, el ingreso familiar medio de los migrantes indocumentados que llevaban menos de diez años en el país era de 25 700 dólares, mientras que los ingresos familiares medios eran considerablemente más altos, tanto para los migrantes legales (47 800 dólares) como para los nacidos en el país (47 700 dólares).[71] Según un artículo de *Los Angeles Times*, en California "18.6% —o sea, más de 1.7 millones de niños— vivieron en la pobreza el año pasado, en comparación con 18.2% en 2002. Tres cuartas partes de los niños pobres del estado pertenecen a familias migrantes."[72]

Tal vez no haya mayor ironía que el hecho de que el movimiento antimigración apoye la segregación de los trabajadores indocumentados, mientras afirma que éstos se niegan a asimilarse. Por ejemplo, Tom Tancredo, congresista de Colorado, difícilmente puede ocultar su desprecio por los latinos en este sentido:

> En un discurso pronunciado en 2003, señaló que "las generaciones anteriores de migrantes esperaban que sus hijos aprendieran inglés" y añadió que "sólo en el pasado reciente hemos visto un movimiento político que trata de perpetuar una cultura paralela que no habla inglés y que, por lo tanto, no puede participar plenamente en la corriente principal de la vida estadounidense".[73]

El mito de que los migrantes mexicanos "no están dispuestos a asimilarse" y de que "degradan el trabajo, rechazan la educación y son propensos al crimen" hoy en día sigue en la mente de racistas como Tancredo. Esos mitos siguen sustituyendo al discurso racional y alimentan las acciones de los nativistas actuales, a pesar de una realidad en sentido contrario. De hecho, los mexicanos tienen un mejor registro de asimilación que los migrantes anteriores:

> Un informe anual de 1892 del superintendente de migración de Estados Unidos se refería a "una enorme afluencia de extranjeros no familiarizados con nuestro idioma y costumbres". Señaló que "la mayoría de estos desafortunados vinieron aquí sin dinero y sin habilidad como obreros" y advirtió que se estaban convirtiendo en una "nueva clase indeseable".

Sin embargo,

> esos grupos hace tiempo que entraron en la corriente principal de Estados Unidos y hay razones para creer que el avance de los mexicanos ha sido tan rápido o incluso más rápido. James Smith, de Rand Corp., un centro de estudios de Santa Mónica (California), descubrió que el progreso educativo de tres generaciones de mexicanos —migrantes, sus hijos y sus nietos— es igual o mayor que el de los europeos que llegaron a finales del siglo XIX y principios del XX.[74]

Las afirmaciones de que los indocumentados "se niegan" a asimilarse evidentemente son falsas. Según un estudio de 2005 sobre el uso del inglés entre los migrantes, "el dominio del idioma cambia drásticamente entre las generaciones de migrantes latinos y sus hijos. Más de 70% de la primera generación domina el español, pero esa cantidad cae a 4% en la segunda generación y a 0% en la tercera generación."[75]

A pesar de su demonización, los migrantes en general y los migrantes latinos en particular son siempre bienvenidos en el ejército de Estados Unidos. Según un artículo de *The New York Times:* "En enero, cerca de 41 mil extranjeros residentes permanentes estaban en las fuerzas armadas de Estados Unidos en Irak, 3 639 de ellos provenientes de México. Los mexicanos son el grupo más grande entre los 63 migrantes que han muerto en acción en Irak, dice el Pentágono."[76] A medida que el gobierno levanta muros contra los trabajadores mexicanos que tratan de entrar a Estados Unidos, abre la puerta a los que quieren hacerse militares e ir a la guerra. Como incentivo especial, el Congreso creó en noviembre de 2003 una vía rápida de un año para obtener la ciudadanía para los migrantes que prestan servicios en el ejército.[77]

Si resulta confuso que los adoradores de "la oferta y la demanda" rechacen sus propias "leyes de hierro" en lo que respecta a la distribución de la mano de obra, que erijan fronteras y oculten la contribución indispensable de los migrantes a su propio bienestar, las dimensiones económicas son más fácilmente descifrables cuando se examinan a través de una lente política. El coro antiinmigrante es un reflejo de los conflictos que tienen lugar dentro de la economía de Estados Unidos. Por un lado, los migrantes constituyen un blanco fácil para los políticos que tratan de desviar la atención de las deficiencias sistémicas del capitalismo; por otro lado, su integración legal en la clase obrera crea las condiciones para la participación en los sindicatos y en el proceso político, y por lo tanto se vuelve una amenaza para las enormes utilidades del Estados Unidos corporativo.

Parte IV

La guerra contra los migrantes

FIGURA 8. Seis guatemaltecas y dos hondureñas son arrestadas en un puesto de control en Hermosillo, Sonora. Tres de ellas están embarazadas. El grupo estaba formado por 16 personas de Guatemala y Honduras que planeaban llegar a la frontera entre Estados Unidos y México, pasando por Altar.

20. La política migratoria como forma de controlar el trabajo

El sistema educativo estadounidense todavía les enseña a los niños que Estados Unidos es una tierra de migrantes, a pesar de que la filosofía que subyace a esa afirmación ha quedado enterrada bajo una avalancha de restricciones. De hecho, la respuesta oficial a la migración siempre ha sido esquizofrénica, abrazando a los migrantes en algunos momentos y repudiándolos en otros. Siempre ha dado voz a los profetas de la fatalidad, convencidos de que los migrantes destruirán el país, pero tanto la migración como el país siguen tan campantes. En cierto punto, la mayoría de los "migrantes" se convirtieron en "estadounidenses" mientras que a otros se les negó ese derecho. En cada etapa de la historia de la migración, el camino a la ciudadanía ha sido empedrado de obstáculos. ¿Por qué este asunto está tan cargado de conflictos? Porque la base misma del capitalismo estadounidense descansa en su manipulación.

A lo largo de la historia temprana de Estados Unidos, la población de Norteamérica se tuvo como una condición previa para el éxito del capitalismo estadounidense. La primera "política migratoria", la ley sobre naturalización de 1790 —que permanecería vigente durante los siguientes cien años— "abrió las fronteras" a (la mayoría de) los trabajadores del mundo y permitió una ruta inmediata a la ciudadanía, pues afirmaba que "cualquier extranjero, si era una persona blanca libre que hubiera residido dentro de los límites y bajo la jurisdicción de Estados Unidos por el término de dos años, podrá ser admitido para convertirse en ciudadano [...] y los hijos de tales personas [...] también serán considerados como ciudadanos de Estados Unidos".[1]

Dada la necesidad de mano de obra, no había barreras para los trabajadores del mundo, siempre y cuando no fueran africanos o indígenas, los dos grupos a los que se escamoteó la libertad y la ciudadanía desde el principio. Para justificar la expulsión y el genocidio, a los indígenas se les negó el pertenecer, ideológicamente hablando, a la raza humana. Los africanos fueron igualmente deshumanizados, para justificar así que se les esclavizara. La esclavitud fue el primer sistema de trabajo masivo controlado en la historia de Estados Unidos. Cuando se abolió ese sistema, la clase dominante continuó usando el racismo para dividir y controlar a la clase trabajadora, y es mediante una combinación de racismo y exclusión de los derechos de ciudadanía que el capital estadounidense ha mantenido el trabajo mexicano degradado y segregado.

El desarrollo del capitalismo estadounidense se ha basado en instituciones de control sobre la clase obrera, privando a diferentes sectores de esa clase el derecho a la ciudadanía, la libertad de movimiento y la participación política en las sucesivas etapas de la historia (y hasta nuestros días). El medio más eficaz de control, aparte del sometimiento físico, ha sido la institucionalización del racismo. Históricamente, las leyes migratorias han contribuido a afilar los bordes del prejuicio racial favorecido por la clase dirigente, como un medio para dividir a sus trabajadores.

En una economía capitalista, los intereses más ricos y poderosos ejercen la mayor influencia y el mayor control sobre las instituciones oficiales del Estado, y por lo tanto pueden utilizarlo como proveedor y regulador de la mano de obra. Dado que el principal deseo de los capitalistas es obtener el máximo beneficio, buscan el material humano más barato y controlable para hacer su trabajo. Las leyes migratorias son, por lo tanto, necesariamente contradictorias. En un inicio, las propuestas de migración provienen de un imperativo económico: es decir, la relación entre los trabajadores existentes y el crecimiento esperado del empleo determina si habrá una política de muros o una de puertas abiertas. Se perfilan políticamente con base en cómo la mano de obra importada puede disgregarse, controlarse o utilizarse como una cuña contra la organización laboral ya existente. Una vez que se establecen y codifican los elementos básicos, las cuestiones secundarias se negocian con los representantes de la sociedad civil, lo que crea la ilusión de un enfoque pluralista, al igual que el hecho de que los capitalistas trabajen mediante grupos de interés y representantes políticos para satisfacer sus necesidades laborales y para garantizar la pasividad laboral.

Una clase obrera multirracial y multinacional unida es la mayor amenaza a la hegemonía de los capitalistas, ya que los trabajadores se dan cuenta de su mayor poder para combatir la explotación si se organizan de forma colectiva en el lugar de trabajo y en la comunidad. La política migratoria ha servido para dividir a la clase obrera según criterios raciales y nacionales, y para separar con fuerza los tipos de conciencia, como ser "estadounidense", "blanco" o "ciudadano" frente a ser "mexicano", "migrante" o "ilegal". Estas designaciones reubican artificialmente las divisiones de la sociedad dentro de la clase obrera, en lugar del abismo realmente existente entre el capital y el trabajo. En el corazón mismo de las restricciones a la migración está la competencia, el hecho de que, en el capitalismo, los diferentes trabajadores deben competir por los escasos recursos, asignados por un Estado supuestamente neutral. Como explicó Karl Marx:

> La competencia aísla a los individuos, no sólo a los burgueses, sino aún más a los proletarios, enfrentándolos los unos con los otros, a pesar de aquello que los aglutina. De aquí que tenga que pasar largo tiempo antes de que estos individuos puedan agruparse [...], razón por la cual sólo es posible vencer tras largas luchas a cualquier poder organizado que se enfrente a estos individuos aislados.[2]

La política migratoria también ha servido para filtrar y excluir a los migrantes que simpatizan con los sindicatos o practican la política basada en la conciencia de clase, ofreciendo así una forma de aislar, castigar y deportar a quienes participan en actividades que dependan de la conciencia de clase mientras estén trabajando en Estados Unidos.

A veces, diferentes capitalistas pueden entrar en conflicto por propuestas legislativas más inclusivas o más exclusivas, pero las cláusulas universalmente beneficiosas del "control laboral" rara vez se ponen en duda. En última instancia, las leyes migratorias han llegado a reflejar los medios por los que la clase capitalista mantiene una clase trabajadora fragmentada y una hegemonía ideológica.

A principios del siglo XX, Estados Unidos no tenía rival en la producción industrial; el valor total de los productos manufacturados pasó de $1 885 862 000 dólares en 1860 a $11 406 927 000 en 1900.[3] La transición a una economía industrial, la incorporación de vastos territorios ricos en recursos naturales mediante la conquista y el mantenimiento de una creciente participación en el mercado mundial se complicaron por la insuficiencia de mano de obra. Para facilitar la formación de un proletariado industrial, las sucesivas administraciones adoptaron una política de apertura de fronteras. Como señala la historiadora del trabajo Kitty Calavita:

> Para 1880, más de 70% de la población de cada una de las ciudades más grandes de Estados Unidos estaba compuesto por migrantes o hijos de migrantes [...] Los nacidos en el extranjero constituían cada vez más el grueso de la

mano de obra industrial [tanto que] Samuel Lane Loomis señaló que: "No todos los extranjeros son trabajadores, pero al menos en las ciudades casi se puede decir que todos los trabajadores son extranjeros."[4]

En los años de la expansión industrial, los trabajadores migrantes eran reclutados en masa, naturalizados al entrar y alimentados en molinos, fábricas y campos agrícolas. En los picos de inversión de capital y altas tasas de retorno, la migración y el acceso sin restricciones a un lucrativo "flujo" de mano de obra extranjera se convirtieron en algo sagrado para las empresas comerciales.

En tiempos de escasez de mano de obra o de expansión económica, el arquetipo del migrante robusto, sincero y adaptable, que anhela una oportunidad de desarrollo, sirve para facilitar unas fronteras más porosas. En tiempos de contracción capitalista, como la recesión o la depresión, u otras amenazas a la estabilidad de las ganancias empresariales, la admiración por ese migrante da paso al desdén. Durante estos periodos volátiles, el migrante es retratado como una fuerza maliciosa en la sociedad, responsable de una constelación de males sociales que amenazan al país entero.

Los sindicatos y las organizaciones de izquierda que tratan de fortalecer el poder colectivo de los trabajadores definen el borde izquierdo de la conciencia pública, mientras que el nativismo —una corriente política populista que trata de dividir a los trabajadores nacidos en el país y a los nacidos en el extranjero, a partir de elementos nacionales— representa el borde derecho. Si bien ambas corrientes existen dentro de la conciencia popular de la clase obrera, son ideologías en conflicto, con el nativismo al servicio de los intereses del capital y el internacionalismo al servicio de los de la clase obrera. A veces, los sindicatos han estado en el lado equivocado. Por ejemplo, la American Federation of Labor [Federación Estadounidense del Trabajo] (AFL) y su sucesora, la American Federation of Labor-Congress of Industrial Organizations [Federación Estadounidense del Trabajo-Congreso de Organizaciones Industriales] (AFL-CIO), han apoyado las restricciones a los derechos de los trabajadores migrantes en tiempos de crisis.

Si bien las oscilaciones de la economía a la baja no determinan automáticamente la política migratoria, pueden contribuir a las condiciones en que las fuerzas políticas manipulan los sentimientos de inseguridad y aislamiento. Es dentro de los inciertos pliegues del ciclo económico que las organizaciones nativistas crecen, se contraen y resurgen. Más a menudo, las camarillas capitalistas gobernantes determinan por sí mismas el discurso sobre la migración, ya sea mediante propuestas legislativas o partidos políticos en competencia, o, en otras coyunturas, con una voz unificada.

En los años posteriores a la Guerra Civil, la trayectoria del crecimiento industrial hizo que el capital se abriera a la importación masiva de trabajadores migrantes. El jubiloso optimismo engendrado por el crecimiento económico se reflejó en la forma en que el *Chicago Tribune* describió el papel de la migración: "Europa abrirá sus puertas como una ciudad conquistada. Su pueblo vendrá a nosotros sometido por la admiración de nuestra gloria y la envidia de nuestra perfecta paz. En las montañas Rocallosas e incluso en el Pacífico, nuestras poderosas poblaciones se extenderán [...] hasta que nuestros 30 millones se tripliquen en 30 años."[5] Una importante revista de negocios también promovió al "migrante esencial" en 1882: "Cada migrante que llega a nuestras costas aumenta la capacidad de producción de riqueza nacional. Y no sólo eso: infunde nueva vida y energía en cada rama de los negocios, el comercio y la industria. Tanto el consumo como la producción se incrementan con su presencia."[6]

La singular historia de Estados Unidos como un país conscientemente poblado de trabajadores extranjeros ha significado que, en un momento dado, quienes nacieron allende las fronteras lleguen a constituir entre 8 y 20% de la población, mientras que otra importante porción está compuesta por los hijos de los migrantes.

En los años de formación de la moderna economía de Estados Unidos, los trabajadores nacidos en el extranjero no sólo eran necesarios para el crecimiento, sino que también eran útiles para vigilar la conciencia de clase entre los trabajadores estadounidense asimilados. Los migrantes eran importados conscientemente para reemplazar a los huelguistas o eran seleccionados para el empleo siempre que fueran marginales y estuvieran excluidos mientras se mantuvieran dentro de Estados Unidos.

> Las reducciones salariales se lograban frecuentemente mediante el uso de migrantes recién llegados como rompehuelgas. Huelga tras huelga de los maquinistas de Pittsburgh en la década de 1840 fue rota por los migrantes importados. Las huelgas de tejedores en Kensington fueron repetidamente vencidas por el reclutamiento de esquiroles entre los migrantes recién llegados.[7]

En consecuencia, los capitalistas han querido mantener a los migrantes manipulados, intimidados y vulnerables.

Las prácticas excluyentes de la mayoría de los primeros sindicatos contribuyeron a la alienación de los migrantes empobrecidos o de los migrantes de otras regiones que podían sentirse atraídos a participar del otro lado de los piquetes. Si bien los migrantes históricamente han aceptado salarios menores (ya que incluso los salarios bajos en Estados Unidos tienden a ser más altos que los de su país de origen), una vez integrados en la clase trabajadora —es decir, una vez que pueden adquirir derechos de ciudadanía y sindicales— se aclimatan rápidamente a niveles de vida más altos y deben ser considerados como excelentes objetivos para la organización sindical.[8]

Lamentablemente, los dirigentes sindicales no siempre han apreciado este hecho. El aislamiento de los migrantes llevó a una aceptación general de la idea del "trabajo migrante", que abarcaba esas categorías de trabajos que "los estadounidenses no harán". En realidad, la súper explotación de los migrantes no es más que un monumento a la degradación de las condiciones de trabajo en un sector determinado, lo que llevó a un observador a comentar:

> Las condiciones de trabajo y las escalas salariales reflejan, pues, esta capacidad de tratar la mano de obra de forma individual en lugar de hacerlo de forma colectiva: "los trabajadores migrantes no existen porque haya trabajos 'arduos y mal pagados' que hacer, sino que existen trabajos arduos y mal pagados porque los trabajadores migrantes están presentes y pueden ser enviados a realizarlos".[9]

En consecuencia, es principalmente por medio de la participación en huelgas, manifestaciones y otras formas de la lucha de clases que los migrantes logran una verdadera integración sociopolítica y se "americanizan", en el sentido de que son aceptados en formaciones colectivas basadas en la clase que les brindan protecciones y avances que antes les eran negados. Kitty Calavita explica este proceso en lo que respecta a los anteriores grupos de migrantes:

> Los mismos grupos de migrantes —irlandeses y alemanes— que habían proporcionado a los capitalistas una mano de obra barata y complaciente son ahora los mismos que, como un caballo de Troya acogido en su seno, constituyen la espina dorsal de la lucha de clases, expresada en las huelgas y la actividad sindical. Esto requiere la continua migración de mano de obra barata, algo que contribuye a la naturaleza de conflicto de clases de esta situación,

una vez que esta táctica se pone en práctica. Esta ironía, que los mismos grupos nacionales que ahora promueven la lucha de clases hayan sido factores de su resolución [...], subraya el hecho de que el proceso dialéctico no está impulsado por atributos personales de los individuos o grupos étnicos individuales, sino que está impulsado estructuralmente.[10]

Por esta razón, los capitalistas siguen siendo hostiles a la sindicalización y tratan de privar, a las generaciones sucesivas de trabajadores migrantes, de los derechos de afiliación, utilizando el Estado directamente cuando es necesario para evitar el acceso a los sindicatos.

A finales del siglo XIX, los capitalistas invirtieron más tiempo y energía en el ámbito de la política migratoria, creando, financiando o aliándose con movimientos ideológicos que buscaban desarrollar una legislación restrictiva. Las propuestas políticas se movieron hacia una ciudadanía "restringida", no como un medio para detener la migración, sino como un medio para expandir las filas de la mano de obra no ciudadana. En tiempos de lucha de clases o de declive económico, los capitalistas también estaban dispuestos a formar alianzas temporales con grupos que propugnaban por la exclusión por motivos culturales, raciales o económicos.

Como el capital no es monolítico, las secciones en competencia se enfrentan entre sí por la cuestión de las necesidades a corto plazo frente a los intereses a largo plazo. Incluso durante los periodos de estancamiento o recesión, las industrias que necesitan migrantes abogan por el acceso continuo a una mano de obra barata, mientras que los sectores de la clase dirigente que son menos dependientes se lamentan de los costos de mantenimiento y reproducción del excedente de mano de obra en forma de asistencia social, escolarización, encarcelamiento y atención sanitaria. Ambos ven el valor político de trasladar los costos del fracaso sistémico a los propios trabajadores. Esta clase de cismas a menudo producen múltiples propuestas legislativas que reflejan intereses sectoriales. Pero es importante recordar que todas los sectores empresariales están interesados en mantener la máxima trazabilidad de la mano de obra en su conjunto y, por lo tanto, pueden unificarse en torno al sentimiento antimigrante en forma de restricciones políticas a los trabajadores extranjeros una vez que llegan a Estados Unidos, al tiempo que permiten la entrada de más trabajadores migrantes.

Abrir o cerrar completamente las fronteras tendría un efecto perjudicial en las utilidades, ya que la primera permitiría la igualdad de derechos de los trabajadores y la segunda restringiría el acceso de las empresas tanto a la mano de obra *necesaria* como a la que sea *necesariamente bara-ta*. El resultado es que la política migratoria contiene mecanismos tanto para la importación como para la deportación de trabajadores. Mientras tanto, la construcción social de la frontera, junto con las barreras físicas reales que la establecen, sirve para recordarle a los miembros de la clase obrera cuál es su estatus: eres "legal" o eres "ilegal" y, en ambos casos, estás en una posición débil.

En resumen, los capitalistas con conciencia de clase se dieron cuenta de la necesidad de interrumpir y retrasar el proceso de integración y solidaridad de clase que, en última instancia, permitiría que la mano de obra migrante aumentara su poder de negociación. Los políticos, cuando actuaron en interés del capital, desarrollaron una estrategia dual para el control laboral: externamente, en forma de "filtros" para la migración e, internamente, en forma de segregación legalmente sancionada, mediante la concesión selectiva de la ciudadanía. Este proceso transformó poco a poco el aparato estatal en un mecanismo por medio del cual se proporcionaría y vigilaría la mano de obra, de acuerdo con los dictados de la política migratoria y con la ayuda de organismos auxiliares de aplicación.

21. La irrupción de raza y clase en las restricciones migratorias

La Revolución industrial en Estados Unidos creó cambios sustanciales en la producción de bienes y en la naturaleza misma del trabajo. El surgimiento de un proletariado industrial —agrupado en fábricas cada vez más grandes, súper explotadas y a menudo compuestas por trabajadores migrantes— señaló el declive de las "clases trabajadoras tradicionales". Los artesanos, los obreros, los agricultores y los propietarios de pequeñas empresas fueron desplazados por la producción de las fábricas y la industrialización de la agricultura. Mientras que los nuevos migrantes se convirtieron en la columna vertebral, la carne y el músculo del movimiento laboral industrial, muchas de las personas desplazadas nutrieron las filas de los movimientos nativistas. Mientras tanto, en respuesta al creciente movimiento laboral industrial y a la inestabilidad provocada por el ciclo económico, los capitalistas apoyaron activamente las restricciones a la migración.

Mientras el movimiento obrero luchaba por superar las barreras a la organización y la sindicalización, ya que hasta la década de 1930 éstas no eran actividades legalmente garantizadas, las organizaciones nativistas y los ideólogos de la burguesía lanzaron una gran ofensiva conceptual. Con el objetivo de dividir a la clase obrera según criterios étnicos y nacionales, estos grupos señalaron las raíces no occidentales de muchos trabajadores migrantes, afirmaron que la pobreza y el radicalismo se debían a sus "orígenes extranjeros" e inspiraron a los complacientes poderes legislativo y ejecutivo a dar forma a leyes que restringieran la migración por motivos de raza y nacionalidad.

La construcción racial de la identidad en Estados Unidos es anterior a la fundación de ese país. El sangriento nacimiento de la esclavitud en el periodo colonial requirió una división racial consciente entre los rebeldes europeos y los sirvientes africanos sometidos. Los "padres fundadores" vincularon la ciudadanía con la raza cuando en 1790 concedieron la "ciudadanía naturalizada" a los "blancos libres".[1] Siguiendo ese ejemplo, los capitalistas de los siglos XIX y XX manipularon a su favor al proletariado industrial recién formado y racialmente diverso. Los grupos étnicos dispares fueron segregados en sus viviendas y permanecieron aislados cultural y lingüísticamente en el lugar de trabajo, a menudo de manera intencional. Como escribió un activista sindical de la AFL en 1911:

> Encontramos que en las fábricas textiles de Nueva Inglaterra los estadounidenses están siendo desplazados gradualmente por polacos, italianos y griegos, y esto ha creado muy graves dificultades para establecer el sindicalismo en esas fábricas. Los empleadores tienen dos, si no más, nacionalidades entre sus empleados y suelen generar entre ellos una aversión más o menos en términos de la nacionalidad.[2]

En las primeras etapas, los capitalistas promovieron el conflicto entre los diferentes grupos étnicos con base en las diferencias culturales, como el idioma y la religión. Los trabajadores irlandeses, que a mediados del siglo XIX solían estar a la vanguardia en la lucha de clases, fueron ridiculizados por las organizaciones nativistas como "salvajes" y "agitadores"; se decía que eran "propensos a la violencia" y se les castigaba por sus raíces católicas. De hecho, el primer movimiento nacional antimigrante, el Know Nothing Party [Partido que no Sabe Nada], nació de la oposición a la presencia de trabajadores irlandeses y alemanes en la década de 1850.[3]

El sentimiento antiirlandés surgió en parte del desdén residual que muchos migrantes ingleses sentían hacia "sus" súbditos coloniales irlandeses, combinado con una repugnancia de clase hacia los irlandeses como trabajadores, ya que a menudo era una clase de obra no calificada, creó algunos de los primeros sindicatos y fue una fuente constante de militancia laboral.[4] "Nuestros ciudadanos nativos odian trabajar al lado de un irlandés [...] y se sienten deshonrados por el contacto [...] Es el mismo sentimiento que hace imposible que un hombre blanco respetable trabaje al lado de los esclavos en el sur."[5]

No satisfechos con la simple intolerancia, los nativistas desarrollaron teorías seudocientíficas para apoyar sus esfuerzos de exclusión. Al hacerlo, entraron en un proyecto ideado en primer lugar por los partidarios de la esclavitud. Ya en la década de 1840, los científicos a sueldo de los propietarios de las plantaciones habían desarrollado teorías para ayudar a salvar el cuestionado sistema esclavista. Según uno de estos científicos, el doctor Samuel Cartwright:

> la piel negra de los afroamericanos, junto con una deficiencia de glóbulos rojos, provocaría un menor tamaño del cerebro de los negros, lo que se tradu-

ciría en menos inteligencia y menos moral. Esta teoría llevó a Cartwright a postular que la esclavitud era una cura para las enfermedades fisiológicas de los negros, porque "hace que los pulmones cumplan con el deber de vitalizar la sangre más perfectamente de lo que lo hacen cuando se les deja libres para que se entreguen a la ociosidad".[6]

Los efectos de esta estrategia de "divide y vencerás" se desvanecieron cuando los trabajadores superaron sus divisiones lingüísticas para unirse, organizar sindicatos y declararse en huelga, lo que hicieron cada vez más a medida que avanzaba el siglo. La primera y la segunda generaciones de trabajadores irlandeses y de Europa del Este hablaban un inglés perfecto y no se distinguían de los europeos occidentales. A medida que los descendientes de los migrantes europeos se fundían en el crisol angloamericano, quienes deseaban restringir la migración fijaron sus miras en la biología y la raza, un cambio que coincidió con un aumento de los migrantes no europeos.

Los defensores de las restricciones migratorias se basaron en teorías raciales previas que habían intentado justificar la esclavitud, promoviendo diferencias intrínsecas y biológicas como forma de justificar la exclusión de los migrantes. A los diferentes grupos étnicos se les asignaron rasgos biológicos o culturales que impedían su "asimilación" en la sociedad estadounidense o que les conferían una mayor propensión a un comportamiento "antisocial". El primer objetivo fueron los trabajadores chinos.

Como estas organizaciones reaccionarias atacaron a los sectores más vulnerables de la clase obrera migrante en tiempos de crisis social, se ganaron el apoyo de los intereses capitalistas que buscaban tanto mitigar el alcance de la lucha de clases como redirigir la furia clasista lejos de los centros de producción. Esto se hizo más urgente cuando los trabajadores blancos se involucraron en la lucha de clases y enfrentaron directamente al capital. Por ejemplo, después de las grandes huelgas ferroviarias de 1877, los nativistas argumentaron que la presencia de los trabajadores chinos era la causa de la agitación, especialmente porque eran ellos quienes habían organizado una huelga ferroviaria diez años antes. Según la Asiatic Exclusion League [Liga de Exclusión Asiática]:

> El conflicto es inherente a la situación siempre que dos razas tan diversas, que no se amalgaman fácilmente, tengan muchos miembros en la misma comunidad, ya que la historia demuestra que invariablemente el resultado es una firme demarcación social, así como el surgimiento de otros factores de división

acompañados de celos y desorden, todo lo cual culmina en una batalla por la supremacía racial [...] No se dejen engañar por ninguna esperanza ilusoria de que la raza amarilla pueda llegar a fusionarse [...] gracias a los matrimonios mixtos. La sola idea es absurda y repugnante, en vista de las diferencias físicas, mentales y morales.[7]

La ley para excluir a los chinos, de 1882, que restringió severamente la migración china por motivos raciales espurios, creó la primera exclusión integral de un grupo étnico sobre la base de "cualidades inherentes". La migración posterior de China fue considerada "ilegal" y los chinos fueron criminalizados. Se seguirían patrones similares de segregación racial de la clase trabajadora migrante, lo que proporcionó a la clase dirigente un medio para señalar chivos expiatorios y desviar la rabia de clase. Como explica el historiador Ronald Takaki:

la ley de exclusión de los chinos era en realidad sintomática de un conflicto mayor entre el trabajo y el capital blancos: la exclusión de los chinos no sólo tenía por objeto diluir un problema que estaba extendiéndose entre los trabajadores blancos, sino también aliviar las tensiones de clase en la sociedad blanca.[8]

De alguna manera, separar a los trabajadores según su "irreconciliabilidad" con las nociones anglocéntricas de la identidad estadounidense —después de todo, los capitalistas, los políticos y los intelectuales eran "angloamericanos"— creaba la impresión de que, si se eliminaba a los chinos, los salarios aumentarían y se dirigirían más recursos del Estado a los trabajadores blancos, resultado que nunca se materializó. Al mismo tiempo, la migración se planteó como la causa de las malas condiciones económicas, en lugar de los fracasos y las injusticias del propio sistema.

No mucho después, la "exclusión asiática" se amplió para incluir a los japoneses. Los trabajadores de origen japonés habían tenido éxito tanto en el desarrollo de la negociación colectiva como en la adquisición de tierras en California. Los grandes productores de California —los Goliats de la política estatal— orquestaron el desmantelamiento legal de la ciudadanía a los japoneses por medio de sus agentes en el gobierno, en parte para atacar el éxito de los agricultores japoneses en su competencia con los productores angloamericanos. El gobernador de California, William Dennison Stephens, se lamentó así en 1920:

Los japoneses en nuestro entorno han mostrado que suelen poseer y controlar la tierra [...] y emplean normas y métodos que están muy separados de nuestras normas occidentales [...] se han desarrollado hasta alcanzar gradualmente el control de muchas de nuestras importantes industrias agrícolas [...] De modo que es evidente que, sin restricciones mucho más efectivas, en un tiempo muy corto, históricamente hablando, la población japonesa entre nosotros representará una porción considerable de toda nuestra población y su control sobre ciertos productos alimenticios esenciales será absoluto.[9]

El creciente radicalismo de los trabajadores "blancos" —tanto nativos como nacidos en el extranjero— hizo que se sobrevalorara el paradigma de la supremacía blanca. Según los nativistas y sus patrocinadores capitalistas, incluso algunos "extranjeros" blancos eran ahora inherentemente amenazadores. Los nativistas desarrollaron más tarde "teorías genéticas" que catalogaban a todos los pueblos en una jerarquía genética y servían para justificar la exclusión y la explosión de movimientos racistas. Como explica el historiador Matthew Frye Jacobson:

la historia política de la blancura y sus vicisitudes entre las décadas de 1840 y 1920 representa el cambio de un tipo de racismo fundamental a otro: de la incuestionable hegemonía de una raza unificada de "personas blancas" a una disputa sobre la "idoneidad" política entre una serie, ahora fragmentada y organizada jerárquicamente, de distintas razas blancas.[10]

La participación de los migrantes en huelgas y movimientos sociales alentó la inclusión de los "radicales" como una categoría desagradable de migrantes. Dado que a principios de siglo muchos trabajadores industriales —y, por consiguiente, muchos sindicalistas y líderes de huelgas— habían nacido en el extranjero, los capitalistas pudieron describir la militancia laboral como algo venido del extranjero. Según una declaración de la National Association of Wool Manufacturers [Asociación Nacional de Fabricantes de Lana], que condenaba la actividad huelguística de los militantes de Industrial Workers of the World [Trabajadores Industriales del Mundo] (IWW), "esta nefasta organización de origen europeo" había sido creada por una invasión extranjera de anarquistas y socialistas, criminales y parias de otras naciones. La American Protective Tariff League [Liga Americana de Aranceles] explicó la huelga de Lawrence Textile de 1912 diciendo que todos los implicados eran "italianos y otros operarios nacidos en el extranjero".[11]

El creciente clamor por tomar medidas enérgicas contra la militancia laboral pronto alcanzó las más altas esferas. En 1915, hablando en nombre de las grandes empresas, Theodore Roosevelt pidió que se tomaran medidas enérgicas contra los trabajadores extranjeros:

> No podemos permitirnos dejar las minas, las plantas de municiones y los recursos en general de nuestro país en manos de trabajadores extranjeros, ajenos a Estados Unidos e incluso susceptibles de convertirse en hostiles a nosotros mediante maquinaciones [...] No podemos permitirnos correr el riesgo de tener en tiempo de guerra hombres trabajando en nuestros ferrocarriles o en nuestras plantas de municiones que, en nombre del deber hacia sus propios países extranjeros, nos traigan la destrucción.[12]

Los últimos años de la primera Guerra Mundial fueron testigos de una confluencia de factores que precipitaron la aparición de fuertes restricciones migratorias "racializadas". Numerosas huelgas arrasaron el país: durante los años de la guerra, entre 1914 y 1917, el número de huelgas (y cierres patronales) se disparó de 1204 a 4450. En el tumultuoso año de 1919, más de 4 millones de trabajadores se declararon en huelga o hicieron paros.[13] La militancia obrera en Estados Unidos coincidió con una triunfante revolución obrera en Rusia, que alteró el panorama político internacional, obligando a los capitalistas de todo el mundo a observar con horror cómo los trabajadores asumían las riendas del gobierno ruso.

Este periodo de militancia obrera coincidió con un cambio gradual de las pautas migratorias, ya que la migración de Europa occidental y del norte dio paso primero a la migración de Europa oriental y del sur, así como de Asia, y luego a la migración masiva proveniente de México. La numerosa y diversificada mano de obra industrial que resultó de todo ello, con un gusto por los sindicatos y un deseo de erradicar la miseria y la violencia de las condiciones laborales del siglo XIX, representó una gran amenaza a la hegemonía del capital corporativo.

Cuando la economía estadounidense se hundió en la recesión en 1919, las crecientes masas de trabajadores migrantes, desempleados y empobrecidos, se hicieron cada vez más visibles en la "tierra de las oportunidades". Fue bajo estas condiciones que nuevos movimientos nativistas surgieron y fueron escuchados en los pasillos del poder. Sus actividades antimigrantes se enfrentaron al creciente radicalismo de la clase trabajadora migrante. En 1919, la Oficina Federal de Migración comenzó a acorralar a los trabajadores nacidos en el extranjero asociados con miembros de la IWW —conocidos como *wobblies*— por el delito de militancia laboral. El fiscal general del presidente Woodrow Wilson, A. Mitchell Palmer, deseoso de aplastar el floreciente movimiento obrero, apeló al Congreso para una "autorización especial" para deportar a los radicales, luego de asegurarle a los legisladores que los "rojos" planeaban "levantarse y destruir el gobierno de un solo golpe".[14]

El 2 de enero de 1920, después de recibir la luz verde, Palmer dirigió varias entidades policiales, la Oficina de Migración y el Departamento de Justicia para realizar redadas en 33 ciudades, acorralando a los trabajadores migrantes sospechosos de simpatizar con los radicales. Alrededor de 3 mil personas fueron encarceladas o deportadas. Como la mayoría eran presuntos miembros de partidos radicales (como el IWW y el Partido Laborista Comunista), se decidió que su presencia violaba los límites legislativos anteriores de "anarquistas y otros subversivos". Con el consentimiento de Wilson, se emitieron órdenes a la medida que legalizaron retroactivamente los encarcelamientos.[15] Las deportaciones desempeñaron un papel importante en el debilitamiento del movimiento laboral de la posguerra y sirvieron como una dura advertencia a los migrantes que querían tanto mejorar sus condiciones de trabajo como permanecer en el país. Las redadas también sirvieron de catalizador para la carrera de un subalterno de Palmer, J. Edgar Hoover, y para el despegue de la Oficina Federal de Investigación o FBI, la oscura entidad gubernamental que habría de actuar como fuerza policial política en el país.

La pobreza masiva de la clase obrera industrial terminó convirtiéndose en un punto de preocupación para el manejo de la imagen del capitalismo. Los principales industriales del siglo XX como Henry Ford se preocuparon de que la creciente grieta de la desigualdad sirviera como una acusación sistémica del capitalismo. Para contrarrestar las acusaciones de desigualdad estructural, él, como muchos capitalistas de su época, abrazó el darwinismo social, el credo de que la pobreza era consecuencia de que las "razas inferiores" eran inadaptadas e incapaces, y que no estaban dispuestas a emular el "espíritu emprendedor" considerado como un rasgo genético en los "buenos americanos". Esta filosofía continúa hasta el día de hoy en el axioma de que los pobres son pobres porque carecen de ambición o inteligencia, o provienen de una cultura que no promueve el éxito. También se inscribe en la opinión comúnmente expresada de que los migrantes "viven del sistema de bienestar social", ya que esta suposición (incorrecta) asocia la pobreza con la condición de migrante, en lugar de los bajos salarios, las malas condiciones de trabajo y el racismo.

Los trabajadores migrantes eran importados para trabajar y luego cíclicamente se les dejaba en el desempleo y la pobreza, debido a una economía errática, no a su cultura o su carácter. El empobrecimiento los llevaba a cometer delitos, al desamparo y a la miseria. Pero es más conveniente (y más barato) culpar a las víctimas que cambiar el sistema. En 1903, el Congreso discutió un proyecto de ley que impediría a los migrantes pobres entrar al país, lo que reduciría la "carga financiera" para el Estado. Sus consideraciones reflejaban, aunque no parecían reconocer, la relación entre la pobreza y las necesidades de la industria:

> Las estadísticas de los diversos estados presentan algunos hallazgos sorprendentes sobre la gran carga que los migrantes imponen a las instituciones penales y de beneficencia del país. [Sin embargo] es evidente [...] que la legislación debe ser considerada con todo cuidado [y que] debemos evitar medidas tan drásticas como paralizar la industria, la agricultura y los grandes intereses de la navegación y el transporte estadounidenses.[16]

Es decir, los legisladores debían asegurarse de importar la cantidad exacta de gente pobre y a la vez ser capaces de expulsarla cuando ya no fuera necesaria. Al trasladar la culpa de la pobreza a los propios trabajadores indigentes, el capital se absolvió a sí mismo de la necesidad de mantener un gran excedente de trabajadores durante los periodos de recesión. Esa legislación también apretó la cuña ideológica entre los trabajadores nativos y los migrantes, permitiendo que los problemas sociales y la competencia por los recursos escasos, derivados a su vez de los caprichos del ciclo de auge y caída del capitalismo, se atribuyeran a defectos biológicos y culturales propios de los "extranjeros".

Para capitalistas como Andrew Carnegie y Leland Stanford, el floreciente movimiento de "eugenesia" ofrecía un método "científico" para racionalizar sus vastas riquezas y la cruda desigualdad de la sociedad industrial. Legitimó las nociones espurias del darwinismo social, que explicaban las clases sociales como un subproducto natural e inexorable de la "selección natural".[17]

Los eugenistas argumentaban que habilidades, comportamientos y rasgos están predeterminados por la raza. Usando datos falsos, colocaron las razas en una gráfica de superioridad, que ponía a los europeos del norte en la cúspide y a varias personas de color en los peldaños más bajos. Además, asociaron la raza con el crimen, las anomalías, la pobreza y otros fenómenos sociales graves. Trataron de contrarrestar una crítica sistémica del conflicto social, y por lo tanto se ganaron el corazón y la mente de aquellos que buscaban preservar su riqueza y su poder. Como señala el historiador Edwin Black, "Estados Unidos estaba preparado para la eugenesia [...] porque las capas superiores de la sociedad estadounidense estaban asustadas por el caos demográfico que se extendía por todo el país".[18] En otras palabras, esperaban disciplinar a una "clase trabajadora migrante fuera de control".

Enfatizar una identidad blanca y "anglosajona" sirvió de baluarte contra una clase trabajadora multiétnica que buscaba mayor participación en la riqueza nacional. El racismo "científicamente distante" comenzó a florecer en los más altos niveles e influyó en el mundo académico, en los tres poderes del gobierno y en un grupo de adinerados partidarios en las grandes empresas. Penetró en la conciencia de la clase obrera blanca como la dudosa noción de "privilegio por la pertenencia", que la clase blanca dominante defendía para dividir, diferenciar y así debilitar la conciencia colectiva de la clase obrera.

El movimiento eugenista hizo más que sólo "identificar" la "diferencia" racial. Abogaba por la esterilización de los "pueblos inferiores", los delincuentes, los enfermos mentales y otros grupos que amenazaban con "degradar" la "estirpe estadounidense". Surgieron fundaciones bien financiadas para promover la "ciencia" eugenésica y facilitar su irrupción en el mundo académico. En 1914, cuarenta y tantas instituciones de enseñanza superior ofrecían instrucción eugenésica y en la década de 1920 ese número aumentó a cientos, con unos 20 mil estudiantes cada año.[19] La parte más alta de la academia al servicio de la clase dirigente se convirtió en el principal defensor de esa teoría; rectores y directores de las principales universidades, psicólogos y sociólogos en posiciones de prestigio, e incluso políticos de alto rango se unieron al coro de alabanzas a la eugenesia, hasta que:

> Por último, el movimiento eugenista y sus partidarios recurrieron al lenguaje común que se coló en la mentalidad general de muchos de los pensadores más influyentes de Estados Unidos. El 3 de enero de 1913, el ex presidente Theodore Roosevelt escribió a [Charles] Davenport [uno de los fundadores del movimiento eugenista americano]: "Estoy de acuerdo contigo [...] en que la sociedad no tiene por qué permitir que los degenerados se reproduzcan [...] algún día nos daremos cuenta de que el primer deber, el deber ineludible, del buen ciudadano del tipo correcto, es dejar su sangre en el mundo, y que no tenemos por qué permitir que se perpetúen los ciudadanos del tipo equivocado."[20]

Varios estados aprobaron diversos grados de legislación eugenésica; Indiana incluso permitió la esterilización forzosa de los "degenerados". También se abogó por el cierre de las fronteras a los "migrantes inferiores", una práctica que encajaba con los deseos tanto de los nativistas como de algunos sectores empresariales.

La ley migratoria de 1924 "estableció cuotas estrictas que limitaban a los migrantes de países que los eugenistas creían que eran 'inferiores', en particular del sur de Europa y Asia". El presidente Calvin Coolidge, que promovió esa ley, había dicho cuando era vicepresidente que "Estados Unidos debe seguir siendo estadounidense [...] Las leyes biológicas muestran que los nórdicos se deterioran cuando se mezclan con otras razas."[21] Esa legislación estableció una tabla de cuotas basada en el censo de 1890, que registró el mayor porcentaje de "estirpes raciales preferidas". Estas cuotas preservaron un desequilibrio migratorio que favoreció a los europeos occidentales y del norte, que recibieron 85% de las cuotas permitidas hasta 1965.

22. El surgimiento del trabajador mexicano "ilegal": racismo y mano de obra mexicana

Para los trabajadores mexicanos, la historia de la separación y la segregación empezó con la guerra de 1847 (abordada en el capítulo 12), una guerra de conquista por la cual Estados Unidos se hizo con la mitad del territorio de México. Desde ese conflicto, continuamente México ha hecho aportaciones al crecimiento de la economía estadounidense, exportando generaciones enteras de trabajadores al norte, contribuyendo con buena parte de la mano de obra que construyó la infraestructura industrial y agrícola de su país vecino, así como gran parte de su base cultural.[1]

Aunque favorecidos como trabajadores, los mexicanos nunca han sido bienvenidos como ciudadanos o como buenos candidatos para la integración social. Por ejemplo, la primera Constitución de California restringió el derecho al voto a "todo ciudadano varón blanco de Estados Unidos y todo ciudadano varón blanco de México".[2] La exclusión de los "mexicanos no blancos" permitió que una segregación racista, similar a la de las leyes Jim Crow, fuera sancionada por la mayoría. Se promulgaron normas discriminatorias similares en Texas y en todo el sudoeste de Estados Unidos, lo que sentó las bases para un amplio conjunto de leyes de exclusión que convirtieron a los nativos mexicanos en "extranjeros" en apenas una generación.[3]

Las leyes que excluyeron a la mayor parte de la migración después de 1924 eximieron a los del "hemisferio occidental" para que la migración mexicana continuara sin cesar, ya que los trabajadores mexicanos eran considerados por los capitalistas del sudoeste como la mano de obra adecuada. A pesar de la intolerancia histórica contra ellos, estaban en gran medida al margen de la histeria antiinmigrante dirigida primero a los asiáticos y luego a los europeos del este y del sur. También estaban lejos de los grandes centros de población, pues se concentraban sobre todo en regiones agrícolas.

Sin embargo, este periodo de relativa gracia fue de corta duración. En 1928, tanto la Cámara de Representantes como el Senado llevaron a cabo audiencias sobre la migración mexicana, en las que una diversidad de "restriccionistas" formó un bando. Quienes se oponían a la migración mexicana —desde el congresista de Texas John C. Box y la Oficina de Eugenesia de la Carnegie Institution hasta varias "sociedades patrióticas" y "ligas por la restricción"— se unieron para que el gobierno de Hoover limitara el acceso de los mexicanos a Estados Unidos, pues su "biología racial inferior" superaba los beneficios temporales de la mano de obra barata. El presidente del Comité de Migración y Naturalización de la Cámara de Representantes, Albert Johnson, abaló esa postura y concluyó: "la tarea de nuestro comité es preparar propuestas legislativas que permitan el desarrollo del pueblo estadounidense a partir de los criterios raciales e institucionales establecidos por los fundadores de la nación, en la medida en que el control migratorio pueda hacerlo".[4]

Al final, los mexicanos fueron puestos en la mira de los eugenistas, que imaginaron una "amenaza morena" entre aquellos obsesionados con la pureza racial. Además de abogar por el cierre de la frontera, los eugenistas sostenían que los migrantes mexicanos en Estados Unidos debían ser esterilizados, excluidos de los servicios públicos y, en última instancia, objeto de deportación forzosa. Poco después, los mexicanos (y los mexicoamericanos) fueron víctimas de la primera campaña de deportación en masa del país. La migración posterior fue criminalizada, segregada y deshumanizada por la nueva condición de ser "ilegales".

En las audiencias del Comité de Migración y Naturalización de la Cámara de Representantes de 1930, un intenso debate enfrentó a los empresarios agrícolas con los angustiados nativistas en torno a la población mexicana en Estados Unidos. Al testificar en nombre de esos empresarios en un intento por promover la tolerancia hacia los migrantes mexicanos, un médico tranquilizó a los congresistas: "Los mexicanos son una necesidad tranquila e inofensiva ya que pueden hacer la gran mayoría de nuestros trabajos más duros, la agricultura, la construcción y los trabajos en la calle. No tienen ninguna consecuencia en el nivel de vida de los estadounidenses porque no son mucho más que una manada de collies bastante inteligentes."[5]

Los llamamientos a la exclusión y la deportación, basados en el lenguaje de la nueva "ciencia racial", produjeron algo de disonancia una vez que estalló la Gran Depresión. Desde la Cámara de Representantes, el congresista de Texas John Box presentó una iniciativa para deportar a la población mexicana, sosteniendo que "cualquier argumento que llame a la exclusión de los más desdichados, ignorantes, sucios, enfermos y degradados de Europa o Asia exige que las masas analfabetas, sucias y sometidas que se desplazan hacia aquí desde México sean detenidas en la frontera."[6]

Después de que estos sentimientos fueron secundados por el Congreso, los mexicanos (y los mexicoamericanos) de todo el país se vieron acorralados y despojados, o voluntariamente abandonaron el país por miedo. Se estima que entre 1929 y 1935 más de medio millón de personas regresaron o fueron devueltas a México. Si se considera que los hijos de los deportados probablemente habían nacido en Estados Unidos y, por lo tanto, eran ciudadanos estadounidenses, es fácil concluir que más de la mitad de los deportados eran ciudadanos de ese país.[7]

También es fácil ver cómo la inestabilidad social y la militancia de la clase trabajadora propiciada por la Gran Depresión contribuyeron al radical cambio de actitud hacia la mano de obra mexicana. En pleno colapso económico de finales de la década de 1920, la clase capitalista y sus portavoces en el gobierno de Hoover se aferraron a la boya del chivo expiatorio racial para mantenerse a flote. Al atacar a la creciente población de trabajadores mexicanos —el censo de 1930 identificó a más de 1.4 millones de mexicanos residentes en Estados Unidos—,[8] la élite del país esperaba dirigir la furia de la clase obrera blanca lejos de sí.

La deportación —o sea, la expulsión orquestada por el Estado de trabajadores no deseados— confiere a la clase capitalista un control absoluto sobre la movilidad de los trabajadores. Al seleccionar y expulsar a un sector del proletariado, la clase dominante también se ahorra el problema de tener que mitigar el desempleo, el empobrecimiento y otras consecuencias de la contracción económica mediante programas de bienestar social. La deportación, puesto que la lleva a cabo el Estado, incluso empuja el costo de la expulsión a otros sectores de la clase obrera. Cuando el capitalismo se estabiliza, el Estado puede volver a importar trabajadores —por medio de programas de trabajadores invitados o de una política migratoria liberal—, trasladando una vez más los costos a terceros, mediante el uso del dinero de los contribuyentes para implementar esas políticas públicas.

La deportación puede usarse en forma selectiva para vigilar el comportamiento de los trabajadores indocumentados y otros migrantes en Estados Unidos. Según los historiadores de la migración Francisco E. Balderrama y Raymond Rodríguez, la deportación selectiva ha sido utilizada a lo largo de la historia por "empleadores sin escrúpulos" en alianza con agentes de migración locales: la migración y la deportación se crearon para atender las necesidades de los productores agrícolas y los industriales influyentes. Las regulaciones fueron vagamente forzadas cuando se necesitaron trabajadores mexicanos para cosechar ciertos cultivos o aumentar la producción en las minas o en las líneas de ensamblaje. Por el contrario, la letra de la ley se aplicaba de forma estricta cuando la mano de obra mexicana excedía la demanda estacional. Entonces las redadas de deportación en los lugares de trabajo, normalmente antes del día de pago, se convirtieron en algo común. Las redadas se realizaban a veces a petición de empleadores sin escrúpulos.[9]

Una frontera cerrada y una deportación selectiva también ayudan a los objetivos de la política exterior en tiempos de guerra, pues funcionan como dispositivos para avivar las útiles llamas políticas del miedo y la ansiedad. En 1952, durante el ascenso del macartismo, una disposición reaccionaria fue dirigida hacia los migrantes mediante la ley Walter-McCarran, la cual reforzó un racista sistema nacional de cuotas y estaba dirigida a contrarrestar lo que los conservadores llamaban una actitud laxa del gobierno hacia la "migración ilegal" y la amenaza de "infiltración comunista" en las fronteras. La ley Walter-McCarran estableció como delito grave acoger o albergar —pero no emplear— a un trabajador indocumentado. El derecho a emplear sin castigo, una descarada concesión a los productores agrícolas, orientó el foco de la persecución a los contratistas de bajo nivel, a los contrabandistas y a los propios trabajadores. También prohibió la admisión o la presencia de migrantes "comunistas" u otros "subversivos". Esto se convirtió en una útil herramienta en manos de los productores y los funcionarios de migración, que simplemente podían aplicar la etiqueta de comunista a los activistas laborales que actuaran de manera intransigente y hacer que los expulsaran.

La confluencia del racismo, el macartismo —amplificado por la invasión de Corea por Estados Unidos— y la recesión económica de 1953 influyeron en las redadas y la deportación paramilitar en masa, realizada como parte de la Operación Espalda Mojada en 1954: "Oficiales del Servicio de Migración y Naturalización, la Patrulla Fronteriza, el FBI, otros agentes federales, el ejército, la marina y los alguaciles y policías locales entraron en acción en una verdadera operación de arrastre militarizada que envió de uno a dos millones de mexicanos a la cárcel, a algún centro de detención o al cruce fronterizo más cercano."[10]

La deportación resultó ser una herramienta eficaz para evitar la formación de sindicatos entre los trabajadores mexicanos. En 1936, el minero y organizador de sindicatos Jesús Pallares fue deportado como "extranjero indeseable", a pesar de que había vivido en Estados Unidos durante 23 años. Los operadores de minas de Nuevo México y los alguaciles solicitaron a los funcionarios de migración que detuvieran a Jesús bajo la acusación de ser un "alborotador" y un simpatizante de las "organizaciones comunistas". Como dijo el alguacil local: "Tenemos problemas con Jesús Pallares, que está en huelga en este condado [...] Es un extranjero del viejo México. Debemos actuar de inmediato para resolver los problemas y tal vez cuidar las vidas en este condado."[11]

Durante las campañas de organización sindical en el campo, en los años sesenta y setenta, la Patrulla Fronteriza fue llamada con frecuencia para romper huelgas. Como explicó un huelguista: "mientras estuviéramos tranquilos y trabajáramos por una miseria, la Patrulla Fronteriza no hacía nada. Ahora que estamos en huelga, aparecen en los piquetes y nos amenazan."[12]

Más de 75 años después de que Jesús Pallares fuera expulsado de Estados Unidos, la deportación de trabajadores migrantes para evitar la sindicalización se ha convertido en algo rutinario. Por ejemplo, en 2000, el gerente de un Holiday Inn de Mineápolis denunció a ocho de sus propias empleadas indocumentadas ante el Immigration and Naturalization Service [Servicio de Migración y Naturalización] (INS) porque estaban involucradas en actividades sindicales. Las ocho empleadas eran parte del equipo de negociación del sindicato y fueron arrestadas cuatro días después de que la mayoría de los trabajadores votaran para afiliarse al sindicato. Seis de ellas fueron encarceladas y todas fueron acusadas de faltas que ameritaban deportación.[13]

La política migratoria, influida por cuestiones de raza, clase y proximidad a México, refleja en última instancia un sistema de dos vías por el que los trabajadores mexicanos son segregados y separados del resto de la clase obrera cuando se les denomina "ilegales". Este peyorativo está cargado con el sesgo antimexicano del pasado, ahora codificado en el discurso "aceptable" por las mayorías. Enunciado con el lenguaje de la legalidad, aún es un medio de división y exclusión para sostener mejor la hegemonía del capital sobre el trabajo.

23. Doble rasero migratorio

Mientras que algunos migrantes fueron excluidos por motivos de raza, política y nacionalidad, el Congreso de Estados Unidos hizo arreglos especiales para los migrantes más "apetecibles", es decir, aquellos políticamente alineados con la política exterior de Estados Unidos. A partir del gobierno de Eisenhower, se abrieron las puertas mediante órdenes ejecutivas a los migrantes que luchaban o huían de los "enemigos" de Estados Unidos. Denominado "poder de libertad condicional" y originalmente diseñado para individuos, se amplió para incluir grandes grupos de húngaros, cubanos, chinos y vietnamitas anticomunistas.[1]

Estos grupos de migrantes solían incluir muchos capitalistas exiliados, personal militar y miembros de partidos políticos proscritos. En Estados Unidos, se reagruparon como comunidades altamente organizadas, bien financiadas y políticamente conectadas que se alineaban con los objetivos imperialistas más agresivos de su país adoptivo. Al hacerlo, no sólo mejoraron su situación económica en Estados Unidos, sino que también consiguieron apoyo para un eventual "retorno" al poder en sus países de origen, apoyado por Estados Unidos. Cabe señalar que los refugiados de países que no están "en desacuerdo" con Estados Unidos, si bien tenían las mismas probabilidades de ser víctimas de regímenes despóticos, no recibían el mismo trato. Los salvadoreños que huían de la guerra civil en la década de 1980 solían ser repatriados, muchos de ellos para hacer frente a la persecución. En Haití, las personas que huyeron después del golpe militar de 1991 fueron encarceladas en campos de concentración antes de ser repatriadas para hacer frente a los escuadrones de la muerte.

Otras "exenciones" se dan en forma de visas selectivas para aquellos con habilidades especializadas y de la ciudadanía para aquellos dispuestos a arriesgar sus vidas en el servicio del imperialismo estadounidense. Por ejemplo, mientras que a sus hermanos se les negó categóricamente la entrada al país, se concedió la ciudadanía a los soldados filipinos que se alistaron en las fuerzas armadas de Estados Unidos durante la segunda Guerra Mundial. Desde el 11 de septiembre, el Pentágono y los reclutadores se han aprovechado de las dificultades que enfrentan los migrantes para obtener la ciudadanía. Los "soldados de tarjeta verde", como se les llama cínicamente, se comprometen al servicio activo a cambio de una vía más rápida hacia la ciudadanía. La mayoría de estos soldados migrantes son mexicanos, a quienes se anima a luchar por los ideales nacionales mientras sus hermanos y hermanas se enfrentan al racismo y la exclusión en su país. Según David Reimers, la política migratoria favorable también ha servido como moneda de cambio internacional, utilizada para aplacar "las mentiras de Estados Unidos en el extranjero, o para ganar el favor de poderes neutrales".[2]

Para los migrantes que traen mucho dinero, Estados Unidos extiende la alfombra roja, otra forma en que los ricos del mundo disfrutan de la libertad de movimiento. La ley migratoria de 1990, por ejemplo, transformó las relaciones de clase de la migración, pues les dio a aquellos con suficiente dinero para invertir en Estados Unidos un acceso más fácil a la ciudadanía. La ley incluía disposiciones para 10 mil migrantes al año que invirtieran un millón de dólares o más en empresas estadounidenses, o 500 mil dólares en industrias económicamente deprimidas. Howard Ezell, ex director del INS y partidario de dar libre acceso a los migrantes ricos, aprovechó esa disposición y se puso a "vender negocios de lavado de coches y franquicias de comida rápida de Wienerschnitzel a la *yacht people* del mundo que pronto llegarán". Luego fue coautor de la célebre Proposición 187,[3] de California, claramente antimigrante.

Las cuotas nacionales basadas en "acciones raciales preferentes" fueron finalmente desmanteladas en el contexto del movimiento de los derechos civiles y se les retiró de las leyes estadounidenses abiertamente racistas. En su lugar, se establecieron cuotas "universales", incluido por primera vez lo que equivalía a un tope para la migración mexicana: los legisladores limitaron la migración del "hemisferio occidental" a 120 mil por año. La migración legal procedente de México se redujo aún más, a 20 mil por año en 1977. Consciente de que casi medio millón de trabajadores indocumentados eran deportados cada año, el Congreso consagró el proceso de ilegalización, asegurando que, después de 1965, la inexorable afluencia de mano de obra mexicana quedaría relegada al submundo del sistema de castas laborales.[4]

Las dos principales formas legales de entrar al país son por medio de canales familiares o laborales. La mayoría de los nuevos migrantes legales llegan como niños pequeños, cónyuges o padres de ciudadanos estadounidenses. Se destinan 226 mil espacios para otros miembros de la familia, con unos 27 mil por cada país. Para los países en los que hay un gran número de peticiones, el proceso se retrasa. El tiempo de espera para que un ciudadano trajera a su cónyuge o a un hijo pequeño era de unos siete años, mientras que traer a un hermano o a un hijo adulto significaba, en promedio, una espera de 22 años.[5] Para Irene Velázquez, la agonía de esperar más de cinco años para obtener una visa para visitar a su marido —que era recolector de setas en Pensilvania— la empujó a hacer un intento desesperado de cruzar la frontera por el desierto de Arizona. Pereció en el sofocante calor y su cuerpo sólo se recuperó después de que su angustiado marido dejara su trabajo para buscar frenéticamente en una remota región montañosa.[6]

El segundo canal legal, la visa de trabajo, permitía sólo 140 mil solicitantes al año y sólo se reservaban 10 mil espacios para mano de obra poco calificada. El proceso requería que el empleador probara primero que no pudo encontrar un estadounidense para el trabajo disponible, lo que podía llevar hasta dos años. Después de eso, la espera podía ser de hasta cuatro años para el trabajador que buscaba obtener la visa.

Cuando se considera que hay 10.3 millones de trabajadores indocumentados con empleo remunerado en Estados Unidos, es obvio que los canales legales están diseñados para fallar. Como dijo un migrante: "Hemos jugado con las reglas y no hemos llegado a ninguna parte. Es mejor que le diga a mi hijo que venga aquí ilegalmente."[7] Mientras tanto, hay empresas que siguen sacando provecho de una situación altamente explotable. El acceso a una gran cantidad de trabajadores muy vulnerables que han sido forzados a entrar en el país sin ningún derecho permite a los patrones casi total libertad para establecer las condiciones de trabajo y los salarios.

Las leyes migratorias y la deportación se han elaborado y aplicado a lo largo de los años no para racionalizar la ciudadanía o detener la migración, sino para fragmentar permanentemente a la clase trabajadora. La apropiación integral del aparato estatal de control migratorio por parte del capital ha creado el trabajador "ilegal", una construcción totalmente artificial cuyo único propósito es privar de sus derechos democráticos a la clase obrera "estadounidense" internacional.

24. Militarizar la frontera: sentencia de muerte para los trabajadores migrantes

El surgimiento de las fronteras significó el creciente dominio de una "clase propietaria" sobre el mercado, los recursos y la mano de obra de una región particular, y definió los límites territoriales de las clases propietarias rivales. A lo largo de generaciones, las fronteras han sido reificadas como extensiones naturales de la "nacionalidad" aunque han existido durante quizás 1% de la historia de la humanidad.[1] No fue sino hasta después de 1917 que se establecieron puntos de cruce regulados para vigilar la migración mexicana; hasta la segunda Guerra Mundial era posible el movimiento sin obstáculos a través de la frontera. Aunque los principales puntos de entrada se militarizaron poco a poco después de 1954, la idea de la frontera como medio para impedir el movimiento no ha sido ni una mera intención ni la realidad. Sólo a partir de la década de 1970 la idea de frontera se ha transformado de una división política entre dos países a la de una "barrera insalvable", la última línea de defensa de la "patria".

Incluso hoy en día, la frontera es en gran medida una puesta en escena política. Aunque los muros han estado presentes en ciertas regiones desde 1994, en realidad sólo están ahí crear una imagen de control. La frontera hace más para definir el estatus de los migrantes dentro de Estados Unidos que para "mantener fuera al invasor". Sin embargo, ha sido políticamente cultivada como la "última línea de defensa" del pueblo estadounidense, su cultura y su economía, diseñada y rediseñada para ajustarse a los objetivos de la política exterior de las sucesivas administraciones de Estados Unidos. A lo largo del siglo XX, la frontera ha ofrecido un medio para explotar los temores del público en general y obtener su apoyo. La militarización de la frontera —que incluye el aumento del personal, las patrullas en conjunto con las fuerzas armadas, la aplicación de tecnología militar y la construcción de un muro fronterizo (originalmente, un subproducto de la Guerra Fría)— comenzó en serio en la década de 1970, bajo los gobiernos de Ford y Carter.

En 1976, el entonces comisionado del INS, Leonard Chapman, denunció "una vasta y silenciosa invasión de extranjeros ilegales".[2] William Colby, ex director de la CIA, hizo comentarios similares: "La amenaza más obvia es el hecho de que habrá 120 millones de mexicanos para el cambio de siglo", dijo Colby. Agregó que la Patrulla Fronteriza "no tendrá suficientes balas para detenerlos".[3]

El aumento de la migración en la década de 1970 y la aparición de movimientos revolucionarios centroamericanos contrarios a las dictaduras apoyadas y financiadas por Estados Unidos intensificaron aún más la atención en la frontera. Los presidentes Carter y Reagan utilizaron la idea de una inminente invasión de migrantes como justificación para aumentar los fondos para militarizar la frontera. En el gobierno de Carter, el presupuesto de la Patrulla Fronteriza aumentó 24%, mientras que el número de efectivos aumentó 8.7%.[4] También se experimentó una importante mejora del equipamiento, "desde el aumento en la construcción de vallas hasta el despliegue de helicópteros y la mejora de los sensores terrestres".[5]

El alarmismo del gobierno de Carter preparó el camino para una nueva embestida del gobierno de Reagan. Ronald Reagan alteró en forma radical las percepciones públicas de la frontera al presentarla como una puerta de entrada para las tres mayores "amenazas" a Estados Unidos: hordas de migrantes pobres, subversivos centroamericanos y narcotraficantes. Para prevenir una "oleada de refugiados" y para disuadir a "terroristas y subversivos [que] están a sólo dos días de viaje de Harlingen, Texas", Reagan preparó el camino para una nueva era de política fronteriza. El financiamiento se disparó, se autorizó la participación de personal militar en la formación de agentes fronterizos para utilizar equipo militar y todo ello se justificó con una nueva doctrina de seguridad nacional:

> Las presiones ejercidas en nuestras fronteras desde el Caribe y América Central —en particular desde México— hacen que en el futuro inmediato, como nunca antes, Estados Unidos deba establecer una política exterior con medidas preventivas y profilácticas, uno de cuyos objetivos será la protección de nuestras fronteras contra la excesiva migración ilegal.[6]

Durante los años de Reagan, el financiamiento de la Patrulla Fronteriza aumentó 130%: la mayoría de esos recursos se destinaron a la aplicación de las leyes. Se ampliaron los centros de detención, se establecieron puestos de control y el número de agentes aumentó en 82%.[7] La histeria por la migración culminó con la aprobación de la Ley de Reforma y Control de la Migración de 1986, que hizo de los miembros de la Patrulla Fronteriza agentes de la policía antidroga.

Pero las consecuencias más graves de la militarización de la frontera se han producido desde que el ex presidente Bill Clinton puso en marcha la Operation Gatekeeper [Operación Guardián] en 1994. "No debemos tolerar la migración ilegal", escribió en 1996, al tiempo de que presumía de que, "desde 1992, hemos aumentado nuestra Patrulla Fronteriza en más de 35%; hemos desplegado sensores subterráneos, visores nocturnos infrarrojos y radios encriptadas; hemos construido varios kilómetros de nuevas vallas e instalado grandes cantidades de nueva iluminación".[8]

Clinton estableció un nuevo estándar para la militarización de la frontera y el gobierno de Bush llevó el proceso aún más lejos. "Nuestro objetivo es claro: devolver a su país a todos y cada uno de los que entran ilegalmente, sin excepciones", aseguró Bush a varios congresistas de alto nivel y oficiales de inteligencia en la Casa Blanca en diciembre de 2005,[9] después de promulgar una ley de seguridad nacional que destinaba 32 mil millones de dólares, en 2006, para la aplicación de las leyes en la frontera, como la contratación de mil agentes adicionales para la Patrulla Fronteriza.[10]

Las recientes propuestas legislativas, ya sean patrocinadas por republicanos o demócratas (o por ambos), contienen tanto el lenguaje como los medios para intensificar la guerra contra los migrantes. Según el HR 4437 (el proyecto de ley Sensenbrenner-King), el país tendría que gastar más de 2 200 millones de dólares para construir cinco vallas fronterizas en California y Arizona, que sumarían una longitud de más de 1 100 kilómetros, con un costo astronómico de 2 millones de dólares por kilómetro. Esto no sólo convertiría la migración indocumentada en un delito, sino que también criminalizaría el acto mismo de asociarse con migrantes indocumentados. Aunque las protestas masivas a favor de los migrantes han hecho que la ley HR 4437 no sea una novedad, otros proyectos de ley "intermedias", más "centristas", también representan amenazas para los derechos y las vidas de los migrantes. El proyecto de ley bipartidista Kennedy-McCain, también llamado "ley para un Estados Unidos seguro y una migración ordenada", buscaba apoyar el llamado de Bush para un programa de trabajadores invitados, al tiempo que "toma medidas enérgicas" contra los cruces no autorizados. Como explicó el co-patrocinador republicano John McCain:

La seguridad nacional es la prioridad número uno de nuestro país. Esta legislación incluye una serie de disposiciones que, en conjunto, harán que nuestro país sea más seguro. Durante demasiado tiempo las leyes migratorias de nuestro país no se han reformado, dejando vulnerables a los estadounidenses. Ya no podemos permitirnos retrasar la reforma. Me enorgullece unirme a mis colegas hoy como un impulsor de esta legislación.[11]

La propuesta requiere que el país "incremente la seguridad fronteriza con nueva tecnología, con intercambio de información y con otras iniciativas". En otras palabras, continuaría y ampliaría la actual política de militarización de las fronteras y sentaría las bases para una nueva ronda de medidas punitivas contra los trabajadores migrantes.

En 1999, Alejandro Kassorla, un cortador de caña de 23 años de edad, decidió tratar de cruzar la frontera hacia Estados Unidos porque tenía problemas para mantener a su familia en México. Cuando había viajado a Estados Unidos seis años antes, había regresado a casa con suficiente dinero para construir una pequeña casa para su esposa y sus dos hijos. Se reunió con su amigo Samuel y un matrimonio, Javier y Elvia, que también querían cruzar. Los polleros a los que contrataron como guías les dijeron que sería un viaje corto a través de las escarpadas montañas cerca de San Diego, pero en realidad el viaje normalmente duraba tres días. Después de que las temperaturas descendieron por debajo del punto de congelación en el tercer día, los polleros abandonaron a Alejandro y su grupo. Cuando Javier y Samuel comenzaron a sufrir de hipotermia, Alejandro y Elvia fueron a buscar ayuda; después de que él se desplomara por la hipotermia, ella siguió adelante. Cuando finalmente regresó con ayuda, los otros tres ya se habían congelado hasta morir.[12]

Esta historia capta las consecuencias de militarizar la frontera, como se plasma en el proyecto federal de cuatro partes iniciado en 1993 para "tomar el control" de la frontera entre Estados Unidos y México. La Operation Gatekeeper en California, la Operation Safeguard en Arizona y las Operation Hold the Line y Operation Rio Grande en Texas emplean estrategias similares para sellar los populares puntos de cruce de la frontera mediante una combinación de nuevas vallas fronterizas, más personal, más equipo y más capacitación militar, todo ello con la participación de diversos organismos militares.

La Operation Gatekeeper, por ejemplo, comenzó abarcando poco más de 106 kilómetros desde el océano Pacífico hasta las montañas, pasando por San Diego, y se amplió hasta Yuma, Arizona. Incluyó un muro de acero de unos 117 kilómetros de largo y tres metros de alto. Las cercas secundarias abarcaban casi 84 de esos kilómetros y una triple cerca se extendía a lo largo de más de 22 kilómetros, desde el océano Pacífico hasta la Otay Mountain. El muro fronterizo está compuesto por piezas de acero soldadas, antes usadas como pista de aterrizaje en la guerra del Golfo, e incorpora el último material militar de vanguardia como parte de su estrategia. Esto incluye el uso de helicópteros Black Hawk, sensores de calor, binoculares de visión nocturna, dispositivos electrónicos de detección de visión y equipo informático para tomar huellas dactilares, todo lo cual se ha integrado en las operaciones fronterizas de rutina. En los últimos años también se ha observado un drástico aumento de agentes. Hacia 2005, la Patrulla Fronteriza era el mayor organismo federal de aplicación de la ley, con más de 12 mil agentes en el terreno.[13] Además, la ley de reforma de la inteligencia y la prevención del terrorismo, de 2004, preveía que se añadieran 2 mil agentes en cada uno de los siguientes cinco años, si se lograba el financiamiento respectivo. Incluso si la cantidad de efectivos fuera la misma, la agencia debía reemplazar 5% de los agentes que pierde cada año por jubilación o por cambio de trabajo.[14]

La implementación de políticas neoliberales en México y Centroamérica, y la militarización de la frontera en Estados Unidos se han combinado en las últimas décadas para obligar a los migrantes desplazados a cruzar la frontera entre Estados Unidos y México en zonas más remotas, donde están expuestos a riesgos extremos y a una serie de otros peligros geográficos. Aunque el Immigration and Customs Enforcement [Servicio de Migración y Control de Aduanas] (ICE, antes conocido como INS) promueve este programa como una política de "prevención mediante la disuasión", en realidad es una sentencia de muerte para muchos migrantes que cruzan la frontera. Dado que no se pretende detener el flujo migratorio, sino más bien canalizarlo hacia rutas menos visibles, los resultados han sido catastróficos. Más de 4 mil migrantes —hombres, mujeres y niños— perecieron intentando cruzar la frontera en las dos décadas posteriores al inicio de la militarización de la frontera, en 1994. El número de muertes continúa aumentando. En un mal año de la primera década del siglo XXI murieron 460 personas en la frontera. Esa cifra supera con creces el anterior récord de 383 en el ejercicio económico de 2000,[15] sin incluir el número desconocido de desaparecidos o heridos al cruzar.

Con una tasa de muertes de cuatro personas cada tres días en 2006, las bajas en la frontera superaron el número de personas que perecieron en los ataques al World Trade Center y constituyen diez veces el número de personas que murieron tratando de escalar el muro de Berlín durante la Guerra Fría. La militarización de la frontera no ha detenido la migración; sólo le ha impuesto reglas mortales. A pesar de la trágica pérdida humana, es un éxito desde el punto de vista de los responsables políticos. Ha fortalecido el control de los negocios sobre la mano de obra migrante, ha proporcionado capital político en la "guerra contra el terrorismo" y es, en sí misma, una institución rentable, ya que los contratistas de defensa compiten para abastecer el mercado emergente de la aplicación de la ley en la frontera.

Militarizar la frontera no ha logrado detener la migración porque ignora los procesos estructurales que empujan a la gente a hacer recorridos desesperados en busca de trabajo. Como sostiene Peter Andreas, este fracaso es también su mayor éxito.[16] Al trasladar el flujo de los cruces no autorizados a zonas desérticas y regiones montañosas, la fortificación de la frontera ha expandido el sentimiento antimigrante y ha empujado a los migrantes más hacia las sombras, preparando el terreno para nuevas medidas de represión. Ha contribuido a crear un espectáculo sensacionalista: el de la conquista moderna de una ilusoria "tierra de nadie", al tiempo que ha establecido nuevos mercados para la industria de defensa y ha convencido a los trabajadores de bajos salarios en todo Estados Unidos de que la "delgada línea verde" de la Patrulla Fronteriza está manteniendo seguros sus puestos de trabajo.

En California, la militarización ha obligado a los migrantes a cruzar las montañas de Otay, cuyos picos llegan a superar los 1800 metros de altura. Las temperaturas en las montañas permanecen bajo cero durante al menos seis meses al año. En los abrasadores desiertos de Arizona, las temperaturas casi alcanzan los 50 °C, con dunas de arena que llegan a medir 100 metros de altura. Es en estas zonas muertas donde los efectos más atroces de la militarización de la frontera se cobran su cuota humana.

Según Doris Meisner, ex jefa del ICE que supervisó la aplicación inicial de la militarización de la frontera, "creíamos que la geografía sería un aliado".[17] Las muertes aumentaron tan rápidamente en Arizona que la oficina del forense del condado de Pima, que se ocupa de los casos del sector de Tucsón de la Patrulla Fronteriza, se vio obligada a alquilar un camión frigorífico para almacenar los cuerpos que no podían ser alojados en sus instalaciones.[18] El temor a la aprehensión también ha hecho que los migrantes paguen tarifas exorbitantes para ser introducidos de contrabando en las bodegas de carga de los camiones, a menudo con pocas o ninguna medida de precaución por parte de los traficantes de personas. En mayo de 2003, 19 personas perecieron en la caja de un camión remolque que cruzaba por un punto de entrada en Texas.[19]

Según una investigación sobre derechos humanos realizada por la American Civil Liberties Union [Unión Estadounidense por las Libertades Civiles], la mayoría de las muertes pueden atribuirse a la exposición a temperaturas bajo cero en las montañas durante el invierno o al calor del desierto en el verano.[20] En mayo de 2001, los cadáveres de 14 migrantes fueron hallados luego de que éstos intentaran recorrer muchos kilómetros de desierto a más de 46 °C en un lugar que los agentes de la Patrulla Fronteriza llaman "el camino del diablo", cerca de Yuma, Arizona. "Nadie debería sorprenderse por estas muertes", dijo Claudia Smith, abogada de la California Rural Legal Assistance Foundation [Fundación de Asistencia Legal Rural de California]. "Son una consecuencia totalmente previsible de desplazar el tráfico migratorio de las zonas urbanas a las zonas más remotas y peligrosas."[21]

Otra parte importante de las muertes puede atribuirse al ahogamiento, ya que los migrantes intentan escapar del calor y *la migra* cruzando canales como el All-American y diversos ríos fronterizos. El río Nuevo, uno de esos puntos de cruce, es uno de los cauces de agua más contaminados de la región fronteriza. Es un punto de cruce preferido por quienes intentar llegar a Estados Unidos porque los agentes de la Patrulla Fronteriza evitan sus orillas tóxicas.

La cortina de humo política que es el "control fronterizo" y el desprecio fundamental por las vidas humanas que éste representa se vuelven escandalosamente claros una vez que el contenido de esa política pública es analizado. Los arquitectos de la Operation Gatekeeper asumieron que "la mayor parte de la 'afluencia' no se vería disuadida por los 'peligros mortales' que representaban las nuevas rutas".[22] Como explicó un supervisor del Servicio de Migración y Naturalización en el *San Diego Union-Tribune* en 1996: "Con el tiempo nos gustaría verlos a todos en el desierto."[23] Se entendía y se esperaba que los trabajadores migrantes siguieran viajando hacia el norte y que algunos perecieran en el proceso. Irónicamente, la aplicación más estricta de la ley en la frontera está alentando a más migrantes a alcanzar la residencia permanente en Estados Unidos. Un estudio realizado en 1997 mostró que la mitad de los migrantes mexicanos regresaron a México en un plazo de dos años. Ahora, un número cada vez mayor prefiere evitar la incertidumbre de los múltiples cruces.[24]

Si bien el número de muertos aumentó, también pueden atribuirse a otras formas de terror y abuso de la Patrulla Fronteriza y otros organismos estadounidenses. Según un informe de Amnistía Internacional que condena la Operation Gatekeeper:

Entre las denuncias de malos tratos que reunió Amnistía Internacional hay personas golpeadas con bastones, puños y pies, a menudo como castigo por haber tenido la tentación de huir de los agentes de la Patrulla Fronteriza; la negación de alimentos, agua y mantas durante muchas horas, mientras los detenidos estaban en las estaciones de la Patrulla Fronteriza y en los puertos de entrada para ser procesados por el Servicio de Migración y Naturalización; el abuso sexual de hombres y mujeres; la negación de servicios médicos y la conducta abusiva, racialmente despectiva y poco profesional, que a veces resultó en la deportación ilícita de ciudadanos estadounidenses a México. Entre las personas que informaron haber sido maltratadas había hombres, mujeres y niños, casi exclusivamente de ascendencia latinoamericana. Se incluyó a ciudadanos y residentes permanentes legales de Estados Unidos, y a miembros de los pueblos originarios cuyas tierras tribales se extienden a lo largo de la frontera entre Estados Unidos y México.[25]

El comportamiento de la Patrulla Fronteriza y el aislamiento social y político de las personas que han sido estigmatizadas como "ilegales" crean un ambiente que da a los racistas y los vigilantes la confianza para llevar a cabo actos de terrorismo y brutalidad contra los indocumentados, reales o supuestos. Los ganaderos de Arizona y Texas han llegado a "cazar" migrantes. Un terrateniente del sur de Texas se sintió ofendido cuando un migrante le pidió agua después de caminar por la maleza durante días para evitar la Patrulla Fronteriza. Según las acusaciones posteriores, el terrateniente disparó contra el hombre y con toda calma lo vio morir. En otras partes de Texas se han producido muchos otros tiroteos por parte de rancheros.

En otra situación, un ranchero de Arizona organizó con su hermano expediciones de caza de migrantes, como castigo por beber el agua del ranchero y dejar basura en su tierra. Cuando se le preguntó al respecto, y por el hecho de que sus hermanos invitaban a los turistas a unirse a las cacerías, un oficial de la Patrulla Fronteriza comentó a la prensa que "apreciaban la ayuda".[26] Junto con los rancheros violentos, otros grupos de vigilantes han establecido patrullas a lo largo de la frontera, incluidos grupos de "ciudadanos" de derecha, el Ku Klux Klan y el grupo de cabezas rapadas White Aryan Resistance [Resistencia de los Arios Blancos].[27] Al norte de San Diego, los trabajadores migrantes fueron atacados en un campamento rural donde estaban viviendo por varios adolescentes con pistolas de perdigones que habían pintado con aerosol en diversos puntos el lema "Go Home" [Vete a casa] y consignas racistas.

Las operaciones conjuntas con personal militar también han resultado mortales para muchas personas en la región fronteriza. Por ejemplo, el grupo de tareas conjunto número 6 (JTF-6, por las siglas de Joint Task Force 6) surgió de la Estrategia Nacional de Fiscalización de Drogas de George Bush padre y se utilizó en el marco de la política de militarización de Texas, la llamada Operation Alliance. En una de sus acciones, los marines cooperaron con la Patrulla Fronteriza en una misión antidroga en la frontera de Texas. En 1997, un ciudadano estadounidense de 18 años, Ezequiel Hernández, fue asesinado a tiros por los marines en circunstancias sospechosas. Hernández estaba montando su caballo y llevaba su rifle de caza, algo que hacía habitualmente, cuando le dispararon. No se presentaron cargos contra los marines, que afirmaron que dispararon en defensa propia.

En julio de 2004, el *San Diego Union-Tribune* se refirió al "éxito" de la Operation Gatekeeper en un anuncio que celebraba el décimo aniversario del programa. Al evocar las imágenes racistas de las "hordas invasoras", el periódico elogió la forma en que la ausencia de migrantes mexicanos haría que un suburbio costero fuera más atractivo para los inversores y los especuladores inmobiliarios: desde la introducción del programa, "la ciudad que a menudo estaba atestada de migrantes ilegales desesperados que huían de los agentes armados de la Patrulla Fronteriza y de los helicópteros que los golpeaban es ahora una tranquila y limpia ciudad costera con un valor de propiedad cada vez mayor y con planes de reurbanización de más de 20 millones de dólares".[28] El periódico anunciaba en seguida la drástica caída del número de arrestos en el área metropolitana de San Diego y lo presentaba como un éxito del programa, mientras que ignoraba del todo las consecuencias de empujar la migración hacia el desierto y las montañas del este: un aumento de 500% en la cifra de las muertes en los cruces fronterizos desde el inicio del programa.[29]

Según Wayne Cornelius, director del Center for Comparative Immigration Studies [Centro de Estudios Migratorios Comparados] de la Universidad de California en San Diego, la Operation Gatekeeper, a pesar de los entre 10 mil y 15 mil millones de dólares gastados para su operación en la última década del siglo XX, es "una política fallida".[30] Aunque los defensores de esa política pública señalan la disminución en el número de detenciones como resultado de la "disuasión", no mencionan que las detenciones se han multiplicado en gran medida al este de San Diego, que es también donde se producen la mayoría de las muertes.

Roberto Martínez, del American Friends Service Committee [Comité de Servicios de los Amigos Estadounidenses], está de acuerdo con que el endurecimiento de los controles en ciertas partes de la frontera simplemente significa que las personas tratan de cruzar en otros lugares:

> La Operation Gatekeeper no sólo está causando una de las peores tragedias de derechos humanos en la historia de la frontera, sino que es totalmente ineficaz para detener el flujo de personas que quieren cruzar la frontera. Lo que están logrando es trasladarlas desde San Ysidro y Otay a East County, al valle Imperial y a Arizona, donde el número de aprehensiones se ha cuadruplicado. El mismo número de personas está cruzando, sólo que en otra zonas. Se está pregonando el éxito de la Operation Gatekeeper porque ha reducido el número de aprehensiones en esta zona, pero eso es muy engañoso. Es un efecto de burbuja: aprietas aquí y aparecen allá.[31]

Además, quienes cruzan la frontera a menudo son capaces de estar un paso por delante de la tecnología y la costosa mano de obra que se ha aplicado en la frontera. En una discusión con un "coyote" llamado Marcos, el periodista chicano Rubén Martínez destaca la capacidad creativa de la gente común para burlar la refinada maquinaria militar:

> Por cada arma de alta tecnología que emplea *la migra*, dice Marcos, hay una respuesta guerrillera de los [migrantes] y los coyotes. Tomemos como ejemplo las trampas láser: rejillas de rayos que, cuando un objeto las bloquea, alertan inmediatamente a *la migra* de que hay algo en movimiento. Un grupo de migrantes a los que Marcos había hecho cruzar estaba equipado con latas de aerosol. Rocías un poco delante de ti en una zona que por otras redadas ya sabes que es problemática: los rayos del láser brillan en el aerosol y tú puedes rodearlos. Los coyotes afirman que la Patrulla Fronteriza reubica constantemente su equipo de rastreo. Pero en realidad cada grupo de migrantes que es atrapado ayuda a los nuevos migrantes a cruzar. Cada redada produce una valiosa información de inteligencia.[32]

Si bien es imposible saber con exactitud cuántos trabajadores migrantes cruzan la frontera en un año determinado, muchas estadísticas indican que la militarización no ha reducido los cruces fronterizos. Los funcionarios del INS afirman que la tasa de aprehensión de migrantes a lo largo de toda la frontera es de 30%, con un récord de 1 643 679 aprehensiones en 2000.[33] Mientras que las aprehensiones en San Diego han disminuido de 450 152 en 1994 a 151 681 en 2000, el número de aprehensiones al este de San Diego ha aumentado 761% en El Centro, 351% en Arizona y 55% en Texas.[34]

En 2004, la Patrulla Fronteriza detuvo a 1.1 millones de migrantes que cruzaban la frontera y, en 2005, a 1.2 millones.[35] En otras palabras, la migración se ha mantenido estable. En lugar de reducir el número de migrantes que entran a Estados Unidos, la militarización de la frontera sólo ha aumentado los peligros de cruzar y en realidad está más dirigida a crear la ilusión de que el gobierno está "controlando una invasión". El experto en migración Douglas Massey argumenta:

A diferencia de los viejos lugares de cruce, estos nuevos lugares estaban poco poblados, por lo que la repentina aparición de miles de mexicanos atrajo una considerable atención y, comprensiblemente, generó mucha agitación a nivel local. Las percepciones de una ruptura en la frontera se vieron acrecentadas por los informes periodísticos sobre el aumento de las muertes entre los migrantes; al redirigir los flujos hacia un terreno duro y remoto, Estados Unidos triplicó la tasa de mortalidad durante el cruce de la frontera.

Menos conocido es que las políticas estadounidenses también redujeron la tasa de aprehensión, porque en esos sectores remotos de la frontera había menos agentes de la Patrulla Fronteriza. Mi investigación descubrió que, durante la década de 1980, la probabilidad de que un migrante indocumentado fuera aprehendido mientras cruzaba se situaba en torno a 33%; en 2000 se situaba en 10%, a pesar de los aumentos del gasto federal en la aplicación de la ley en la frontera.

Naturalmente, las percepciones públicas del caos en la frontera dieron lugar a más llamados a aplicar la ley y la estrategia de endurecimiento se extendió a otros sectores. El número de agentes de la Patrulla Fronteriza aumentó de alrededor de 2 500 a principios de los años ochenta a unos 12 mil hoy en día [2006], y el presupuesto anual de la agencia aumentó a 1 600 millones de dólares, en comparación con los 200 millones previos. La frontera entre México y Estados Unidos se ha convertido quizás en la frontera más militarizada entre dos naciones que no están en guerra en cualquier parte del mundo.

Aunque la militarización de la frontera tuvo poco efecto en la probabilidad de que los mexicanos emigraran ilegalmente, sí redujo la probabilidad de que regresaran a su tierra natal. La línea más dura de Estados Unidos casi triplicó el costo medio de cruzar la frontera de forma ilegal; por lo tanto, los mexicanos que habían logrado ingresar tenían más probabilidades de esconderse y quedarse en Estados Unidos. Mi estudio ha demostrado que, en los primeros años ochenta, cerca de la mitad de los mexicanos indocumentados regresaron a sus hogares tras doce meses de haber entrado, pero para el año 2000 la tasa de retorno de la migración se mantuvo en sólo 25%.[36]

Debbie Nathan sostuvo, en un informe del North American Congress on Latin America [Congreso de América del Norte sobre América Latina] de 2000, que deben hacerse comparaciones entre los paramilitares estadounidenses en la frontera y los paramilitares de derecha apoyados por Estados Unidos en Colombia. Ambos libraron una guerra contra la población civil. Y ambos están condenados al fracaso. En Colombia, la guerra no hizo nada para restringir el comercio de drogas, ni estuvo diseñada para hacerlo; en cambio, siembra el terror para evitar el apoyo a un movimiento guerrillero popular y para mantener el flujo de ganancias hacia los productores de petróleo y armas.[37] En la frontera, la Operation Gatekeeper no hizo nada para detener la migración, pero sembró el terror en el corazón de los trabajadores migrantes, manteniéndolos separados de otros trabajadores, sin derechos ni recursos contra el abuso y la explotación de que son objeto.

La "ilegalización" es rentable, y los intereses empresariales han logrado trasladar la carga de la aplicación de la ley a los contribuyentes y a los propios migrantes. Las sanciones contra los empleadores de los indocumentados, que están en las leyes, son ignoradas en gran medida. De 1993 a 2003, el número de detenciones en lugares de trabajo en todo el país pasó de 7630 a 445. El número de multas disminuyó de 944 en 1993 a 124 en 2003.[38] En 2004, las autoridades de migración sólo emitieron tres apercibimientos a empresas.[39] La poca preocupación por el castigo permite a las empresas "autocontrolar" a sus trabajadores. No es raro que los empleadores llamen la atención de los agentes del ICE sobre sus propios trabajadores si éstos intentan organizar un sindicato. Como explicó el periodista Eduardo Porter en *The New York Times*:

Eso tal vez explique por qué las multas por contratar a migrantes ilegales llegan a ser tan bajas como de 275 dólares por trabajador y por qué los funcionarios de migración reconocen que las empresas a menudo negocian las multas a la baja. Y por qué, después de que el Servicio Nacional de Migración hiciera una redada en los campos de cebolla de Georgia durante la cosecha de 1998, un senador y cuatro miembros de la Cámara de Representantes del estado criticaron duramente al organismo por perjudicar a los agricultores de Georgia.[40]

El economista Gordon H. Hanson concluyó que "los empleadores están muy interesados en mantener el acceso a los trabajadores migrantes y ejercer presión política para evitar que la aplicación de la ley sea efectiva".[41]

Desde el 11 de septiembre de 2001, la militarización de la frontera se ha mezclado con la llamada "guerra contra el terrorismo" de Bush. El concepto de "guerra permanente" contra un enemigo invisible e interno ha encajado con los intereses del bien financiado movimiento antimigrante, que ha venido luchando por mantener privados de sus derechos a los trabajadores migrantes. Los derechos mínimos de los migrantes indocumentados ahora son distorsionados con la lente del terrorismo. Por ejemplo, el entonces gobernador de California, Arnold Schwarzenegger (él mismo un migrante), se opuso a un proyecto de ley que concedía a los trabajadores indocumentados el derecho a tener una licencia de conducir, aduciendo que "sería demasiado fácil para los terroristas utilizar los documentos para crear nuevas identidades".[42]

En el periodo previo a las elecciones parlamentarias de 2006, el aspirante republicano Alan Uke llevó a cabo su campaña con la plataforma de "cerrar la frontera". Uke afirmaba que "los traficantes de drogas y los terroristas pueden ahora cruzar la frontera" y prometió "proteger a los estadounidenses" construyendo un nuevo muro fronterizo. Tales promesas crean la imagen de una fantástica frontera fortificada en la mente del público y son utilizadas por los políticos para avivar el miedo y generar apoyo. Es esta "imagen" de la frontera la que se ha considerado exitosa, más que cualquier intento de detener la migración. Mediante la manipulación de esta imagen, los traficantes de drogas y los trabajadores se convierten en una y la misma persona, afanándose por cruzar a través de los "yermos no vigilados", puntos ciegos en la fortaleza estadounidense. De hecho, según un informe de la Drug Enforcement Agency [Agencia de Combate a las Drogas] (DEA), tras el TLCAN y la mayor apertura de las fronteras al transporte de carga, se estima que la mayoría de la cocaína que llega a Estados Unidos de contrabando lo hace por los puertos oficiales de entrada, ocasionalmente con la connivencia de agentes de aduanas corruptos.[43] Según José Luis Santiago Vasconcelos, en su momento a cargo de la Subprocuraduría Especializada en Investigación de Delincuencia Organizada (SEIDO) de México, el gobierno mexicano investigó los posibles vínculos entre la policía estatal de Baja California y los agentes de la Patrulla Fronteriza en el tráfico de drogas.[44]

Se estima que 90% de los entre uno y dos millones de cruces fronterizos anuales no autorizados dependen ahora del uso de polleros. El contrabando de personas, una industria de unos 8 mil millones de dólares al año, depende de una vasta red de contactos que opera en ambos lados de la frontera para eludir a las autoridades de migración.[45] Pero el coyote que cobra a los migrantes obtiene la mayor recompensa, pues no paga ni un centavo poconseguir esa mano de obra barata y explotable dispuesta a pagar por su propio paso al otro lado.

Más aún, los agentes de la Patrulla Fronteriza a menudo participan en el lucrativo negocio del contrabando de personas y drogas. Según Roberto Martínez, del American Friends Service Committee, "en los últimos 20 años, cientos de agentes de aduanas y de la Patrulla Fronteriza han sido acusados de aceptar sobornos para permitir que los contrabandistas traigan no sólo personas sino también drogas y cocaína".[46] Un inspector de migración, José Olvera, fue sorprendido aceptando sobornos de entre 2 mil y 4 mil dólares para permitir el paso de drogas y de migrantes indocumentados. Sólo entre 2004 y marzo de 2005, más de 20 agentes fronterizos fueron arrestados, acusados o condenados por delitos.[47]

Ya sea que una mano de obra indocumentada permanezca en la sombra, o que un flujo constante de trabajadores temporales no ciudadanos atraviese la frontera bajo el auspicio de programas de trabajadores invitados, las empresas tienen acceso a mano de obra no organizada. Esto se debe a que el costo de producir y reproducir un porcentaje creciente de mano de obra mexicana *en* Estados Unidos se le carga al gobierno mexicano y a los propios trabajadores, ya que éstos obtienen la mayor parte de sus beneficios sociales y su sustento en el lado sur de la frontera.

Mientras tanto, la extrema derecha ha alcanzado cierta legitimidad y cierta cobertura en los principales medios de comunicación para clamar por más restricciones migratorias. Las contradicciones morales y éticas de deportar e importar trabajadores simultáneamente, junto con las violaciones diarias de los derechos humanos de los migrantes indocumentados, son ignoradas por los medios de comunicación, que obedientemente evitan mencionar incluso los fracasos más flagrantes de las políticas fronterizas, al tiempo que sientan las bases ideológicas para la próxima etapa de la militarización de las fronteras. En forma trágica, en mayo de 2006, el presidente Bush dio un paso sin precedentes al anunciar el despliegue de tropas de la Guardia Nacional en la frontera para ayudar a mantener a los migrantes indocumentados fuera de Estados Unidos. Es probable que esto haya aumentado el número de muertes, ya que la gente busca puntos de cruce aún más remotos y mortíferos. En un momento en que las fronteras y los muros se están volviendo cada vez más obsoletos para los trabajadores —e incluso para el funcionamiento del capitalismo—, los políticos de ambos partidos y las organizaciones que exigen más restricciones migratorias están trabajando de común acuerdo para construir un nuevo muro de Berlín que le dé la espalda a las mismas personas que los alimentan, los visten y les proporcionan un techo. Como todos los muros imperiales —cimentados en la violencia, el racismo, la arrogancia cegadora y el sentido de superioridad—, éste está construyéndose sobre unos cimientos endebles. El empuje que causará la caída del "muro norteamericano" vendrá de las mismas manos callosas y morenas que aportaron los recursos para construirlo.

FIGURA 9. Centroamericanos en un puesto de control en Hermosillo, Sonora, tras ser detenidos por oficiales federales mexicanos; están en espera de ser deportados.

25. Inventar un enemigo invisible: el 11 de septiembre y la guerra contra los migrantes

A principios del segundo milenio, el vendaval del movimiento de justicia mundial había llevado el lenguaje de los derechos de los trabajadores al plano internacional. La AFL-CIO —acaso como expresión de su propio declive en los sectores tradicionales, así como del crecimiento del sector de los servicios para migrantes— invirtió su historia "restriccionista", ofreció su apoyo para una amnistía general y respaldó el derecho de los indocumentados a afiliarse a sindicatos.

Por ser el sector más activo del movimiento sindical en los años noventa, los trabajadores migrantes presionaron a sus dirigentes sindicales para que abrieran un frente político en el candente debate sobre la migración. La AFL-CIO puso así la fuerza del movimiento laboral de Estados Unidos, que en el papel es potencialmente muy grande, a favor del sector más tradicionalmente descuidado de sus propias filas. En un momento en que estaban alineándose políticamente una nueva generación de líderes de los trabajadores migrantes, el movimiento de justicia global y los sindicatos, Estados Unidos se vio sacudido por los ataques del 11 de septiembre.

Para decirlo rápido: la tragedia del 11 de septiembre permitió que las fuerzas de la derecha recuperaran la iniciativa contra el avance de los derechos de los migrantes. La política migratoria de contención encajaba con el componente interno de la versátil "guerra contra el terrorismo", que ha señalado, restringido y penalizado con total descaro la presencia de árabes, araboamericanos, musulmanes y otros grupos considerados como "terroristas en potencia".[1] El omnipresente fantasma del terrorismo interno, expresado en la imagen de "hordas invasoras" a punto de cruzar la frontera, creó una mezcla oportunista entre los halcones proguerra y los grupos antimigrantes proclives a establecer restricciones. El giro hacia la derecha fue favorecido por los principales demócratas, cuya obstinada devoción a la "guerra contra el terrorismo" ayudó a cambiar el enfoque de la frontera entre México y Estados Unidos.

La "guerra contra el terrorismo" llevó a la aprobación de la "ley patriótica", a la detención extrajudicial de árabes y musulmanes, y a la reestructuración del Immigration and Naturalization Service —que se convirtió en el Immigration and Customs Enforcement [Servicio de Migración y Control de Aduanas] (ICE)— y el Customs and Border Protection [Servicio de Aduanas y Protección Fronteriza] (CBP), ambos incorporados al Department of Homeland Security [Departamento de Seguridad Nacional] (DHS). Desde entonces, una alianza de grupos de acción política bien financiados, *think tanks* reaccionarios —como la Federation for American Immigration Reform [Federación para la Reforma Migratoria Estadounidense] (FAIR) y el Center for Immigration Studies [Centro de Estudios Migratorios] (CIS)—, de legisladores federales y estatales, y diversas organizaciones de activistas de extrema derecha se han unido en un frente nacional antimigrante.[2]

Haber convertido la migración en una cuestión de seguridad nacional permitió a las fuerzas antimigrantes, particularmente en el Partido Republicano, estrechar el control sobre todos los aspectos de la política migratoria, en especial los que regulan el papel de la mano de obra mexicana. La "guerra contra el terrorismo" anuló toda discusión sobre la amnistía y suplantó en los hechos el concepto de derechos humanos por el perfil "terrorista" de los trabajadores indocumentados.

Aunque las manifestaciones masivas de la primavera de 2006 cambiaron por completo el debate nacional, entre 2001 y 2005 se escucharon sólo las voces que describían con éxito la imagen de una frontera "fuera de control". Para mantener un clima incierto y para alimentar el temor a los migrantes, la región fronteriza se presentó como "zona cero" de inestabilidad y vulnerabilidad. Si bien la afluencia de trabajadores migrantes no era nada nuevo, las imágenes amenazantes fueron un fenómeno más reciente. Según Peter Andreas:

> La percepción pública está poderosamente conformada por las imágenes de la frontera que proyectan los políticos, los organismos encargados de hacer cumplir la ley y los medios de comunicación. Las alarmantes imágenes de una frontera fuera de control estimulan la ansiedad del público; las imágenes de una frontera guarnecida reducen esa ansiedad [Por lo tanto] el éxito de la gestión de la frontera depende del éxito de la gestión de la imagen y esto no se corresponde necesariamente con los verdaderos niveles de disuasión.[3]

Esta "gestión de imágenes" se utilizó para castigar la migración y, al mismo tiempo, alejar el foco de atención de los verdaderos problemas. Si bien no se ha atrapado a ningún "terrorista" mientras cruza el desierto de Arizona, los políticos cultivan un temor permanente de que los terroristas están al otro lado de la frontera, mezclándose con el flujo de trabajadores migrantes que llegan al país.

De hecho, un estudio publicado en *The New York Times* en septiembre de 2005 puso de manifiesto el carácter cada vez más político de la persecución de los migrantes. Si bien la migración indocumentada en realidad disminuyó entre 2000 y 2003 (de un promedio de 1.5 millones por año a 1.1 millones), las acusaciones de origen migratorio contra trabajadores indocumentados aumentaron de 16 300 a 38 000 durante el mismo periodo.[4] Según David Burnham, codirector del grupo de investigación de la Universidad de Syracuse que llevó a cabo la encuesta, "éste es un cambio sustancial por donde se le vea [...] Estamos viendo que los fiscales de Estados Unidos y el propio presidente están tomando decisiones sobre lo que es importante y lo que no, y claramente el gobierno ha cambiado las prioridades de la maquinaria federal de aplicación de la ley." Otro estudio realizado por el mismo grupo reveló lo siguiente:

El Departamento de Justicia hace ahora muchas acusaciones penales en casos de migración que antes quizá se habrían manejado como asuntos administrativos. Esto fue particularmente cierto en el sur de Texas, donde el año pasado los fiscales estuvieron hiperactivos por lo que toca a delitos migratorios y estimularon un aumento de 345% en las causas penales, que en un solo año pasaron de 18 092 a 4 062.[5]

Un ejemplo de este tipo de acusaciones se produjo a principios de 2003, cuando se presentaron cargos de "terrorismo" contra 28 latinos acusados de poseer tarjetas de seguridad social falsas que les permitían trabajar en el aeropuerto de Austin.[6] Un desilusionado agente del FBI criticó públicamente los métodos de su propia oficina gubernamental:

La gran mayoría de las mil personas "detenidas" tras el 11 de septiembre no resultaron ser terroristas. Eran en su mayoría extranjeros ilegales. Tenemos todo el derecho, por supuesto, durante el curso de cualquier investigación, de deportar a la gente que descubrimos que son extranjeros ilegales. Pero después del 11 de septiembre los mandos fomentaron más y más detenciones para cumplir con lo que parecía ser, esencialmente, propósitos [de relaciones públicas]. Las oficinas de campo fueron obligadas a reportar a diario el número de detenciones para así producir mucha evidencia de nuestro progreso en la lucha contra el terrorismo [...] Por lo que he observado, es posible que se requiera una vigilancia especial para no ejercer una presión indebida (o incluso para no estimular) para detener o "acorralar" a los sospechosos, en particular los de origen árabe.[7]

Así pues, el 11 de septiembre facilitó la confluencia de intereses económicos y políticos en torno a un marco ideológico con el propósito de aislar aún más al sector de los migrantes de la clase obrera estadounidense. Al promover la ilusión de "fronteras fuera de control" y de "hordas invasoras", la derecha trata de exagerar la importancia del asunto y desviar la atención de sus fracasos y sus políticas impopulares, como la guerra de Irak. Según *Los Angeles Times:* "Algunos estrategas republicanos sostienen que la cuestión migratoria ofrece una oportunidad para que los republicanos renueven su prestigio, en un momento en que Bush y su partido se han visto perjudicados por el descontento público por la guerra de Irak, la respuesta al huracán Katrina y los escándalos éticos."[8]

El descarado oportunismo del gobierno de Bush, ahora comprometido a hacer de éste "su asunto", brilló en una gira por la región fronteriza a finales de noviembre de 2005. Flanqueado por dos helicópteros negros de vigilancia, una tripulación de agentes con expresiones pétreas y grandes carteles orwellianos que decían "Protegemos las fronteras de Estados Unidos", Bush prometió expulsar a los indocumentados: "Queremos dejar claro que las personas que violan nuestras leyes migratorias van a ser enviadas a casa y que deben quedarse allá."[9]

El gobierno de Bush también ha utilizado el clima de paranoia posterior al 11 de septiembre para aterrorizar a los migrantes en los centros de trabajo. Una práctica particularmente nefasta fue que los agentes de seguridad nacional organizaron reuniones falsas de la Occupational Safety and Health Administration [Administración de Seguridad y Salud Ocupacional] (OSHA) y las promovieron en los lugares de trabajo como un medio para que los migrantes "conocieran sus derechos". Los agentes detenían y deportaban a los que aparecían. La práctica sólo se interrumpió cuando intervinieron los sindicatos. Jill Cashen, portavoz del United Food and Commercial Workers [Trabajadores Unidos de los Alimentos y el Comercio], condenó las acciones y afirmó que OSHA "es la agencia encargada de mantener a la gente segura en el trabajo [...] Usarla como una trampa es indignante y socava la seguridad laboral."[10]

El aumento de la histeria en torno a la política migratoria permite a la extrema derecha posicionarse como factor de poder en el escenario po-

lítico. Reaccionarios como Angela *Bay* Buchanan y su hermano Pat, ar-
chiconservador, formaron el comité de acción Team America [Equipo
Estados Unidos], que se dedicó a recaudar dinero para los candidatos antimigrantes en las elecciones de mitad de periodo de 2006. El hecho de
que los políticos de las principales corrientes utilicen la migración en beneficio propio les permite a los más dedicados a ese asunto empujar los
términos del debate aún más hacia la derecha. Por ejemplo, el grupo antimigrante Save Our State [Salvemos Nuestro Estado] (SOS) describió así
el motivo de sus "acciones en la calle": "Actualmente hay una disputa por
la alcaldía en la ciudad de San Bernardino y esperamos avivar el fuego
de la migración ilegal y obligar a cada candidato a que deje clara su posición sobre la migración ilegal y la aplicación de la ley a nivel local."[11]
Otros, como el fundador del Minuteman Project, James Gilchrist, han
tratado de polarizar aún más la cuestión pasando de las "cacerías de migrantes" con gente bien armada a la arena electoral. En su fallida campaña por un escaño por el condado de Orange en el Congreso de California,
Gilchrist trató de hacer de la migración el tema central de su campaña,
publicando folletos en los que afirmaba que "un voto por John Campbell
es un voto por más extranjeros ilegales".[12]

Un importante experimento respecto del uso de la "cuña migratoria"
ocurrió en las elecciones de gobernador de Virginia en 2005. El republicano Jerry Kilgore hizo de la migración el tema definitorio de su campaña, pues calificó la "migración ilegal como una emergencia de seguridad
pública", mientras pregonaba su oposición a permitir que los hijos de migrantes indocumentados se inscribieran en las escuelas. Prometió dar a
la policía local la autoridad para hacer cumplir las leyes federales y civiles
de migración, e incluso en sus anuncios invocó la trillada cantaleta contra los migrantes: "¿Qué parte de ilegal no entiendes?"[13] Pero su campaña
mostró cómo la derecha intenta usar la migración como uno de sus principales puntos de encuentro.

Al presentar a árabes, musulmanes y latinos como una amenaza extranjera, las fuerzas antimigrantes también intentan que renazca el apoyo a las acciones imperialistas de la guerra en el extranjero. Así, la represión de los migrantes facilita una mano de obra más barata, ya que es
menos probable que los que tienen miedo se manifiesten y se unan a los
sindicatos, y a la vez fomenta el nacionalismo, vinculando a los trabajadores nativos con los intereses ideológicos y económicos de la clase propietaria. Al mismo tiempo, no hace nada para cambiar los factores sisté-
micos que fomentan la migración.

Esencialmente, se ha abierto una guerra en dos frentes. Por arriba, los gobiernos federal y estatal aprueban leyes antimigrantes de gran alcance, mientras que, por abajo, los grupos nativistas reaccionarios convocan gente y ganan confianza para llevar su mensaje a las calles. En el primer semestre de 2005, los estados examinaron más de 300 proyectos de ley relacionados con la migración y aprobaron 36, según la Conferencia Nacional de Legislaturas Estatales. Las disposiciones de las nuevas legislaciones en general caen en una de tres categorías: denegación de prestaciones, autorización a la policía local para detener a personas por estar en el país sin autorización y aumento de las multas a los empleadores que contraten a trabajadores indocumentados.[14]

Con escasa discusión en los medios de comunicación, el Congreso aprobó una ley de "identidad verdadera" en 2005. Con el pretexto de aislar a los terroristas nacionales, esta ley permitió al Departamento de Seguridad Nacional establecer normas para un sistema nacional de identificación para 2008, mediante la centralización de todos los datos de las licencias de conducir estatales en una sola base de datos federal. Además, restringió el proceso de amnistía y le dio al Departamento de Seguridad Nacional autorización para seguir construyendo el muro fronterizo entre Estados Unidos y México.[15] Sin documentos de identidad, los migrantes no pueden conducir legalmente, volar, tomar un tren o entrar en cualquier edificio del gobierno. También involucró a los doce estados que entonces no exigían prueba de ciudadanía o de situación legal para obtener una licencia de conducir.[16]

A finales de junio de 2005, el congresista republicano de Georgia Charlie Norwood y el senador republicano de Alabama Jeff Sessions propusieron una ley para la aplicación clara de las leyes y la deportación de extranjeros delincuente (CLEAR, por las siglas de Clear Law Enforcement for Criminal Alien Removal) en las dos cámaras del Congreso, la cual permitiría a los 660 mil agentes del orden público de todo el país arrestar y detener a presuntos migrantes indocumentados; convertir la migración no autorizada en delito y no solo una infracción civil, castigado con penas de cárcel y multas; tomar medidas enérgicas contra los residentes que ofrezcan cobijo y financiar la construcción de 20 nuevos centros de detención de migrantes.

Sumergidos en las corrientes derechistas de la política migratoria, los legisladores estatales de todo el país también trabajaban febrilmente para atentar contra los derechos de los migrantes. Una ley de Maryland, aprobada en 2005, impide que los miles de hijos de migrantes, legales o indocumentados, obtengan los beneficios de la atención médica y a las migrantes embarazadas les niega la que es financiada por el estado. Virginia ha aprobado una medida que niega a los indocumentados las prestaciones públicas, incluido el acceso a Medicaid, a la asistencia social y a los servicios locales de atención médica.[17] La ley niega a los indocumentados el acceso a todos los beneficios estatales y locales, entre ellos la vivienda pública, la asistencia alimentaria, el acceso a la universidad y los beneficios de empleo. La propuesta, basada en la fallida Proposición 187 de California, incrementa la apuesta, pues exige a todos los funcionarios estatales y locales que informen sobre cualquier migrante indocumentado que solicite servicios. Convirtió a Arizona en el primer estado en exigir prueba de ciudadanía para votar.

Lo que hace que proposiciones como la 187 y la 200 sean tan dañinas es que están dirigidas en gran medida a los niños, que tienen más probabilidades de utilizar o necesitar los servicios públicos y las escuelas. Alrededor de la mitad de todos los latinos nacidos en el extranjero dejan la escuela debido a dificultades económicas y políticas.[18] Por ejemplo, según Human Rights Watch, hasta 100 mil niños sufren lesiones cada año sólo en la agricultura, por no hablar de unas 300 muertes.[19] Si se incluyen todo tipo de percances, enfermedades y cualquier problema de salud que enfrentan los niños migrantes, estas propuestas son un desastre.

La temporada de caza de migrantes también ha descendido hasta los niveles bajos del aparato estatal, provocando nuevas interpretaciones de lo que significa aplicar la ley. En 2005, un jefe de policía de Hudson, New Hampshire, se encargó de "hacer su parte" al detener a Jorge Mora Ramírez bajo la sospecha de que no tenía papeles: W. Garret Chamberlain detuvo a Mora acusándolo de haber infringido las leyes de allanamiento de morada, ya que estaba "invadiendo" el territorio de Estados Unidos en calidad de migrante indocumentado. La fiscal del condado, Nicole Morse, justificó este controvertido acto y comparó a los trabajadores migrantes con violadores y pedófilos. "Al igual que con un delincuente sexual —dijo la jueza Morse—, se espera que vayan y se registren en el estado. Y si no lo hacen, entonces están violando la ley."[20] En respuesta a una demanda que bloqueó esta práctica, los legisladores republicanos impulsaron un proyecto de ley que permitiría al estado invocar las leyes de allanamiento contra los migrantes ilegales; estados como Carolina del Sur han explorado en serio este enfoque. Florida, yendo un paso más allá, "autorizó" a todos sus funcionarios estatales encargados del cumplimiento de la ley a arrestar y detener a los "sospechosos" de ser trabajadores indocumentados, creando así una nueva norma para la elaboración de perfiles raciales.[21]

A principios de 2005, la Patrulla Fronteriza realizó "redadas itinerantes", barriendo a presuntos trabajadores indocumentados en la calle, en los mercados y en el transporte público. En el condado de San Diego, funcionarios públicos anularon una orden de larga data que impedía a la Patrulla Fronteriza acosar a los "presuntos migrantes indocumentados" en sus propias comunidades.[22]

En los pueblos fronterizos, una Patrulla Fronteriza hiperpotenciada recorrió las poblaciones locales. Por ejemplo, en Douglas (Arizona), donde 93% de la población es latina, los agentes fronterizos actuaban como una fuerza de ocupación, haciendo frecuentes redadas en las tiendas y los mercados locales, invadiendo zonas residenciales y realizando frecuentes e imprudentes persecuciones en coche y otras acciones peligrosas. En el caso de Blanca Mendoza, esta "vigilancia" le costó su libertad y casi le costó la vida. Un día, mientras salía de casa de un familiar con un vaso de agua en las manos, fue sorprendida por un agente fronterizo que le apuntó a la cabeza con un rifle automático. Aunque gritó: "¡Soy ciudadana!", el agente se negó a bajar su arma, justificando luego sus acciones diciendo que creía que el vaso de agua era de hecho un arma peligrosa. Blanca Mendoza no saldrá de su casa por la noche nunca más.[23]

Al crear una atmósfera de asedio, en la que los migrantes son demonizados en los medios de comunicación y abiertamente ridiculizados por un coro de funcionarios públicos, el movimiento antimigrante ha creado un desfibrilador ideológico para los políticos que buscan resucitar su carrera política. El gobernador de California, Arnold Schwarzenegger —que en su momento fue un migrante indocumentado—, anunció su apoyo al "cierre de la frontera" y a la represión de los migrantes. "Cierren las fronteras. Ciérrenlas en California, y en todo México y Estados Unidos", dijo en la convención de la Newspaper Association of America [Asociación de Periódicos de Estados Unidos] en abril de 2005.[24] En un gesto que incrementó el enojo de muchos californianos, elogió en seguida las acciones de los *minutemen* y afirmó que "han hecho un trabajo estupendo".[25] Estas declaraciones se produjeron en un momento en que su popularidad había caído en picada hasta un mínimo histórico de 37%, lo que le obligó a esforzarse mucho por reinventar su imagen.[26]

Dadas las acciones de políticos como Schwarzenegger, no es sorprendente que los vigilantes fronterizos se sientan seguros: organizaron patrullas armadas a lo largo de la frontera de California y fueron teniendo mayor presencia en las discusiones públicas. La histeria antimigrante, producida y presentada por miembros de ambos partidos en Washington y en Sacramento —tanto para hacerle un bien a las grandes empresas como para prolongar sus propias carreras políticas—, abre las puertas no sólo a los soldados de a pie de la intolerancia, sino también a la elaboración de perfiles raciales y a la opresión de comunidades enteras que ahora se identifican como otro "enemigo". Además de ser una piedra angular del control laboral y un medio de infundir miedo en la "guerra contra el terrorismo", la aplicación de la ley en la frontera se ha convertido en una empresa rentable. "Según un estudio del Migration Policy Institute [Instituto para las Políticas Migratorias] sobre las asignaciones presupuestales entre 1985 y 2002, los recursos para el control de las fronteras pasaron de 700 millones de dólares a 2 800 millones al año y los recursos para la detención y la expulsión se dispararon de 192 millones de dólares a 1 600 millones, mientras que los fondos para investigaciones de seguridad dentro de Estados Unidos aumentaron de 109 millones de dólares a más de 458 millones."[27] También se han ampliado los presupuestos del ICE y el CBP (en 2006 se solicitaron presupuestos por 6 700 millones de dólares para el CBP y por 4 300 millones de dólares para el ICE) y han aumentado sus competencias y su jurisdicción. Esta inversión sin precedentes en la forma de aplicar la ley en la frontera dio lugar a la expresión "complejo industrial fronterizo" para denotar la naturaleza cambiante de la aplicación de la ley en materia migratoria.

Joseph Nevins cita a Christian Parenti, que asocia la militarización de la frontera con "una represión mucho más amplia del orden público en todo el país, que se observa en el incremento de la población carcelaria de Estados Unidos, el crecimiento de la policía militarizada y la federalización de la 'guerra contra las drogas'".[28] Al igual que la industria carcelaria, la gestión de los "migrantes ilegales" se ha convertido en una empresa privatizada y rentable. Hacia 2004, el ICE retenía a unas 23 mil personas en un día cualquiera, y a unas 200 mil en total cada año, en más de 900 instalaciones en todo el país.[29] Por ejemplo, en 2003, 60% de las personas detenidas por el ICE fueron recluidas en prisiones locales y en empresas privadas, como la Corrections Corporation of America (que empezó a alojar a trabajadores indocumentados en Texas) y la Wackenhut Corrections Corporation (que tiene orígenes similares en Colorado).

Días después de que el Centro Correccional de Hasting [Nebraska] cerrara como prisión estatal, volvió a abrir como centro de detención [de migrantes]

"Es un triunfo", dice Jim Morgan [empleado del centro]. "El [ICE] está desesperado porque necesita más camas para su creciente población de detenidos [...] Y el estado de Nebraska, que recibe [del gobierno federal] 65 dólares diarios por detenido, recauda más de un millón de dólares al año, además del costo de funcionamiento del lugar [...] Todos los alguaciles y guardias del condado han calificado a estos detenidos como un 'cultivo comercial'."[30]

Las ventajas de la detención de migrantes se extendieron de un estado a otro. Los funcionarios de las prisiones locales de todo el país estaban ansiosos por poner sus manos sobre los detenidos. El gobierno federal pagó al condado de York, Pensilvania, para alojar a los detenidos durante dos años, permitiéndoles obtener una ganancia de 1.5 millones de dólares. Un funcionario del condado vecino comentó: "Intentamos como locos conseguir algunos de los [detenidos] pero no lo logramos [...] Si no se consiguen migrantes, tal vez debamos despedir a algunas personas." Mientras tanto, un funcionario de migración de Miami confirmó que los administradores de una cárcel en Florida llamaban repetidamente, solicitando "más negocio", o sea más detenidos.[31] El manejo de los migrantes detenidos se volvió tan arbitrario que "Richard A. Posner, un prominente y relativamente conservador juez de la corte federal de apelaciones de Chicago, concluyó que 'la adjudicación de estos casos a nivel administrativo ha caído por debajo de los estándares mínimos de la justicia legal'."[32]

Después del 11 de septiembre, los empresarios dedicados a las prisiones privadas estaban extasiados. El director de Cornell Companies, con sede en Houston, les dijo a los inversores:

Esto sólo puede ser bueno [...] enfocarse en la gente que es ilegal y también de ascendencia del Medio Oriente [...] En Estados Unidos hay más de 900 mil personas indocumentadas cuya ascendencia proviene del Medio Oriente [...] Eso es la mitad de toda nuestra población carcelaria [...] El negocio federal para nosotros es el mejor negocio [...] y los eventos del 11 de septiembre están haciendo crecer ese negocio para nosotros.

No estaba solo. El director de Wackenhut Corporation también vio el potencial aumento de las ganancias y dijo: "Como resultado de los ataques terroristas en Estados Unidos en septiembre, podemos esperar que las agencias federales tengan necesidades urgentes para aumentar la capacidad de alojar delincuentes si se aprueba cierta legislación antiterrorista y de seguridad nacional."[33]

A finales de diciembre de 2005, Corrections Corporation of America (CCA) anunció con gran júbilo un nuevo contrato federal para alojar a 600 detenidos en una cárcel que opera en Taylor, Texas. Tras el anuncio, las acciones de CCA subieron 3% en la bolsa de Nueva York.[34] Según *Village Voice*, el auge de las detenciones de migrantes está ayudando a revitalizar la facturación de estas empresas, que habían estado perdiendo ganancias antes del 11 de septiembre. Una subsidiaria de Halliburton, Kellogg, Brown and Root, notoria por sus ganancias en la guerra de Irak, obtuvo un contrato de 385 millones de dólares a principios de 2006 para construir centros de detención temporal capaces de encarcelar hasta 5 mil migrantes detenidos.[35]

La aplicación de la ley migratoria también es rentable para la industria de defensa, deseosa de mostrar sus últimos productos. El sitio electrónico de los marines de Estados Unidos se jactaba de ello:

> Bajo el control táctico de la Fuerza de Tarea Conjunta Norte, que es la unidad del Comando Norte de Estados Unidos que gestiona y coordina el apoyo militar de seguridad nacional a las agencias federales, los marines de HMLA 267 desplegaron sus helicópteros AH-1W Super Cobra y UH-1N Huey equipados con radar infrarrojo de barrido frontal en la ciudad fronteriza de El Paso, Texas. Los marines usaron estos sistemas para identificar y reportar presuntas actividades ilegales, actuando así como "los ojos en el cielo" de los agentes en tierra.[36]

Antes de "debutar" en los asesinatos con misiles aire-tierra de supuestos "objetivos terroristas" en Yemen, Palestina y Pakistán, los vehículos aéreos no tripulados habían sido empleados por la Patrulla Fronteriza y la de aduanas en el marco de una iniciativa de control fronterizo de Arizona, como medio para vigilar, patrullar, reunir información de inteligencia y rastrear la actividad a lo largo de la frontera entre Estados Unidos y México.[37] Mientras tanto, un republicano de Arizona, Russell Pearce, ha propuesto instalar, con cargo al erario público, un sistema de radar de 50 millones de dólares a lo largo de la frontera de su estado con México para identificar a los migrantes que cruzan el desierto hacia Estados Unidos.[38]

En resumen, el objetivo de la "guerra contra el terrorismo" se ha ampliado para incluir a *todos* los trabajadores migrantes, además de las personas árabes, musulmanas y de "apariencia de Oriente Medio" que originalmente habían sido victimadas. Esta expansión facilitó a su vez que la aplicación de la ley en la frontera se transformara en una industria en crecimiento y en una forma fácil de acumular capital político, al tiempo que sirvió a los intereses de las grandes empresas, tanto en el país como en el extranjero.

26. Los segregacionistas del trabajo están en ambos partidos

Como tanto el Partido Demócrata como el Republicano dependen del capitalismo corporativo, ninguno de los dos puede apartarse de lo que éste exige. Como los cuerpos celestes, cuanto más cerca están los políticos de los centros de poder en cualquiera de los dos partidos, más irresistiblemente son atraídos a la órbita de las grandes empresas. Esto produce una muy delgada separación entre las propuestas políticas de uno y otro lado, los esfuerzos "bipartidistas" y el cruce de objetivos económicos y políticos. En otras palabras, ambas partes se comprometen a proveer mano de obra barata al Estados Unidos corporativo y a mantener la "guerra contra el terrorismo".

En el centro de las propuestas legislativas de mediados de la década del año 2000 para la "reforma migratoria" estaban las demandas del Estados Unidos corporativo de contar con un nuevo programa de trabajadores invitados. Según el periodista David Bacon, "Estas propuestas incorporan las demandas de la Essential Worker Immigration Coalition [Coalición por la Migración de Trabajadores Esenciales] (EWIC), que agrupaba a 36 de las asociaciones de fabricantes y comerciantes más grandes del país, encabezadas por la Cámara de Comercio". Bacon concluye que, "a pesar de sus afirmaciones, no hay una gran escasez de trabajadores en Estados Unidos: hay una escasez de trabajadores que acepten los bajos salarios que los industriales querrían pagar".[1]

La EWIC se organizó para impulsar cierta agenda. Participar en ella costaba entre 50 mil y 250 mil dólares, y los recursos se canalizaban hacia una campaña política que combinaba la exigencia de un programa de trabajadores invitados y controles fronterizos más estrictos.[2]

"La economía los necesita", dice John Gay, copresidente de la Essential Worker Immigration Coalition, una alianza de empleadores de la industria de servicios. El número de trabajadores nacidos en Estados Unidos y poco calificados se redujo en 1.8 millones de personas entre 1996 y 2000, lo que significa que la oferta de personal para las florecientes industrias de la construcción, la atención a la salud y la hostelería está disminuyendo.[3]

El gobierno de Bush, que representaba las aspiraciones más rancias del capital corporativo, impulsó un programa de trabajadores invitados que implicaba la entrada sin precedentes de braceros en *todos* los sectores productivos, no sólo en la agricultura. Había un apoyo franco adicional para esta clase de programa de trabajadores invitados, proveniente de dos facciones corporativas. La ya mencionada EWIC era la más "liberal" de las dos, y reunía a las principales industrias de la salud, los hoteles y restaurantes, la construcción, la venta minorista y mayorista, así como otras industrias de servicios y organizaciones comerciales deseosas de tener un acceso sin restricciones a los migrantes. Apoyaba que los empleadores tuvieran un acceso a más largo plazo a los trabajadores indocumentados con bajos salarios y, por lo tanto, apoyaba las propuestas patrocinadas por Ted Kennedy y John McCain. Según el sitio electrónico de la EWIC:

> Me quito el sombrero ante los valientes legisladores de la Cámara de Representantes y del Senado por haber abordado los temas de la reforma migratoria integral mediante la iniciativa de ley para una migración segura y ordenada. La Essential Worker Immigration Coalition celebra el proyecto de ley bicameral y bipartidista, y agradece a los senadores John McCain (republicano de Arizona) y Ted Kennedy (demócrata de Massachusetts), y a los representantes Jim Kolbe (republicano de Arizona), Jeff Flake (republicano de Arizona) y Luis Gutiérrez (demócrata de Illinois), que han tomado la estafeta de la Casa Blanca en la reforma migratoria y han producido un proyecto de ley que aborda de frente los graves problemas de esta reforma: la seguridad y los programas de trabajadores migrantes legales. Esta legislación dará impulso y puede proporcionar el andamiaje para el desarrollo de un sistema migratorio verdaderamente seguro y ordenado.[4]

El otro grupo político, más conservador, que promovía el programa de trabajadores invitados, Americans for Border and Economic Security [Estadounidenses por la Seguridad Fronteriza y Económica] (ABES), era un círculo bipartidista de políticos e "iniciados" entre los que estaban el ex presidente del Partido Republicano Ed Gillespie, el congresista ya retirado Dick Armey (republicano de Texas) y el ex representante demócrata Cal Dooley (del Distrito 20 de California, principalmente agrícola), así como representantes de Wal-Mart y Tyson Foods. ABES se formó a todas luces para promover la visión de la Casa Blanca de una política migratoria que combina una aplicación más rigurosa de la ley en la frontera y un nuevo programa laboral como el de los braceros. Esta combinación buscaba tranquilizar a ciertos sectores del empresariado, en particular en la industria de defensa, que no dependen tanto de los trabajadores migrantes como de la lucrativa perpetuación de la "guerra contra el terrorismo". El responsable de Seguridad Nacional de Bush, Michael Chertoff, reveló cómo se pueden combinar los dos procesos aparentemente opuestos de acoger a los trabajadores y a la vez mantenerlos fuera: "Debemos obtener el control total de nuestras fronteras para prevenir la migración ilegal y las violaciones de seguridad", y luego añadió: "el control de la frontera también requerirá reducir la demanda de migración fronteriza ilegal mediante la canalización de los trabajadores necesarios con un nuevo" programa de trabajadores invitados.[5]

También estuvieron involucrados en el debate diversos sectores empresariales (aliados con los nativistas) que trataban de promover los objetivos de seguridad nacional, lograr importantes recortes en el aparato de bienestar social, continuar la reestructuración del sistema fiscal en favor de las empresas y liberar la presión acumulada en las industrias venidas a menos. Las demandas contrapuestas de los diferentes sectores del capital han creado fracturas dentro del Partido Republicano, ya que el desacuerdo sobre el énfasis (programa de trabajadores invitados frente a "aplicación de la ley") conduce a propuestas legislativas en conflicto. Por ejemplo, mientras que el congresista de Colorado Tom Tancredo llamó alguna vez a los migrantes "un flagelo que amenaza el futuro mismo de nuestro país", el senador Mel Martinez (republicano de Florida) respondió diciendo: "Los republicanos han hecho importantes avances [entre los latinos] y estamos arriesgando todo eso al permitir que se nos posicione como antimigrantes [...] Estamos ante un gran peligro."[6]

Según *The Wall Street Journal*, "la migración también divide a los demócratas, lo cual es una de las razones por las que el tema ha languidecido en el Congreso durante varios años".[7] Como escribió Ron Harris en el *St. Louis Post-Dispatch*:

"No hay diferencia entre los partidos en este tema, lo cual es realmente interesante en un momento en el que casi todos los temas son tan partidistas", afirmó Michael Dimock, director asociado del Pew Research Center [Centro Pew de Investigación]. "El equilibrio de opiniones está dividido en cada uno de los partidos. Por ejemplo, en la cuestión de los trabajadores invitados: a los republicanos más cercanos al entorno empresarial les gustan los trabajadores invitados, pero a los republicanos socialmente conservadores o a los republicanos más obreros no les gusta. Ellos ven a los migrantes como una carga para el país."[8]

Como partido dedicado a mantener el capitalismo vivo y con buena salud, los demócratas no pueden operar fuera del paradigma de que el bienestar social proviene del mantenimiento y la promoción de los intereses corporativos. Al igual que los republicanos, los demócratas buscan mantener su "elegibilidad" formulando programas electorales que reflejen las expectativas y los deseos de la clase empresarial, y de ese sector en la clase media, socialmente conservador, que la apoya.

A diferencia de los republicanos, los demócratas también buscan presentarse a sí mismos como una "oposición" popular, ya que sus electores complementarios provienen de los sindicatos, las comunidades de color y los movimientos sociales. Sin embargo, sin la presión visible y organizada de los movimientos de masas —que permiten al ala liberal de los demócratas empujar al resto del partido a asumir su papel de árbitro en la lucha de clases—, el programa del partido se limita a una competencia con los republicanos por el corazón y la mente de las élites corporativas. En otras palabras, sólo cuando la lucha de clases estalla abiertamente —en forma de huelgas o de importantes movimientos de protesta que amenazan con expandirse más allá del control de los líderes establecidos— el poder se desplaza dentro del partido, desde los niveles interiores (los vinculados directamente al gran capital) hacia el exterior (los que tienen vínculos más estrechos con los sindicatos y las organizaciones liberales de masas). En tales momentos, los políticos liberales y los dirigentes sindicales pueden hacer algunas concesiones y reformas en beneficio de los trabajadores a cambio de contener los movimientos sociales, preservar la legitimidad del capitalismo y redirigir la energía de los activistas de base hacia el apoyo electoral a los candidatos demócratas. Sin la lucha como fuerza compensatoria, la atracción del capital devuelve el poder al núcleo corporativo del partido.[9] Como explica el antiguo experto de la derecha Kevin Phillips:

> Parte de la razón por la que los periodos de "supervivencia del más fuerte" en la reestructuración económica en Estados Unidos son tan implacables se basa en el desempeño de los demócratas como el segundo partido capitalista más entusiasta de la historia. No interfieren mucho con el impulso del capitalismo, sino que esperan los excesos y la inevitable reacción populista.[10]

Por esta razón, el Partido Demócrata es incapaz de presentar, en el tema migratorio, una alternativa coherente y progresista frente a los republicanos. Por el contrario, los demócratas son arrastrados en diferentes direcciones y a menudo reflejan los mismos cismas dentro de la clase empresarial que afligen a los republicanos. De hecho, con frecuencia ellos fueron los campeones del control migratorio a lo largo del siglo XX y han ayudado a marcar el ritmo de la política "restriccionista" en la migración durante este siglo. Como partido, los demócratas aparecen en ambos lados del debate sobre el trabajo controlado y la aplicación de la ley en la frontera. En algunos casos encabezan la discusión y en otros sólo la siguen.

Algunos de los iconos del Partido Demócrata también han sido los más acérrimos defensores de los intereses de las grandes empresas de su época. Las famosas redadas Palmer, que inauguraron la primera deportación masiva orquestada de migrantes, fueron idea del gobierno de Wilson. Franklin Delano Roosevelt continuó el sistema de cuotas raciales y el régimen de deportación iniciado por su predecesor republicano, Herbert Hoover. Según el historiador de la migración Roger Daniels, "las restricciones administrativas adoptadas por el régimen de Herbert Hoover fueron simplemente continuadas por el de Franklin Roosevelt. No hubo nada que se pareciera siquiera a un New Deal para la migración [...] Incluso antes de la Gran Depresión, la posición del Partido Demócrata sobre la migración apenas se distinguía de la del Republicano."[11] Daniels afirma después que al otro lado de la línea que suele dividir a los partidos respecto de la migración estaba Lyndon B. Johnson, quien, como congresista de Texas y líder de la mayoría del Senado, fue un ferviente defensor de los productores agrícolas y "frustró los esfuerzos por poner en marcha medidas legales efectivas para detener o revertir el flujo de migrantes".[12]

Muchas personas atribuyen acertadamente los orígenes del actual movimiento antimigrante en California a la Proposición 187 —que tenía por objeto prohibir a los trabajadores indocumentados y a sus hijos el acceso a los servicios sociales y obligaba a los empleados públicos a denunciar a los niños indocumentados ante el INS, o de lo contrario serían castigados— y al republicano Pete Wilson, que era gobernador en ese momento. Wilson aseguró que California padecía una "invasión" de indocumentados y acusó al gobierno de no hacer lo suficiente para frenar la migración.[13] Como se ha señalado anteriormente, la Operation Gatekeeper de Clinton fue la más ambiciosa iniciativa antimigrante jamás emprendida por el gobierno federal y es responsable directa de la muerte de más de 4 mil trabajadores migrantes en poco más de una década. Clinton también logró la aprobación de una ley en 1996 contra el terrorismo y sorbe la pena de muerte efectiva, así como de la ley sobre la migración ilegal y la responsabilidad de los migrantes, que

> ampliaron el alcance de los delitos considerados merecedores de deportación, hicieron obligatoria la detención de casi todas las personas que se enfrentaban a la deportación e incrementaron el número de agentes de la Patrulla Fronteriza para detener a quienes entraban ilegalmente, en especial en el suroeste de Estados Unidos. Mientras tanto, los cambios en la ley federal sobre la materia aumentaron la duración de las sentencias de prisión por delitos migratorios. Entre 1986 y 2000, ese promedio aumentó de 3.6 meses a aproximadamente 21 meses.[14]

El esfuerzo de Clinton por "ser duro con los migrantes" coincidió con su campaña para "eliminar la asistencia social tal como la conocemos", o sea la ley sobre responsabilidad personal y reconciliación de oportunidades laborales de 1996, la cual

> reforzó la visión despectiva de que los migrantes están motivados por la asistencia social en lugar de por el trabajo. La ley eliminó una amplia gama de beneficios y servicios federales tanto para los indocumentados como para los migrantes legales (por ejemplo, los cupones de alimentos y el ingreso complementario de seguridad) e impuso nuevos requisitos a quienes buscaban traer a sus familiares del extranjero.[15]

Algunos demócratas de cepa trataron de rebasar a los republicanos por la derecha en este tema, mostrándose más dispuestos a "tomar medidas enérgicas" contra los trabajadores indocumentados. La senadora de California Dianne Feinstein defendió los estrictos controles fronterizos durante la mayor parte de su carrera.[16]

> La senadora Dianne Feinstein (demócrata de California) volvió a poner en el tapete la legislación para exigir tarjetas de identificación a prueba de falsificaciones a todos los trabajadores y para recortar algunos beneficios de bienestar social que ahora están disponibles para los migrantes. El proyecto de Feinstein también propone penas más severas para el contrabando de extranjeros, racionaliza los mecanismos para deportar a los extranjeros ilegales y establece una tasa por cruzar la frontera de un dólar para ayudar a pagar las acciones extra de aplicación de la ley.[17]

Hillary Clinton, aspirante a la candidatura presidencial del Partido Demócrata en 2008 y su candidata en 2016, se movió tan a la derecha en materia migratoria que el conservador *The Washington Times* la acusó de "adoptar una posición más conservadora que la del presidente Bush respecto de la migración ilegal, una estrategia que tanto sus partidarios como sus detractores ven como una forma de que la demócrata neoyorquina se deshaga de la etiqueta de 'liberal' y atraiga a los estados tradicionalmente republicanos".[18] En una entrevista de radio en la estación WABC, dijo: "Estoy firmemente en contra de los migrantes ilegales", y en una entrevista en Fox News acusó a Bush de no hacer lo suficiente para "proteger nuestras fronteras y puertos".[19] Incluso en medio de las protestas masivas por los derechos de los migrantes que se multiplicaron a nivel nacional en abril de 2006, la senadora Clinton se escoró aún más hacia la derecha. Después de aparentar que había cambiado de opinión sobre este asunto, al calificar la ley Sensenbrenner como una que "literalmente criminalizaría al buen samaritano y probablemente incluso al propio Jesús", dio marcha atrás y dijo al *New York Daily News* que "quiere que las fronteras de Estados Unidos estén aseguradas con un muro o una valla, posiblemente con aviones teledirigidos y cámaras infrarrojas".[20] Su vacilación y su postura derechista revelan el compromiso del Partido Demócrata con la "guerra contra el terrorismo", otro nombre para la militarización de la sociedad estadounidense y una política exterior extremadamente agresiva. Al centrarse en la frontera, los demócratas esperaban superar al gobierno de Bush en ese tema, mostrando su compromiso con la continuación de las políticas de Bush y la "guerra contra el terrorismo", al tiempo que lo atacaban por fracasar en el intento. De hecho, el Partido Demócrata no sólo ha hecho de "ganar la guerra contra el terrorismo" su bandera, sino que también es responsable de que el debate se haya ocupado de los asuntos fronterizos.

Detener el "terrorismo" ha justificado una amplia gama de acciones gubernamentales, desde las escuchas telefónicas y el aumento de detenciones y deportaciones hasta una mayor militarización y criminalización de los migrantes. Durante las elecciones presidenciales de 2004, la campaña de Kerry-Edwards trató de presentarlos como los paladines de esta causa. En los debates presidenciales, por ejemplo, Kerry afirmó que un gobierno demócrata podía "hacer un mejor trabajo de seguridad nacional. Puedo hacer un mejor trabajo con una guerra contra el terrorismo más inteligente y eficaz, y garantizar que iremos tras los terroristas [...] Los cazaré y los mataremos, los capturaremos. Haremos lo que sea necesario para estar seguros." En el mismo debate, fue más allá: "El hecho es que ahora tenemos gente de Oriente Medio, supuestamente, cruzando la frontera [...] Esto es lo que haré: número uno, las fronteras tienen más fugas hoy que antes del 11 de septiembre. El hecho es que no hemos hecho lo necesario para endurecer nuestras fronteras, y yo lo haré."[21]

En otros casos, los demócratas sólo ofrecen "versiones más suaves" de las propuestas republicanas. En Oklahoma, los legisladores republicanos querían prohibir que los migrantes indocumentados recibieran beneficios estatales o atención médica. Por su parte, Tom Adelson, presidente demócrata del comité de atención médica del Senado estatal, prometió luchar contra este esfuerzo y promovió su propia propuesta para multar a los empleadores de trabajadores indocumentados y revocar su autorización estatal, lo que les habría quitado el derecho a defenderse en los tribunales.[22]

Después de decirle a Bush que "se enfrentara al ala derecha de su propio partido", el líder de la minoría del Senado, Harry Reid (demócrata de Nevada), se dedicó a promover tanto la engañosa descripción de la frontera que se había venido haciendo desde la derecha como la necesidad de un programa de trabajadores invitados. "A menos que atendamos la brecha entre nuestras leyes migratorias y la realidad, la migración ilegal no se detendrá, y la situación en la frontera seguirá siendo caótica", afirmó Reid.[23]

El demócrata liberal Ted Kennedy se unió al republicano conservador John McCain para ofrecer un apoyo "bipartidista" crucial al llamd del gobierno de Bush para contar con un nuevo programa de trabajadores invitados mediante la promoción de una ley para tener una migración segura y ordenada en 2005. Diseñada para corregir la división entre los sectores empresariales en competencia, el proyecto de ley afirmaba que buscaba abordar los "intereses económicos, sociales y de seguridad" de Estados Unidos.

Ese proyecto de ley, una importante concesión a los "alarmistas fronterizos", permitía al Departamento de Seguridad Nacional cerrar otras zonas fronterizas y "establecer y llevar a cabo programas de demostración para fortalecer la comunicación, el intercambio de información, la tecnología, la seguridad, los beneficios de la inteligencia y las actividades de aplicación de la ley que protejan la frontera sin disminuir el comercio". Además, preveía 400 mil trabajadores invitados (100 mil más que la propuesta de Bush).[24] Mientras que Kennedy lo vendía como una alternativa liberal a las propuestas de la derecha, McCain lo lanzó entre su base conservadora, describiéndolo como un medio para proteger a los "estadou-nidenses" de los migrantes. Según un comunicado de prensa en el sitio electrónico de Ted Kennedy:

> Éste es un proyecto de ley integral que no busca resolver con una curita el pro-blema de la hemorragia migratoria; este proyecto de ley es una cirugía ma-yor. La mayor parte de la migración ilegal está ocurriendo en Arizona y no me quedaré de brazos cruzados ni dejaré que el sur de Arizona sea el tapete de la fallida política migratoria de este país. Son migrantes ilegales, han violado la ley y deben ser castigados. Por eso, esta legislación incluye multas y sancio-nes estrictas para los que ya están en este país de forma ilegal y castigos seve-ros para los empleadores que contraten a migrantes ilegales.[25]

Otros liberales y políticos latinos dentro del partido, quienes tal vez es-tarían más en sintonía con la base liberal demócrata, no están dispuestos a romper filas e ir en contra de la dirección general del partido. Antonio Villaraigosa, que fue alcalde de Los Ángeles, evitó cualquier discusión so-bre la migración durante su campaña. Al tiempo que pedía respaldar los derechos de los migrantes (él mismo es hijo de trabajadores indocumen-tados), también se expresó en contra de la continua migración no au-torizada: "Tenemos todo el derecho de hacer cumplir nuestras leyes [de migración]. Creo que en un Estados Unidos grande siempre debemos ha-cerlas cumplir, respetando los derechos civiles de las personas."[26]

A mediados de agosto, el gobernador demócrata de Nuevo México, Bill Richardson, que se enorgullecía de ser el único gobernador hispano de todo el país, declaró que la región fronteriza estaba en "estado de emer-gencia": "Los acontecimientos recientes, como los actos violentos contra quienes hacen cumplir la ley, los daños a la propiedad y al ganado, las pruebas cada vez mayores de tráfico de drogas y el aumento del núme-ro de migrantes indocumentados, me han convencido de que esta acción es necesaria."[27]

Otros demócratas han seguido su ejemplo. La gobernadora Janet Na-politano declaró el "estado de emergencia" en Arizona y "reveló una pro-puesta de 100 millones de dólares que incluye el despliegue de tropas de la Guardia Nacional a todo lo largo de la frontera, el endurecimiento de las penas por documentos de identificación fraudulentos y el casti-go a las empresas que empleen a migrantes ilegales".[28] El presidente de la Asamblea de California, Fabián Núñez, también pidió el "estado de emer-gencia" para "asegurarse de que California reciba la parte de fondos que le corresponde" por el encarcelamiento de migrantes indocumentados y otros gastos.[29] Esto puso a Núñez a la derecha de Arnold Schwarzenegger en este asunto, ya que el gobernador se había opuesto a pedir el estado de emergencia porque era "ir demasiado lejos". De manera similar, un representante del estado de Alabama, el demócrata Randy Hinshaw, introdujo una legislación que limitaría los servicios estatales a los migrantes indocumentados. En una muestra de que había vencido a sus rivales republicanos, dijo: "Creo que los tomamos desprevenidos; eso rara vez sucede."[30]

Incluso los progresistas y las organizaciones activistas se han alineado con los demócratas. Por ejemplo, United for Peace and Justice [Unidos por la Paz y la Justicia] (UFPJ) ha apoyado oficialmente el proyecto de ley de trabajadores invitados de Kennedy y McCain, que es prácticamente idéntico a la propuesta de Bush. Incluso cuando los liberales progresistas hacen una crítica genuina del movimiento antimigrante, se quedan cortos. Por ejemplo, en un artículo en *The Nation* de principios de 2006, Katrina vanden Heuvel criticó con tino la embestida antimigrante: "no es la presencia de los migrantes indocumentados en el mercado laboral lo que perjudica a los trabajadores estadounidenses, sino que es la falta de poder de los migrantes en el lugar de trabajo, derivada de la capacidad de los empleadores de amenazar con la deportación, lo que constituye un peligro para los trabajadores estadounidenses". Sin embargo, ofreció apoyo a esa iniciativa sobre trabajadores invitados, pues, si bien en su opinión carece de un espíritu verdaderamente "iluminado", "la de Mc Cain/Kennedy es lo mejor de lo que disponemos".[31]

Tal vez lo más vergonzoso es que algunos autodenominados liberales han llamado a sumar fuerzas con la derecha antimigrante, bajo la defectuosa lógica de "proteger los empleos estadounidenses". Thom Hartmann, conductor de Air America y colaborador frecuente del sitio electrónico Common Dreams, preguntó a principios de 2006: "¿Cómo pueden los progresistas unirse a los pocos republicanos populistas que quedan (como Lou Dobbs y Patrick Buchanan) para forjar una alianza que logre que [la oposición a la migración ilegal] sea un esfuerzo de todos los estadounidenses?"[32]

Como el Partido Demócrata es una criatura del sistema capitalista, no puede alejarse demasiado de su creador. En este caso, suministrar mano de obra barata a las grandes empresas y proyectar el poderío militar de Estados Unidos en el extranjero son acciones que se ajustan firmemente a los objetivos del partido. Tales objetivos parecen entrar en conflicto con la imagen de los demócratas como la "oposición" cuando los movimientos sociales estallan, produciendo un cisma que lleva al "ala izquierda" del partido a tratar de cooptar a los activistas de base.

A medida que el nuevo movimiento por los derechos civiles de los migrantes se desparramaba por las calles en manifestaciones masivas en la primavera de 2006, los mismos líderes del Partido Demócrata que anteriormente se habían unido al coro de la criminalización —como Ted Kennedy y Hillary Clinton— se apuraron para ponerse al frente de las manifestaciones y así "hablar por los migrantes". Le dijeron a las multitudes reunidas que la solución no era construir el movimiento en las calles, sino más bien desmovilizarse y votar por los demócratas. En otras palabras, instaron a los migrantes a apoyar a los mismos políticos y las mismas propuestas legislativas que criminalizarían y segregarían a los trabajadores migrantes.

Aunque fue uno de los que propusieron una ley que crearía un grupo de trabajadores de segunda clase y ampliaría la represión fronteriza contra los futuros migrantes, Kennedy ni siquiera pestañeó en una nutrida manifestación el 10 de abril de 2006, en Washington (DC), cuando citó a Martin Luther King Jr. y llamó a toda la nación a "dejar que la libertad suene" para los migrantes.[33] Así, mientras la clase obrera migrante va construyendo un nuevo movimiento por los derechos civiles destinado a democratizar la sociedad y alcanzar la igualdad para todos los trabajadores, los demócratas han ido a la ofensiva para desmovilizarla.

Cuando el movimiento se unió en una huelga nacional y un boicot el 1 de mayo de 2006 —en un enfrentamiento directo con el capital—, los demócratas contribuyeron a dividir el movimiento y luego dirigieron sus armas hacia los que se habían unido al boicot. El gobernador demócrata de Nuevo México, Bill Richardson, se unió a una multitud de otros líderes demócratas cuando dijo que las "manifestaciones de los lunes" eran "una distracción de lo que es el verdadero problema, que es la necesidad de una reforma migratoria integral. Yo preferiría que esos manifestantes fueran a cada una de las oficinas del Congreso [...] y explicaran a sus representantes lo importante que es este tema."[34] En otras palabras, el Partido Demócrata hace todo lo posible por contener cualquier expresión espontánea de los trabajadores que actúen fuera de su control o que desafíen el poder absoluto de las grandes empresas. Al tratar de desmovilizar a los trabajadores migrantes, los demócratas le devuelven la iniciativa a la extrema derecha.

27. La derecha toma las decisiones

El deterioro de su suerte en la guerra de Irak llevó al gobierno de Bush a apoyarse fuertemente en el temor a una "amenaza terrorista" para contrarrestar el creciente descontento popular con sus políticas. Si jugar la carta de la "amenaza migratoria" hizo que se distanciara de algunos sectores empresariales, como la American Farm Bureau [Oficina Agrícola Estadounidense], la American Health Care Association [Asociación Estadounidense de Atención Médica] y la American Nursery and Landscape Association [Asociación Estadounidense de Viveros y Paisajistas], también se apartó de parte de sus bases y recuperó algo de terreno ante los críticos dentro de su propio partido.[1]

Este cambio fue instigado por fuerzas rivales dentro del Partido Republicano. La extrema derecha —que está compuesta por nacionalistas de hueso colorado, conservadores en lo religioso y lo social, grupos contrarios a los impuestos y sectores volátiles de clase media conservadora en la propia base electoral de Bush— ha tratado de movilizarse contra la migración (y cualquier programa de trabajadores invitados) con el argumento de que "diluye la cultura estadounidense" y "sobrecarga" el sistema de bienestar social. Este componente racista está omnipresente en los medios de comunicación y se entrelaza claramente con un alarmismo económico más aceptable. Los elementos racistas —políticos como Tom Tancredo, el presentador de CNN Lou Dobbs, locutores de radio provocadores como los californianos Michael Savage y Roger Hedgecock, y vigilantes activistas como los *minutemen*— han ganado prominencia a nivel nacional y llevado el debate muy a la derecha. Tancredo, congresista republicano del sexto distrito de Colorado desde 1999, se convirtió en el campeón del movimiento antimigrante y tiene una larga historia de defensa de varias causas de la derecha.

Su carrera comenzó como profesor de secundaria en busca de salvar un "país ateo" mediante "un sistema educativo verdaderamente cristiano"; sus incansables cruzadas contra el multiculturalismo le valieron puestos en el Departamento de Educación tanto de Reagan como de Bush padre. Como funcionario de esa oficina pública, Tancredo se dedicó al proyecto de desmantelar el departamento, en línea con el entonces popular objetivo conservador de acabar con un "gobierno grande".

De 1993 a 1998, Tancredo dirigió el Independence Institute [Instituto de la Independencia], un centro de estudios de derecha dedicado al desarrollo de políticas públicas que favorecieran la reducción del gasto público en servicios sociales. Según el International Relations Center [Centro de Relaciones Internacionales], entre los colaboradores se encontraba Jeff Coors, de Coors Brewing Company, un notorio derechista cuya Castle Rock Foundation [Fundación Castle Rock] dio pie a un boicot a los productos de Coors por parte de la AFL-CIO por sus prácticas y declaraciones abiertamente racistas, homofóbicas y antilaborales. Mientras estuvo al frente del instituto, Tancredo se dedicó al movimiento que buscaba establecer "límites de relección", que abandonó de forma abrupta cuando en 2004 decidió buscar un cuarto mandato en el Congreso.

Como congresista, Tancredo hizo su carrera en torno a otra causa: detener la migración. Se ha proclamado discípulo del "choque de civilizaciones", la teoría xenófoba de Samuel Huntington,[2] y manifiesta una animosidad hacia los musulmanes que raya en lo demente. En una entrevista con RightWingNews.com, afirmó que la "guerra contra el terrorismo" era contra todos los musulmanes: "Creo que lo que estamos combatiendo aquí no es sólo un pequeño grupo de personas que han secuestrado una religión, sino que es una civilización empeñada en destruir la nuestra."[3] Con desprecio por todos los migrantes no europeos, añadió: "Si la civilización occidental sucumbe al canto de las sirenas del multiculturalismo, creo que estamos acabados." En otra ocasión dijo a Fox News que los lugares sagrados musulmanes deberían ser bombardeados en respuesta a un eventual ataque terrorista. "Si [...] determinamos que éste es obra de musulmanes extremistas y fundamentalistas, ya podríamos eliminar sus lugares sagrados."[4] También ha abogado por restringir toda forma de migración y por desplegar tropas en la frontera.

Su hostilidad hacia los migrantes mexicanos combina la conveniencia política de la guerra con una oposición racial a la integración cultural de los mexicanos en el suroeste de Estados Unidos, basada en la superioridad de una ilusoria cultura "angloamericana". En su guerra personal contra los mexicanos, Tancredo no perdona a nadie. Cuando el *Denver Post* hizo el perfil de un estudiante de secundaria migrante ilegal con un promedio de 3.9 puntos (de un máximo de 4.0), Tancredo intentó que el chico fuera deportado.[5]

En su mundo de autoengaño, los migrantes mexicanos, los musulmanes y los sindicatos del crimen internacional conspiran para destruir el "estilo de vida estadounidense". En un artículo de *Newsweek*, se refirió a los migrantes como un "azote".[6] Y atacándose a sí mismo en un rapto de entusiasmo en pleno mitin antimigrante, vomitó: "Sí, muchos de los que cruzan la frontera son trabajadores. Pero entre ellos hay gente que viene a matarme a mí, a ti y a tus hijos."[7] Finalmente, demostró que ha perdido contacto con la realidad cuando en una entrevista alegó que los fundamentalistas musulmanes

> están reclutando seguidores en nuestras prisiones y en nuestros centros urbanos. Están haciéndolo en comunidades musulmanas que se han ramificado por todo el mundo. Hay una enorme población musulmana en Calgary, Canadá. Son responsables del tráfico de enormes cantidades de metanfetaminas. Envían los componentes a Estados Unidos. Luego las "cocinan" aquí y envían el dinero al cártel musulmán en Calgary y ellos a su vez apoyan las actividades terroristas en todo el mundo con el dinero que obtienen.[8]

A pesar de que en el rico distrito suburbano de Tancredo no hay prácticamente ningún migrante, decidió hacer de la lucha contra la migración su principal objetivo en su camino al Congreso. Ha construido su carrera vinculando la migración a la "guerra contra el terrorismo", explotando el miedo de la población y pintando el gobierno de Bush como blando con el terrorismo y en la aplicación de la ley en la frontera. Esto movió el equilibrio de fuerzas dentro del partido hacia la derecha por lo que respecta a la migración, con Bush obligado a presentar una "campaña" contra la migración no autorizada como pieza central de su agenda.

Sin embargo, su cruzada lo ha puesto en un curso de colisión con aquellos en Washington que están ansiosos de instituir un programa de trabajadores invitados. En consecuencia, Tancredo se ha reinventado como populista de derecha, apelando a las bases reaccionarias del Partido Republicano y a nativistas como los *minutemen* (fue el orador principal en su evento inaugural), la derecha religiosa, los supremacistas culturales y un instituto de política migratoria. Tancredo también cofundó el comité de acción política Team America con *Bay* Buchanan. Según lo que presentan como su misión, Team America tiene como objetivo "hacer de la [migración] una parte significativa del debate político nacional e identificar, reclutar y ayudar a elegir para cargos públicos a personas que se comprometan a hacer cumplir nuestras leyes y a asegurar nuestras fronteras". El mismo Tancredo lo dijo: "Tengo la intención de hacer que este tema de la migración sea parte del debate nacional durante esta elección presidencial [2006] y lo haré de cualquier manera que pueda."[9] En otras palabras,

Team America busca preparar a una generación de políticos dedicados a colocar la agenda antimigrante en el centro del escenario, alentando la teatralidad paramilitar de los *minutemen*, promoviendo "estudios" dudosos por parte de grupos de pensamiento seudocientíficos como el Center for Immigration Studies y convenciendo a la clase trabajadora estadounidense de que se vuelva en contra de sus contrapartes migrantes.

Aunque la mayoría de las encuestas de opinión muestra que los estadounidenses no comparten la animosidad de Tancredo hacia los trabajadores migrantes, sus esfuerzos por legitimar el racismo y la histeria antimigrante han tenido consecuencias. En diciembre de 2005, Tancredo ayudó a lograr la aprobación del proyecto de ley Sensenbrenner (HR 4437) en la Cámara de Representantes. Envalentonado por su victoria, Tancredo impulsó luego la iniciativa de una ley que impediría la "ciudadanía por derecho de nacimiento", consagrada en la Decimocuarta Enmienda a la Constitución, que otorga la ciudadanía a todos los niños nacidos en suelo estadounidense. El objetivo de esta legislación es eliminar los obstáculos legales a la deportación de familias enteras de migrantes, que es el propósito último del movimiento antimigrante.

Otra voz de la extrema derecha ha sido Lou Dobbs, de CNN, quien dedicó su programa de noticias a una falsa "exposición" sobre la migración. Su programa Broken Borders reproducía toda manifestación de la derecha radical y mostraba a los *minutemen* y otros defensores antimigrantes como "autoridades" en el tema. Sus "reportajes" eran a menudo indistinguibles de su editorialización. Por ejemplo, declaró en un editorial que "la política migratoria de Estados Unidos es una broma trágica a expensas de los estadounidenses de clase media que trabajan duro".[10] Su desprecio por los migrantes lo llevó a apoyar abiertamente a los *minutemen*. Viajó a la frontera en 2005 para felicitarlos por hacer un gran trabajo de "patrullaje" de la frontera. En una hipérbole racista que haría envidiar al fundador de los *minutemen*, James Gilchrist, describió la "conspiración" detrás de la migración:

> En Estados Unidos, una obscena alianza de supremacistas corporativos, sindicatos desesperados, ciertas organizaciones etnocéntricas de activistas latinos y la mayoría de nuestros funcionarios electos de Washington trabajan diligentemente para mantener nuestras fronteras abiertas, los salarios bajos y el pueblo estadounidense prácticamente indefenso para resistir la aplastante carga financiera y económica creada por los millones de extranjeros ilegales que cruzan nuestras fronteras cada año.[11]

Un estudio de Fairness and Accuracy in Reporting [Justicia y Precisión en los Reportajes] muestra un largo y nefasto historial de ataques a migrantes por parte de Dobbs.

El tono de Dobbs sobre la migración es consistentemente alarmista: advierte a sus televidentes (31 de marzo de 2006) que los migrantes mexicanos se ven a sí mismos como un "ejército de invasores" que intentan reconquistar partes del suroeste de Estados Unidos, anuncia (19 de septiembre de 2003) que "los traficantes de extranjeros ilegales y los narcotraficantes están a punto de arruinar algunos de nuestros tesoros nacionales" y declara (14 de abril de 2005) que "la invasión de extranjeros ilegales está amenazando la salud de muchos estadounidenses" por medio de "importaciones mortales" de enfermedades, como la lepra y la malaria. Y Dobbs no hace ningún esfuerzo por ofrecer un cuadro matizado o equilibrado del asunto; como le dijo a Howard Kurtz, conductor del programa Reliable Sources, de CNN (2 de abril de 2006): "A mí no me interesa: ¿le interesan a usted seis o siete puntos de vista, o le interesa la verdad? Porque eso es lo que sí me interesa: eso es lo que le interesa a mis televidentes."

El día de las masivas manifestaciones por los derechos de los migrantes en todo el país, se lanzó a una diatriba desdeñosa que parecía incluso amenazar con la violencia a los pacíficos manifestantes (10 de abril de 2006): "Una vez más, las calles de nuestro país fueron tomadas hoy por gente que no pertenece a este lugar [...] Los contribuyentes que le han entregado carreteras, parques, aceras y mucho tiempo de noticias de televisión en todas estos canales de noticias por cable a las turbas de extranjeros ilegales no están contentos con ello [...] Los extranjeros ilegales en Estados Unidos se están volviendo cada vez más audaces. Marchen por nuestras calles y exijan sus derechos. ¿Perdón? Ustedes aquí no tienen derechos, y eso incluye el derecho a amordazar nuestros pueblos y ciudades y bloquear nuestras calles. En algún momento todo esto podría volverse muy violento ya que los estadounidenses se pueden hartar del fracaso de su gobierno para abordar el problema nacional más urgente de nuestro tiempo."[12]

En mayo de 2005, las fuerzas antimigrantes se reunieron en Las Vegas para exigir una legislación migratoria más estricta, que incluyera una campaña para procesar a las empresas que contrataran indocumentados. Entre los oradores del evento se encontraban Barbara Coe —coautora de la Proposición 187 de California—, James Gilchrist, Tom Tancredo y familiares de las víctimas de los ataques del 11 de septiembre, así como varios agentes del orden público y Michael Cutler, ex agente del INS. En algún momento estallaron cánticos en la manifestación, entre ellos el de "mándalos a casa".[13]

Las voces antimigrantes también se hicieron oír en el grupo de trabajo sobre la reforma migratoria del Congreso: 71 miembros de la Cámara de Representantes (69 de ellos, republicanos) formaban ese grupo que apoyaba explícitamente los proyectos antimigrantes, como los *minutemen*. Dirigido por Tancredo, el grupo tenía por objeto reforzar y registrar la oposición a cualquier ampliación de los derechos de los migrantes.[14] Más de 20 congresistas asistieron a una manifestación de los *minutemen* y

> seis de esos políticos se adhirieron a la organización, mostraron sus pistolas y participaron en las patrullas de los *minutemen* en octubre, junto con el candidato republicano a gobernador de Arizona, Don Goldwater, sobrino del antiguo aspirante presidencial archiconservador Barry Goldwater ("El extremismo en defensa de la libertad no es un delito"). Ese mismo mes, Chris Simcox [el líder de los *minutemen*] se reunió con el gobernador de California, Arnold Schwarzenegger, y el gobernador de Texas, Rick Perry. Ambos habían apoyado públicamente las patrullas de los *minutemen* en sus estados.[15]

El objetivo final de estas organizaciones es negar en forma definitiva la ciudadanía incluso a aquellos con profundas raíces en una comunidad, gente arraigada mediante el trabajo, la amistad, las conexiones familiares y la participación en actividades cívicas y sociales. Tratan de despojar a los niños de los derechos constitucionales que fortalecen a todas las familias que residen en Estados Unidos, promoviendo leyes como la Sensenbrenner y más de 400 proyectos de ley antimigrantes a nivel estatal.

> Casi la mitad de la población indocumentada son mujeres; la mayoría de ellas forma parte de parejas casadas y muchas tienen hijos, lo que las hace más susceptibles de verse involucradas en la sociedad estadounidense por medio de las escuelas, las iglesias y otras organizaciones. Para complicar las cosas, dos tercios de estos niños, o 3.1 millones en 2004, son ciudadanos nacidos en Estados Unidos, según estimaciones de Pew. Esto significa que, aunque sus padres podrían ser deportados, estos niños tienen el derecho de estar aquí y obtener servicios sociales y beneficios de bienestar.[16]

Si bien el proyecto de ley fue aprobado por la Cámara de Representantes, su aprobación en el Senado no prosperó, en parte porque el Senado representa un apoyo más concentrado en las propuestas "favorables a las empresas" y en parte porque el movimiento por los derechos de los migrantes ha cambiado los términos del debate. Tancredo reconoció esto: "Sabemos que no todas nuestras ideas se convertirán en ley, [pero] nuestro mensaje de hoy es claro: la seguridad de la frontera es demasiado importante y la posibilidad de una verdadera reforma es demasiado pequeña como para retirar cualquier propuesta de la mesa."[17]

En otras palabras, el proyecto de ley fue diseñado para "reunir tropas", desplazar el debate más a la derecha y asegurar un lugar en la mesa de negociaciones con el gobierno federal. Tom Tancredo y James Gilchrist intentan capitalizar el descontento de la clase media. Como populistas de derecha, dirigen su veneno tanto a los trabajadores más pobres como a la élite económica, apuntando en todas direcciones.

A sabiendas de que son impotentes para resistir las demandas de las grandes empresas, tratan de garantizar una mayor parte de los limitados recursos sociales para sí mismos y sus electores. Las manifestaciones más extremas de su impotencia y su descontento son los movimientos de los vigilantes, que proponen el chovinismo cultural y emplean la violencia de baja intensidad para introducir el asunto en la conciencia pública. Como explica Mike Davis: "Al igual que las anteriores protestas contra el aborto (que culminaron en el terrorismo de derecha), el movimiento parapolicial de los vigilantes representa una táctica extrema para captar la atención de la prensa, animar la oposición a la migración y cambiar el equilibrio de fuerzas dentro del Partido Republicano."[18] El éxito de este método (debido a que entre los demócratas no hay opiniones en contra que valgan la pena) se ha hecho evidente. El gobierno de Bush intentó cooptar el simbolismo y el lenguaje de la extrema derecha con sus propios esfuerzos. Aunque Bush no equiparó a los "observadores fronterizos" antimigrantes con los vigilantes, no movió un dedo para detenerlos. Los beneficios que las grandes empresas extraen de un flujo constante de mano de obra barata sólo pueden mantenerse mientras la opinión pública se mantenga inclinada en contra de los derechos de los migrantes. Por lo tanto, las grandes empresas toleran (y en algunos casos, permiten) la presencia de grupos de extrema derecha, antimigrantes. Su hipérbole incita la ira contra los migrantes, desvía la atención de las fallas del sistema y socava la confianza de los trabajadores migrantes en participar en los procesos políticos.

La extrema derecha ha avanzado tanto hacia la legitimidad que el comisionado de Aduanas y Protección Fronteriza de Estados Unidos, Robert C. Bonner, dijo en agosto de 2005 que a su agencia le gustaría incorporar grupos de vigilantes como los *minutemen* en acciones conjuntas con la Patrulla Fronteriza. Si bien Bonner posteriormente abandonó la idea, 47 miembros del Congreso presentaron el proyecto de ley 3622 de la Cámara de Representantes para establecer un "cuerpo de protección fronteriza", que aliente "a los milicianos-vigilantes-policías voluntarios en ciudades de todo Estados Unidos con el objetivo de que colaboren con las autoridades federales, estatales y locales denunciando a los migrantes indocumentados".[19]

Como una celebración de que estaban en el centro de la atención nacional, James Gilchrist proclamó en la primavera de 2005: "Hemos puesto en la atención de todo el país nuestra crisis de seguridad nacional, de la que son parte central las fronteras porosas y el tráfico ilegal de extranjeros y de drogas. El Minuteman Project dedicará los próximos meses a reorganizarse, expandirse y hacerse más grande, mejor y más fuerte."[20]

Los logros del movimiento antimigrante también se expresaron en otras áreas. Se han declarado "temporadas de caza" contra los migrantes indocumentados (y los latinos en general) en todo el país, por parte de quienes desean promover sus intereses a costa de los derechos de los migrantes. A finales de 2005, un grupo de estudiantes universitarios "de fuera del estado" (incluidos dos hijos de un ex congresista rico y conservador) presentó una demanda para anular una ley de California de 2002 que "permite a los estudiantes que asisten al menos a tres años de escuela secundaria en California solicitar la misma exención de cuotas estatales que se otorga a los ciudadanos de California, independientemente de su condición migratoria".[21] Aunque sólo un pequeño porcentaje de estudiantes solicita la exención de cuotas, y la mayoría son ciudadanos, los opositores antimigrantes quisieron aprovechar la oportunidad para atacar en todos los frentes disponibles.

En otro caso, los funcionarios del condado de Canyon, en Idaho, trataron de expulsar a los trabajadores indocumentados demandando a varios negocios locales en virtud de la ley sobre crimen organizado y corrupción, normalmente reservada para enfrentar a la mafia. Los funcionarios de algunos condados afirmaron que las agroindustrias locales actuaban como una mafia, pues "conspiran para reducir los salarios mediante la contratación de migrantes ilegales".[22] Estos esfuerzos son en gran medida acciones provisionales destinadas a darles un manazo a los negocios mientras se expulsa a los migrantes de la esfera pública.

Greyhound Lines emitió una directiva que estimulaba el uso voluntario de perfiles raciales: advirtió a sus empleados "que podrían ser arrestados o despedidos por vender boletos de autobús a cualquiera que conozcan o crean que es un migrante indocumentado".[23] Mientras tanto, el grupo antimigrante Connecticut Citizens for Immigration Control [Ciudadanos de Connecticut por el Control Migratorio] (CCIS) estimuló la histeria colectiva produciendo y publicando un estudio que afirma que McDonald's contrata desproporcionadamente a los trabajadores "hispanos" en Connecticut. Paul Streitz, cofundador de CCIS, afirma que su estudio prueba que "los migrantes hispanos —legales e ilegales— están expulsando a otros trabajadores de McDonald's".[24] Bordeando ya en el absurdo, Streitz mostró su total desprecio por todos los latinos cuando se refirió a la cadena de comida rápida como "Mexdonald's". Streitz, un veterano de Vietnam y experto en marketing, abrió un espacio en su agenda retacada de acciones contra McDonald's para unirse a una patrulla de *minutemen*, cazando migrantes a lo largo de la frontera en Arizona.[25]

El director ejecutivo del Center for Immigration Studies, Mark Krikorian, explicó a *Arizona Republic* que su cruzada contra los migrantes era una "guerra de desgaste":

Ponerle fin a este clima de impunidad es la clave para recuperar el control sobre la migración. Lo que se necesita es una política de desgaste de la población ilegal mediante la aplicación generalizada de la ley. Esto implicaría tanto medidas convencionales como la detención y deportación de más ilegales. Pero una estrategia de desgaste también implicaría otras medidas —digamos, precautorias—, como dificultar al máximo la vida normal de los extranjeros ilegales. Esto de entrada atraería a menos personas y persuadiría a millones que ya están aquí para que se rindan y se deporten ellos mismos. Eso significaría que no habría trabajo para los ilegales, ni licencias de conducir, ni cuentas bancarias, ni préstamos para comprar automóvil, ni hipotecas, ni licencias para operar negocios, ni acceso a las universidades estatales.[26]

Organizaciones antimigrantes como la Federation for American Immigration Reform [Federación para la Reforma Migratoria Estadounidense] (FAIR) y el Center for Immigration Studies aparecen de manera regular en los debates públicos en Estados Unidos y a menudo se les cita y se les describe como *think tanks*, científicos e imparciales, dedicados a cuestiones migratorias. FAIR, que surgió de la "nueva derecha" de la década de 1970, es una organización dedicada a "poner fin a la migración ilegal".[27] Surgió en 1979 de la división de un grupo conocido como Zero Population Growth [Crecimiento Demográfico Cero] y se convirtió en una agrupación antimigrante más radical y activa. Su objetivo ha sido detener y hacer retroceder los logros del movimiento por los derechos civiles, y especialmente impedir que se extiendan tales derechos a la comunidad de migrantes. La dirección de FAIR ha estado integrada por "ex agentes de migración, agentes de la Patrulla Fronteriza y otros expertos en la aplicación de la ley"; su fundador, John Tanton, ha creado una red de formaciones antimigrantes que operan bajo un mismo paraguas. Entre ellas figuran U. S. English (1983), Center for Immigration Studies (1985), Social Contract Press (1990), Pro English (1994) y Numbers USA (1996). De acuerdo con el International Relations Center [Centro sobre las Relaciones Internacionales], una organización que rastrea los movimientos de la extrema derecha:

> Junto con algunos otros miembros de la junta de la FAIR, Tanton fundó una organización nacionalista llamada WITAN —una abreviatura del término en inglés antiguo *witenagemot,* que significa "consejo de sabios"—. En 1986, Tanton envió un comunicado a los miembros de WITAN en el que se destacaba la inclinación supremacista de Tanton y FAIR. En ese documento se acusaba a los migrantes latinoamericanos de traer consigo una cultura de corrupción política a Estados Unidos y se advertía que era poco probable que se involucraran en la vida civil. Hizo sonar la alarma de que podrían convertirse en el grupo mayoritario de la sociedad estadounidense. Además preguntó: "¿Puede el *homo contraceptivus* competir con el *homo progenitiva?*" A su propia pregunta retórica, Tanton respondió: "¡quizás ésta es la primera instancia en la que aquellos con los pantalones arriba van a ser atrapados por aquellos con los pantalones abajo!" Según Tanton, "para 2030, en California los blancos no hispanos y los asiáticos tendrán propiedades, accederán a los mejores trabajos y a buena educación, hablarán un mismo idioma y serán mayormente protestantes o practicarán 'otras' religiones. Los negros y los hispanos tendrán los trabajos mal pagados, carecerán de educación, tendrán pocas propiedades, hablarán otro idioma y serán principalmente católicos." Además, Tanton expresó su preocupación por la "educabilidad" de los hispanos. En 1988, los medios de comunicación publicaron este documento de Tanton, e hicieron que varios antiguos partidarios de la organización U. S. English cortaran los lazos con Tanton, entre ellos Walter Cronkite y más adelante Linda Chávez, una analista de derecha del Equal Opportunity Center [Centro por la Igualdad de Oportunidades].[28]

Incluso *The Wall Street Journal* ha condenado a FAIR, a CIS y a las demás entidades vinculadas con Tanton. En un artículo titulado "Borderline Republicans" [Republicanos de la frontera, pero también Re], el periódico describió el programa de FAIR como algo que "tiene menos que ver con la migración *per se* y más con el extremismo ambiental y las preocupaciones por el crecimiento de la población, influidas por las desacreditadas afirmaciones del economista británico del siglo XIX Thomas Malthus".[29]

El deseo de excluir a los migrantes suele ir acompañado de un desprecio racial apenas velado y de una crueldad mezquina que deshumaniza a los migrantes y los priva así de sus derechos humanos. También conduce a la opresión cultural de los latinos en general. Cuando la histeria antimigrante hace metástasis, trasciende las fronteras de la ciudadanía. Los latinos de todo el país, ciudadanos o no, están experimentando la intensificación de una reacción antimexicana que se filtra en su vida cotidiana. Zach Rubio, un estudiante de secundaria mexicoamericano de Kansas City, se sorprendió cuando, sin motivo alguno, su director lo suspendió de la escuela. Sus padres se quedaron atónitos al oír que su infracción y su suspensión se debían al uso del español en las conversaciones con sus compañeros de clase.[30]

Según Victor A. Reinoso, miembro de un consejo escolar de Washington (DC), "hay mucha reacción contra la creciente población hispana. Hemos visto algo de eso en las escuelas del Distrito de Columbia. Puedes verlo en algunas ciudades, donde la gente se queja de que el dinero de sus impuestos no debe ser usado para imprimir letreros públicos en español. Y ha habido casos en los que las escuelas quieren prohibir los idiomas extranjeros."[31]

Y según *The Wall Street Journal:*

Los casos relacionados con las políticas de usar sólo inglés están aumentando en la Comisión para la Igualdad de Oportunidades en el Empleo, la agencia federal que hace cumplir las leyes antidiscriminatorias en el lugar de trabajo, así como en los bufetes de abogados privados de todo el país. Las quejas presentadas a la agencia saltaron a 155 en 2004, de 32 en 1996. Más quejas, que suelen involucrar al español, probablemente son manejadas por abogados privados. Aun así, la mayoría de los casos de discriminación lingüística no se denuncian porque los empleados temen represalias, como la pérdida del empleo o, si son migrantes ilegales, incluso la deportación.[32]

Irónicamente, muchos de estos mismos trabajadores son contratados específicamente para comunicarse con una clientela de habla hispana, mientras que se les prohíbe conversar entre ellos en español.

Otras formas de racismo cultural son más sutiles. Por ejemplo:

> El consejo de la ciudad de Nashville consideró una propuesta de tres de sus miembros para prohibir los puestos móviles de tacos y de otros tipos de comida. Los partidarios de la prohibición insistieron en que fue impulsada por preocupaciones legítimas de salud y no —como sugirieron los críticos— por una reacción cultural contra los hispanos que, según Associated Press, operan la mayoría de los camiones de venta ambulante en la ciudad. Pero los miembros del consejo tuvieron dificultades para explicar por qué la prohibición no se aplicaba a los vendedores ambulantes más pequeños, como los carritos de hot dogs.[33]

Un artículo de opinión que apareció en el periódico del Georgetown College de Kentucky muestra lo irracionalmente peligroso que se ha vuelto el debate, pues abogaba por el uso de minas terrestres para hacer volar a los trabajadores migratorios; afirmada que, "si se anuncia claramente que la zona está minada, puede lograrse que una persona reconsidere la posibilidad de cruzarla". El autor justificó así esta sugerencia: "Desprecio la mera idea de los migrantes ilegales y todos los estadounidenses deberían encontrarla igualmente detestable."[34] En el *Southwestern Sun*, el periódico del campus del Southwestern College de San Diego, un editor denunció la "migración ilegal" y comparó a los migrantes con "sanguijuelas" que deben ser "eliminadas del sistema".[35]

No debería sorprender que, en un clima cada vez más antimigrante, la hostilidad se transforme en violencia. De hecho, la violencia contra todos los latinos ha aumentado precipitadamente en todo el país. Según el Southern Poverty Law Center [Centro Jurídico sobre la Pobreza en el Sur], en 2005, "en el mismo lapso en el que varios rancheros de Arizona fueron noticia nacional por 'arrestar' a punta de pistola a los extranjeros ilegales que cruzaban sus tierras, tres de ellos cruzaron la línea y fueron asesinados en un aparente acto de violencia por parte de los vigilantes".[36] Al arremeter contra los migrantes, el Ku Klux Klan se ha aferrado a una causa popular para revitalizar su imagen. Como dijo David Lubell, director de la Tennessee Immigrant and Refugee Rights Coalition [Coalición por los Derechos de los Migrantes y los Refugiados de Tennessee], con sede en Nashville: "De repente es aceptable incitar al odio contra los migrantes, ya sean latinos, o de África, o de Asia, o de cualquier otro lugar." En referencia a la violencia contra los migrantes, incluida la golpiza que en 2005 causó la muerte de cinco trabajadores indocumentados en Georgia, Lubell afirmó: "Esto es sólo un síntoma de lo que ha sido el sentimiento antimigrante, utilizado de forma mucho más libre por los locutores de radio, los grupos antimigrantes e incluso los políticos."[37]

28. Terroristas en la frontera: los *minutemen* al acecho

Las luchas de los trabajadores migrantes por mejores salarios y mejores condiciones laborales suelen ir acompañadas de un aumento de los movimientos nativistas violentos y racistas. Los movimientos nativistas (que se caracterizan por grupos como los *minutemen*) suelen provenir de la clase media venida a menos y de los trabajadores de cuello blanco, pero encuentran impulso entre los representantes de las élites. Su objetivo es disciplinar a los "trabajadores rebeldes" y restaurar el poder y la confianza en la clase capitalista dominante.

El más prominente de los grupos nativistas, el Ku Klux Klan, ejemplifica esta conexión. Compuesto en su mayoría por agricultores pobres y gente blanca de clase media (alguaciles, abogados, jueces, pequeños empresarios), en el KKK confluyen personas que se han estancado socialmente o que se sienten oprimidas por las grandes empresas y la oligarquía terrateniente. El KKK ha dirigido su violencia principalmente a los trabajadores negros, aterrorizando además a cualquier trabajador blanco que simpatice o se una a ellos; ayudó en su momento a crear una división prácticamente insuperable que hasta el día de hoy ha inhibido la organización de la clase obrera en todo el sur de Estados Unidos.

Con cerca de un tercio de la mano de obra del país, el sur tiene hoy en día sólo un sexto de los trabajadores sindicalizados. En general, la tasa de sindicalización en el sur es sólo de 8%, en comparación con el 18% de los trabajadores de otros lugares; en general, cuatro estados sureños (Carolina del Sur, Carolina del Norte, Arkansas y Virginia) registran las tasas de sindicalización más bajas.[1] Además, las condiciones de trabajo y las "leyes de flexibilidad laboral" que favorecen a las grandes empresas las han inducido a trasladarse al sur como un medio para debilitar o aniquilar a los sindicatos existentes. Los *minutemen*, si bien en su forma son diferentes del KKK, provienen en esencia de la misma sustancia.

Mientras James Gilchrist posaba ante la cámara de noticias en el hirviente desierto de Arizona, le explicó la rutina de su grupo —una especie de patrulla fronteriza no oficial— a un reportero aparentemente cautivado. "Esta acción era un espectáculo de animales entrenados diseñado para atraer a los medios de comunicación y hacer llegar el mensaje, y funcionó de maravilla." Su compañero, el cofundador de los *minutemen* y miembro expulsado de la Patrulla Fronteriza, Chris Simcox, añadió: "Estamos mostrando al gobierno el modelo de seguridad nacional. Si desplegaran de 10 mil a 15 mil tropas de la Guardia Nacional en la frontera, no habría ningún otro lugar para que se colara la gente."[2]

La reorganización de las agrupaciones antimigrantes en Estados Unidos se llevó a cabo durante un tiempo en el marco del Minuteman Project. Su objetivo era crear "patrullas ciudadanas" en la frontera, estar en el centro de la atención pública y obligar al gobierno a tomar medidas estrictas de emergencia para frenar la migración indocumentada. Aunque utilizan el término *minutemen* para evocar la iconografía populista de los "ciudadanos-soldados patriotas" de la guerra de Independencia de Estados Unidos, en realidad son una reconfiguración de los restos de las formaciones paramilitares de derecha que se fragmentaron con el declive del movimiento miliciano. Sus recorridos por la frontera, escenificados ante los medios de comunicación, y sus cacerías de migrantes atraen a una pequeña multitud de enemigos de la migración en todo Estados Unidos.

Sus homólogos suburbanos, como Save Our State [Salvemos Nuestro Estado] (SOS), con sede en el condado de Ventura, son un conjunto de activistas de mediana edad que se aproximan a sitios frecuentados por trabajadores indocumentados, como los centros de trabajo, bancos y lugares en la calle en que se contrata a los jornaleros. Son ayudados por programas de radio en AM reaccionarios, como el John and Ken Show de Murrietta y el Roger Hedgecock Show de San Diego, ambos en California. Estos programas se han convertido en las "cámaras de eco" del movimiento antimigrante y perpetúan hasta la náusea cada mito, cada estereotipo y cada consigna racistas. También dedican tiempo de sus emisiones y recursos para crear una plataforma para organizar acciones específicas contra los migrantes.

El John and Ken Show dedicó una serie de programas a la promoción de una campaña para reunir firmas para crear una "policía fronteriza de California", o sea un nuevo organismo estatal de aplicación de la ley en la frontera. Hedgecock llamó a sus oyentes a acosar a los jornaleros en los lugares en que se les contrata, animándolos a fotografiar a los trabajadores y a sus posibles empleadores, y a denunciarlos a los funcionarios de migración.

La estrategia se mostró recientemente en Lake Forest, California, cuando una camioneta blanca entró en el estacionamiento de una licorería y fue rodeada por 30 jornaleros hispanos, quienes iniciaron intensas negociaciones laborales con el conductor. En cuestión de segundos, otra oleada de gente rodeó la furgoneta. La mayoría eran blancos y de mediana edad; tomaron fotos mientras citaban las leyes laborales federales. "Si contratas a trabajadores ilegales, pondremos tu foto en internet", advirtió Robin Hvidston, una administradora de propiedades que se convirtió en una activista contra la migración después de alarmarse por la cantidad de hispanos que vio en su comunidad del condado de Orange.[3]

Estas tácticas equivalen a un terrorismo de baja intensidad, ya que el temor al encarcelamiento y la deportación se utiliza como arma para privar a los trabajadores migrantes del derecho al trabajo.

Entre las variopintas filas de activistas hay jubilados de pelo canoso, profesionales, trabajadores postales, comerciantes, administradores de propiedades, políticos de derecha fracasados y un surtido diverso de gente descontenta, de clase media y de cuello blanco. Ex militares, guardias de seguridad en uniforme camuflado, ex policías y agentes fronterizos acuden en masa a sus llamados y a menudo son los "tenientes en el terreno" de las acciones fronterizas, lo que agrega un barniz paramilitar a sus acciones como vigilantes.

Aunque se parecen más a un grupo de peleoneros de fin de semana, o a los malhumorados e inconformes miembros de un club de tiro, o a una panda de políticos oportunistas, los *minutemen* han ganado visibilidad nacional explotando un tema volátil en un ambiente polarizado. Ellos, junto con sus colaboradores en las ciudades, se presentan como los únicos comprometidos con poner límites a los "migrantes ilegales". Aunque su núcleo está formado por personas marginales de derecha, han orquestado sus acciones para el consumo popular de la clase trabajadora nativa. En una entrevista, un portavoz del grupo se refirió a ellos como "Martin Luther Kings blancos" que luchan por los derechos civiles de los nativos.[4] Al intentar dividir a los trabajadores según criterios nacionales y raciales, esperan aumentar su poder de negociación con los políticos capitalistas.

En otras palabras, los *minutemen* promueven una agenda populista de derecha que apunta a exponer el apetito de las grandes empresas estadounidenses por la mano de obra barata, mientras que atacan el derecho laboral de los migrantes a organizarse. Al apelar a la clase media inconforme —ésa que agrupa a quienes erróneamente perciben que sus vidas mejorarían sin los migrantes—, esperan obligar a los políticos que están en deuda con las grandes empresas a negociar concesiones en la legislación migratoria que criminalizarían el mero acto de migrar. Mientras que las grandes empresas también se benefician de la mano de obra privada, las deportaciones en tiempos de prosperidad económica o de escasez de mano de obra provocan divisiones en la derecha.

Simultáneamente, los esfuerzos de los *minutemen* refuerzan la oposición a las concesiones que han alcanzado los grupos antimigrantes y sirven para reforzar la percepción de que todos los trabajadores migrantes son "ilegales". Aunque afirman oponerse sólo a la "migración ilegal", su oposición se dirige a los latinos en su conjunto. Como dijo uno de los *minutemen*, al explicar sus razones para participar en el grupo: "Cuando conduzco por Bethany Home Road [una calle principal de Phoenix que atraviesa los vecindarios de angloamericanos y de hispanos] y leo carteles en español, cuando entro en Wal-Mart y los letreros están en español, me siento amenazado."[5]

Sus grupos de interés más amplios están compuestos por trabajadores de cuello blanco angloparlantes, descontentos, profesionales de clase media y terratenientes rurales. Atrapados entre el aplastante dominio del Estados Unidos corporativo, por un lado, y la menor disponibilidad de vivienda asequible, educación, empleo y servicios sociales, por el otro, dirigen su frustración hacia la franja migrante de la clase trabajadora. Un grupo de *minutemen* en Herndon, Maryland, fue retratado por *The Washington Post* en marzo de 2006. Dirigido por George Taplin, ingeniero en sistema y ex marino, su "pequeña brigada" es descrita así:

> Bill Campenni, ex piloto de combate de la Fuerza Aérea; su esposa, Kathleen, emigrante canadiense que ahora es ciudadana estadounidense; Diane Bonieskie, maestra de escuela jubilada; Jeff Talley, que dice que va a perder su trabajo de reparación de aeronaves porque ese servicio va a subcontratarse en México; y Joe, que no da su apellido ni dice lo que hace porque "quién sabe quién podría obtener la información".[6]

Taplin se volcó a la política después de una carrera fallida como contratista. Explicó que "tenía un empleo y que se acercaba un ascenso; yo era el más calificado, muy por encima de todos los demás [...] Resultó elegida una mujer negra por ser eso: negra y mujer. Había sobre todo mujeres en ese trabajo."[7] Se convirtió en un activista cuando se enteró de que la ciudad planeaba dedicar fondos a la construcción de un sitio de trabajo diurno y cuando escuchó el rumor de que un "hombre latino borracho" había hecho comentarios lascivos a unos escolares que esperaban en una parada de autobús. "La política de la ciudad era contentar a algunas personas e ignorarnos a los demás."[8] Luego dedicó su tiempo libre a reunir apoyo contra los migrantes latinos de la ciudad. Después de tomar fotos de los trabajadores reunidos fuera de una sucursal de 7-Eleven, Taplin y sus compañeros culparon a los migrantes de la basura que había en la zona: "Se trata de volver a su cultura [...] Cuando vengas aquí, vas a hacer lo que hiciste en tu cultura."[9]

Como descendientes de la generación blanca y ascendente de la posguerra y de la época de los derechos civiles, los *minutemen* como éstos de Maryland han llegado a la conclusión de que el crecimiento de las comunidades de migrantes y no blancos, y su acceso a los beneficios de la ciudadanía, socavan directamente su propia posición social privilegiada.

El surgimiento de grupos antimigrantes se debió a una serie de circunstancias interrelacionadas. La "guerra contra el terrorismo" estimuló la mentalidad del "enemigo entre nosotros" y puso de relieve las grietas raciales y nacionales en todo el país. También, el tradicional sentimiento antimexicano ha revivido junto con profundos recortes en el gasto social y en los recursos estatales disponibles. La reducción general del aparato redistributivo del Estado ha acendrado la competencia por los recursos escasos e intensificado el sentimiento de derecho nacional y étnico entre las capas más conservadoras de las clases medias. Esto ha ocurrido al mismo tiempo que la carga fiscal se ha desplazado cada vez más de los más ricos al resto de la sociedad, proceso que *The New York Times* resume de la siguiente manera: "Así pues, parece que, si bien es más fácil para unos pocos triunfadores escalar las cumbres de la riqueza, para muchos otros se ha hecho más difícil pasar de una clase económica a otra. Se puede decir que hoy los estadounidenses tienen más probabilidades que hace 30 años de mantenerse en la misma clase en la que nacieron." El informe del *Times* también señaló:

> Las nuevas investigaciones sobre movilidad social —el movimiento de las familias hacia arriba y hacia abajo en la jerarquía económica— muestran que se da mucho menos que lo que los economistas pensaron alguna vez y menos que lo que la mayoría de la gente cree. De hecho, la movilidad social, que una vez impulsó la vida laboral de los estadounidenses, pues aumentó en las décadas posteriores a la segunda Guerra Mundial, se ha aplanado últimamente o incluso quizá ha disminuido, dicen muchos investigadores.[10]

Y según el *Chicago Sun-Times*:

> Los trabajadores de ingresos medios sufren porque están desapareciendo los empleos industriales que estaban sindicalizados y ofrecían buenos salarios, atención médica, pensiones y seguridad. Son reemplazados cada vez más por empleos en los servicios, con demasiada frecuencia no sindicalizados, sin atención médica, pensiones o seguridad: la economía de Wal-Mart que el vicepresidente Dick Cheney dice que es la empresa modelo para Estados Unidos. Las compañías estadounidenses pisotean las leyes laborales y evitan que los trabajadores se organicen en esas empresas. Así que ahora los beneficios suben, la productividad sube, los sueldos de los directores generales suben, pero los sueldos bajan.[11]

Muchos reclutas de cuello blanco de los *minutemen* también han sido víctimas de la subcontratación, en la que sus empleos se trasladan a países en desarrollo, donde los salarios son más bajos. En estas circunstancias, muchos culpan a los trabajadores pobres de los países más pobres, en lugar de a las empresas o los funcionarios gubernamentales que permiten este proceso.

La inverosímil división de clases, ampliada por las políticas de las últimas administraciones neoliberales, ha iniciado el proceso de desmantelamiento de las "garantías sociales de posguerra". También ha proporcionado parque a quienes buscan un chivo expiatorio entre los migrantes. Por ejemplo, en una entrevista con el *Arizona Republic*, Gilchrist dijo que no podía conseguir una vivienda subvencionada para su madre porque el sistema estaba "inundado de solicitudes de extranjeros ilegales. Pensé que esto era Estados Unidos, para los ciudadanos estadounidenses —dijo—. Pero me di cuenta lentamente de que no lo era. Era para quien llegara aquí por cualquier medio necesario, fuera legal o no."[12]

Al empuñar la bandera del ultranacionalismo y el racismo xenófobo, grupos como los *minutemen* buscan reforzar un falso sentido de derecho, basado en ser blanco y nativo, y perpetuado por la subyugación de los migrantes y las comunidades de color. Según Robert Lovato, de la revista *Hispanic Vista Magazine*:

> Su principal objetivo no es "proteger" las fronteras físicas de Estados Unidos: sus principales objetivos políticos tienen más que ver con la protección de las fronteras del privilegio blanco y las nociones de ciudadanía que están siendo trascendidas por una sociedad global. Sus tácticas también sirven a los inte-

reses de las élites, como la de George W. Bush y los industriales militares, ya que se envuelven en la bandera del nacionalismo extremo y reúnen a personas mucho más pobres en torno a ella.[13]

Por supuesto, el privilegio blanco se acumula sólo para la élite blanca, ya que también a los trabajadores blancos se les hace padecer las consecuencias del racismo y de las divisiones que éste crea en la clase trabajadora. Como explica Sharon Smith:

> El capitalismo obliga a los trabajadores a competir entre sí. La incesante presión de una capa de trabajadores —ya sea que perciban bajos salarios o estén desempleados— es un recordatorio constante de que los trabajadores compiten por un número limitado de puestos que dan acceso a un nivel de vida decente. La clase obrera no tiene interés en mantener un sistema que prospera sobre la desigualdad y la opresión. Todas las pruebas empíricas demuestran lo contrario. El racismo contra los negros y otros grupos racialmente oprimidos sirve tanto para bajar el nivel de vida de toda la clase obrera como para debilitar la capacidad de los trabajadores para luchar. Cuando los capitalistas pueden amenazar con reemplazar un grupo de trabajadores con otro grupo de trabajadores mal pagados, ninguno de los dos se beneficia.[14]

Según la lógica de los *minutemen*, al expulsar a los no documentados y cerrar las fronteras, el capitalismo estadounidense se corregiría a sí mismo, promovería a los nativos (en este caso, a los nativos blancos) y les aseguraría una mayor rebanada del pastel económico. Esta ilusión ciega a los nativistas ante la verdadera causa de su propia opresión. A medida que el Estados Unidos corporativo ejerce más control sobre los salarios, las condiciones de trabajo empeoran y las oportunidades disminuyen, y los trabajadores son empujados más abajo, hacia los niveles que han estado tratando de evitar.

Como individuos, sin sentido del poder colectivo, crean enemigos más vulnerables que ellos mismos para racionalizar su propia impotencia. En su ceguera, se enfurecen contra sectores de la sociedad estadounidense que están aún más oprimidos por el mismo sistema. Cuanto más indefensos se sienten, más luchan contra los migrantes. En última instancia, al atacar a los migrantes y crear divisiones raciales y nacionales en la clase trabajadora, aumentan el poder que las grandes empresas ejercen sobre el conjunto. Pero el hecho de que la política federal haya transformado la región fronteriza en una zona de guerra sólo parece validar sus frustraciones. Por ejemplo, mientras que los trabajos decentes se han evaporado en el sur de Arizona (la base del Minuteman Project), ahí "sólo hay una industria en crecimiento: la Patrulla Fronteriza".[15]

Aunque niegan con vehemencia el carácter racista de sus organizaciones, difícilmente pueden contener su desprecio por el efecto negativo que la influencia "extranjera" está teniendo en la "cultura estadounidense". Su ideología combina el racismo con teorías económicas equivocadas, lo que permite que una amplia franja de fuerzas se unan en una causa común. Durante su expedición inaugural a lo largo de la frontera de Arizona, Gilchrist dejó escapar lo que realmente le molesta de los migrantes de México. "Es una invasión silenciosa, como un caballo de Troya, que está erosionando nuestra cultura", les dijo a los periodistas.[16]

La noción de una "cultura superior" tiene sus raíces en los cambios en el lenguaje utilizado por los supremacistas blancos en los años posteriores a la era de los derechos civiles. Considerada como un "nuevo racismo" por algunos sociólogos, la exclusión de ciertos grupos con base en su cultura —los principales grupos objetivo se refieren a las culturas no anglosajonas y no europeas— se percibe como un medio socialmente aceptable para expresar el racismo sin violar las normas lingüísticas institucionalizadas por el movimiento en favor de los derechos civiles.[17] Este nuevo racismo también se ha puesto de moda entre destacados teóricos sociales, como el académico de Harvard Samuel Huntington. Su libro de 2002, *El choque de civilizaciones*, describe los conflictos que se avecinan en el siglo XXI como una lucha entre la "civilización" occidental y las culturas del tercer mundo. Esta tesis neocolonialista pretende relegitimar la opresión de los migrantes sobre la base de que su cultura es incompatible —y destructiva— con el modo de vida estadounidense.

El nuevo racismo se extiende entre muchos movimientos nativistas, que bajo el principio de "oponerse a la migración ilegal" declaran la guerra total a la cultura mexicana y a los propios mexicanos, documentados o no. Los mismos grupos que han liderado el debate contra la migración han estado trabajando durante años para revocar la educación bilingüe y los programas multiculturales, y han suscrito propuestas legislativas que buscan negar los servicios sociales a todos los migrantes.

Pero el racismo franco, a la vieja usanza, también abunda en el movimiento antimigrante. Barbara Coe, directora de la California Coalition on Immigration Reform [Coalición de California para la Reforma Migratoria] (que desempeñó un papel clave en la aprobación de la notoria Proposición 187 en ese estado), se refiere regularmente a los mexicanos como "salvajes". Chris Simcox evoca una y otra vez estereotipos racistas, alegando que los migrantes están "destrozando sus vecindarios, negándose a asimilarse a su entorno, parándose en las esquinas de las calles, burlándose de las niñas que van camino a la escuela".[18]

El Minuteman Project también suele ignorar la frontera con Canadá y sus 79 puntos de entrada, escasamente protegidos, y sin embargo da de gritos al hablar sobre los 37 puntos de entrada de México, fuertemente vigilados. Algunos grupos no hacen ningún esfuerzo por ocultar su desdén por los migrantes. La página electrónica de Save Our State (SOS) preguntaba: "¿No está cansado de ver cómo su estado se convierte en una alcantarilla del Tercer Mundo ante sus ojos?"[19] Joe Turner, el fundador de SOS, describe el objetivo del movimiento contra las subvenciones a los migrantes como una idea

> basada en la singular noción de que los estadounidenses están hartos de la migración ilegal y quieren involucrarse con una organización seria [...] Con el tiempo, vamos a tener una presencia activista que intimidará y sembrará el miedo en el corazón de nuestros oponentes. No sólo porque contaremos con suficientes efectivos para despertar el miedo, sino por la forma en que actuaremos. Llevamos nuestras batallas a las calles [...] algo que ninguna otra organización del movimiento ha hecho con consistencia o tenacidad.[20]

El abierto desprecio y la insinuación de que la violencia contra los migrantes es necesaria han abierto una vía para la participación activa de los elementos fascistas. James Garret, un "oficial táctico" de los *minutemen* de Arizona, expresó su deseo de tomar acciones más directas y, en entrevista con el periodista Peter Lauffer, se lamentó: "Necesitamos una revolución [porque] mi gobierno me impide luchar contra los mexicanos."[21] Un miembro de los *minutemen* de California, James Chase, instó a sus seguidores a que vinieran preparados el 16 de julio de 2005 para patrullar en Campo, California, y a que trajeran "machetes, pistolas aturdidoras y bates de béisbol". Esto fue instado con el fin de "proteger a nuestra gente contra el monstruo, si éste aparece".[22]

Los grupos que adoptan el mantra de los *minutemen* están surgiendo por todas partes, algunos adoptando con toda franqueza una ideología fascista. El Southern Poverty Law Center ha documentado la participación de la Neo-Nazi National Alliance [Alianza Nacional Neo-Nazi] en las actividades de los *minutemen* en Arizona. Dos días antes de las acciones, se distribuyeron panfletos de ésta en la base de los *minutemen* en Tombstone, en los que se exigían medidas extremas contra los migrantes.

Los grupos de derechos humanos también han documentado la participación de racistas como Joe McCutchen, miembro de la organización supremacista Council of Conservative Citizens [Consejo de Ciudadanos Conservadores]. Mientras se preparaba para una acción en la frontera, describió así a los migrantes que esperaba cazar: "Tienen tuberculosis, lepra. Ni siquiera quieres tocarlos, a menos que lleves guantes. Así que, ¿por qué demonios deberíamos pagar nuestros impuestos para curarlos?" Otro participante resumió su relación con el Minuteman Project de la siguiente manera: "Entendemos por qué Gilchrist y Simcox tienen que decir tantas cosas sin sentido... Se trata de jugar a los medios de comunicación. Está bien. Mientras estemos aquí, es su juego y jugaremos con sus reglas. Una vez que los *minutemen* terminen, tal vez tengamos que volver y hacer lo nuestro."[23]

Las organizaciones neonazis también han aparecido en los mítines de SOS en California. En una protesta contra los migrantes que tuvo lugar el 16 de julio de 2005 en un centro de reunión de jornaleros en Laguna, en el condado de Orange, se presentaron varios miembros de National Vanguard [Vanguardia Nacional], que se mezclaron con otros miembros de SOS, llevando una bandera de esta organización y también desplegando con descaro banderas nazis.[24] Aunque algunos miembros de SOS se alarmaron por su presencia, el fundador de este grupo, Joe Turner, reprendió a quienes trataron de desvincularse y les advirtió: "Si están en [SOS] deben aceptar esta realidad [que los nazis estén en sus actos]. Si no puedes aceptar esta realidad o te sientes incómodo con ella, entonces es hora de que te retires y pases a otra organización. Sin resentimientos. Sin rencores."[25]

No es una coincidencia que la aparición de los *minutemen* haya coincidido con un aumento general de los crímenes de odio contra los latinos en todo Estados Unidos. En el sur resurgió la actividad del Ku Klux Klan, dirigida cada vez más a los migrantes latinos.[26] Al ocultar sus antiguas identidades bajo la etiqueta aceptable de los *minutemen*, el Klan y los grupos nazis encontraron un nuevo aliciente y un nuevo objetivo al que dirigir su odio y su violencia.

En tales circunstancias, pueden tanto convencer a políticos oportunistas deseosos de subirse a la ola antimigrante como atraer a seguidores de base con ganas de emprender acciones físicas para resolver el "problema de la migración". Como dijo un racista citado en un sitio electrónico neo-nazi: "Éste es un movimiento que cada WN [*white nacionalist,* "naciona-lista blanco"] debería apoyar y en el que debería participar activamente. Viene hacia nosotros, incluso sin darse cuenta, o incluso si no sabe, que el movimiento de los WN existe. Para los WN, el activismo contra los ex-tranjeros no tiene desperdicio."[27]

La aparición y el crecimiento de los grupos de odio de extrema dere-cha en el presente y en el futuro dependerá de cómo respondan los acti-vistas de los derechos de los migrantes. Si no se les cuestiona, presenta-rán un aspecto poderoso y podrán perpetuar aún más el clima de odio y miedo. Muchos en la izquierda han puesto sus esperanzas en los políti-cos liberales del Partido Demócrata, esperando que la política electoral pueda contrarrestar la confianza de la derecha. Pero hasta ahora, los de-mócratas no han podido y no han querido estar a la altura de las circuns-tancias y la naturaleza misma del partido asegura que eso seguirá ocu-rriendo.

Parte V

¡Queremos un mundo sin fronteras!

FIGURA 10. En la valla fronteriza entre Agua Prieta y Douglas, la gente observa cómo un hombre es herido después de saltar al lado estadounidense.

29. Los activistas por los derechos humanos se enfrentan a la extrema derecha

Cuando los *minutemen* de Arizona se hicieron el centro de la atención nacional en abril de 2005, se presentaron como un movimiento unificado que actuaba en nombre de la opinión pública de Estados Unidos. Con su tendencia a devorarlo todo, los medios de comunicación presentaron a los *minutemen* como "ciudadanos preocupados". Debido a que sus "operaciones" y motivos no fueron cuestionados, supieron crear un espacio político para ellos mismos y atraer a políticos oportunistas deseosos de llevar su causa al escenario nacional.

La eficacia de esta estrategia llevó a los activistas de los derechos de los migrantes a sacar una conclusión importante sobre cómo organizar una contracampaña. Armando Navarro, veterano activista por los derechos humanos y académico, dio expresión así al consenso que entonces iba emergiendo: "Tenemos que estar mejor preparados y contar con la capacidad para crear una masa crítica cuando ocurran estos eventos."[1] Navarro y muchos otros activistas decidieron que necesitaban tomar la ofensiva. Se formaron grupos de base en las comunidades y en los campus universitarios para hacer frente a las campañas racistas. Jesse Díaz Jr., un activista de Los Ángeles que se convirtió en uno de los organizadores nacionales del boicot general del 1 de mayo de 2006, se organizó con activistas locales para enfrentar al líder de la derecha antimigrante, Jim Gilchrist, en su casa de Aliso Viejo, California.[2] Otro líder clave, Nativo López, presidente de la Mexican American Political Association [Asociación Política Mexicoamericana] (MAPA), con sede en Los Ángeles, ayudó a organizar una marcha frente a la alcaldía de Costa Mesa, California, después de que el alcalde anunciara su apoyo a los *minutemen* junto con sus planes de utilizar las fuerzas del orden locales para acorralar a los trabajadores indocumentados en esa pequeña ciudad costera. Este tipo de enfrentamientos atrajo la atención nacional y le quitaron la iniciativa a los pequeños grupos de vigilantes bien financiados y bien armados.

Las tácticas, sin embargo, dividieron a algunos activistas. Por ejemplo, muchos creían que los *minutemen* eran una "molestia" que "simplemente debería ser ignorada". Otros argumentaron que los eventos culturales y comunitarios, lejos de las actividades de los *minutemen*, eran la mejor manera de contrarrestar su racismo. No obstante, un creciente segmento de activistas estaba aprendiendo el valor de enfrentarse a los grupos de odio, tanto para debilitar su confianza como para deslegitimar sus actividades.

Después de las "patrullas de Arizona", los envalentonados miembros de SOS trataron de reproducir esa exitosa iniciativa llevando su mensaje a la comunidad latina de Baldwin Park, en Los Ángeles. Su objetivo: retirar la escultura hecha por una popular artista chicana que honra la historia y la cultura mexicana e indígena de la zona. Al entrar en la comunidad y proyectar una confiada imagen de su ánimo de confrontación con los "invasores ilegales", SOS quiso hacer crecer sus bases y atraer a más gente a la causa de "expulsar a los migrantes".

Para consternación de una veintena de miembros de SOS que se presentaron en el parque, más de 500 activistas y miembros de la comunidad se les enfrentaron para defender el monumento y su comunidad. La postura de confianza y confrontación de SOS se desinfló rápidamente frente a una avalancha de oposición tan grande. Los miembros de SOS se vieron obligados a huir de la comunidad protegidos por la policía. Un participante en la protesta, Randy Selenak, dijo a *Los Angeles Times* que ir al suburbio latino de Los Ángeles era "como entrar en la guarida de un león. Sólo quiero salir de aquí con vida."[3]

Animados por los elogios que el gobernador de California, Arnold Schwarzenegger, vertió sobre los *minutemen* de Arizona, una facción del grupo en California estableció sus propias patrullas armadas. En julio, esta "Patrulla Fronteriza auxiliar" llevó un abigarrado surtido de vigilantes armados al pequeño pueblo rural de Campo, al este de San Diego. En lugar de tener un día de campo mediático, lleno de imágenes bien coreografiadas de disciplina militar, con discursos audaces y patrióticos, los veintitantos mercenarios se encontraron con cerca de 200 activistas promigrantes que establecieron su propio campamento contra los *minutemen* para crear una "zona libre de racismo" a lo largo de la frontera.

Los activistas siguieron de cerca todos los movimientos de los *minutemen*, frustrando sus intentos de encontrar y detener a los migrantes. En un momento dado, unos 50 manifestantes detuvieron a todo el grupo de vigilantes en la sala local de los veteranos de guerras, cantando: "¡Racistas, váyanse a casa!" y "¡Hermanos, hermanas, no tienen nada que temer, los migrantes son bienvenidos aquí!"

Cuando el líder de los *minutemen* James Chase y sus cohortes fuertemente armadas trataron de evitar la confrontación escabulléndose al amparo de la oscuridad, los activistas en vehículos de tracción los persiguieron con luces de largo alcance y música a todo volumen. Estas tácticas tuvieron éxito, pues interrumpieron las acciones "encubiertas" y desmoralizaron a muchos voluntarios, que terminaron escabulléndose uno a uno hasta bien entrada la noche.

Frustrados, los autoproclamados "ciudadanos pacíficos" amenazaron a algunos activistas con ejercer la violencia. En una cinta de video grabada por un grupo de manifestantes, se oye a los vigilantes decir: "Vengan acá para que podamos dispararles".[4] Cuando en una muestra de solidaridad James Gilchrist se presentó en el lugar, se vio visiblemente sacudido por la contraprotesta y las acciones de confrontación de los activistas, y emitió un comunicado urgente a sus seguidores:

> ¡Se necesitan refuerzos en Campo, Ca., inmediatamente, para apoyar a los *minutemen* de California de Jim Chase! [...] Fuimos testigos del asedio literal [*sic*] del VFW Post #2080 por unos 60 elementos beligerantes [*sic*], con amenazas de muerte de los antiestadounidenses dos veces durante ese día [...] Se advierte que las bandas errantes de adversarios que se enfrenten a los *minutemen* de California TE GOLPEARÁN si te superan en número. Repito, TE GOLPEARÁN [...] Un voluntario de los *minutemen* de California, Jim Woods, fue golpeado por una banda de diez matones de Navarro mientras estaba sentado en su coche solo en un puesto fronterizo [...] Manténgase en grupos y LEGALMENTE armados con spray de pimienta, inmovilizadores, etcétera. Las armas de fuego son legales en ciertas áreas de Campo.[5]

A pesar de la frenética hipérbole, los activistas estaban desarmados y no hubo arrestos como resultado de los enfrentamientos. Pero estaba claro que el desafío a la ideología de los *minutemen* y la interrupción de sus actividades racistas habían sacudido la confianza de Gilchrist. Más pruebas de la eficacia de la confrontación vinieron del fundador de SOS, que admitió la fragmentación del grupo ante tales tácticas. Después de que su grupo fuera expulsado de una comunidad de migrantes, declaró:

> he estado hirviendo de furia desde la manifestación, analizando y pensando en cómo proceder con esta organización [...] Después de repetidos contactos [...] con el Departamento de Policía en los que pedimos con insistencia que nuestro grupo se separara de la oposición [...] les permitieron a los socialistas/

anarquistas gritar, tocar sus silbatos y usar sus megáfonos directamente en nuestros oídos. Literalmente, a unos centímetros de nuestros oídos. Les permitieron gritarnos a la cara [...] a pocos centímetros, para que la saliva volara a nuestra cara [*sic*]. Permitieron que la oposición nos empujara en la acera [...] Funcionó hasta cierto punto, ya que algunos miembros no pudieron localizar nuestro grupo disperso y procedieron a regresar a casa en lugar de enfrentarse ellos mismos a la rabiosa oposición.[6]

En otra victoria del movimiento, los funcionarios de Carlsbad, California, una pequeña ciudad costera al norte de San Diego, cancelaron un foro y un mitin denominado "La crisis de la migración ilegal", que estaba previsto que se celebrara en una escuela secundaria local con el fin de reunir a los líderes de los *minutemen* con simpatizantes locales y estatales, y con congresistas. Al explicar por qué se cancelaba, el superintendente de la escuela, John Roach, citó el surgimiento del movimiento por los derechos de los migrantes y su desafío a la legitimidad de los discursos de odio contra los migrantes. "Con base en lo que entiendo a partir de los recientes eventos en Garden Grove, Baldwin Park y Campo [donde un activista migrante fue confrontado], es mi creencia que el evento planeado [...] plantea exactamente ese tipo de riesgo."[7]

Como analizó el activista Yasser Giron, "las manifestaciones y los piquetes son una forma efectiva de enfrentar a estos grupos. No sólo llaman la atención sobre este tipo de odio, sino que también le muestran a estos racistas que no pueden ir a cualquier parte sin encontrar oposición. Fue hermoso ver a los activistas y a los miembros de la comunidad unidos contra el racismo."[8]

La capacidad de los *minutemen* para llamar la atención de los medios de comunicación —y el corazón de los políticos y los expertos en comunicación antimigrantes— no ha despertado un gran interés en la clase trabajadora nativa (su principal objetivo). Mientras que las fuerzas antimigrantes han logrado poner en primer plano el tema de la migración ilegal, la mayoría de la gente no ha sacado conclusiones punitivas sobre lo que debe hacerse. De hecho, las encuestas realizadas en medio de las protestas masivas por los derechos de los migrantes en marzo, abril y mayo de 2006 muestran que la opinión pública se ha resistido a las súplicas de las formaciones de vigilantes. Según *USA Today*, la mayoría de la población de Estados Unidos piensa que los migrantes indocumentados dentro del país deberían tener acceso a la ciudadanía. Éstas son algunas estadísticas reveladoras:

Aquellos que son migrantes o tienen al menos un padre migrante son más propensos a apoyar la idea; 71% lo hace, comparado con 62% entre aquellos cuyos padres nacieron en el país. Entre los demócratas, 68% apoya la ciudadanía para los migrantes ilegales, así como 65% de los independientes. Entre los republicanos, una mayoría de 55% apoya la idea. Por regiones, los del oeste son los más favorables, con 67% de apoyo. Los del medio oeste son los que menos apoyan, con 57%. Las mujeres apoyan más que los hombres: 67% contra 58%.[9]

La oposición a las ideas de los *minutemen* también es tangible cuando se trata de levantar barreras a lo largo de la frontera. Una encuesta de Associated Press-Ipsos de abril de 2006 mostró que más de dos tercios de la población se oponía a la idea de construir una valla fronteriza.[10]

Una visible y creciente oposición a los *minutemen*, que ha estado enfrentando al grupo a cada paso, combinada con una desconfianza general en la política de buscar chivos expiatorios entre los trabajadores de Estados Unidos, ha significado poco apoyo tangible para la extrema derecha. El fracaso del Minuteman Project en sus intentos por construir una ancha base social los dejó expuestos y aislados cuando millones de migrantes salieron a las calles para oponerse a la legislación antimigrante y al racismo en la primavera de 2006. El movimiento empujó a los *minutemen* fuera de los reflectores y los llevó a las sombras, e hizo que los políticos de la extrema derecha se apartaran. De hecho, no fue hasta que el gobierno de Bush lanzó una serie de redadas nacionales a finales de abril de 2006, deteniendo a más de mil trabajadores indocumentados en un intento de sembrar el terror en el corazón de los trabajadores que protestaban, que los *minutemen* encontraron una oportunidad para resurgir.[11]

En un intento desesperado por reagrupar su movimiento, los *minutemen* lanzaron una caravana nacional por los estados del sur para animar su causa. Como sus esfuerzos han sido calificados de motivados racialmente por activistas contrarios a los *minutemen*, éstos han cambiado de rumbo, tratando de poner un rostro afroamericano a su causa. Su plan era aprovechar la ira de los trabajadores negros por el desempleo y las condiciones de vida y dirigir esa ira contra los migrantes.

En el acto de inicio de su caravana en Los Ángeles, en mayo de 2006, los *minutemen* consiguieron el apoyo del reverendo Jesse Lee Peterson, un pastor afroamericano que se opone a que los trabajadores indocumentados obtengan un mínimo de legalidad en Estados Unidos. También reclutaron a Ted Hayes, un defensor de los sin techo que cree que los migrantes perjudican los salarios y las perspectivas de vivienda de los trabajadores negros. Los dos se colocaron rápidamente frente a las cámaras para mostrar "el rostro multirracial" del movimiento de los *minutemen*. El tiro les salió por la culata. Poco después de arrancar la caravana, manifestantes afroamericanos y activistas antirracistas rodearon la pequeña reunión, clausurando el evento. Como explicó un participante: "El mismo sistema que quiere criminalizar la migración es el que encarcela desproporcionadamente a los hombres negros." Al son de "los *minutemen* se van a casa", los manifestantes contrarrestaron airadamente la insinuación de que estos dos partidarios de los *minutemen* hablaban en nombre de la comunidad negra. Cuando Najee Ali, un conocido activista de los derechos humanos en Los Ángeles, se enfrentó a James Gilchrist, el fundador de los *minutemen* clamó por seguridad, ladrando órdenes seudomilitares a sus esbirros y guardaespaldas: "¡*Minutemen*, manténganse firmes! No disparen a menos que alguien les dispare y, si es la guerra lo que quieren, que empiece aquí." Luego se le apartó de la bulliciosa multitud, dejando atrás un pequeño grupo de seguidores que se vio rebasado por los contramanifestantes y por los reporteros.[12]

El intento de los *minutemen* de enfrentar a los afroamericanos oprimidos con los trabajadores migrantes criminalizados fracasó en ese momento, pero demuestra que en tiempos de lucha se utilizarán estrategias de "divide y vencerás". Sin embargo, un legado común de explotación y resistencia está alentando nuevos vínculos entre los trabajadores negros y morenos. Como comentó el reverendo Jesse Jackson Sr.:

Los migrantes de generaciones previas, entre ellos los afroamericanos, deberían ver a los nuevos trabajadores indocumentados como aliados, no como una amenaza. Comparten con los afroamericanos una historia de represión, de ser sometidos a trabajos agotadores y mortíferos, de no tener trabajo. Comparten una historia de abrirse camino donde no había manera de hacerlo, de crear comunidad en entornos a menudo hostiles y de luchar por labrar un futuro mejor para sus hijos.

Este nuevo movimiento por la libertad de los migrantes está siendo acogido por los afroamericanos y por los movimientos por la paz y la justicia social. Poco a poco, las manos que recogen el algodón se están uniendo a las manos que recogen la lechuga, conectando barrios y guetos, campos y plantaciones, trabajando juntos por una sociedad más justa y abierta.[13]

30. Sindicatos y trabajadores migrantes

Cuando Karl Marx insistió en que la emancipación de la clase obrera tiene que ser un acto de la propia clase obrera, reconoció las complejidades del conflicto de clases en el mundo moderno y la necesidad de una organización capaz de aprovechar y potenciar el poder de la clase obrera para promover sus propios intereses. Las leyes, las burocracias y los organismos de aplicación de la ley no existen por encima de las clases competidoras que regulan, sino que son más bien *una característica integral* de la dominación de clase. Si bien los apologistas del capitalismo consideran que el conflicto de clases es "aberrante" para el funcionamiento de la democracia, es de hecho un rasgo indispensable en las negociaciones de poder entre las dos principales clases contendientes de la sociedad, rasgo que influye en cada coyuntura del devenir histórico. Por ejemplo, durante la última mitad de la década de 1930, cuando la clase obrera estadounidense lanzó la mayor oleada de huelgas y el mayor impulso sindical de su historia:

> Al organizarse, manifestarse, hacer plantones y votar como un bloque progresista, [los trabajadores] obligaron al gobierno federal a actuar como garante del derecho de los trabajadores a organizarse, negociar colectivamente y ganar un salario decente, así como de los derechos de los ciudadanos a una vivienda digna y una jubilación segura [...] Al cuestionar la dominación política y económica de las grandes empresas, los trabajadores extendieron la democracia formal del sistema político de Estados Unidos a sus lugares de trabajo y sus comunidades.[1]

Aunque la lucha de clases es un rasgo inmutable del capitalismo, las políticas migratorias y las actitudes sociales hacia los migrantes son fluidas. Las leyes y las percepciones populares de los trabajadores migrantes reflejan no sólo las necesidades del capital y el consiguiente "condicionamiento ideológico" del discurso público, sino también la propia actividad de los trabajadores migrantes en los centros de producción y en el ámbito público.

La participación de los trabajadores mexicanos en la lucha de clases "estadounidense" ha sido fundamental para el desarrollo del movimiento laboral. Los movimientos sociales de base mexicana y mexicoamericana en la educación, la vivienda y otras áreas de la lucha de clases han superado las barreras de la exclusión basada en la raza, la clase y el origen nacional. A pesar de los triunfos parciales alcanzados por los trabajadores migrantes, el mantenimiento del sistema laboral de castas por medio de los vectores gemelos del racismo y el nacionalismo aún es una onerosa carga sobre los hombros de toda la clase trabajadora. Las visiones de la clase obrera inhiben las acciones coordinadas de las masas que podrían impulsar los intereses de esa clase *en cuanto clase,* en lugar de impulsar los intereses individuales de uno u otro ciudadano de Estados Unidos. Para la clase trabajadora, el enfoque en los derechos de los ciudadanos sólo sirve para enmascarar las divisiones de clase y aumentar la atomización.

Marx ilustró la naturaleza autosaboteadora del conflicto entre los trabajadores "nativos" y los trabajadores migrantes en su análisis de la relación entre las clases trabajadoras inglesa e irlandesa:

> El trabajador inglés común odia al trabajador irlandés como competidor que reduce su nivel de vida. Se siente hacia él como un miembro de la *nación dominante* y por lo tanto se convierte a sí mismo en la herramienta de sus aristócratas y capitalistas *contra Irlanda,* y fortalece así el dominio de aquéllos sobre él. Tiene prejuicios religiosos, sociales y nacionales contra él [...] Este *antagonismo* es el *secreto de la impotencia de la clase obrera inglesa,* a pesar de su organización. Es el secreto por el cual la clase capitalista mantiene su poder. Y esta última es plenamente consciente de ello.[2] [Las cursivas son del original.]

La solidaridad de clase interétnica e internacional, o la falta de ella, ha sido determinante en el avance, el estancamiento o los retrocesos del movimiento obrero estadounidense. Cuando los sentimientos nacionalistas o chovinistas son fuertes, la clase obrera es débil, lo que muestra la profunda penetración de la ideología de la clase dominante en la conciencia de la clase trabajadora.

Debido a que las ideas dominantes de cualquier época son las ideas de la clase dirigente, los trabajadores siempre han necesitado organización para defender y expresar sus intereses. Mientras que los productores se han unido para formar cárteles y monopolios, y han transformado la agricultura en una serie de feudos totalitarios, los trabajadores mexicanos han recurrido a la organización laboral y la solidaridad como un medio para defender sus intereses y quebrar el sistema laboral de castas. Aunque la prensa comercial los describió como peones maleables y pasivos, muchos migrantes eran en realidad veteranos de las tumultuosas luchas en México a principios del siglo XX. Como explica el historiador Devra Miller: "Muchos se unieron a los levantamientos rurales, los sindicatos y las fuerzas armadas de la Revolución mexicana."[3]

Esta experiencia en la lucha de clases influyó en la conciencia étnica y de clase de los trabajadores mexicanos en Estados Unidos: ya en 1903 organizaron huelgas en los campos agrícolas de California y Texas, y a menudo buscaron la solidaridad con otros trabajadores. Pero las restricciones a la migración, por un lado, y el racismo dentro de los sindicatos establecidos, por el otro, a menudo paralizaron cualquier reciprocidad en especie. Los trabajadores mexicanos fueron rechazados por la American Federation of Labor [Federación Estadounidense del Trabajo], que adoptó una postura antimigrante para proteger los intereses sectoriales y estrechos del artesanado angloamericano. En California, por ejemplo, no se mencionó la organización de los trabajadores agrícolas en los procedimientos de la AFL estatal de 1919 a 1934. De hecho, no fue sino hasta 1959 que la AFL-CIO (sucesora de la AFL) apoyó oficialmente los esfuerzos de organización de los trabajadores agrícolas en California.[4] Como explica Jeremy Brecher: "La American Federation of Labor siguió siendo un conjunto de sindicatos muy exclusivos de artesanos calificados, que despreciaban a la mayoría no calificada y semicalificada [la cual buscaba] obtener algunas concesiones, al tiempo que preservaban la armonía entre empleadores y empleados."[5] Su sentido del "privilegio", acentuado por el racismo predominante, introducido en las relaciones laborales y la política migratoria, alimentó una disposición antimigrante que estrangulaba la solidaridad multirracial en la cuna de la industrialización temprana.

La AFL llegó a estimular la exclusión y la deportación de los trabajadores mexicanos, adoptando a menudo la retórica de los nativistas. En 1928, el presidente de la AFL, William Green, declaró: "Hay demasiados mexicanos que vienen a Estados Unidos [...] y hay que imponerles restricciones para proteger a los trabajadores estadounidenses de la competencia, al igual que se les protege de una competencia similar en otros países."

Los líderes sindicales se unieron a los políticos y a los medios de comunicación para caracterizar a los trabajadores mexicanos como "peones estúpidos e ignorantes", y la Arizona State Federation of Labor [Federación Estatal del Trabajo de Arizona] advirtió que los trabajadores mexicanos eran "una amenaza cierta para nuestras más apreciadas instituciones industriales, políticas y sociales". El racismo contra los mexicanos promovido por los líderes sindicales hizo que la AFL se alineara políticamente con organizaciones reaccionarias como la American Legion, el Ku Klux Klan, Veterans of Foreign Wars y otras organizaciones "patrióticas" que buscan purificar Estados Unidos para los "estadounidenses blancos". Los trabajadores mexicanos fueron abandonados por la AFL en la lucha hercúlea contra sus empleadores.

Por ejemplo, en 1903 surgió la Japanese-Mexican Labor Association [Asociación Laboral Mexicano-Japonesa] por las condiciones miserables y los bajos salarios en los campos agrícolas de Oxnard, California. Tras una huelga de un mes y un intenso conflicto, que incluyó el asesinato a tiros de un huelguista, los trabajadores consiguieron un contrato favorable. El Sugar Beet and Farm Laborers' Union [Sindicato de Trabajadores Agrícolas y del Betabel] surgió del conflicto y buscó afiliarse a la AFL. El presidente de ésta, Samuel Gompers, mostró un racismo que debilitó el movimiento sindical durante esa época, pues exigió que como condición previa "su sindicato debe garantizar que bajo ninguna circunstancia aceptará la afiliación de ningún chino o japonés". El secretario del sindicato, un mexicano, respondió:

> Nosotros [los mexicanos] apoyaremos a los hombres que nos apoyaron en la larga y dura lucha que terminó en la victoria sobre el enemigo. Por lo tanto, solicitamos respetuosamente a la AFL que nos conceda una autorización bajo la cual podamos afiliar a todos los trabajadores del betabel y del campo en Oxnard, sin importar su color o raza. Rechazaremos cualquier tipo de autorización que no elimine los prejuicios raciales y no reconozca a nuestros compañeros de trabajo como gente tan buena como nosotros mismos.[6]

Al sindicato se le negó esa autorización y finalmente desapareció en su enfrentamiento con un oponente mucho más fuerte.

Esta hostilidad de los funcionarios del sindicato significó que, cuando los trabajadores mexicanos emprendían esfuerzos de sindicalización y huelga, a menudo eran aplastados, ya que los patrones podían confiar en un frente unido de políticos, medios de comunicación y organismos locales de aplicación de la ley para sofocar los esfuerzos de los trabajadores. Por ejemplo, para 1928 los trabajadores mexicanos habían organizado 21 ramas de la Confederación de Uniones Obreras, un sindicato de trabajadores migrantes de diferentes industrias organizado en California. Cuando organizó la gran huelga de recolectores de moras de El Monte en

California en 1933, fue prácticamente ignorado por la AFL. La huelga contra las "condiciones virtuales de peonaje" atrajo la furia de la comunidad empresarial del estado. Como advirtió el médico George P. Clements de la Cámara de Comercio de Los Ángeles: "Conociendo bien a los mexicanos, mi opinión es que, a menos que se haga algo, esta situación local resultará peligrosa, ya que se extenderá por todo el estado [...] Ésta es la ruptura más grave de los trabajadores mexicanos que residen aquí."[7]

La huelga se extendió a los vastos campos de algodón del valle de San Joaquín, lo que incitó a los productores agrícolas, a los funcionarios locales y a la policía a intervenir. En efecto, rompieron la huelga, desalojando a las familias y arrestando a quienes participaban en los piquetes. Un ayudante del alguacil local afirmó, después de reprimir a los huelguistas hasta casi hacerlos morir de hambre: "Protegemos a nuestros agricultores aquí en el condado de Kern: son nuestra mejor gente [...] hacen que el país vaya adelante [...] Los mexicanos son basura. No tienen un mínimo estándar de vida. Los arreamos como cerdos."[8] A pesar de la violenta represión, las huelgas de los trabajadores mexicanos se prolongaron hasta la década de 1930. Aunque en algunos casos lograron aumentos de salario, la represión de estilo medieval logró que no hubiera continuidad en la organización sindical luego de los conflictos, por lo que a menudo las ganancias salariales con el tiempo terminaron siendo eliminadas.

Sin embargo, el abandono de los trabajadores migrantes por parte de los sindicatos también abrió el terreno a los sindicatos y las organizaciones radicales, cuyas filosofías internacionalistas significaban que trabajaban contra las divisiones raciales y nacionales dentro de la clase obrera. Los activistas de Industrial Workers of the World [Trabajadores Industriales del Mundo] (IWW), también conocidos como *wobblies*, por ejemplo, se sumergieron en el entorno totalitario de la agricultura occidental, a menudo arriesgando la vida y la integridad física para crear sindicatos entre los trabajadores agrícolas étnicamente diversos.

La filosofía de los *wobblies* postulaba que cualquier transformación fundamental de las condiciones de trabajo requería un sindicato multiétnico y multinacional que reuniera a todos los trabajadores bajo una sola bandera sindical. Como sindicato industrial, se centraron en la mano de obra migrante y no calificada, una porción creciente de la clase obrera, eclipsando así a los estrechos sindicatos de artesanos calificados de la época.

La estrategia de organización de los *wobblies* abarcaba diversas tácticas, ya que las libertades básicas otorgadas por la Carta de Derechos de los Estados Unidos eran ignoradas por completo en la agricultura. Además de la organización directa —a menudo en condiciones violentas—, los miembros de la IWW iniciaron luchas políticas para exigir la libertad de reunión y de expresión, con el fin de hacer posibles las posteriores campañas de organización sindical. Los miembros de la IWW solían ser arrestados, golpeados y a veces asesinados en sus esfuerzos por ampliar los derechos democráticos básicos a ese páramo político que era la agricultura.

Su compromiso con la organización multiétnica los llevó a crear "locales mixtos" (a diferencia de los locales segregados de la AFL), a promover a los trabajadores migrantes en posiciones de liderazgo y a celebrar y establecer reuniones y publicaciones multilingües. Por ejemplo, los miembros mexicanos de la IWW establecieron un periódico en español y fueron importantes líderes y activistas en las ramas de la IWW de Los Ángeles y San Diego. El sindicato también se alineó con el exiliado Partido Liberal Mexicano, dirigido por el ardiente anarquista Ricardo Flores Magón, cuando México se acercaba al precipicio de la revolución en 1910. Juntos organizaron a los trabajadores mexicanos en el suroeste de Estados Unidos, mientras apoyaban los esfuerzos revolucionarios para democratizar México. La IWW también formó alianzas con otros sindicatos y organizaciones de base étnica. Por ejemplo, la rama de la IWW en Fresno, California, "celebró una manifestación conjunta con representantes de la Japanese Labor League [Liga Laboral Japonesa], integrada por unos 2 mil miembros, en 1909 [...] En ese acto, los oradores, entre los que se encontraban *wobblies* italianos y mexicanos, abogaron por la solidaridad obrera interracial y multiétnica." Más aún:

> La prensa *wobbly* a menudo se refirió a las experiencias laborales comunes de trabajadores blancos, asiáticos, hispanos y afroamericanos. Ya sea que informara sobre las difíciles experiencias laborales de los albañiles mexicanos en San Diego, la explotación de los trabajadores agrícolas blancos, chinos y japoneses en los valles centrales de California o la difícil situación de los empobrecidos madereros blancos y afroamericanos en los bosques de pinos de Luisiana, la prensa *wobbly* buscaba alentar a los trabajadores a que superaran las divisiones raciales en su lucha común contra el empleador que controlaba los medios de producción.[9]

Pero los *wobblies* se enfrentarían a una severa represión en las décadas de 1910 y 1920, ya que sus miembros fueron encarcelados o deportados por el "pánico rojo" que barrió el país. Este hecho, combinado con las dificultades que enfrentaban los *wobblies* para establecer una base sólida entre los trabajadores migrantes, hizo que el proyecto de organizar un movimiento sindical internacionalista recayeran en cambio, en las décadas de 1920 y 1930, en el Partido Comunista de Estados Unidos.[10]

El partido, cuyo imperativo político era crear "sindicatos rojos" para competir con la conservadora AFL, formó la Trade Union Unity League [Liga de Unidad Sindical] (TUUL) en 1928, con la intención expresa de reclutar trabajadores para una nueva confederación sindical industrial, multiétnica y multinacional. Aunque estos esfuerzos tuvieron un éxito más que modesto en la mayoría de las industrias establecidas, abrieron nuevos caminos en la agricultura, donde el terreno estaba listo para la organización sindical. Cuando los trabajadores mexicanos participaron en la guerra de clases a puño limpio contra los productores agrícolas de California a principios de la década de 1930, los activistas del Partido Comunista se involucraron en el grueso de las luchas.

En 1930, la TUUL organizó el Cannery and Agricultural Workers Industrial Union [Sindicato Industrial de Trabajadores Agrícolas y de las Conservas] (CAWIU) en un intento por afiliar a los trabajadores migrantes militantes en un sindicato nacional. Como otros esfuerzos, el incipiente sindicato fue finalmente aplastado por una coalición de productores agrícolas que trabajaron mano a mano con el aparato del Estado. No obstante, el sindicato "logró, brevemente y con resultados mixtos, llevar el sindicalismo a los trabajadores mexicanos del campo". En 1933, la CAWIU dirigió 24 de las 37 huelgas agrícolas de las que se informó en California y, de esas 24, 21 resultaron en aumentos salariales parciales. En un resumen de su experiencia de trabajar con los militantes campesinos mexicanos, Dorothy Healey, una activista de CAWIU, recordó que las huelgas "normalmente estallaban de forma espontánea y entonces los trabajadores venían a buscarnos".[11] A pesar de no haber logrado acabar con el poder monolítico de la oligarquía agrícola, el CAWIU reforzó la tradición de lucha y aportó una nueva generación de activistas étnicamente diversos que más tarde estarían a la altura del desafío y ayudarían a organizar a las siguientes oleadas de participantes en la lucha de clases.

La Gran Depresión sumió al movimiento obrero en una profunda crisis y la osificada y conservadora dirección de la AFL fue incapaz de responder a la explosiva radicalización de las bases y no quiso lanzar campañas de organización en el sector industrial. "De hecho, la militancia de [...] los miembros de la AFL durante 1933 y 1934 preocupó a la dirección de la AFL. En 1934 cientos de trabajadores estaban en huelga contra los deseos o el consentimiento de la dirección nacional."[12] En estas circunstancias, el Congress of Industrial Organizations [Congreso de Organizaciones Industriales] (CIO) surgió y se separó de la paralizada AFL para transformar la militancia de un creciente sector de obreros en un gran movimiento de huelgas con sólidos sindicatos, impulsado por las masas de trabajadores no calificados. Los trabajadores comunistas y socialistas aportaron el liderazgo y un enfoque multirracial con conciencia de clase para organizar al proletariado. Los migrantes de primera y segunda generación fueron la columna vertebral del nuevo movimiento, lo que se reflejó en el hecho de que los sindicatos del CIO "tenían como objetivo reunirse con los trabajadores en su propio entorno étnico o racial, y llevarlos a una cultura común, con consciencia de sí mismos, que trascendía esas distinciones".[13] La militancia de masas, a menudo imbuida de una ideología socialista, produjo una nueva confianza entre los trabajadores que les permitió confrontar y derribar los prejuicios del pasado.

El papel destacado que muchos migrantes desempeñaron en el creciente movimiento sindical, así como la conciencia de clase que surgió de las luchas colectivas, aplastó la supuesta segregación que había dividido a la mayoría de los trabajadores en función de sus orígenes étnicos. El CIO representaba la cúspide del poder de la clase trabajadora, que redefinió las relaciones de clase y cambió el equilibrio de poder en la política estadounidense. La oleada de la clase trabajadora también se extendió al campo, usualmente descuidado, donde los trabajadores mexicanos y mexicoamericanos habían sido aislados y abandonados a su suerte.

El Partido Comunista, ya por sí mismo, ya por medio de los esfuerzos de sindicalización del CIO, reconoció la importancia de llegar a los trabajadores rurales mexicanos y de construir una solidaridad multirracial. La líder obrera, mexicana y comunista Emma Tenayuca (junto con su marido Homer Brooks)

> llegó a la conclusión de que, aunque la población de origen mexicano al norte de la frontera representaba un "grupo nacional oprimido", debía seguir considerándose parte orgánica de la sociedad estadounidense y no una nación separada. Reconocieron que los mexicoamericanos y los migrantes mexicanos habían experimentado el ostracismo social y la segregación *de facto* durante más de un siglo y sostuvieron que "su vida económica los conectaba de forma inextricable, no sólo entre ellos, sino también con la población angloamericana en cada una de estas comunidades mexicanas separadas". "En consecuen-

cia [...] sus intereses económicos, y por lo tanto políticos, están soldados a los del pueblo angloamericano del suroeste."[14]

Gracias a la capacidad de Tenayuca para teorizar, el Partido Comunista desarrolló un marco político que reconocía que la lucha por un movimiento obrero internacional y multiétnico tenía que abordar tanto las cuestiones políticas como las económicas que enfrentaban los trabajadores mexicanos. En un documento progresista (y visionario) escrito por Tenayuca en 1939, el partido llamó a un movimiento

1. contra la discriminación económica [y] los salarios extra bajos, y contra la expropiación de pequeños propietarios de tierras;
2. por la igualdad educativa y cultural [que incluyera] el uso del español y del inglés en las escuelas públicas;
3. contra la opresión social, mediante leyes que hicieran ilegales las varias formas de racismo (esta lucha debe estar ligada a la del pueblo negro);
4. contra la represión política [...] el protagonismo lo tendrá sin duda la base proletaria en la población mexicana, que es su abrumadora mayoría.[15]

El partido aplicó esta perspectiva mediante una organización sindical activa, pero también mediante "organizaciones fachada" (en apariencia independientes del Partido Comunista, pero en realidad controladas por éste), creadas para promover los intereses políticos particulares de las nacionalidades oprimidas. Uno de esos grupos, el Congreso de Pueblos de Habla Española, organizó a los mexicanos y mexicoamericanos de la clase obrera en torno a las cuestiones de clase que afectaban su vida cotidiana. Las campañas populares incluían:

la agitación contra el abuso policial, la facilitación del acceso a viviendas de bajo costo, la ayuda con los formularios de residencia y ciudadanía, y con las solicitudes de empleo, la afirmación de la igualdad de la mujer, la garantía de la igualdad de educación para los jóvenes mexicanos y el apoyo al acceso de los hispanohablantes a los empleos de defensa y a la sindicalización.[16]

Otra organización, la Asociación Nacional Mexico-Americana (ANMA), representó los intentos del partido de romper la segregación racial que afectaba a los mexicanos en Estados Unidos. La organización, integrada por unas 2 mil personas (en su mayoría sindicalistas del CIO afiliados a sindicatos mineros), buscaba la unificación política de los trabajadores mexicanos en Estados Unidos y México, y abogaba por los derechos democráticos básicos, la conciencia étnica y la solidaridad. Luchó contra la deportación de los nacionales mexicanos, denunciando esas medidas como una forma de "consolidar un sistema de 'peonaje e incluso de semiesclavitud'".[17] También movilizó a sus secciones en todo el país para que prestaran apoyo material y jurídico a los mexicanos detenidos y condenó las condiciones de los trabajadores agrícolas migrantes. Antes de las acciones de César Chávez y el United Farm Workers [Sindicato de Trabajadores Agrícolas] (véase el capítulo siguiente), la ANMA evidenció la contribución de los trabajadores agrícolas a la sociedad y señaló la continua pobreza, la inestabilidad del empleo y la discriminación a la que se enfrentaban. La ANMA apeló sin éxito a la Comisión de Derechos Humanos de las Naciones Unidas para que investigara las miserables condiciones y el racismo que enfrentaban los trabajadores agrícolas en el campo.[18]

Aunque estaba dirigida por mexicanos y mexicoamericanos, la ANMA destacó por su carácter internacionalista: insistía en que "cualquier persona u organización interesada en el progreso del 'pueblo mexicano' podía unirse a la ANMA, independientemente de su ciudadanía, nacionalidad, color, religión o filiación política".[19] La oposición inquebrantable de la ANMA al racismo dirigido a los mexicanos enmarcó este tipo de racismo como un abuso a todos los trabajadores. En su análisis, identificó los orígenes del racismo

> en la clase dominante blanca, no en todos los blancos, y sin duda no en la clase trabajadora. De hecho, la ANMA encontró la solución a los problemas de la población de origen mexicano en la cooperación de clase, en la que los trabajadores de origen mexicano pudieran unirse a los trabajadores blancos para erradicar los prejuicios y mejorar las condiciones de trabajo. En resumen, la liberación de la etnia mexicana requería la liberación de todos los trabajadores.[20]

La organización también abogó por la "liberación cultural", subrayando que los mexicoamericanos y los mexicanos tenían derecho a la "democracia cultural" y rechazando las sofocantes y racistas políticas de asimilación anglocéntrica que se impusieron a los pueblos del suroeste.[21] El decidido compromiso de la ANMA con los derechos de los trabajadores mexicanos y su resuelta oposición a la perpetua discriminación contra todos los mexicoamericanos hicieron de ella un blanco para la infiltración del FBI y la subsiguiente persecución a algunos de sus integrantes. Los miembros de la organización fueron acosados y encarcelados, y a menudo se acusaron entre ellos para ser deportados.

La frecuencia cada vez mayor de las deportaciones por motivos políticos impulsó al Partido Comunista a crear, a principios de la década de 1930, un Comité Estadounidense para la Protección de los Nacidos en el Extranjero. El comité organizó la defensa jurídica y el apoyo público de las personas que podrían ser deportadas (a menudo miembros del partido) debido a su simpatía real o supuesta por el comunismo, o a su participación en actividades consideradas radicales por el Departamento de Estado. Esto se hizo urgente cuando Roosevelt amplió el mandato del FBI e intensificó las operaciones de vigilancia contra los migrantes, en medio de la creciente militancia de la clase trabajadora de los años treinta. El comité desempeñó un papel decisivo en la organización de la oposición a las leyes contra los migrantes y las redadas, y prestó un apoyo decisivo a los activistas mexicanos detenidos por sus actividad política.

El último movimiento obrero de masas en los años treinta mostró el potencial de los sindicatos para poner en aprietos a la ortodoxia de la hegemonía capitalista, como el uso de la frontera para estigmatizar a los trabajadores, la capacidad de deportar a los que se manifestaran y el conjunto de estrategias de dividir y vencer desplegadas para controlar la mano de obra. Entonces, como ahora, fueron los trabajadores migrantes quienes desempeñaron un papel clave en la forja de un espíritu internacionalista que cuestionó los confines de una política estrecha y excluyente enraizada en prejuicios nacionalistas. También expuso a las administraciones gobernantes como promotoras y salvadoras de las grandes empresas. Como concluyó Bert Corona: "El movimiento obrero en los años treinta fue un movimiento muy emocionante y militante, que se enfrentó al poder de verdad en Estados Unidos, expresado en General Motors, U. S. Steel y otros gigantes corporativos."[22] Si bien el movimiento obrero fue incapaz de superar la embrutecedora represión del macartismo, mostró todo el potencial de un futuro sin fronteras.

31. Hacer que las fronteras sean historia

Las mujeres migrantes radicales fueron una parte crucial en la construcción de las luchas militantes también durante ese periodo. Situadas a lo largo de la división de género en el trabajo dentro de la economía de Estados Unidos, las mujeres mexicanas estaban a la vanguardia de la organización sindical de base en la agricultura, la industria de la confección y otros lugares. Por ejemplo, en las décadas de 1930 a 1950, las mujeres constituían hasta 75% de todos los trabajadores del procesamiento de alimentos en las industrias agrícolas. En California, la mayoría de estas mujeres eran mexicanas, tanto ciudadanas estadounidenses como no.

Surgidas del malestar de la Gran Depresión y envalentonadas por la militancia de masas que se expresó en el movimiento del CIO, las militantes latinas fueron fundamentales en la formación de la United Cannery, Agricultural, Packing, and Allied Workers of America [Trabajadores Unidos de las Conservas, la Agricultura y el Empacado de Estados Unidos] (UCAPAWA). Este sindicato, que se convirtió en el séptimo mayor afiliado del CIO, creció gracias al decidido compromiso de sus activistas latinas, asiáticas y afroamericanas, a medida que se desplegaban por el entorno agrícola. En 1938, por ejemplo, la UCAPAWA tenía 371 ramas y 124 mil miembros.[1]

Por medio de la lucha, las mujeres en general en todo el país —y las latinas en particular en el suroeste de Estados Unidos— construyeron el sindicato desde la base. Según Vicki Ruiz, "las operarias de enlatado y empaquetado ocupaban 44% de las oficinas principales de sus locales, así como 65% de los puestos de delegados sindicales".[2]

El deseo de forjar un sindicato más inclusivo y democrático que reflejara la diversidad étnica y nacional, así como la militancia de la clase obrera, se consagró en el preámbulo de los estatutos de UCAPAWA:

> Sabiendo muy bien que las viejas [...] formas de organización sindical son incapaces de defender eficazmente los intereses de los trabajadores, POR LO TANTO, NOSOTROS, LOS TRABAJADORES QUE PARTICIPAN EN LAS INDUSTRIAS DE LAS CONSERVAS, LA AGRICULTURA, EL EMPACADO Y DEMÁS ACTIVIDADES ASOCIADAS, FORMAMOS UNA ORGANIZACIÓN que une a todos los trabajadores de nuestros ramos sobre una base industrial y democráti-

ca, independientemente de la edad, el sexo, la nacionalidad, la raza, el credo, el color o las creencias políticas y religiosas, y persigue en todo momento una política de enérgico activismo para mejorar nuestras condiciones sociales y económicas.[3]

La expansión del sindicalismo industrial y la capacidad de enfrentarse colectivamente a los sectores más dominantes del capital empresarial también transformaron el movimiento sindical en un instrumento político capaz de influir en la política nacional y de actuar como vocero de todos sus integrantes. El nivel de vida de la clase obrera en su conjunto aumentó drásticamente mientras que los niveles de pobreza cayeron a su punto más bajo de todos los tiempos.[4]

Sin embargo, estos logros no se distribuyeron de manera uniforme. Mientras que los sindicatos sirvieron como un mecanismo de ascenso para que muchos migrantes se asimilaran a la corriente principal de la sociedad estadounidense, esto no fue así para todos los trabajadores migrantes. Después de la segunda Guerra Mundial, las empresas estadounidenses se volcaron en pos de la mano de obra migrante mexicana para obtener mayores ganancias. Dado que los trabajadores migrantes fueron excluidos de los sindicatos —por las estipulaciones del Programa Bracero o por ser indocumentados—, se convirtieron en una indefensa clase de trabajadores, explotables gracias a las políticas migratorias que los segregaban aún más.

El abandono definitivo de la mano de obra agrícola, plasmado en la mayoría de las leyes del New Deal, y la persistencia de la segregación racial *de jure* en el sur y el suroeste de Estados Unidos detuvieron el proceso de democratización laboral.[5] Las divisiones raciales y la dicotomía agrícola e industrial permitieron que la mano de obra dividida en castas se perpetuara, gracias al Programa Bracero y a la incorporación de los flujos migratorios no autorizados a la reserva de mano de obra en Estados Unidos, que este país generó de manera notable.

Durante la Guerra Fría se escuchó la sentencia de muerte para los avances del movimiento laboral y las tendencias internacionalistas del CIO. El giro reaccionario en la política de Estados Unidos a finales de los años cuarenta, póstumamente llamada la era del macartismo, señaló el comienzo de una reacción de los empleadores en el frente político. El archiconservadurismo de esta era también envalentonó al movimiento segregacionista, que cerró filas con el gobierno federal para contrarrestar el movimiento por los derechos civiles, alegando que era el comunismo el que abogaba por la "igualdad racial". Mientras que el macartismo fue una ofensiva contra la "subversión comunista" en muchos frentes, la represión del gobierno se dirigió principalmente al movimiento obrero como medio para sacar a los radicales de los movimientos que habían construido en la década de 1930. Por medio de la legislación anticomunista, las listas negras, el encarcelamiento, la intimidación física y los despidos, los radicales fueron expulsados de los sindicatos con la sanción del gobierno.

> En su convención del otoño de 1949, los funcionarios del CIO impulsaron una enmienda a sus estatutos que les permitió purgar a los comunistas, y durante 1950 [...] sometieron a seudojuicios a sus internacionalistas —que eran dirigidos por los comunistas—, los echaron y pasaron a "limpiar prácticamente todos los [otros] sindicatos en los que la influencia comunista había sido significativa". En la medida en que los sindicatos expulsados habían sido los más militantes y devotos defensores de la justicia racial, la causa en sí misma perdió mucho significado y atractivo.[6]

Una vez abandonados sus orígenes radicales, el CIO se fusionó con la AFL en 1955. Aunque la nueva federación era mucho más grande, carecía de sus principales militantes y de la fuerza política que le habría permitido seguir avanzando en la democratización del trabajo. Como explicó un disidente, el regreso a la AFL representó una "rendición a las tres r de la AFL: *racism, racketeering* y *raiding* [racismo, crimen organizado y asalto]. Las políticas raciales progresistas del CIO fueron [...] reemplazadas por las prácticas raciales tradicionales de los principales afiliados de la AFL."[7]

La eliminación de los radicales —que habían luchado por la unidad y la lucha de base— del movimiento obrero permitió a los dirigentes sindicales llevarlo de nuevo al redil del chovinismo nacional. Como consecuencia, la AFL-CIO se instaló en el Partido Demócrata, cambiando su independencia por un lugar ilusorio en la mesa de negociaciones.

Con la derrota de los radicales en el movimiento obrero, se necesitarían muchos años para reconstruir la lucha contra el racismo y la xenofobia. El movimiento por los derechos civiles de los años sesenta expuso lo profundamente arraigado que estaba el racismo en Estados Unidos y dio a millones de personas la confianza para luchar contra él. Las protestas urbanas de la población negra contra la segregación encendieron las aspiraciones de los mexicanos y los mexicoamericanos, largamente oprimidos en todo el suroeste por las distinciones migratorias y el racismo de las leyes Jim Crow. Una nueva generación de hijos e hijas de migrantes mexicanos, radicalizados por los acontecimientos y por sus propias experiencias con el racismo, llenaron las filas de la emergente ala mexicoamericana del movimiento. El movimiento chicano, como llegó a llamarse, estableció paralelismos entre la perenne explotación de los trabajadores agrícolas y la persistencia del racismo contra los mexicoamericanos en las ciudades. Uno de los líderes más significativos que surgieron de esta generación fue un ex trabajador agrícola: César Chávez.

Chávez y sus partidarios se dedicaron a difundir el concepto de los derechos civiles en la región más hostil y reaccionaria del país: los campos agrícolas del suroeste. La primera victoria significativa para Chávez y la nueva generación de defensores de los trabajadores agrícolas, que más tarde se organizaron en United Farm Workers [Trabajadores Agrícolas Unidos] (UFW), fue el desmantelamiento del Programa Bracero en 1964.

En el contexto del creciente movimiento por los derechos civiles en la década de 1960, César Chávez, la cofundadora de la UFW, Dolores Huerta, y otros activistas sindicales trataron de crear un nuevo sindicato de trabajadores agrícolas basado en un movimiento social que vinculara una amplia coalición de fuerzas de apoyo. Chávez organizó cuidadosamente y consiguió el apoyo de estudiantes chicanos, iglesias y otros sindicatos.

Chávez ensalzó las virtudes del pacifismo y utilizó íconos religiosos para proyectar la suya como una lucha basada en la pasividad y la persuasión moral. Influido por Gandhi, eligió emular la experiencia cotidiana de los campesinos comprometiéndose con una vida de pobreza y virtudes religiosas. Concibió la lucha como una batalla de perseverancia y trató de apelar al sentido de moralidad en la sociedad civil, centrándose principalmente en la publicidad mediante medios no conflictivos. Su oposición personal a las políticas radicales y a la militancia alimentó la intensificación del misticismo y las tradiciones religiosas, especialmente en tiempos de crisis. Mantuvo una lealtad al Partido Demócrata que nunca flaqueó y, de hecho, sólo se profundizó cuando los movimientos sociales de la época comenzaron a atraer la atención de los liberales de alto perfil.

A pesar de su propia filosofía, la UFW atrajo a muchos jóvenes militantes que llevaron al sindicato el espíritu de lucha que estaba radicalizando a muchos en el movimiento por los derechos civiles. La militancia de los jóvenes activistas de la UFW y de los propios trabajadores agrícolas tuvo un efecto en Chávez y en el sindicato, que se vio obligado a adoptar tácticas más enérgicas ante el poder preponderante y la intransigencia de los productores agrícolas.

El objetivo de Chávez era romper el aislamiento de los trabajadores del campo y ganar el derecho básico de organizarse en sindicatos. La UFW se basó en una estrategia combinada de organización activa, huelgas, marchas de alta visibilidad y boicots para desafiar a los reaccionarios agricultores desde la granja hasta el supermercado.

Como en anteriores intentos de organizar a los trabajadores de las granjas, la UFW se enfrentó a un frente hostil y unificado de productores y del Estado. En 1973, en un punto candente de la actividad huelguística, más de 3 500 trabajadores agrícolas y partidarios de la UFW fueron arrestados por intentar organizarse, mientras que miles más fueron acosados, golpeados y aterrorizados por la policía local, a menudo en alianza con escuadrones de matones a sueldo contratados por los productores.

En un capítulo vergonzoso de la historia laboral de Estados Unidos, los productores agrícolas formaron una alianza con los líderes derechistas de la International Brotherhood of Teamsters [Hermandad Internacional de Camioneros] con el fin de suplantar a la UFW.[8] Se firmaron contratos espurios con los camioneros para bloquear a la UFW y en varias ocasiones se enviaron camioneros armados con palos y cadenas para romper los piquetes.

La indiferencia del gobierno (o la franca complicidad) ante esa represión llegó a las más altas esferas. En 1973, Chávez viajó a Washington para exigir una investigación federal sobre la violencia contra los trabajadores agrícolas en California. William Ruckelshaus, director en funciones del FBI, respondió sin titubear que su agencia no tenía autoridad para llevar a cabo una investigación. Mientras tanto, el FBI mantuvo una operación de vigilancia a gran escala de los principales miembros de la UFW y sus piquetes.[9]

La tenacidad y el valor de los organizadores de la UFW y de los trabajadores agrícolas condujeron a victorias clave en algunas huelgas durante los años setenta, que finalmente derrotaron a la oposición más atroz de los agricultores. El sindicato se convirtió en una fuerza a tener en cuenta. La UFW presionó al gobernador demócrata de California, Jerry Brown, para que impulsara la Ley de Relaciones Laborales Agrícolas de 1975, una versión estatal de la Ley Nacional de Relaciones Laborales que Roosevelt había impulsado 40 años antes.

Esta ley reconoció un conjunto de garantías para fundar sindicatos en California y creó una junta de relaciones laborales agrícolas para atender las quejas de los implicados en las faenas agrícolas. Esta victoria inspiró una campaña de afiliación masiva que vio aumentar el número de miembros de la UFW a 45 mil para 1980.[10] Brown nombró a algunos miembros de la junta favorables al sindicato, que a menudo fallaron a favor de la UFW. Esto ayudó a crear entre los trabajadores agrícolas la sensación de que, con un gobernador aparentemente escorado del lado del sindicato, la marea finalmente se estaba volviendo a su favor. En realidad, fue la militancia laboral en los campos la que había logrado la compleja hazaña histórica: el sindicato había vencido a los omnipotentes agricultores y los había obligado a aceptar la coexistencia con la UFW. Pero, ¿cómo tomar la iniciativa y aprovechar el impulso?

La idea de que el Partido Demócrata podría ayudar a la lucha de los trabajadores agrícolas llevó a Chávez a principios de los años setenta a apartar las principales acciones de la UFW de la organización de los trabajadores y a apoyar y financiar las campañas de los candidatos demócratas. El propio Chávez postuló a Jerry Brown para presidente en la Convención Nacional Demócrata en 1976.[11] Esta estrategia tuvo un efecto desmovilizador. Para aplacar a las fuerzas políticas dominantes y parecer más respetable y moderado, Chávez cambió las estrategias de la UFW para permitirse acciones como atacar a los trabajadores indocumentados. Como señaló Frank Bardacke, defensor de los trabajadores agrícolas, "la UFW a veces apoyaba el uso de *la migra* contra los esquiroles, sacrificando el respeto a largo plazo por una posible ganancia a corto plazo".[12] Chávez también purgó la dirigencia del sindicato de radicales y concentró el poder en sus propias manos. Los dirigentes que no fueron despedidos renunciaron cuando se hizo evidente que Chávez tendría la última palabra sobre prácticamente todo.[13]

El éxito de los trabajadores agrícolas en años anteriores había forzado una división en las filas de los demócratas, con el ala liberal cortejando al movimiento y prometiendo apoyo si el sindicato abandonaba sus tácticas de confrontación y apoyaba a los candidatos demócratas para el cargo. Mientras tanto, el ala derecha del partido —y especialmente los miembros del Congreso que representaban a las regiones agrícolas— se movilizaron para debilitar la influencia de la UFW. Congresistas como Leon Panetta formaron alianzas estratégicas con los republicanos para aprobar una legislación a favor de los productores.[14] Esta alianza significó que, incluso en California, los liberales en la junta de relaciones laborales fueron reemplazados por personas alineadas con los productores. Cabe señalar, sin embargo, que incluso durante el mandato de los demócratas, que supuestamente actuaban a favor del sindicato, sólo 43% de las resoluciones electorales en el sindicato habían dado lugar a contratos de verdad, ya que los productores simplemente se burlaban de los resultados y los demócratas en la junta se negaban a ejercer una presión real sobre los productores.[15]

La desilusión con los demócratas salió a la luz dentro de la UFW. En 1977, el propio Chávez comentó con frustración: "17 meses después de que la ley de trabajo agrícola entró en vigor, la mayoría de los trabajadores en el campo sigue esperando que se cumplan las promesas y la protección de esta buena ley. Por el contrario, para la mayoría, la ley ha sido un cruel engaño."[16] La promesa de reforma por medio de una estrategia de alianza con los demócratas, que siempre habían colocado el interés de los productores agrícolas entre sus prioridades, había resultado ser ilusoria.

Cuando el gobernador republicano George Deukmejian llegó al cargo en 1983, Chávez utilizó esto como una justificación "defensiva" para trasladar aún más los recursos del sindicato al Partido Demócrata y abandonar por completo la lucha en el campo. Chávez vio este giro como un medio para ir más allá en las reivindicaciones del movimiento, mientras que otros lo vieron como un trágico paso hacia la derrota. Por ejemplo uno de los líderes de la UFW, Marshall Ganz, que renunció por este cambio, comentó: "No quiero minimizar los problemas de Deukmejian, pero lo cierto es que organizamos este sindicato cuando Reagan era gobernador y Nixon era presidente."[17]

Sin embargo, la UFW continuó canalizando dinero hacia las campañas del Partido Demócrata con la esperanza de que esto le garantizara un lugar en la mesa de negociaciones. Durante la década de 1980, la UFW destinó más de un millón de dólares de la organización a las campañas de los demócratas.[18] El consecuente abandono de la organización de base por parte del sindicato permitió que el equilibrio de poder se modificara a favor de los patrones, que recuperaron la confianza para negarse a negociar los contratos vencidos y confiar más en el sistema de contratación de mano de obra antisindical. A principios de los años noventa, la membresía de la UFW había caído en picada a unos 5 mil miembros.

En 2006, según un artículo de *Los Angeles Times*, la UFW

no tiene un solo contrato en los campos de uva de mesa del valle Central donde nació el sindicato. Tampoco tiene miembros en muchas otras franjas agrícolas del estado: El sindicato que Chávez construyó ahora representa una pequeña fracción de los aproximadamente 450 mil trabajadores agrícolas que trabajan en los campos de California durante las temporadas altas, probablemente menos de 7 mil.[19]

Como se lamentaba un editorial del *Sacramento Bee*:

> A pesar de los esfuerzos de organización sindical del legendario Chávez, a pesar de la legislación histórica que creó la junta de relaciones laborales agrícolas, a pesar de la creciente influencia política de los legisladores hispanos y a pesar de las mayorías demócratas favorables a los trabajadores en ambas cámaras de la legislatura, poco se ha hecho para reformar el sistema. Todos los años, los proyectos de ley para proteger a los trabajadores son aplastados por los empresarios agrícolas, que reparten cientos de miles de dólares en aportaciones de campaña.[20]

Los trabajadores indocumentados, entre los que había cada vez más mixtecos y otros indígenas mexicanos, volvieron a ser mayoría en los campos de cultivo. Las condiciones de trabajo han vuelto en gran medida a las condiciones a las que se enfrentó César Chávez a principios de la década de 1960. No obstante, los migrantes, indocumentados o no, siguen aportando los militantes para otra ola de lucha. Y la AFL-CIO, cada vez más inmovilizada y fraccionada por su incapacidad para crecer y organizar la resistencia, ha dado un giro histórico al revertir sus tradicionales políticas antimigrantes. Después de una larga historia de alinearse con los patrones respecto de las restricciones a la migración, la AFL-CIO dio marcha atrás a su posición en 1999, pidiendo una amnistía general y el derecho de todos los trabajadores, documentados o no, a formar sindicatos. Para respaldar su nueva política, la AFL-CIO organizó una serie de manifestaciones masivas en Los Ángeles, Nueva York, Chicago y Atlanta por los derechos de los migrantes.

La más grande, celebrada en junio de 2000 en Los Ángeles, atrajo a 20 mil personas. Los trabajadores migrantes testificaron sobre cómo los empleadores amenazaron con despedirlos o deportarlos cuando trataban de organizarse. "Buscar un futuro mejor para nuestras familias no es ilegal", dijo José Ángel Juárez, un trabajador de la construcción en Seattle, en la manifestación de Los Ángeles. Los trabajadores cantaban: "¡Aquí estamos y no nos vamos!" "Una y otra vez —dijo la vicepresidenta de la AFL-CIO, Linda Chávez-Thompson, en el mitin de Los Ángeles—, vemos a los empleadores tratar de separarnos de nuestros hermanos y hermanas. Tratan de enfrentar a los migrantes contra los no migrantes, a los documentados contra los indocumentados, y tratan de bajar los salarios y las condiciones de trabajo de todos."[21]

En 2003, los Immigrant Workers Freedom Rides [Recorridos por la

Libertad de los Trabajadores Migrantes] (IWFR) lograron movilizar a un número aún mayor de personas. A partir de lo hecho por los Freedom Riders en la década de 1960, que recorrieron Estados Unidos para oponerse a las leyes Jim Crow, activistas, trabajadores migrantes y funcionarios sindicales emprendieron un viaje por todo el país con paradas en las principales ciudades. Entre sus demandas estaban la amnistía y los derechos civiles de los entre 8 y 11 millones de indocumentados en Estados Unidos, así como una mejor protección en los lugares de trabajo para todos los trabajadores y la eliminación de las sanciones a los empleadores.[22] Esta iniciativa culminó en Nueva York, en una manifestación masiva de unas 100 mil personas.

Con las grandes organizaciones laborales apoyando los derechos de los trabajadores indocumentados, la posibilidad de una amnistía creció velozmente a finales de 2003. El poder en potencia de la AFL-CIO, incluso si estaba debilitada, logró llevar a las grandes empresas a la mesa de negociaciones, especialmente si el sindicato estaba dispuesto a recurrir a la huelga para respaldar sus demandas. Pero para 2005 la AFL-CIO y sus afiliados habían abandonado en gran medida sus esfuerzos por impulsar la amnistía. Cargada de riñas internas y anquilosada ante un ataque generalizado a sus tradicionales secciones, la AFL-CIO guardó silencio en pleno auge de la derecha antimigrante. En cambio, muchos sindicatos optaron por apoyar el proyecto de ley Kennedy-McCain "sin discutir en los sindicatos locales y entre los miembros de base su impacto en el trabajo y en los migrantes".[23] Esto, en efecto, alineó al movimiento laboral con el gobierno de Bush y representó un enorme paso atrás. Una escisión dentro de la AFL-CIO, que produjo la ruptura de la coalición Change to Win [Cambiar para Ganar] (CtO), al menos planteó la cuestión de preferir la organización de base antes que el cabildeo, pero cualquier ruptura sustancial con el "sindicalismo empresarial" o el surgimiento de un apoyo real a los trabajadores migrantes quedó por verse.

Desde 2003 no ha habido ninguna actividad visible a nivel nacional en nombre de la IWFR o de sus patrocinadores. Pero ha habido muchas disputas locales en torno a los temas planteados, como la lucha contra el intento de retirar las licencias de conducir a los migrantes que no tengan número de seguro social. Y desde que ocurrieron los recorridos varios sindicatos, entre ellos especialmente los de eso que se ha convertido en el grupo Change to Win (CtW), pero no sólo ellos, han estado ocupados organizando a los nuevos trabajadores migrantes. También han usado los tribunales para obtener millones en salarios atrasados para los conserjes migrantes que fueron estafados con horas extras y salario mínimo por contratistas que trabajan para supermercados de cobertura nacional y otras cadenas minoristas, y para detener la práctica de encerrarlos en las tiendas de la noche a la mañana.[24]

Si bien estas pequeñas batallas fueron importantes, los grandes sindicatos no movilizaron a sus miembros en el verdadero campo de batalla, especialmente mediante acciones en el lugar de trabajo. Y estuvieron en desacuerdo sobre cuestiones clave que afectaban a los trabajadores migrantes. Por ejemplo, la AFL-CIO se manifestó legítimamente en contra de un programa de trabajadores invitados. Según David Bacon:

> Para Linda Chávez-Thompson, vicepresidenta ejecutiva de la AFL-CIO, los programas de trabajadores invitados son como las viejas restricciones de las leyes Jim Crow del sur. "No hay absolutamente ninguna buena razón —afirma— por la que cualquier migrante que venga a este país preparado para trabajar, pagar impuestos y cumplir con nuestras leyes y reglas deba ser relegado a un estatus de trabajador invitado de segunda clase."[25]

Por otra parte, la coalición Change to Win, que incluía a sindicatos con un alto porcentaje de trabajadores migrantes, se manifestó en apoyo de un nuevo programa de trabajadores invitados.[26]

A pesar de estas contradicciones, los migrantes siguen luchando por sus derechos en los centros de producción, llenando las filas del movimiento sindical incluso durante su declive general. Según un estudio del Migrant Policy Institute [Instituto sobre Políticas Migratorias], 11% de los 17.7 millones de trabajadores nacidos en el extranjero que vivían en Estados Unidos a principios de siglo estaban representados por un sindicato, a pesar de las dificultades para ser ciudadano. Como reflejo del cambio de actitudes en los sindicatos y de la militancia entre los propios trabajadores, el número de migrantes en los sindicatos aumentó en 23% entre 1996 y 2003.[27] El Service Employees Industrial Union [Sindicato Industrial de Empleados de Servicios] (SEIU), cuyos miembros pertenecen principalmente a las industrias de servicios y la atención a la salud, así como al sector público, se convirtió en el sindicato más grande y de más rápido crecimiento de Estados Unidos, con 1.8 millones de afiliados. Los trabajadores migrantes representaban alrededor de dos tercios de esa cifra.[28] Esto refleja la voluntad de lucha de muchos trabajadores indocumentados, incluso si los sindicatos están siendo superados. También refleja un reconocimiento entre muchos migrantes de que los sindicatos son su único medio para progresar. Según un informe de la American Federation of Teachers [Federación Estadounidense de Profesores]:

> En 2005, según la Oficina de Estadísticas Laborales, los miembros de los sindicatos tenían unos ingresos semanales medios de 801 dólares, en comparación con los 622 dólares de los trabajadores no sindicalizados, una diferencia de 29%. Otro informe publicado por el Center for American Progress [Centro para el Progreso de Estados Unidos] muestra que la ventaja de los sindicatos es aún mayor para los trabajadores hispanos. El salario semanal medio de los miembros hispanos sindicalizados fue de 679 dólares, frente a los 428 de los trabajadores no sindicalizados, una diferencia de 59%. Las mujeres mexicoamericanas afiliadas a un sindicato ganan 70% más que sus homólogas no sindicalizadas.[29]

Según Kate Bronfenbrenner, de la Universidad de Cornell, "los migrantes recientes en general son más receptivos a los sindicatos que los estadounidenses nativos, en particular los que han tenido experiencia sindical en su propio país" (sin considerar a los países en que los sindicatos estaban controlados por gobiernos represivos).[30] Esta receptividad es notable, dado que esos mismos trabajadores se enfrentan a la represión en Estados Unidos cuando intentan organizarse. En más de la mitad de las campañas de afiliación que involucran a trabajadores indocumentados, Bronfenbrenner descubrió que los empleadores utilizan la amenaza de deportación para tratar de derrotar a los activistas:[31] "Dos cosas son ciertas: una, que muchos migrantes tienen miedo de crear un sindicato por temor a la deportación, lo que retrasa la organización sindical en muchos lugares de trabajo y comunidades, y dos, que muchos migrantes son los organizadores más activos e intrépidos, que llevan nuevos sindicatos a muchos lugares de trabajo y comunidades."[32]

Los trabajadores migrantes han desempeñado un papel decisivo en las campañas sindicales y las huelgas en las industrias de servicios de todo Estados Unidos en las últimas décadas y, a pesar del clima desgarrador en el que viven y trabajan, seguirán siendo fundamentales para el futuro del movimiento laboral. Como concluyó un trabajador no documentado: "La economía de este país no sería la misma sin nosotros... Es hora de que *nos escuchen*."[33]

FIGURA 11. Tres madres y sus hijos hacen una parada antes de cruzar el desierto. Las temperaturas diurnas en la zona pueden superar los 45 °C.

32. Un nuevo movimiento por los derechos civiles

Los desafíos que enfrentan los trabajadores migrantes son desafíos que enfrenta la clase trabajadora en su conjunto. El neoliberalismo, la guerra contra los sindicatos, la creciente militarización de la frontera y la intensificación del racismo mediante propuestas de migración que son a la vez restrictivas y punitivas sirven para debilitar la capacidad de todos los trabajadores para formar sindicatos.

Los trabajadores migrantes han desempeñado un papel clave en los logros del movimiento laboral a lo largo de la historia, desde la batalla por la jornada laboral de ocho horas hasta la lucha por el sindicalismo industrial dentro del CIO y las organizaciones de base de United Farm Workers [Unión de Trabajadores Agrícolas]. En la era moderna, todavía están en la lucha. Durante la década de 1990, lideraron huelgas clave en las industrias de la construcción, la hotelería y la salud, y los conserjes lideraron una de las huelgas nacionales más importantes en el cambio de siglo. En una época en la que los bastiones tradicionales del trabajo, como el personal de las aerolíneas y de la industria automotriz, están en retirada, son los trabajadores peor pagados y más vilipendiados los que mantienen vivo el movimiento laboral.

A pesar de las victorias de los trabajadores migrantes, los empresarios han vuelto a tomar la delantera. La "guerra contra el terrorismo" —el proyecto bipartidista para expandir el poder corporativo de Estados Unidos en todo el mundo— se utilizó para derrotar a la clase obrera. Y las nuevas propuestas legislativas intensificarán el estado de sitio en el que viven los migrantes. Los debates sobre migración —restringidos desde hace no mucho a las salas de juntas de las grandes empresas estadounidenses y a los pasillos del Congreso— excluyen conscientemente la opción de la amnistía para los migrantes indocumentados.

La última vez que se concedió una amnistía a esta clase de migrantes fue en 1986, bajo el Ley de Reforma y Control de Migración (IRCA, por las siglas de Immigration Reform and Control Act). Esto condujo a legalizar y conceder la ciudadanía a unos 2.8 millones de trabajadores migrantes, y fue resultado de una lucha en varios frentes. El primero fue dentro del propio movimiento laboral, donde la United Farm Workers encabezó a otros sindicatos en la lucha contra el Programa Bracero, logrando finalmente poner fin al uso de trabajadores invitados en la agricultura. Además, sindicatos como el International Ladies Garment Workers Union [Sindicato Internacional de Costureras] (ILGWU) —que se fusionó con otro sindicato de trabajadoras de la confección para formar UNITE en 1995— había comenzado a organizar a los trabajadores indocumentados desde principios de los años ochenta, lo que ayudó a cambiar las opiniones, dentro del movimiento obrero en su conjunto, a favor de la organización de este grupo de trabajadores. La demanda de amnistía para los indocumentados surgió lógicamente de las campañas de afiliación de ILGWU y otros semejantes, ya que las redadas en los lugares de trabajo por parte de las autoridades migratorias fueron devastadoramente eficaces para deshacerse de los simpatizantes del sindicato. Sin embargo, la AFL-CIO en ese momento oficialmente apoyaba las restricciones migratorias, por lo que había un límite a la presión que los sindicatos favorables a la amnistía podían ejercer sobre el resto del movimiento obrero.

En segundo lugar, las organizaciones de justicia social, latinas y eclesiásticas habían desempeñado un papel importante en la defensa de los trabajadores migrantes a principios de los años ochenta. Por ejemplo, crearon un "movimiento santuario" de alcance nacional, que ayudó y ofreció cobijo a los refugiados indocumentados de Centroamérica durante las guerras civiles de esa región. Esto facilitó el surgimiento de redes de derechos humanos en las fronteras, que abogaban por los migrantes que deseaban cruzarlas. Muchas otras organizaciones dieron forma a una estructura nacional de defensa de los derechos civiles. Como explicó Bert Corona, un veterano activista de los derechos de los migrantes:

> Ayudamos a crear una coalición [...] que incluía grupos como la American Civil Liberties Union [Unión Estadounidense por las Libertades Civiles], varios grupos de bienestar público, el National Lawyers Guild [Gremio Nacional de Abogados], la American Immigrant Lawyers Association [Asociación Estadounidense de Abogados Promigrantes], la U. S. Catholic Conference [Conferencia Católica de Estados Unidos], la National Coalition for Fair Immigration Laws and Practices [Coalición Nacional por las Leyes y Prácticas Justas de Migración], el National Council of Churches [Consejo Nacional de Iglesias] y la National Conference of Catholic Bishops [Conferencia Nacional de Obispos Católicos] [...] así como la Mexican American Political Association

[Asociación Política Mexicoamericana], la Liga de Ciudadanos Latinoamericanos Unidos y el Consejo Nacional de La Raza.[1]

Esta alianza se unió contra una coalición que incluía a demócratas y republicanos, grandes empresas y una serie de organizaciones de derecha que buscaban combinar la criminalización de los indocumentados con un resurgimiento del Programa Bracero.

En 1982, el congresista demócrata Romano Mazzoli y el senador republicano Alan Simpson propusieron la ley Mazzoli-Simpson, la cual, después de varias modificaciones, se convirtió en la Ley de Reforma y Control de la Migración, planteó la amnistía para los trabajadores indocumentados a cambio de la introducción de sanciones contra los empleadores que contrataran a esa clase de trabajadores, la reintroducción de un programa limitado de braceros en la agricultura y el aumento de la militarización de la frontera.[2]

Debido a que el movimiento laboral y muchas organizaciones latinas liberales aceptaron la premisa de la derecha de "asegurar las fronteras" y "controlar la migración", esta cesión sentó las bases para una mayor represión de los migrantes que deseaban cruzar la frontera. Esto cambió el enfoque de la aplicación de la ley en la frontera y preparó el escenario para la Operation Gatekeeper de Clinton. Pero la amnistía limitada también estableció el escenario para nuevas campañas de afiliación sindical que dio pie a organizaciones como la Unión Internacional de Empleados de Servicios y UNITE-HERE, entre otros. Mientras que muchos sindicatos actuaban a la defensiva durante la presidencia de Ronald Reagan en la década de 1980, las campañas sindicales lideradas por trabajadores migrantes revelaron una gran voluntad de luchar entre las bases. Esto terminó llevando a la AFL-CIO a apoyar las campañas de afiliación entre los migrantes, incluidos los indocumentados, y produjo una creciente demanda entre los propios trabajadores por un nuevo programa de amnistía.

Ésta fue la demanda que se escuchaba en las calles y que producía escalofríos en el Estados Unidos corporativo. Pero, hacia 2006, el nuevo movimiento debió resistir cualquier lógica comprometedora que legitimara la criminalización de los indocumentados o la militarización de la frontera. El movimiento tenía que rechazar la lógica de la aplicación sorda de la ley en la frontera. Las fronteras sólo sirven para matar a la gente y reforzar el poder del capital sobre todos los trabajadores.

La amnistía, en forma de legalización inmediata y como un camino autentico hacia la ciudadanía para la mano de obra indocumentada, representó una amenaza para los empresarios, ya que daría a los trabajadores migrantes la posibilidad de formar sindicatos y usar su poder colectivo sin temor a represalias. También permitiría la igualdad de condiciones con el resto de la clase obrera, lo que cortaría el aislamiento que los migrantes indocumentados han sufrido históricamente. También es importante reconocer que el capitalismo necesita fronteras, pero los trabajadores no. Las fronteras están diseñadas para criminalizar la migración, no para detenerla. Abrir las fronteras para los trabajadores no sólo hace imposible criminalizar a los migrantes, sino que también acaba con las muertes a lo largo de la frontera, con las peligrosas operaciones de tráfico de personas y con la separación de las familias, todo ello con el único fin de obtener beneficios económicos. Igualaría el trabajo y democratizaría la participación, permitiendo el aumento de los salarios y las condiciones laborales de todos los trabajadores.

La lucha por la unidad entre los trabajadores también plantea la cuestión de la solidaridad internacional y la necesidad de unirse por encima de las fronteras. En un momento en que todos los trabajadores están siendo exprimidos globalmente, la solidaridad y la unidad son necesarias para el avance de la clase obrera en su conjunto. Dado que muchas empresas tienen alcance mundial, los trabajadores deben empezar a rechazar también las fronteras. La solidaridad transfronteriza, la oposición al neoliberalismo y, en última instancia, la desmilitarización y el desmantelamiento de la frontera están inextricablemente ligados a la lucha por la democracia y los derechos humanos de todos los trabajadores.

En abril de 2001, una creciente lucha a nivel continental contra el Área de Libre Comercio de las Américas (ALCA) reunió a trabajadores y activistas de la justicia global tanto en la frontera entre Estados Unidos y México como en la frontera entre Estados Unidos y Canadá. En San Diego y Tijuana, 2500 activistas exigieron derechos para los trabajadores, los migrantes y los indígenas, así como protección del medio ambiente, todo ello en ambos lados del muro fronterizo. Estas protestas fueron el primer paso para internacionalizar la lucha contra la globalización corporativa y los muros que dividen a los trabajadores. Las luchas laborales a ambos lados de la frontera, a menudo contra las empresas multinacionales con sede en los dos países, han permitido la creación de redes de apoyo laboral como la Coalition for Justice in the Maquiladoras [Coalición por la Justicia en las Maquiladoras] y la San Diego Maquiladora Workers Support Network [Red de Apoyo a los Trabajadores de las Maquiladoras de San Diego]. También se han desarrollado alianzas estratégicas entre sindicatos, como la que existe entre la Sindicato de los Trabajadores de la Industria Eléctrica, Radio y Maquinaria de Estados Unidos (UE) y el Frente Auténtico del Trabajo (FAT), en México. Estos ejemplos forman parte de la base que se desarrolló para la lucha contra la militarización de la frontera y para la libertad de movimiento, los derechos plenos y la igualdad para todos los trabajadores del continente americano.

Las luchas contra el neoliberalismo y la militarización de la frontera sirvieron de inspiración ante los desafíos que se avecinaban. Nada menos que la lucha de las masas dentro de la sociedad estadounidense fue necesaria para avanzar en la causa del trabajo y superar las históricas divisiones raciales y nacionales que han influido en la vida cotidiana. Por ser el último movimiento por los derechos civiles, tendrá que provenir de las bases.

La lucha ha crecido mucho. Lo más significativo es que la propia clase trabajadora migrante ha entrado en esta etapa de la historia. En marzo de 2006, un nuevo movimiento por los derechos civiles irrumpió en las calles de las ciudades de todo el país. Después de una protesta de 20 mil activistas promigrantes que convergieron en Washington (DC) el 7 de marzo de 2006, una ola de protestas sacudió a todo el país. Con el eslogan "estamos aquí y no nos vamos", unos 300 mil trabajadores migrantes y activistas por los derechos civiles se volcaron a las calles de Chicago tres días después. Los trabajadores abandonaron en masa sus trabajos, en lo que equivalió a una huelga espontánea. Como señaló un activista: "Ninguna marcha por la justicia de los migrantes ha ocurrido así en la historia de Illinois desde que unos 80 mil migrantes marcharon por la calle State Street exigiendo una jornada laboral de ocho horas en 1886."[3]

A las protestas de Chicago siguió una oleada de marchas, con trabajadores migrantes que tomaron las calles de al menos 50 ciudades: 150 mil marcharon en Denver, 50 mil en Phoenix y 30 mil en Milwaukee. Esta oleada culminó con la protesta masiva de un millón de personas en Los Ángeles el 25 de marzo de 2006. Esta contundente muestra del poder de los trabajadores, la solidaridad y la confianza para hacer retroceder el movimiento antimigrante resonó durante todo el día. Las manifestaciones, organizadas contra el proyecto de ley Sensenbrenner, se convirtieron en un nuevo movimiento por los derechos civiles. En cuestión de semanas, el movimiento evolucionó de una lucha defensiva a una que promovía sus propias demandas y empujaba a la clase obrera hacia adelante.

También demostró un entendimiento visceral entre los trabajadores migrantes de su experiencia como trabajadores internacionales. Como explicó Plinio Castro, uno de los participantes: "La riqueza de Centroamérica ha sido tomada por los estadounidenses. Por eso somos pobres, por eso hay desempleo, pobreza y hambre." Otra manifestante, María Sánchez, resumió el estado de ánimo: "Con tanta gente, deberíamos exigir la legalización y la amnistía."[4]

En los días siguientes, el sentimiento se extendió entre los estudiantes de la clase trabajadora de todo el país. Más de 50 mil estudiantes de secundaria salieron de sus clases aquí y allá, organizando marchas, tomando las calles e incluso bloqueando las autopistas. En una repetición del movimiento estudiantil chicano, los paros demostraron un despertar de grandes dimensiones entre la clase trabajadora, un florecimiento de una nueva era en la historia de Estados Unidos. Como dijo Nohelia Ramos Lozano, líder estudiantil, al hablar de las huelgas estudiantiles:

> Los estudiantes están hartos. Es como en los años sesenta, pues representa una salida para los estudiantes que han participado en el movimiento. La mayoría de los que participan en los paros no puede votar y por lo tanto las elecciones no son la meta para estos millones de jóvenes indocumentados. Por eso los paros fueron tan vivificantes: demostraron que nuestro poder está en nuestro número y en las decisiones que tomamos, y que los estudiantes tienen un papel que desempeñar en este nuevo movimiento por los derechos civiles.[5]

El 1 de mayo, las protestas de marzo y abril se vieron empequeñecidas cuando más de tres millones de personas se declararon en huelga, no asistieron a las escuelas, boicotearon comercios y marcharon en varios cientos de ciudades de todo el país. Esta participación masiva de migrantes de la clase trabajadora se produjo a pesar de los esfuerzos de las organizaciones liberales y los líderes sindicales por reducir los paros y los boicots. La abrumadora exigencia de ese día fue la igualdad total, la amnistía y la no criminalización de los indocumentados. Un deseo incontenible de construir y profundizar el movimiento también corrió a lo largo de cada manifestación. Con barrios enteros tomados y fábricas en muchas partes del país cerradas, el poder de los trabajadores se dejó ver en todo Estados Unidos.

Este poder debe canalizarse a la lucha por un mundo fundamentalmente diferente. Las fronteras militarizadas, los salarios de hambre, el desempleo y la criminalización de los trabajadores cuyo único delito es querer escapar de la pobreza absoluta sólo se superarán si se derroca el capitalismo. El socialismo es la única solución para acabar con la tiranía de los que están en la cima, que siempre han buscado enfrentar a los trabajadores entre sí por motivos de nacionalidad. Por eso los socialistas tienen una larga y orgullosa historia de lucha contra las restricciones a la migración y el racismo que las sustenta. Como dijo en 1907 Kato Tokojiro, un socialista japonés, en una conferencia socialista sobre migración:

> Los japoneses están oprimidos por el pie del capitalismo tanto como los demás pueblos. Es sólo la necesidad extrema la que los impulsa a salir de su patria para ganarse la vida en una tierra extranjera. Es el deber de los socialistas acoger a estos pobres hermanos, defenderlos y junto con ellos luchar contra el capitalismo. Los fundadores del socialismo, sobre todo Karl Marx, no se dirigieron a algún país en lo individual sino a toda la humanidad. El internacionalismo está inscrito en su bandera.[6]

En la misma discusión, el médico Julius Hammer, del Partido Laborista Socialista de Estados Unidos, argumentó: "No hay un punto medio en este asunto de la inmigración y la emigración. O uno apoya las restricciones a la migración, o uno las combate enérgicamente. La restricción legal de la migración debe ser rechazada [...] Debemos crear una gran nación de los explotados."[7]

En la búsqueda de un mundo sin fronteras, donde la libertad y la democracia, así como la igualdad para todos los trabajadores, triunfen sobre las prerrogativas de las grandes empresas y los súper ricos, habrá muchas batallas a lo largo del camino. Ya sea que la lucha sea por la educación bilingüe, por el derecho a la licencia de conducir o por mejores salarios y condiciones en las maquiladoras, todo está ligado a la causa singular de mejorar la vida de cualquier trabajador. En un movimiento por los derechos civiles, todos tienen un papel que desempeñar. Esto exige llevar la lucha por los derechos de los migrantes y por el socialismo a cada batalla, a cada lugar de trabajo, campus y comunidad. La lucha sólo puede concluir cuando se construya un mundo diferente, sin fronteras, que ponga los intereses de los seres humanos por encima de los de las grandes empresas. Mientras recorremos ese camino, debemos rechazar el lenguaje, la legitimidad y las limitaciones de la "ilegalidad" y derribar las fronteras entre nosotros, pues ¡nadie es ilegal!

33. La movilización masiva derrota a Sensenbrenner-King (HR 4437)

"Acabas de patear a un gigante dormido." En la marcha de un millón de personas por los derechos de los migrantes que sacudió las calles de Los Ángeles el 25 de marzo de 2006, quizá ninguna otra pancarta capturó, como ésta, el espíritu y la magnitud del movimiento emergente por los derechos de los migrantes. Para el 1 de mayo —el día del reconocimiento histórico al movimiento obrero en el plano internacional—, otras manifestaciones, con más de 3 millones de personas, recorrieron cientos de ciudades en casi todo Estados Unidos. De inmediato, el debate sobre migración que hasta entonces había sido el dominio privado de un reducido grupo de republicanos en el Congreso, se abrió por completo; su contenido se incorporó a las discusiones diarias de la gente común y a una lucha que determinará el futuro de los trabajadores en este país.

El catalizador de la explosión fue la draconiana propuesta de ley Sensenbrenner-King, que fue aprobada en la Cámara de Representantes en diciembre de 2005 y que, de haber sido aprobada por el Senado y firmada por el presidente, habría convertido en delincuentes a los migrantes indocumentados y a todo aquel que los ayudara.[1] En vez de hundir a los migrantes en las sombras, la propuesta de ley provocó una oposición masiva, así como la materialización de millones de trabajadores migrantes que, hasta entonces, habían estado confinados a los márgenes sociales y políticos de la vida nacional. En gran parte, las primeras manifestaciones fueron una expresión espontánea de ira que principalmente atrajo a los estudiantes latinos de preparatoria, a los trabajadores y a sus familias. Aunque los grupos sindicales locales participaron en los lugares donde tenían raíces y donde contaban con miembros en comunidades de migrantes, ni el movimiento obrero ni las redes nacionales existentes iniciaron las acciones.

La magnitud de la población de migrantes, y el papel integral que habían llegado a desempeñar en la economía estadounidense, resultaban apremiantes para los republicanos que prepararon la propuesta de ley, quienes promovían una nueva era de persecución a los migrantes. Desde San Diego hasta el puente de Brooklyn, las pancartas caseras usadas en protestas, con leyendas como "No somos criminales" y "Amnistía sí", revelan la profunda indignación de los migrantes, su voluntad de salir de las sombras y su deseo de hacerse ver y oír.

La aprobación en la Cámara de Representantes de la reaccionaria ley Sensenbrenner, cuya ratificación habría convertido en delincuentes a 12 millones de migrantes indocumentados y a todo aquel que los ayudara, dio ímpetu al incipiente movimiento: millones de personas se unieron a la oposición y acudieron a manifestaciones convocadas por grupos pequeños. Como no existía una estructura nacional que pareciera capaz de dar forma a semejante efusión, pocos estaban preparados para el tamaño de las protestas. En un instante, las masas se movilizaron, principalmente en oposición a la propuesta de ley Sensenbrenner, aunque la lucha también ha planteado la posibilidad de un cambio social más amplio.

Después de una serie de manifestaciones menores, el 7 de marzo de 2006 tuvo lugar en Washington (DC), una protesta masiva de 20 mil personas.[2] Siguió la monumental congregación de al menos 300 mil personas en las calles de Chicago, el 10 de marzo de 2006. La mayor protesta en la historia de esa ciudad la paralizó mientras los trabajadores salían de sus lugares de trabajo y escuelas para unirse a las corrientes humanas que saturaban varias calles del centro. Familias enteras marcharon juntas y era evidente que la gran mayoría jamás había asistido a una manifestación. "Hombres de mediana edad, de clase trabajadora; jóvenes madres que empujaban carriolas; adolescentes, jubilados: todas las generaciones estaban representadas" en la marcha.[3]

Después de Chicago, la represa estalló. En dos semanas, hubo protestas masivas de trabajadores migrantes en más de 50 ciudades. Unas 150 mil personas se congregaron en las calles de Denver, 50 mil marcharon por Phoenix y más de 30 mil salieron a las calles en Milwaukee. En Atlanta, más de 80 mil atendieron el llamado a no asistir al trabajo. En Tulsa, Oklahoma, 5 mil personas salieron a oponerse a la legislación antimigrante, 15 mil marcharon sobre el puente de Brooklyn en Nueva York, 3 mil salieron a las calles de Fort Smith, Arkansas, y miles más llenaron los centros de toda una constelación de ciudades y pueblos en todo el país. La asistencia a las marchas alcanzó niveles inéditos en Los Ángeles, donde más de un millón de personas transformaron la zona céntrica en un mar humano, con todos los espacios abiertos ocupados por la hasta entonces oculta mano de obra de la vasta economía, a ras del suelo, de la ciudad.

Las manifestaciones de marzo también se ramificaron en acciones estudiantiles. Los hijos y las hijas de la clase trabajadora latina cerraron escuelas en todo el país, en protesta por el racismo contra los migrantes. En toda California, decenas de miles de estudiantes abandonaron las clases. En Dallas, 4 mil salieron de la escuela, otros 2 mil en El Paso, 3 mil en Las Vegas y mil en Aurora, Illinois. En Tucsón, mil estudiantes de secundaria salieron de sus escuelas y demostraron que incluso muchos adolescentes eran conscientes de lo que se jugaba y estaban dispuestos a hacerse oír.[4]

Algunas organizaciones sindicales también se unieron a las protestas, aliándose con el Consejo Nacional de La Raza y otras organizaciones civiles y religiosas que convocaban a manifestarse el 9 y el 10 de abril. El 9, medio millón de personas más marcharon en Dallas, 100 mil en San Diego y 20 mil en Salt Lake City. También surgieron protestas en poblaciones urbanas más pequeñas y en regiones rurales. Unas 3 mil personas convergieron en la pequeña comunidad agrícola de Garden City, Kansas. Miles más salieron en South Bend, Indiana, en Portland, Maine, en Harrisburg, Pensilvania, y en Lake Worth, Florida.

El 10 de abril continuaron las protestas en 94 ciudades. Medio millón de personas marcharon en la ciudad de Nueva York, 30 mil en Boston y 10 mil en Madison, Wisconsin; 10 mil protestaron en Boston y en Omaha. El vibrante movimiento de protesta culminó con el llamado a una huelga general y un boicot económico para el 1 de mayo: el Día del Trabajo, la efeméride obrera internacional que conmemora la lucha de los migrantes por mejores condiciones laborales en Estados Unidos hace más de un siglo, y que, aunque se borró de la memoria popular estadounidense, sigue celebrándose en otros países. En 2006 resurgió, sin autorización, desde el otro lado de la frontera.

Los organizadores del día de acción llamaron al 1 de mayo "El Gran Paro Americano" y pidieron a todos los migrantes que faltaran al trabajo y la escuela, que cerraran sus negocios, que se abstuvieran de comprar y vender, y que celebraran mítines en centros económicos simbólicos. Los organizadores rechazaban de manera explícita cualquier propuesta de ley en el Congreso que incrementara la vigilancia en la frontera o no les otorgara plena amnistía. Por ejemplo, una nota de prensa afirmaba:

No nos conformaremos con nada menos que la amnistía plena y la absoluta dignidad para los millones de trabajadores indocumentados que se encuentran actualmente en Estados Unidos. Consideramos que un aumento en la vigilancia es un paso en la dirección equivocada y sólo servirá para propiciar más tragedias a lo largo de la frontera México-Estados Unidos en términos de muertes y separación de familias.[5]

Millones de personas respondieron al llamado. De boca en boca, y por medio de la radio en español, correos electrónicos y mensajes de texto, distribución de volantes, carteles y otros medios, la noticia del paro resonó en casas, escuelas y centros de trabajo en comunidades de migrantes de todo el país. Miles de negocios permanecieron cerrados, ya fuera en solidaridad con los trabajadores o por la baja asistencia que se esperaba para el día. Industrias o sectores enteros se vieron afectados, desde la construcción hasta la agricultura y el procesamiento de alimentos.

Como señaló un reportaje:

> Long Beach, el puerto más grande del país, a 48 kilómetros al sur de Los Ángeles, se reporta en silencio. Por todo el país, los distritos con considerable población latina se encuentran más tranquilos que de costumbre y algunas compañías grandes dijeron que cerrarían todo el día. Tyson Foods, la mayor productora de carne del país, cerró alrededor de una docena de sus más de cien plantas.[6]

Más aún, la protesta adquirió dimensiones internacionales. La frontera San Diego-Tijuana, el cruce fronterizo más transitado del mundo, quedó totalmente paralizada. Activistas mexicanos, entre ellos varios veteranos del Programa Bracero, obstruyeron el cruce hacia el norte, mientras, del lado de San Diego, 5 mil personas marchaban directamente hacia el puerto de entrada para manifestar su solidaridad.[7]

El paro, además, se extendió desde el ámbito de la producción hasta el del consumo. Una encuesta citada en el canal de noticias en español Univisión reveló que 65% de los participantes latinos no trabajó el 1 de mayo y 95% reportó no haber comprado nada el día del paro.[8] Aunque los paros laborales, la interrupción del comercio y los boicots no alcanzaron a paralizar la nación, representan la mayor perturbación organizada de la economía estadounidense por parte de la clase trabajadora en tiempos modernos. Como observaron los analistas del Center for Latin American and Border Studies [Centro de Estudios Latinoamericanos y de la Frontera] de la Universidad Estatal de Nuevo México:

> Cualesquiera que sean las cifras, el 1 de mayo fue un punto alto en un movimiento que, de manera extraordinaria, en sólo un par de meses, ha puesto de

cabeza el debate sobre la reforma migratoria en Estados Unidos, movilizado a una nueva generación de jóvenes activistas, e incluso ha dado nueva vida a los movimientos antiglobalistas que decayeron después del 11 de septiembre de 2001. Por primera vez en décadas, la idea de una huelga general se popularizó en Estados Unidos.[9]

En ciudades de todo el país, los trabajadores indocumentados y sus familias, así como los migrantes legales y sus simpatizantes nativos, salieron a las calles. Aunque la mayoría de los estimados 12 millones de trabajadores indocumentados provienen de México y Centroamérica, se calcula que 3 millones provienen de países fuera de Latinoamérica, entre ellos Irlanda, Rusia, Polonia, Canadá, Haití, Corea, la India, China y Filipinas. Cientos de trabajadores irlandeses se unieron a las marchas en Chicago, numerosos trabajadores coreanos formaron contingentes en Los Ángeles y trabajadores migrantes de origen filipino, chino, caribeño y árabe participaron en San Francisco.[10] La solidaridad entre distintos grupos étnicos también se ha desarrollado de otras maneras. Por ejemplo, el Council of Islamic Organizations of Greater Chicago [Consejo de Organizaciones Islámicas del Área Metropolitana de Chicago] ha presionado a quienes ocupan cargos de elección popular para que apoyen a los migrantes latinos indocumentados. Las mezquitas afiliadas solicitaron donaciones a sus feligreses para ayudar a financiar los esfuerzos de organización.[11]

En 2006, un sondeo de varias encuestas publicado en el *San Francisco Chronicle* para medir el apoyo a la legalización en California (el estado con mayor población indocumentada) reveló que la mayoría de los votantes afroamericanos y angloamericanos apoyaba una vía a la ciudadanía para los trabajadores indocumentados. De acuerdo con Bernard Anderson, economista y profesor de la Universidad de Pensilvania, el escaso apoyo a la política antimigrante entre los afroamericanos revela una conciencia de su propia opresión histórica a manos de las mismas fuerzas: "La alternativa es alinearse con las fuerzas reaccionarias de la derecha, aceptando el supuesto de que sus acciones beneficiarán a los afroamericanos [...] Pero ésas son las mismas fuerzas que se han empeñado en oponerse a los derechos civiles, la acción afirmativa y los programas gubernamentales para los menos afortunados."[12] El apoyo activo de sindicatos, instituciones religiosas e migrantes legales —interconectados mediante relaciones familiares y organizaciones culturales— también ha contribuido a ampliar y profundizar el movimiento.

En cuestión de semanas, la clase trabajadora migrante y sus aliados en Estados Unidos hicieron historia. El resultado más inmediato y tangible del levantamiento fue la derrota de la propuesta de ley Sensenbrenner y un golpe a la extrema derecha, que hasta entonces había logrado establecer los términos de la discusión sobre el tema de la "reforma migratoria". Poco después de la huelga del 1 de mayo y las marchas masivas, el Senado anunció que no sometería la propuesta de ley a votación, con lo que la anuló definitivamente. Así, redefinió los límites del debate y amplió su alcance. A un discurso que antes se había enfocado sólo en *hasta qué punto* se perseguiría a los trabajadores indocumentados *sin legalizarlos*, ahora se le contraponía la exigencia de amnistía, legalización y acceso a la ciudadanía *sin castigo*.

Estas dos posiciones polarizadas establecieron los parámetros en los que continuaría el debate, pero sólo por poco tiempo, pues el gobierno de Bush desató la represión del Estado contra los trabajadores migrantes, transformando así el panorama político. El 13 de mayo de 2006, el gobierno de Bush ordenó el despliegue de 6 mil elementos de la Guardia Nacional en la frontera para reforzar la vigilancia fronteriza. En realidad, el despliegue no sirvió para impedir que las personas cruzaran; en vez de eso, marcó los disparos iniciales de una ofensiva estatal en masa contra los trabajadores migrantes y la represión de las movilizaciones obreras dirigidas por migrantes.

34. Represión del Estado contra trabajadores migrantes

El movimiento de los trabajadores migrantes de 2006 a 2008 contribuyó a hundir al Partido Republicano —que ya sufría por escándalos de corrupción, una impopular guerra en Irak y su asociación con una economía vacilante— en un caos aún mayor. No obstante, el ala derecha los republicanos continuó decidiendo el curso en materia migratoria, tanto dentro del partido como en el escenario nacional, procurando unificar y energizar a sus militantes en torno al tema del odio a los migrantes. El apoyo de ambos partidos a la supuesta "guerra contra el terrorismo" dio a la derecha el espacio operativo para redoblar la retórica de la seguridad nacional y volverla hacia el interior, aunando a las violentas intervenciones militares estadounidenses en el extranjero la aplicación de la ley contra los migrantes en el ámbito nacional. La complicidad del Partido Demócrata con respecto a la aplicación de la doctrina de la seguridad nacional a la migración no autorizada abrió las puertas a la criminalización de la migración y a la militarización de la vigilancia.

La fase más intensa de la militarización de las políticas migratorias comenzó inmediatamente después de los ataques del 11 de septiembre. En cuestión de meses, el gobierno de Bush (con amplio apoyo de los demócratas del CVII Congreso) creó el Department of Homeland Security [Departamento de Seguridad Nacional] (DHS), en un esfuerzo de amplio alcance para unir 22 agencias nacionales involucradas en la seguridad nacional con un solo mando centralizado y una misión común.[1] En su declaración fundacional, el departamento identifica la migración no autorizada como una de las "amenazas en potencia —pasadas y futuras— que enfrenta la nación" y promete "fortalecer la seguridad fronteriza y la vigilancia interior, y reformar los procesos migratorios".[2]

La migración, un tema predominantemente económico que es más apropiado arbitrar por medio de oficinas gubernamentales que supervisen las políticas comerciales o laborales, se ha convertido en el tema principal dentro del aparato represor del DHS, con un presupuesto anual que, en 2016, sobrepasó los 64 mil millones de dólares.[3] Como resultado, la entidad encargada de supervisar a la mayor población de migrantes del mundo se ha restructurado con una nueva misión: en vez de la incorporación de los migrantes, ahora se enfoca en su expulsión sistemática. Con el DHS, la vigilancia de la migración se basa ahora en la doctrina militar y cuenta con un creciente cuerpo de tropas de ataque y una amplia estructura de centros de detención. El cambio se ha visto asistido por la aprobación de leyes que han desmantelado los derechos constitucionales antes garantizados a los no ciudadanos en suelo estadounidense.

Desde el 11 de septiembre de 2001, los gobiernos de Bush y Obama y sus aliados en el Congreso han maquinado una mayor privación de derechos a los migrantes. Esto incluye la autorización de reglas de amplio alcance que permiten que los agentes migratorios realicen búsquedas, incursiones y redadas sin necesidad de una orden judicial, la negación del derecho a un abogado para migrantes detenidos que enfrentan la deportación y la limitación del derecho a apelación y fianza para los migrantes detenidos.[4]

Aunque su encomienda es combatir el "terrorismo interno", el DHS ha dirigido sus energías contra los trabajadores indocumentados. "Nuestros esfuerzos de vigilancia interna se han concentrado en identificar, arrestar y retirar fugitivos, delincuentes y pandilleros ilegales que operan en nuestro país", dijo Michael Chertoff en marzo de 2008, en una audiencia del Congreso sobre negligencia en el DHS.[5] Desde 2002, los esfuerzos del gobierno federal contra la migración se han presentado como un objetivo de seguridad nacional: esfuerzos enérgicos diseñados para evitar otro 11 de septiembre, o algo peor. Cuando la caza de "terroristas nacionales" rindió resultados pobres, el departamento concentró sus esfuerzos en erradicar "elementos criminales". Esto abrió las puertas a la persecución general de migrantes indocumentados, sobre todo después de las marchas masivas del 1 de mayo de 2006 por los derechos de los migrantes.

En 2006, el DHS elevó sus cuotas de arrestos y eliminó una cláusula que disponía que tres cuartas partes de los detenidos debían ser delincuentes, con lo que permitió que se contaran "transgresores ordinarios del estatus" que no fueran fugitivos. Para 2007, el número de los migrantes con antecedentes penales u órdenes de deportación cayó hasta 9% del total de arrestados y deportados. Entretanto, el número de no fugitivos aumentó hasta alcanzar 40%.[6]

Un informe posterior del Migration Policy Institute [Instituto de Política Migratoria] ha documentado que, a pesar de un gasto de más de 625 millones de dólares a lo largo de cinco años, 75% de las 96 mil personas detenidas en el National Fugitives Operation Program [Programa Nacional de Operaciones contra Fugitivos] no habían cometido delito alguno, excepto estar "fuera de estatus".[7]

Si se considera que, tan sólo en 2008, diversas operaciones del DHS lograron la deportación de más de 349 mil personas, no hay duda de que la corrupción de la política de vigilancia ha arruinado incontables vidas y separado a miles de familias con excusas falsas. Por ejemplo, el inspector general de Seguridad Nacional, Richard Skinner, reveló recientemente que, de los 2.2 millones de personas deportadas de Estados Unidos entre 1998 y 2007, más de 108 mil tenían hijos nacidos en Estados Unidos, los cuales, en consecuencia, eran ciudadanos.[8]

A pesar de que algunos investigadores llegaron a la conclusión de que, como grupo, "los trabajadores indocumentados son estadísticamente menos propensos a cometer delitos que los nacidos en Estados Unidos", los trabajadores indocumentados son los que más han estado en la mira.[9] Un estudio de mayo de 2007, publicado por la Universidad de Siracusa, concluía que, "de más de 800 mil casos registrados en cortes federales por el Departamento de Seguridad Nacional desde 2004, sólo doce estaban relacionados con terrorismo. Otros 112 casos se registraron con cargos de seguridad nacional." En total, alrededor de 87% de los acusados eran trabajadores y estudiantes indocumentados. El informe concluía así: "A pesar de las repetidas afirmaciones del DHS de que su misión fundamental es detener el terrorismo y evitar los delitos graves, la evidencia muestra que desde la creación de la agencia, después del 11 de septiembre de 2001, la mayor parte de su trabajo, registrado ante las cortes de migración, se ha enfocado en asuntos migratorios tradicionales."[10]

El número de cargos asociados con la "seguridad nacional" y el "terrorismo" ha disminuido desde la creación del DHS. En los años fiscales de 1994 a 1996, los cargos de seguridad nacional alcanzaban 0.031% de todos los cargos migratorios; en los años fiscales de 2004 a 2006, representaban 0.014%. En cuanto a los cargos de terrorismo, el porcentaje de casos registrados alcanzaba 0.009% en los años fiscales 1994 a 1996; una década después, el porcentaje bajó hasta 0.0015%.[11] Forjado al calor de la guerra contra el terrorismo para combatir una ilusoria amenaza interna, el monstruo de la seguridad migratoria se desató con todas sus fuerzas contra los trabajadores indocumentados.

A pesar del fracaso para identificar y capturar terroristas, la seguridad migratoria se convirtió en un fin en sí mismo a ojos del gobierno de Bush. Por ejemplo, para 2003, el alcance de las acciones de seguridad "antiterrorismo" se amplió para incluir la captura de unos 600 mil "fugitivos" migrantes, es decir, cualquier migrante indocumentado con antecedentes penales o, simplemente, una orden de deportación pendiente.

Por medio de iniciativas paramilitares como la National Fugitives Operations Program [Programa Nacional de Operaciones con Fugitivos] y la Operation Return to Sender [Operación Devolver al Remitente], se canalizó dinero a la agencia para crear más de cien "equipos de recuperación de fugitivos" que realizarían redadas contra objetivos específicos. Los agentes asaltaron casas, edificios de departamentos y vecindarios por todo el país; sin embargo, de acuerdo con documentos internos del departamento obtenidos gracias a la ley de acceso a la información y publicados en *The New York Times*, el ICE "cambió las reglas y el programa se dirigió contra blancos cada vez más fáciles. La gran mayoría de los arrestados no tenían antecedentes penales y muchos tampoco tenían órdenes de deportación."[12]

Cuando el ICE declaró abierta la "temporada de caza de migrantes", ya eran comunes en otras oficinas de seguridad migratoria las cuotas de arrestos para inflar las cifras y dar la impresión de que se había alcanzado el éxito. Un ex agente de la Patrulla Fronteriza en California reveló que la constante exigencia de cumplir cuotas de arrestos mensuales llevaba a los agentes a peinar calles, paradas de autobús e incluso clínicas en busca de migrantes indocumentados.

De acuerdo con una entrevista publicada en *Los Angeles Times*, el ex agente Tony Plattel fue despedido por llevar al cuartel general a seis migrantes deshidratados, desobedeciendo la orden de esperar hasta llenar su camioneta. "Teníamos que hacer ocho arrestos al día y, si no cumplíamos esa meta, nos presionaban para que arrestáramos más al día siguiente —afirmó—. Manipulé la cuota; por eso me despidieron." Estos "conteos de cabezas" que exigen los jefes han desmotivado a algunos agentes, como Plattel, pero la mayoría continúa aplicando perfiles raciales y persiguiendo trabajadores indocumentados impunemente.[13]

PERSEGUIDOS EN EL TRABAJO

La represión ha demostrado ser un medio eficaz para reducir los salarios y el poder social de los trabajadores migrantes. Según las investigaciones de los expertos en migración Douglas Massey, Jorge Durand y Nolan Malone, antes de la aplicación de las primeras políticas criminalizantes en la década de 1980, los salarios de los trabajadores indocumentados tendían a ser iguales a los de los trabajadores nativos en industrias similares: "Las investigaciones demuestran que antes de 1986 había poca discriminación salarial basada en el estatus legal: los trabajadores documentados e indocumentados ganaban el mismo salario por hora una vez controladas las características de antecedentes personales (como educación y experiencia)."[14] Las diferencias salariales aumentaron de manera abrupta después de 1986, con la aplicación de los aspectos represivos de la Immigration Reform and Control Act [Ley de reforma y control migratorio] (IRCA), ley que introdujo la amnistía para trabajadores indocumentados a cambio de la aplicación de sanciones a los patrones, la reintroducción de un plan limitado de trabajadores visitantes para la agricultura y el aumento de la militarización de la frontera. En otras palabras, la ley ofrecía una amnistía limitada a cambio del aumento de la criminalización.[15]

Desde el punto de vista de los patrones, los aspectos punitivos de IRCA resultaron ser una bendición —y la amnistía, una maldición—, factores que desde entonces han determinado los debates contemporáneos sobre la reforma migratoria. La historia muestra que los salarios aumentaron después de la amnistía de 1986. En cinco años, los salarios reales de trabajadores anteriormente indocumentados aumentaron en un promedio de 15%, según el Departamento del Trabajo de Estados Unidos. Antes de la legalización, los salarios en muchos de estos trabajos iban en descenso. También aumentaron los salarios de los trabajadores nacidos en Estados Unidos o de los migrantes legales en trabajos similares. En 2001, un estudio de la Universidad de California, en Los Ángeles (UCLA), calculó que, si se legalizaba a los trabajadores indocumentados, los salarios de todos los trabajadores aumentarían alrededor de 5% en la agricultura, 2.75% en los servicios y 2.5% en las manufacturas.[16] Otro estudio de UCLA en 2011 determinó que la legalización "produciría al menos 1.5 billones de dólares en producto interno bruto adicional de Estados Unidos a lo largo de diez años", pues se incrementarían los salarios y el consumo, y se generarían más ingresos fiscales.[17] Tras la amnistía se intensificó la criminalización contra los trabajadores indocumentados que llegaron después.

Como resultado de las sanciones a patrones y otras formas de represión que aumentaron después de 1986, los salarios de los trabajadores indocumentados (los que no calificaban para la amnistía o los que llegaron después) tendieron a bajar. La disminución salarial de estos trabajadores también redujo los salarios de los trabajadores migrantes recién documentados, que seguían trabajando en las mismas industrias. De acuerdo con Massey, Durand y Malone, como resultado de lo anterior, para 1992 el salario promedio de todos los trabajadores migrantes había caído un total de 13%.[18] No obstante, la represión disminuyó, lo que permitió que el nuevo arreglo se estabilizara. De 1993 a 2003, el número de arrestos en centros de trabajo de todo el país cayó de 7 630 a 445, mientras que el número de multas a patrones cayó de 944 a 124 en el mismo periodo.[19]

En este contexto, los esfuerzos de represión aumentaron en gran medida después del 11 de septiembre de 2001, y sobre todo después de que los trabajadores migrantes comenzaran a marchar para exigir una nueva amnistía. Los trabajadores migrantes sufrieron una extensa campaña de represión después de las protestas masivas del 1 de mayo de 2006. En todo el país se realizó una campaña de redadas aparentemente arbitrarias en centros de trabajo y comunidades pobladas por trabajadores migrantes. Estas campañas, de naturaleza paramilitar y con nombres que sugerían "devolver al remitente", en combinación con el programa de operaciones contra fugitivos, dieron como resultado la deportación de más de 200 mil personas en 2007.[20]

Desde su inicio en 2003, estas redadas, que supuestamente iban dirigidas contra los "extranjeros criminales" y los que hubieran recibido órdenes de deportación, han capturado sobre todo trabajadores que usan permisos falsos y otros que no han cometido delito alguno, pero que fueron arrestados durante las operaciones de búsqueda.[21]

Por ejemplo, en 2009, un estudio del Migration Policy Institute encontró que, entre 2003 y 2008, 73% de los arrestados en "operaciones de recuperación de fugitivos" no tenía antecedentes penales ni cargos pendientes.[22] Hasta la fecha en que se escribe esto, el ICE ha deportado a 350 mil personas mediante operaciones de retiro de fugitivos realizadas por 24 oficinas de campo especializadas en "operaciones de seguridad y remoción" y 129 equipos de operaciones contra fugitivos "que dan prioridad a los esfuerzos de aplicación de la ley contra extranjeros que representan una amenaza grave a la seguridad nacional y el bien público, tales como miembros de pandillas transnacionales, agresores sexuales de niños y extranjeros con condenas previas por crímenes violentos".[23] Según las estadísticas de esa oficina gubernamental, en 2015 las operaciones más concentradas capturaron 59% de "criminales" y 41% de "migrantes infractores no criminales".[24] No obstante, del 59% considerados como criminales, alrededor de 24% incluyen a personas que sólo tenían una orden de deportación pendiente (sin cargos criminales), habían sido arrestadas por "entrada ilegal" y acusadas de infracciones menores.[25] El 35% restante refleja un cambio en las tácticas de recuperación. De acuerdo con

Syracuse Trac Immigration: "La mayoría de estas [...] detenciones ocurrió cuando el ICE asumió la custodia de individuos retenidos por otras agencias de seguridad. Muchas de estas detenciones ocurrieron cuando el ICE tomó bajo custodia a individuos que estaban cumpliendo una condena en una prisión o un centro penitenciario."[26] En vez de cumplir su propósito oficial, las redadas dirigidas, las detenciones sistemáticas y la práctica institucionalizada de la deportación selectiva y continua están diseñadas para sembrar el miedo entre la comunidad migrante, siguiendo la estrategia de "aplicación de la ley por desgaste". La teoría detrás de esta doctrina es que los migrantes indocumentados se sentirán tentados a "autodeportarse" si se les hace la vida lo suficientemente miserable por medio de medidas restrictivas, castigos selectivos y el miedo constante a ser capturados y detenidos. En la práctica, la mayor parte de la clase capitalista ha considerado aceptable este programa porque *los migrantes no están autodeportándose;* en vez de eso, las redadas y las deportaciones selectivas sirven para mantener sometido al movimiento obrero migrante. Por consiguiente, esta práctica cumple la definición de terrorismo de Estado.[27]

Desde 2005, el aumento de las redadas en centros de trabajo y las deportaciones ha resultado en la captura de un número creciente de trabajadores. El patrón de las redadas parece aleatorio y las tácticas varían. Por ejemplo, en 2005, el ICE arrestó a 49 trabajadores en la Base Seymour Johnson de la Fuerza Aérea en Carolina del Norte, después de atraerlos con un volante que anunciaba una reunión obligatoria de la Administración de Salud y Seguridad Laboral.[28] En abril de 2006, entre las marchas masivas por los derechos de los migrantes, las autoridades capturaron a más de 1200 trabajadores de IFCO Systems, una empresa líder en la fabricación de tarimas, cajas de embalaje y contenedores, en 40 plantas de todo el país.[29]

Unos meses después se hizo una redada similar en Stillmore, Georgia, que quedó reducido a pueblo fantasma después de que los agentes del ICE asaltaran campamentos de casas rodantes y arrestaran a 120 trabajadores indocumentados empleados en la planta local procesadora de pollo.[30]

Swift & Company, la segunda mayor compañía procesadora de carne fresca de res y cerdo en el mundo, fue el objetivo de otra redada laboral en diciembre de 2006, cuando fueron detenidos 1300 trabajadores en Texas, Colorado, Nebraska, Minnesota, Iowa y Utah.[31] Siguió una redada en el matadero de cerdos Smithfield en Tar Heel, Carolina del Norte, en enero de 2007, con 21 trabajadores arrestados. Smithfield es una planta grande, con 5 mil empleados, y sus trabajadores participaron en las marchas por los derechos de los migrantes en 2006 y estaban a punto de obtener representación sindical por medio del United Food and Commercial Workers Union [Sindicato de Trabajadores Unidos de la Industria Alimentaria y Comercial].[32]

En abril de 2007, más de 150 personas resultaron detenidas en una redada desarrollada como acción paramilitar en el distrito empresarial latino de Chicago, conocido como La Villita.[33] En Newport, Rhode Island, los agentes del ICE hicieron redadas en restaurantes, tiendas y departamentos en junio de 2008, durante un operativo conjunto, y en algunos casos "parecían buscar personas de aspecto extranjero que condujeran camionetas de empresas de jardinería".[34]

Otra ronda de redadas tuvo lugar en plantas de procesamiento de carne y manufacturas entre 2007 y 2008. Unos 160 trabajadores fueron arrestados en la planta procesadora de pollo de Koch Foods, en Fairfield, Ohio; 390 en Agriprocessors, en Postville, Ohio, y 400 en fábricas de Pilgrim's Pride a lo largo del Medio Oeste;[35] 57 trabajadores de Mills Manufacturing (un tercio de la mano de obra de la empresa) fueron detenidos en una redada en una fábrica de paracaídas en Woodfin, Carolina del Norte.[36]

En otra redada en gran escala, 595 de los 800 obreros que llegaron a trabajar a la fábrica de electrónicos de Howard Industries en Laurel, Misisipi, no volvieron a casa.[37] El resto de los detenidos, en su mayoría mujeres cuyos hijos quedaron abandonados en sus casas y escuelas, sólo fueron puestas en libertad después de colocárseles dispositivos de rastreo en el tobillo para garantizar que permanecieran detenidas en sus hogares en espera de las audiencias de deportación. Otras redadas han conducido a la captura de 63 trabajadores de taquerías en San Francisco, 18 trabajadores de panaderías en San Diego, 138 trabajadores de una planta recicladora de cartuchos de impresora en Los Ángeles, 30 trabajadores de una fábrica de donas en Houston, 361 trabajadores de una fábrica de ropa cerca de Boston, 24 jornaleros en Baltimore, 42 albañiles en Virginia y muchos más detenidos en todo el país.[38]

En 2007, la agencia acusó a 863 personas de delitos como robo de identidad y a 4 077 trabajadores de estar en el país de manera ilegal; en contraste, en 2002, el ICE sólo realizó 25 arrestos por delitos y 485 arrestos migratorios en redadas a centros de trabajo. Esto representa un aumento de 800%.[39] En total, las redadas dirigidas contra trabajadores fueron diez veces más en 2007 que en 2002. Para el verano de 2008, 3 077 trabajadores habían sido detenidos en redadas desde el comienzo del año, de los cuales 1 755 fueron arrestados tan sólo en mayo.[40] Al final de ese mismo año, las redadas laborales alcanzaron su punto máximo, con 6 287 arrestos.[41]

Aunque las redadas en centros de trabajo disminuyeron después de la toma de protesta de Barack Obama, el gobierno entrante aumentó las "auditorías laborales" como alternativa. Éstas requieren que el DHS investigue a las compañías para identificar y despedir trabajadores migrantes indocumentados, e imponer cuantiosas multas a los patrones que los contrataron. Ante la amenaza de dichas auditorías, la compañía fabricante de ropa American Apparel despidió en masa a 1 500 trabajadores en septiembre de 2009.[42] El gobierno de Obama también redobló el uso del sistema E-Verify, una base de datos federal que los patrones usan para verificar el estatus migratorio de sus potenciales empleados. Además, el gobierno continuó la tendencia de aumentar el financiamiento a la vigilancia y la militarización de la frontera.

Para 2009, había 19 354 agentes de la Patrulla Fronteriza en todo el país: un aumento de 57% desde la expansión del muro fronterizo en septiembre de 2006. Alrededor de 88% de los agentes (17 011) se desplegaron en los nueve sectores de la Patrulla Fronteriza a lo largo de la frontera sur. Otro 4% fue asignado a los 32 puntos de revisión permanentes que flanquean la región y funcionan como una segunda frontera.[43] La fortificación de la frontera ha crecido aún más con el incremento de la vigilancia interna, aunque ésta es menos vigorosa en la frontera norte con Canadá.

Cabe señalar que el 8% restante de la Patrulla Fronteriza está asignado a la frontera con Canadá, de 8 891 kilómetros de extensión. La proporción de vigilancia de 92 a 8 entre México y Canadá, establecida en 2009, revela un marcado contraste en la manera en que Estados Unidos trata ambas fronteras. De acuerdo con Wayne Cornelius, director del Center for Comparative Immigration Studies [Centro de Estudios Migratorios Comparativos] de la Universidad de California, "entre Estados Unidos y Canadá casi no hay muros ni líneas divisorias [...] Los residentes de Estados Unidos pueden ir a Canadá y regresar sin problemas. Sólo en los puntos de entrada hay algunas líneas divisorias claras."[44]

La estrategia en la frontera con México fue concentrar agentes y recursos en zonas muy pobladas, con lo que obligó a los migrantes indocumentados a transitar por ambientes extremosos y barreras naturales que, según previó el gobierno, aumentarían las probabilidades de accidentes y muerte. La meta declarada era disuadir a los migrantes de cruzar. Sin embargo, la estrategia disuasoria no funcionó: día tras día, año tras año, los migrantes mueren cruzando la frontera. La Patrulla Fronteriza ha confirmado casi 7 mil muertes entre 1998 y 2016, mientras que los grupos defensores de los derechos humanos calculan cifras mucho mayores, con base en informes de personas desaparecidas y en la propensión de los restos humanos a deteriorarse con rapidez o a ser dispersados por animales en las regiones desérticas.[45] Entretanto, también se ha aumentado la vigilancia en colaboración con los departamentos de policía locales.

Para 2009, más de 70 agencias de seguridad locales participaban en el programa 287(g) del DHS. Este arreglo, que se añadió a la ley para reformar la migración ilegal y la responsabilidad migratoria de 1996, durante el gobierno de Clinton, entró en vigor en el gobierno de Bush y se expandió en el de Obama. Permite que los departamentos de policía y alguaciles en lo individual participen en la vigilancia migratoria local como parte de sus otros deberes, si eligen afiliarse.[46] Como resultado de esta política, para 2008 los funcionarios de migración mantenían un récord de 378 582 personas detenidas, 61% de las cuales eran ciudadanos mexicanos;[47] las tenían presas en un vasto complejo de cárceles registradas y secretas, centros de detención y oficinas de campo.[48]

La ilegalización del desplazamiento de la mayoría de los mexicanos a través de la frontera se ha incrementado por la expansión interna de la vigilancia, que crea múltiples "fronteras" dentro del país. Estas medidas incluyen puntos de revisión de migración fijos, redadas y auditorías laborales, "equipos de recuperación de fugitivos", búsquedas con la participación de las agencias de seguridad locales —como en el programa 287(g)— y bases de datos de ciudadanos nacionales; más allá de la frontera, la jurisdicción recae en el ICE. En consecuencia, el DHS ha expandido rápidamente su sistema de detención y encarcelamiento. De acuerdo con el sitio electrónico Detention Watch, la población promedio de detenidos al día se disparó de 5 mil en 1994 a 30 mil en 2009.[49] Esta vasta red de vigilancia migratoria se ha desarrollado en lugar de un cambio sustancial en la política migratoria.

La concentración de la vigilancia en la frontera entre México y Estados Unidos, y en los migrantes no autorizados provenientes de México y otros países latinoamericanos, se refleja en el aumento del encarcelamiento de migrantes. Los migrantes indocumentados no violentos de origen latino son el segmento de la población de las prisiones que crece con mayor rapidez. Por ejemplo, para 2007, los latinos conformaban 40% del total estimado de 200 mil prisioneros en centros penitenciarios federales: el triple del porcentaje que representan en la población adulta total de Estados Unidos, y una cifra desproporcionada en comparación con su representación en cárceles estatales y locales (19% y 16%, respectivamente). Casi la mitad de la población latina en prisiones federales es migrante y 81% son personas sentenciadas por entrar o residir en el país sin autorización.[50]

En total, contando todos los tipos de redadas en el año fiscal 2008, el ICE afirma haber deportado a 349 041 migrantes indocumentados. Es un aumento de casi 20% sobre los 288 663 deportados en 2007 y 100% más que las 174 mil deportaciones de 2004.[51] También se calcula que, para 2008, unas 280 mil personas estaban presas en 15 centros de detención federales por infracciones migratorias y en más de 400 instalaciones bajo contrato en los niveles estatal y local en todo el país.[52]

La campaña del gobierno federal contra los trabajadores indocumentados no ha procurado deportarlos a todos y cada uno; después de todo, cada año siguen entrando a Estados Unidos más trabajadores (500 mil) que los que salen deportados.[53] Además de apaciguar a la extrema derecha, las redadas se acoplan con un esfuerzo convergente de ambos partidos para transformar a los futuros migrantes de "indocumentados" (con libertad de movimiento limitada, membresía limitada en sindicatos y residencia permanente limitada) en una clase obrera no ciudadana cuya presencia pueda ser regulada de manera directa por el gobierno (sin libertad de movimiento, sin derecho a afiliarse a sindicatos y sin residencia permanente). Aunque esta trayectoria de la "reforma" migratoria se ha detenido con la elección de Trump, la más reciente ronda de represión sirve al mismo propósito: crear una clase de trabajadores sumisos y sin poder, y utilizar la situación precaria de los indocumentados para reducir los salarios y las condiciones laborales de todos. La multifacética represión de los trabajadores migrantes a manos de las entidades federales ha llegado hasta los gobiernos estatales.

En 2007, se introdujeron más de 1 500 leyes contra los migrantes en legislaturas estatales de todo el país. Tan sólo en los dos primeros meses de 2008, se anunciaron 350 medidas relacionadas con la migración.[54] En 2007, la legislatura de Oklahoma aprobó una ley de protección a los ciudadanos y contribuyentes del estado, que impedía que los trabajadores indocumentados consiguieran empleo o asistencia del estado y convertía en delito alojar o transportar migrantes indocumentados. La aprobación de esta ley provocó una oleada de terror en la comunidad latina. Ante las severas medidas resultantes, miles huyeron a los estados vecinos;

hasta 25 mil latinos salieron del noreste de Oklahoma, según la Greater Tulsa Hispanic Chamber [Cámara de Comercio Hispánica de la Zona Metropolitana de Tulsa]. Los efectos de la ley también se han sentido en la economía, pues ha afectado a los negocios locales, ha provocado escasez de trabajadores y ha hecho cundir el miedo entre los migrantes, que no se atreven a ir a la iglesia o al mercado debido a la persecución racial.[55]

Para 2007, 30 pueblos pequeños y ciudades medianas en todo el país habían aprobado ordenanzas contra los migrantes en el ámbito local, entre ellas prohibir la renta de vivienda a los migrantes indocumentados, retirar licencias a las compañías que los contrataran, cerrar sitios de reclutamiento laboral, establecer el inglés como "lengua oficial" de los gobiernos locales y otras medidas restrictivas y punitivas. En la mayoría de los casos, estos esfuerzos no son movimientos "locales": a menudo los han encabezado funcionarios electos con tendencias de derecha que, inspirados por el éxito de los movimientos antimigrantes de otros lugares, intentan llevar a cabo su propia cruzada contra los migrantes o aprovechar el tema para reavivar su desgastada carrera política.[56]

35. El movimiento por los derechos de los migrantes va a las urnas

Mientras las negociaciones por la reforma migratoria alcanzaban un punto muerto en el Congreso tras la derrota de la iniciativa HR 4437, la atención nacional se volcó en la campaña electoral de 2008. Aunque el movimiento a favor de la legalización había decrecido desde 2006, su alcance se había ampliado. Los esfuerzos en el plano comunitario han tomado varias formas, desde la creación de comités de apoyo para trabajadores detenidos hasta las protestas en oficinas y centros de detención del ICE, el apoyo activo y la solidaridad con luchas laborales, campañas de registro de votantes y foros comunitarios. Ya sea participando en las espectaculares marchas o en los mítines sindicales, o sufriendo el miedo y la inquietud que las redadas, los vigilantes voluntarios, los puntos de revisión y la discriminación provocan, la experiencia colectiva politizó profundamente a los votantes latinos migrantes, y los condujo a las urnas. El Partido Republicano y sus auxiliares se esforzaron por hacer de la vigilancia migratoria el elemento central de su campaña y por ello resultó una prueba de fuego para ambos partidos. El debate se manifestó a lo largo del ciclo electoral 2006-2008, lo que proporcionó un terreno para que ambos bandos demostraran su fuerza en torno al tema.

El movimiento por los trabajadores migrantes ha politizado a toda una generación, desmotivado a la derecha, inyectado energía a los votantes latinos y desplazado el centro de gravedad político hacia la izquierda. Además, el desagrado del público en general por la agenda antimigrante de la extrema derecha ha salido a la superficie. De 2006 a 2008, las encuestas de opinión mantuvieron resultados consistentes en la cuestión de la migración, con dos terceras partes de los encuestados apoyando consistentemente la legalización.[1] En California —el estado con mayor población de migrantes indocumentados de todo Estados Unidos—, una encuesta de campo realizada en 2006 mostró que 80% de los entrevistados apoyaban una vía a la ciudadanía.[2]

Desde las elecciones de mitad de periodo de 2006 hasta la campaña presidencial de 2008, el Partido Republicano recibió una paliza. A pesar de su éxito al saturar el discurso público de retórica antimigrante, sus esfuerzos ganaron poco terreno y no lograron unificar o movilizar a sus partidarios, como sí lo hicieron sus oponentes. El énfasis en la migración durante las elecciones de 2006 no bastó para atraer el voto xenófobo en grandes cantidades. No sólo no creció el Congressional Immigration Reform Caucus [Grupo del Congreso por la Reforma Migratoria], sino que diez de sus miembros más fervorosos *perdieron* sus asientos en el Congreso y los demócratas tomaron el control de ambas cámaras.[3] El menguante apoyo a la derecha fue evidente en el proceso de selección de candidato presidencial del Partido Republicano en 2008 y en el creciente aislamiento de los grupos de vigilantes racistas.

En ese proceso, el gobernador de Arkansas, Mike Huckabee, presentó como precandidato su Secure America Plan [Plan América Segura], con el que prometía expulsar por la fuerza a 12 millones de indocumentados y sus familias en 120 días. El gobernador de Massachusetts, Mitt Romney, y el alcalde de Nueva York, Rudy Giuliani, se sumaron al frenesí antimigrante, se criticaron mutuamente por su supuesta tolerancia a los trabajadores migrantes en sus respectivos estados y prometieron mano dura en caso de resultar electos. El representante de San Diego, Duncan Hunter, prometió construir dos muros a lo largo de la frontera entre México y Estados Unidos. Otros, como el congresista texano Ron Paul y el senador de Tennessee Fred Thompson, también se unieron al coro y despotricaron contra los trabajadores migrantes, de acuerdo con el guión republicano.

En vez de ser el santo grial político, la postura antimigrante no reanimó las debilitadas campañas republicanas. Tom Tancredo, congresista de Colorado y estridente vocero del movimiento antimigrante, tuvo una campaña tan débil que se extinguió al no lograr reunir más de 1% de los votos. A pesar de su derrota, se regodeó en el tono general de las elecciones primarias y declaró con despreocupación que la campaña "ha sido maravillosa, porque sólo he oído a personas que tratan de ser más Tancredo que Tancredo".[4] Rápidamente, los votantes republicanos despejaron el campo hasta que sólo quedó en pie John McCain, a quien la extrema derecha consideraba un traidor por su supuesta moderación en el tema migratorio. Resultó que incluso dentro del bando republicano, 6 de cada 10 votantes estaban en desacuerdo con la estrategia de la extrema derecha.[5]

Otro revés para la política antimigrante fue el aislamiento del Minuteman Project y sus seguidores. Aunque en los meses posteriores a sus muy publicitados espectáculos en la frontera el movimiento tuvo un rápido crecimiento, un movimiento de contraprotesta cuestionó las tácticas violentas y las acciones callejeras racistas que la mayoría de los medios de comunicación no examinaban y expuso los vínculos de muchos miembros del Minuteman Project con organizaciones de supremacistas blancos. Aunque recibió poca atención de los medios, el movimiento de protesta contra los vigilantes puso a los *minutemen* a la defensiva y la organización, compuesta sólo por blancos, se vio obligada a buscar aliados negros y latinos, y a apelar de manera más directa a los votantes blancos de la clase trabajadora para responder al desafío que enfrentaba.[6] La prueba de fuego del apoyo de los trabajadores blancos llegó el 19 de enero de 2006, cuando el Minuteman Project, en su punto de crecimiento más alto, convocó a una manifestación en 19 estados para consolidar un movimiento y una ofensiva nacionales. Como informó en su momento Associated Press, "sólo un puñado" de personas participó, con lo que quedó al descubierto el escaso apoyo a la ideología de los *minutemen* y su falta de seguidores fuera de sus propias filas.

Cuando los *minutemen* intentaron renovar su imagen con una fachada multirracial, sobre todo después de que la catástrofe evitable del huracán Katrina desplazara a miles de afroamericanos de bajos recursos, pocas personas se unieron a su causa.[7] El fracaso del grupo para abrirse camino en comunidades de la clase trabajadora condujo a una serie de riñas internas, desacuerdos y divisiones políticas. En San Diego, donde en 2006 una de las mayores organizaciones de *minutemen* había logrado movilizar a cientos de seguidores, para fines de 2008 el grupo se encontraba desorganizado. "Hemos perdido la batalla [...] Mi intuición me dice que [...] todo este movimiento se apagará por completo para el final del año", declaró el fundador del Minuteman Project, Jim Gilchrist, en mayo de 2008, lamentando el deterioro nacional de la organización.[8] Sin embargo, pese a los obstáculos, los esfuerzos de los *minutemen* prepararon el terreno para que otros grupos entraran en acción.

De 2000 a 2007, el número de grupos de odio en Estados Unidos creció 48% (hasta alcanzar los 880), mientras las secciones del Ku Klux Klan aumentaban 63%, situación directamente atribuible a la popularización de la retórica antimigrante.[9] Entre 2006 y 2008, brotaron en todo el país más de 300 grupos de odio xenófobos, inspirados por la campaña de los *minutemen* para tomar las armas contra los migrantes.[10]

Incluso Gilchrist, el campeón del movimiento vigilante, manifestó su conmoción ante los elementos violentos que ayudó a inspirar y desatar. "Hay todo tipo de organizaciones que han surgido del Minuteman Project y debo reconocer que algunas de las personas que se han incorporado a este movimiento tienen intenciones siniestras", concluyó.[11] La derecha se fragmentó y se polarizó conforme el clima político se desplazaba hacia la izquierda en vísperas de las elecciones presidenciales de 2008.

De 1970 a 2006, la población latina de Estados Unidos creció de 9.6 millones a 44.3 millones. La mayoría son ciudadanos; 9 millones de ellos son votantes registrados. En California, llegaron a constituir un tercio de los votantes demócratas. En Texas, conformaban 25% del electorado. Antes de las elecciones de 2006, las encuestas mostraban que 76% de los votantes latinos pensaban que el creciente clima de rechazo a los latinos se debía a las políticas antimigrantes de los republicanos. Esto se tradujo en una preferencia por los candidatos demócratas en los ciclos electorales de 2006 a 2008. En las elecciones primarias presidenciales, el voto latino por candidatos demócratas fue 300% más alto que en 2004 y 78% de los latinos que participaron en las elecciones primarias votaron por el Partido Demócrata (en contraste con el 40% que había votado por Bush en 2004), lo que condujo a una concurrencia masiva de latinos que votaron por candidatos demócratas en noviembre de 2006 y 2008.[12]

El acalorado debate sobre la migración que llevó a millones a marchar en las calles también condujo a millones a votar contra la derecha. "El tema de la migración fue lo que rigió el proceso", afirmó Sergio Bendixen, un encuestador de Miami cuya compañía entrevistó a latinos de todo el país al salir de las urnas en 2008, cuando una histórica participación de votantes latinos y migrantes ayudó a Barack Obama a obtener la presidencia y dio al Partido Demócrata la mayor victoria en toda una generación.[13] Durante la campaña de 2008, el equipo de Obama comprendió los vientos electorales que soplaban y se adaptó a ellos, adoptando para su campaña el lema tradicional latino de empoderamiento obrero "Sí se puede" y criticando la represión a migrantes. En un discurso crucial frente a un público latino, Obama afirmó: "El sistema no está funcionando [...] cuando las comunidades viven aterradas por las redadas de migrantes por parte del ICE, cuando se separa a las madres de sus bebés lactantes, cuando los niños llegan de la escuela y no encuentran a sus padres en casa."[14]

El elemento latino de la victoria demócrata quedó en evidencia por el hecho de que los latinos están concentrados en los estados del oeste, que en 2008 pasaron de ser republicanos a ser demócratas: 73% de los latinos de Colorado, 76% de los de Nevada y 69% de los de Nuevo México votaron por Obama. En California, 77% de los latinos votaron por el candidato demócrata, al igual que 57% de los de Florida.[15] Los latinos nacidos fuera de Estados Unidos votaron por Obama por un margen ligeramente mayor que los latinos nacidos en el país: 78% contra 76%.[16] El cambio demográfico y político en Estados Unidos, que quedó registrado con la victoria demócrata, ha desplazado el debate migratorio hacia la izquierda. Para muchas personas involucradas en la lucha por los derechos de los migrantes, esto representó una oportunidad para que el movimiento tomara la ofensiva después de un largo y oscuro periodo de reacción.

Mientras las expectativas de un cambio progresista aumentaban con el ascenso de Obama y los demócratas, los activistas por los derechos de los migrantes experimentaron su primer desencuentro con el nuevo gobierno. Durante las audiencias para su confirmación en el Senado como propuesta de Obama para ser secretaria de Seguridad Nacional, Janet Napolitano apoyó la continuación de la estrategia de Bush y declaró que, con ella en el cargo, "los agentes migratorios federales interceptarían a los migrantes ilegales en la frontera [...] y continuarían haciendo redadas en las empresas donde trabajan". Además, dijo, "el gobierno de Obama también iría contra los patrones que contratan migrantes confiando en que no habrá redadas en su negocio".[17] Ante esta medida, los grupos activistas de todo el país se comprometieron a no dejar de presionar al nuevo gobierno para poner fin a redadas y deportaciones, y para crear un nuevo programa de legalización.

Para 2008, una mayoría demócrata asumió cargos públicos, encumbrada por una mayoría de votantes de clase trabajadora ansiosos de ver un cambio. Para decepción de éstos, el partido no abandonó las políticas represoras de sus predecesores, ni perturbó el *statu quo* favorable a las grandes empresas, que considera la migración como una forma para conseguir y controlar la mano de obra. Los principios de la era Bush/Chertoff pasaron a la era Obama/Napolitano con continuidad total.

LA ESTRATEGIA DEMÓCRATA: DEJAR QUE LOS REPUBLICANOS DIRIJAN

Muchas personas que se habían sentido inspiradas por las marchas masivas de 2006 por los derechos de los migrantes aceptaron el mantra de "hoy marchamos, mañana votamos". Un electorado empoderado, latino y de tendencia liberal, en conjunción con una derecha desmotivada y dividida, logró dar la victoria a los demócratas. Para 2006, los demócratas recuperaron la Cámara de Representantes y para 2008 tuvieron también mayoría en el Senado y la presidencia con Barack Obama.

A pesar del apoyo retórico a la legalización, una vez en el poder los demócratas adoptaron gran parte del programa republicano, sobre todo la estrategia de "vigilancia primero". A pesar de haber hecho una promesa de campaña, a fines de abril de 2010 el gobierno de Obama abandonó los planes para crear un programa de legalización, argumentando que los legisladores no tenían "deseos" de apoyarlo. "No quiero que hagamos, sólo por política, algo que no resolverá el problema", dijo Obama.[18]

El fracaso de Obama y los demócratas respecto de la reforma migratoria ya había sido presagiado en 2005. Obama, como naciente estrella del partido, en preparación para 2008, asumió una posición que lo alineaba con la lógica republicana. Como senador, Obama declaró:

> Para empezar, las agencias encargadas de la seguridad fronteriza requieren nueva tecnología, nuevas instalaciones y más personal para detener, procesar y deportar migrantes ilegales. Pero, aunque la seguridad empieza en nuestras fronteras, no termina ahí [...] Necesitamos un programa de trabajadores visitantes para reemplazar la inundación de ilegales con un flujo regulado de migrantes legales que entren a Estados Unidos después de pasar por revisiones y que tengan acceso a derechos laborales.[19]

Obama y la mayoría demócrata prometieron aprobar la legalización en los primeros cien días de su presidencia, pero los procesos del partido para legislar garantizaban el fracaso. Al prometer no apoyar ninguna propuesta de ley sin "un compromiso fuerte de ambos partidos", Obama y los demócratas destruyeron toda ilusión de que pensaran ir contra el *statu quo*. Como afirmó Charles Schumer, jefe del Subcomité Judicial del Senado sobre Migración y principal vocero del gobierno de Obama en ese tema: "A menos que logremos convencer a los estadounidenses de que vamos a ser duros, esto no va a funcionar."[20]

La estrategia del Partido Demócrata, con Obama al mando, estaba condenada desde el principio. Comenzó con la directriz del partido de saltarse la Cámara de Representantes y tratar el tema primero en el Senado. De acuerdo con la presidenta de la Cámara de Representantes, Nancy Pelosi, esto se hizo supuestamente para proteger a los "demócratas vulnerables" que podrían perder en distritos más conservadores si se involucraban en un asunto tan espinoso. En realidad, la intención era prevenir y marginar los esfuerzos del congresista Luis Gutiérrez y el Congressional Hispanic Caucus [Grupo Hispánico del Congreso], que buscaban introducir una propuesta de ley considerada "demasiado liberal" por los líderes demócratas. Minutos antes de la presentación de la propuesta de Gutiérrez en una conferencia en Washington (DC), el jefe del comité de campaña para el Congreso del Partido Demócrata, Chris Van Hollen (de Maryland), dejó muy claro que la ley jamás vería la luz y afirmó ante la prensa que "la presidenta ha dicho muy claramente que en una ley migratoria iría primero al Senado".[21]

La visión de los líderes demócratas de una política migratoria seguía un guión muy estricto que no admitía desviaciones. Al igual que con el debate sobre los servicios médicos, los demócratas desperdiciaron la oportunidad de usar su mayoría en ambas cámaras del Congreso para promover una reforma importante y poner a los republicanos a la defensiva. En vez de eso, entregaron el liderazgo a la minoría republicana con la ilusión del "bipartidismo", un mito del que los republicanos estaban dispuestos a deshacerse de inmediato.

Esto allanó el camino para la segunda premisa de la estrategia, que aseveraba que una propuesta de reforma migratoria tendría que elaborarse en conjunto con los republicanos. En la práctica, esto significaba que cualquier forma de legalización tendría que sepultarse bajo un paquete de medidas draconianas para garantizar el apoyo de los republicanos. En realidad, este giro a la derecha se ajustaba a la visión de los líderes demócratas. Como candidato a la presidencia, Obama había delineado la estrategia emergente del Partido Demócrata que desarrollaría en su gobierno. De acuerdo con un correo electrónico de su campaña, Obama creía que la reforma migratoria debía incluir una "respuesta de tres elementos": 1] reforzar la seguridad fronteriza; 2] establecer una vía a la legalización que incluyera multas y adhesión a la ley para los migrantes y sus familias que hubieran entrado a Estados Unidos de manera ilegal, pero que ahora fueran miembros productivos y responsables de la sociedad, y 3] crear un programa de "trabajadores visitantes", con el cual las empresas pudieran reclutar de manera temporal a trabajadores extranjeros para puestos que los estadounidenses no pudieran o no quisieran ocupar.

En teoría, este enfoque estaba pensado para conciliar las tres principales fuerzas en conflicto en torno al debate migratorio: la derecha republicana, el movimiento por los derechos de los migrantes y el electorado migrante, y los sectores de las grandes empresas ansiosos de conservar su acceso a la mano de obra migrante. Sin embargo, de acuerdo con la estrategia de Obama, la reforma migratoria sólo podía comenzar si se confirmaba el apoyo republicano. El énfasis en un enfoque bipartidista se refleja en las posturas del senador Charles Schumer, líder del equipo de Obama en el Senado. Se le atribuye a él haber llevado al partido en una dirección más conservadora durante su tiempo como jefe del comité de campaña para el senado del Partido Demócrata, entre 2005 y 2009, pues promovió candidatos que adoptaban posturas republicanas. Esta filosofía siguió siendo la base de su estrategia como jefe del Subcomité de Migración del Comité Judicial del Senado. Por ejemplo, *The New York Times* citó a Schumer: "La percepción pública de la propuesta de reforma migratoria que fracasó en el Senado hace dos años es que 'era demasiado suave con los migrantes ilegales'."[22]

Este compromiso unilateral con el bipartidismo dejó entrar a la minoría republicana por la puerta grande, a pesar de que los demócratas tenían mayorías considerables en la Cámara de Representantes y en el Senado, y también a pesar de que los republicanos, que tenían un programa político antimigrante, sufrieron grandes pérdidas en las elecciones de 2006 y 2008, así como en las elecciones primarias presidenciales de su partido. Por ejemplo, la organización Immigration2006 siguió de cerca el curso de 15 elecciones en 2006 y encontró que los demócratas reformistas derrotaron a los republicanos que tenían campañas antimigrantes en 12 de estos casos. Esto ayudó a construir una Cámara de Representantes controlada por los demócratas.

Un estudio de las elecciones de 2008 realizado por America's Voice siguió de cerca 16 distritos muy disputados en los que los candidatos republicanos atacaron a sus adversarios demócratas haciendo notar sus supuestas posturas a favor de la reforma migratoria. En 14 de estas campañas, la táctica fracasó. En las elecciones primarias, todos los candidatos que se concentraban en la criminalización de los migrantes, desde Tom Tancredo hasta Mike Huckabee y Mitt Romney, fueron fácilmente derrotados por John McCain, a quien habían criticado por ser "proamnistía". (Después de eso, la postura de McCain cambió considerablemente.)

Los demócratas y sus partidarios, emulando a los republicanos, no sólo adoptaron la estrategia de "vigilancia primero", sino que desarrollaron su propia visión para tomar medidas duras contra los migrantes. La meta de Obama de "fortalecer la seguridad" se convirtió en el enfoque principal del plan. Los estrategas del Partido Demócrata y de los *think tanks* afines presionaron a candidatos y funcionarios para que adoptaran posturas más estrictas con respecto a la migración. Por ejemplo, en el partido circuló un informe titulado *Winning the Immigration Debate* [Ganar el debate migratorio], elaborado por dos grupos de presión con sede en Washington (DC): el Center for American Progress [Centro para el Progreso de Estados Unidos] y la Coalition for Comprehensive Immigration Reform [Coalición por una Reforma Migratoria Exhaustiva], que incluye al Service Employees International Union [Sindicato Internacional de Empleados de Servicios], el Consejo Nacional de La Raza, America's Voice y otros.

El informe exhortaba a los demócratas a apropiarse del lenguaje punitivo para discutir el tema de la migración. Específicamente, los alentaba a no caracterizar a los trabajadores indocumentados y sus familias como chivos expiatorios y víctimas de medidas severas, para presentarlos como malhechores que debían ser castigados como parte de cualquier esfuerzo por regularizar su situación. *The Huffington Post* cita un discurso de campaña de Obama, de 2007, que demuestra este sutil cambio al poner énfasis en las multas punitivas y los requisitos más estrictos: "Queremos tener una situación en la que aquellos que ya estén aquí, sigan las reglas y estén dispuestos a pagar una multa y atravesar un proceso riguroso puedan tener una vía a la legalización. La mayoría de los estadounidenses apoyará esto si considera que la frontera está protegida."[23]

La estrategia dirigida por Schumer también refleja el intento desesperado de cortejar a los republicanos intransigentes cediendo ante su retórica antimigrante. En sus "siete principios de reforma migratoria", Schumer se refiere a los migrantes como "extranjeros ilegales", en vez de trabajadores indocumentados. Exhorta a otros demócratas a emular este cambio, argumentando que, "cuando usamos expresiones como 'trabajadores indocumentados', enviamos al pueblo estadounidense el mensaje de que su gobierno no se toma en serio el combate a la migración ilegal, a la cual se opone la abrumadora mayoría del pueblo".[24]

LOS DEMÓCRATAS AUMENTAN LA REPRESIÓN

Retórica aparte, las medidas punitivas del gobierno de Obama contra los trabajadores migrantes fueron severas. La secretaria del DHS, Janet Napolitano, articuló el marco ideológico y declaró en un editorial del *Houston Chronicle*:

La estrategia del gobierno de Obama es considerar la seguridad fronteriza, la vigilancia migratoria en el interior del país y el combate al narcotráfico como elementos vinculados inextricablemente [...] Aunque la vigilancia en la frontera es fundamental, sólo será eficaz si va unida a una aplicación inteligente de las leyes migratorias dentro de nuestras fronteras. Eso empieza por un énfasis en la captura de delincuentes, ya sean patrones que fomentan con conocimiento de causa una mano de obra ilegal, o migrantes criminales que cometen delitos y ponen en peligro cualquier vida.[25]

Esto allanó el camino para una estrategia múltiple para aumentar la vigilancia interna de la migración por medio del DHS. Dicha estrategia incluyó la expansión del programa federal 287(g), que permitía a la policía colaborar con los agentes en la captura y la deportación de migrantes; la Secure Communities Initiative [Iniciativa Comunidades Seguras], que intensificó y afinó la búsqueda y la aprehensión de migrantes indocumentados en las comunidades; el sistema de base de datos E-Verify, que permitía a los patrones identificar y despedir a trabajadores sin papeles, y un sistema federal de auditorías al personal de las empresas, para castigar a las compañías que dieran empleo a trabajadores indocumentados y así fomentaran despidos masivos preventivos.

E-Verify alentó "redadas de sanción", discretas pero no menos perniciosas, en las que la amenaza de sanciones obligaba a algunas compañías a entregar a sus trabajadores indocumentados sin que fuera necesario el uso de recursos gubernamentales, como rifles de alto poder, grilletes y dispositivos de monitoreo. E-Verify también dio a los patrones más control sobre los trabajadores indocumentados. En el primer año de la presidencia de Obama, su gobierno hizo "auditorías" a 654 compañías, lo que condujo al despido de miles de trabajadores.[26] Para 2010, estas "auditorías" se intensificaron. De acuerdo con *Los Angeles Times*:

Los funcionarios federales están recurriendo a otras tácticas familiares, sobre todo el uso de auditorías para buscar trabajadores ilegales. Desde julio, el gobierno ha notificado a más de 1600 compañías de todo el país sobre sus planes para someter sus registros a auditoría. Hay cientos de inspecciones en curso. En el año fiscal 2010, que termina en septiembre, la agencia multó a 109 compañías por un total de tres millones de dólares, en contraste con los 675 mil dólares en multas a 18 compañías en el año fiscal 2008. En el presente año fiscal, hasta este momento, 65 patrones han sido arrestados, en contraste con 135 en todo el año fiscal 2008.[27]

El gobierno también aumentó la militarización y la acumulación de personal a lo largo de la frontera, y, a las pocas semanas de que Arizona aprobara la ley SB 1070 contra los migrantes, anunció el despliegue de 1 200 elementos de la Guardia Nacional en la región. Como parte de su estrategia, el gobierno también ordenó que el DHS incrementara las deportaciones, estableciendo una cuota de al menos 400 mil deportados al año para finales de 2010.[28]

El aumento de la vigilancia en el gobierno de Obama no sólo dio continuidad a las políticas del gobierno de Bush, sino que estableció una nueva norma en cuanto a las prioridades de vigilancia. De acuerdo con el *San Francisco Chronicle*:

> El Departamento de Seguridad Nacional reveló un presupuesto de 56 300 millones de dólares [febrero de 2010] que incluye financiamiento para el muro fronterizo virtual, E-Verify, y un incremento en el número de oficiales de la Patrulla Fronteriza y analistas de inteligencia apostados a lo largo de la frontera sur. En un año en el que el presidente Obama ha hablado sobre la necesidad de "ahorrar lo que podamos" para combatir niveles de déficit sin precedentes, algunas agencias federales han visto recortes o eliminación total de sus programas, pero el DHS ha salido incólume del proceso presupuestal. El presupuesto de Obama, que necesitaba la aprobación del Congreso antes de entrar en operación, pedía para el DHS 6 millones de dólares más de lo que el departamento recibió en el año fiscal 2010.[29]

El punto culminante de esta estrategia tomó forma con el anuncio del marco legislativo del Partido Demócrata —la propuesta de los senadores demócratas, liderados por Schumer— para comenzar la discusión de la reforma migratoria a principios de mayo de 2010. Este plan incluía una expansión aún mayor de la Patrulla Fronteriza, la triplicación de las multas a patrones que contrataran trabajadores indocumentados y el desarrollo de tarjetas de identificación biométrica que incorporaran huellas dactilares, escaneos de retina, "geometría de las venas" o "mapeo facial", para todos los trabajadores de Estados Unidos, para verificar en una base de datos federal que fueran elegibles.[30]

La propuesta ya estaba muerta al llegar a la cámara. Se habían hecho ya tantas concesiones a la minoritaria oposición republicana sin discusión alguna, que no necesitaron hacer más propuestas a los demócratas y abandonaron toda simulación de apoyar la legalización. Ahora podían golpear a los demócratas con el garrote que éstos les habían entregado y usarlo como palanca en las inminentes elecciones. Como reportó *The Washington Post*:

> El énfasis del plan en "asegurar la frontera primero", antes de dar cualquier paso para permitir que muchos de los 11 millones de migrantes ilegales que se estima viven en Estados Unidos paguen multas y legalicen su situación, fue sólo un gesto de deferencia a los republicanos. Aun así, ningún republicano lo apoya, ni siquiera el senador Lindsey O. Graham (republicano, Carolina del Sur), que ha estado trabajando durante meses con el senador Charles E. Schumer (demócrata, Nueva York) en las charlas bipartidistas sobre el tema. El cambio de los demócratas pone de relieve cómo, en la lucha entre los partidarios de la vigilancia y los de la legalización, los primeros parecen ir ganando.[31]

A pesar de haber sido plantados en el altar, los líderes demócratas siguieron adelante con la misma estrategia y en agosto apoyaron otro incremento al personal de la Patrulla Fronteriza. La petición de Obama y los demócratas del Senado de añadir 1500 agentes a la ya desmesurada fuerza de más de 20 mil llevó a *Los Angeles Times* a la conclusión de que sólo en torno a la vigilancia y la militarización de la frontera el Senado encontraba un "raro momento de acuerdo bipartidista en un ambiente por lo demás dividido".[32]

En 2010, los republicanos aprovecharon la oportunidad de animar a sus partidarios y movilizarlos en respuesta a la fracasada estrategia del Partido Demócrata. El apoyo a una campaña contra los migrantes ofrecía beneficios a un partido que, sólo un año después de la aplastante victoria de Obama y la súper mayoría demócrata en el Congreso en 2008, ya era tenida como "una minoría permanente". En ese tiempo de recesión económica, turbios rescates financieros, rencor acumulado contra las grandes empresas, guerras imperiales fallidas y una inequidad social cada vez mayor, la política antimigrante y el racismo ofrecieron al Partido Republicano un medio para apartar la atención pública de los defectos del sistema capitalista y sus arquitectos. Más aún, los republicanos creían que los considerables contingentes de latinos, trabajadores e migrantes que habían llevado a los demócratas al poder con grandes expectativas de una reforma migratoria se sentirían desmotivados por su fracaso y se quedarían en casa durante las elecciones de mitad del periodo en noviembre de 2010. Sus cálculos fueron correctos: los latinos acudieron a votar en una proporción considerablemente menor que otros grupos étnicos.[33]

El fracaso de la estrategia del Partido Demócrata no sólo está vinculado a sus juicios equivocados, sino a la naturaleza misma del partido y en particular sus lazos directos con las grandes empresas. La legalización presenta problemas para éstas, pues los trabajadores legalizados pueden luchar y negociar salarios más altos y mejores condiciones laborales, con menos miedo a las represalias o a la represión del Estado. Como señaló David Bacon en *Progressive*:

> Nadie en los gobiernos de Obama o Bush, ni antes en el de Clinton, ha querido detener la migración a Estados Unidos, ni ha imaginado que eso podría hacerse sin consecuencias catastróficas. Las mismas industrias a las que estos gobiernos dirigen su vigilancia dependen de la mano de obra migrante a tal grado que, sin ella, se derrumbarían. En vez de eso, la política y la vigilancia migratoria condenan a esos migrantes a la condición de "ilegales" y devalúa el precio de su trabajo. La vigilancia es una forma de controlar el flujo de migrantes y poner su trabajo a disposición de los patrones al precio que éstos estén dispuestos a pagar.[34]

Debido a su tendencia a dar prioridad a las necesidades de las grandes empresas por encima de los trabajadores, y a la conciliación por encima de los principios, los demócratas estaban más ansiosos por ejercer la vigilancia que por luchar por la legalización.

CEDER LA INICIATIVA A LA DERECHA

El componente de legalización en la estrategia del Partido Demócrata nunca se materializó. En vez de eso, la retórica y las medidas punitivas devolvieron el debate migratorio al terreno de la extrema derecha. Esto permitió que la facción antimigrante del Partido Republicano y los extremistas de su periferia ejercieran presión, marginando a los moderados, saboteando cualquier intento de reforma e impulsando la agenda antimigrante hacia el frente de la política nacional en vísperas de las elecciones de 2010. *Politico* reconoció el desarrollo de este proceso en 2008:

> Mientras Bush pasaba la antorcha a McCain como portaestandarte del partido, media docena de senadores republicanos conservadores desvelaban propuestas relativas a la deportación, el inglés como lengua oficial, el retiro de fondos a las 'ciudades santuario' y la concesión de mayores poderes de acción sobre los migrantes a los departamentos de policía locales.[35]

Los grupos de presión antimigrantes mejor financiados y los medios de comunicación con postura antimigrante entraron en acción para encargarse del trabajo pesado en los niveles estatal y local. Como reportó *Los Angeles Times* en junio de 2008:

> Los grupos [antimigrantes] han comenzado a trabajar para acorralar al futuro presidente. Han presionado a favor de nuevas leyes en ciudades y estados, ayudando a impulsar cientos de propuestas en todo el país en los últimos tres meses. Han organizado conferencias para instruir a sus miembros de todo el país y presionar a los funcionarios locales. Y están promoviendo la elección de candidatos al Congreso que favorecen una línea dura en el tema migratorio. La estrategia es reconfigurar el panorama político nacional para rechazar futuras propuestas de corte liberal.[36]

Esta amplia campaña contra los migrantes abrió las puertas de par en par para incluir a los grupos de odio y popularizar el racismo. De acuerdo con el Southern Poverty Law Center, el número de grupos de odio contra los migrantes aumentó 33% entre 2000 y 2005, mientras que los crímenes de odio contra latinos aumentaron 40% anual entre 2003 y 2007. En mayo de 2010, una encuesta de Associated Press y Univisión reveló que 81% de los latinos afirmaba experimentar cierta discriminación, o mucha.[37] Este aumento del odio y la violencia se dio en conjunto con las medidas severas contra los migrantes aplicadas en todo el país y desplazó el racismo desde los márgenes hacia el centro de esas campañas. Un grupo de odio en particular, el seudocientífico y antimigrante Center for Immigration Studies [Centro de Estudios Migratorios] (CIS), promovió el marco teórico de "aplicación de la ley por desgaste" que pronto dio forma a muchos esfuerzos de criminalización. De acuerdo con Tom Barry, del Center for International Policy [Centro de Políticas Internacionales]:

> El CIS tomó la batuta para desarrollar el marco estratégico. En abril de 2006, este *think tank* de tendencia restrictiva publicó "Attrition through Enforcement: A Cost-Effective Strategy to Shrink the Illegal Population" [Desgaste por medio de la aplicación de la ley: una estrategia rentable para reducir la población ilegal], documento que explica los principales componentes de una guerra de desgaste contra los migrantes, junto con el costo estimado de una campaña en múltiples frentes para agotar a los migrantes residentes y disuadir a los migrantes en potencia. [...] Algunos componentes fundamentales son eliminar el acceso a los empleos mediante la verificación de números de se-

guridad social y situación migratoria; terminar con el mal uso de los números de seguridad social y registro fiscal por parte de los migrantes que buscan empleo u obtener cuentas bancarias y licencias de conducir; optimizar el compartir información entre agencias federales clave, entre ellas el Internal Revenue Service [Servicio de Recaudación Interna], en los esfuerzos por identificar residentes no autorizados; incrementar la cooperación en los niveles federal, estatal y local, sobre todo entre las agencias de seguridad; reducir al abuso de las visas mediante mejores sistemas de seguimiento; aumentar las redadas migratorias, y aprobar leyes estatales y locales para disuadir a los migrantes ilegales de establecerse en determinada zona y para dificultarles el ocultar su situación migratoria.[38]

Para el final de la campaña presidencial de 2008, el candidato republicano John McCain ya había cambiado de postura sobre el tema y pedía que se aplicaran medidas severas antes de considerar cualquier forma de legalización. Después de la elección, Barak Obama se apropió de esa estrategia. Como señaló *The New York Times*, "ese enfoque conduce al señor Obama hacia la postura que su rival republicano, el senador John McCain, de Arizona, adoptó en la campaña presidencial del año pasado [y abre] una brecha política con algunos grupos hispanos y defensores de los migrantes, cuyos votantes fueron cruciales para la victoria de Obama".[39]

Como los demócratas ya habían adoptado algunos aspectos de la estrategia del desgaste en el ámbito federal, fue más fácil para los republicanos impulsar la agenda completa en los niveles estatal y local. En 2010, por ejemplo, Arizona, estado controlado por los republicanos, se convirtió en el frente principal de la cruzada nacional contra los migrantes. Envalentonados después de que el gobierno de Obama abandonara la legalización, los republicanos de Arizona trabajaron febrilmente para aprobar un conjunto de leyes que representaban las medidas más punitivas y represivas hasta la fecha. Políticos derechistas y oportunistas en múltiples estados intentaron reproducir la estrategia de Arizona de lanzar ataques en gran escala contra poblaciones de migrantes latinos. La rápida fusión de fuerzas políticas como parte de la recalibración del nativismo xenófobo permitió que la ideología antimigrante se mezclara con el libertarismo reaccionario del movimiento Tea Party y el racismo identitario del movimiento de supremacistas blancos.[40]

En vez de hacer un esfuerzo coordinado por promover la legalización de los migrantes —lo cual habría inyectado energía a sus comunidades, a los sindicatos y a los simpatizantes del Partido Demócrata, y habría puesto a la defensiva a los oponentes republicanos en un momento en que se encontraban debilitados, divididos y vulnerables—, los demócratas decidieron apoyar al Partido Republicano, adueñándose de su estrategia y abandonando toda intención de apoyar la legalización en el apogeo de su poder. No sólo desperdiciaron su mejor oportunidad de legalizar a millones de trabajadores migrantes y sus familias, sino que su pusilanimidad, su rendición y su fracaso abrieron las puertas a un contragolpe reaccionario que, desde entonces, ha frenado y revertido el impulso surgido de las manifestaciones nacionales de 2006 a favor de los derechos de los migrantes. Este contragolpe incluyó la incorporación de la postura antimigrante como tema central en el revitalizado movimiento Tea Party del Partido Republicano en 2010, la aprobación de la ley SB 1070 en Arizona, y la rehabilitación de Donald Trump como campeón de las restricciones a la migración después de la desastrosa campaña presidencial del partido en 2012.

36. El laboratorio de Arizona y la ley SB 1070

En 2010, la legislatura de Arizona aprobó la ley SB 1070, con lo que entró en vigor la serie de restricciones migratorias de mayor envergadura desde la derrota de la propuesta Sensenbrenner-King en 2006. La nueva ley facultó a la policía para verificar el estatus migratorio de cualquier persona que encontrara durante "una detención o un arresto legítimos". Requería que todos los no ciudadanos mayores de 14 años se registraran con el gobierno de Estados Unidos y llevaran consigo sus documentos legales en todo momento; de lo contrario, se les acusaría por un delito menor: no mostrar su autorización para estar en el país. Además, la ley introdujo la primera cláusula "antisantuario", pues dispuso que era ilegal que los funcionarios estatales o locales limitaran o impidieran la colaboración de sus oficinas y departamentos con las entidades de migración. Impuso severas sanciones a quienes alojaran, contrataran o transportaran migrantes no registrados. En la práctica, la ley SB 1070 se convirtió en la plena materialización de la estrategia de "vigilancia por desgaste"; el preámbulo de la ley lo afirmaba abiertamente.[1]

Si rebobinamos la cinta de la debacle migratoria de los demócratas, veremos que la aprobación de esta ley era completamente evitable. Resulta irónico que, al no promover la legalización en el nivel federal, el gobierno de Obama y los demócratas del Congreso hayan permitido al Partido Republicano tomar la iniciativa en los niveles estatal y local, y dirigir cruzadas contra los migrantes, para consolidar el respaldo de un electorado de derecha y utilizar el miedo, el racismo y la inestabilidad económica para conseguir más apoyo.

Arizona siempre ha estado al frente del racismo y las restricciones a los migrantes. Gracias al activismo de los grupos de derecha, en 1999 se aprobó la Propuesta 203 contra la educación bilingüe, seguida de la famosa Propuesta 200, aprobada en noviembre de 2004.[2] La intención de la Propuesta 200 era negar a los migrantes indocumentados el acceso al empleo y a todos los beneficios estatales y locales, entre ellos la vivienda pública, la asistencia alimentaria, la educación universitaria gratuita y los beneficios laborales en un estado en el que, para 2010, los trabajadores indocumentados habían llegado a constituir 16.2% de la mano de obra.[3]

Inspirada por la Propuesta 187 de California, aprobada en 1994 y después anulada en los tribunales, la Propuesta 200 doblaba la apuesta, pues imponía a todos los funcionarios estatales y locales la responsabilidad de reportar a cualquier migrante indocumentado que solicitara servicios. Además, la propuesta hizo de Arizona el primer estado del país en requerir prueba de ciudadanía para votar. El consejo asesor nacional para la Propuesta 200 estaba encabezado por Virginia Abernethy, que se describía a sí misma como "separatista blanca" y tenía una larga y sórdida carrera de actividad racista; Abernethy estaba aliada con otros demagogos antimigrantes, organizaciones y grupos de odio para exportar su campaña a otros estados.[4]

Además, el *sheriff* Joe Arpaio puso su nombre bajo los reflectores nacionales cuando lanzó su guerra personal contra los migrantes indocumentados. Envalentonado por la aprobación de la Propuesta 200, y mediante dudosas interpretaciones de las leyes de Arizona contra el tráfico de personas, Arpaio convirtió el condado de Maricopa en su propio señorío feudal antimigrante. Se dedicó a arrestar migrantes indocumentados en marzo de 2006, después de entrenar a 160 de sus subordinados para aplicar la ley migratoria y crear "cuadrillas ciudadanas" que ayudaran en los puntos de revisión, las redadas y otras formas de vigilantismo legal. En 2007, inscribió su departamento del condado de Maricopa en el programa 287(g) del DHS, que faculta a las agencias de seguridad locales para participar en la vigilancia migratoria.[5]

Entre otras acciones se cuentan el lanzamiento de una línea telefónica para reportar o entregar a personas "sospechosas" de ser migrantes indocumentados y la creación de cárceles segregadas al aire libre para trabajadores indocumentados en el ardiente desierto de Arizona.[6] Por sus acciones, Joe Arpaio se convirtió en una celebridad en la cadena derechista Fox, que le dio su propio *reality show,* el cual estuvo al aire por un breve lapso en 2009. La atención mediática vertida sobre Joe Arpaio motivó a otros alguaciles y aspirantes a puestos públicos con las mismas ideas a tratar de copiar sus estrategias en otros condados y estados.[7] Legisladores republicanos y demócratas de otros 16 estados intentaron introducir propuestas de ley similares en sus legislaturas.[8]

Aunque los republicanos de Arizona recibieron el crédito por la aprobación de la ley SB 1070, en realidad fue importada a ese estado. La ley fue idea de Kris Kobach, un abogado antimigrante que estaba en la nómina de la Federation for American Immigration Reform [Federación por la Reforma Migratoria en Estados Unidos] (FAIR), un grupo de presión con sede en Washington (DC), dedicado a promover medidas extremas contra los migrantes, con vínculos directos con el Center for Immigration Studies [Centro de Estudios Migratorios] y la estrategia de "vigilancia por desgaste". Los orígenes de Kobach son todo menos populares. De acuerdo con *The Arizona Republic*:

> En 2001, pocos días después del 11 de septiembre, Kobach obtuvo el puesto de asesor en jefe en materia de leyes migratorias y seguridad fronteriza de John Ashcroft, quien estaba en su primer año como fiscal general de Estados Unidos. Kobach supervisaba los esfuerzos del Departamento de Justicia para reforzar la seguridad en la frontera, incluidos el diseño y la aplicación de un sistema que requiere que los ciudadanos de ciertas naciones extranjeras se registren en un programa que rastrea sus movimientos dentro y fuera de Estados Unidos [...] Cuando [Russell] Pearce [el patrocinador de la ley SB 1070 en el Senado de Arizona] se sintió listo para abordar la aplicación estatal de las leyes migratorias federales, pidió una vez más la ayuda de Kobach.[9]

El preámbulo de la ley SB 1070 señala claramente que su intención es la estrategia de "vigilancia por desgaste": "La legislatura considera que existe un interés importante en la aplicación cooperativa de las leyes migratorias federales en toda Arizona. La legislatura declara que la intención de esta ley es hacer de la vigilancia por desgaste la política pública de todas las agencias de gobierno estatales y locales en Arizona."[10] Los políticos derechistas de Arizona adoptaron de todo corazón la estrategia FAIR como una forma de explotar la ansiedad y la inestabilidad generadas por la recesión económica y las tensiones raciales subyacentes que empezaban a salir a la superficie en el estado. Otros la consideraron una forma de hacerse una trayectoria profesional o el medio para promover sus propios proyectos racistas.

La estrategia de militarización de la frontera que comenzó en el gobierno del demócrata Bill Clinton ha provocado que gran parte de los migrantes crucen por la región desértica en el sur del estado, lo cual constituye el pretexto para la arremetida contra la comunidad migrante y latina. Los políticos de Arizona han utilizado esta situación para fabricar un escenario de "frontera fuera de control", con el fin de suavizar y manipular la percepción pública sobre el tema. Por ejemplo, en 2010, en un discurso en el Senado de Arizona, el moderado convertido en antimigrante radical John McCain lamentó que no se hubiera logrado asegurar la frontera entre Arizona y México, lo cual, según él, "ha provocado violencia, la peor que he visto".[11] El asesinato de Robert Krentz, un ranchero del sur del estado, supuestamente a manos de un migrante indocumentado, fue la excusa para que la gobernadora Jan Brewer aprobara la ley SB 1070. Aunque pronto se reveló que el autor del asesinato no era un migrante, el proceso siguió adelante sin un murmullo en contra.[12]

En realidad, los datos del gobierno ya habían desmentido el escenario mítico de la "frontera fuera de control". Según datos de 2009 recabados en los informes de delitos del FBI y citados en *The Arizona Republic*:

> Aunque la población [indocumentada] en el país se duplicó de 1994 a 2004, de acuerdo con los registros federales la tasa de crímenes violentos bajó 35%. La tasa de crímenes violentos en Arizona bajó de 512 incidentes por cada 100 mil habitantes en 2005, a 447 en 2008, el año más reciente para el cual hay datos disponibles [...] La tasa de crímenes del condado de Cochise ha sido la misma por al menos diez años, añadió el alguacil. Incluso en el año 2000, cuando se detuvo a un número récord de migrantes indocumentados en la zona, sólo 4% de los crímenes violentos fueron cometidos por [alguno de ellos].[13]

Esta situación llevó a Clarence Dupnik, el alguacil del condado de Pima, a concluir: "Esto es una situación creada por los medios [...] Oigo a los políticos decir en televisión que la frontera ha empeorado. Bueno, la verdad del asunto es que la frontera nunca ha sido más segura."[14] Más aún, el informe del FBI también señaló que las cuatro ciudades con las tasas de delitos más bajas estaban en estados fronterizos: San Diego, Phoenix, El Paso y Austin. Las tasas de crímenes violentos en condados fronterizos del suroeste han ido en descenso constante y están entre las más bajas de Estados Unidos. Otro estudio, realizado por Customs and Border Protection [Servicio de Protección Aduanera y Fronteriza], reveló que los agentes de la Patrulla Fronteriza corren mucho menos peligro que los policías en las ciudades de Estados Unidos.[15]

A pesar de esta tendencia, los congresistas de los estados fronterizos siguieron exigiendo más militarización. Según afirmó en el *Arizona Daily Star* la defensora de migrantes Isabel García, de la organización Derechos Humanos de Tucsón, "Los políticos están alimentando en todo el país este miedo increíble sobre la frontera, pero las cifras demuestran que son mentiras perpetradas contra el público estadounidense."[16] El efecto de este alarmismo se hizo evidente en las encuestas. En mayo de 2010, una encuesta de CBS y *The New York Times* mostró que el porcentaje de estadounidenses encuestados que consideraban la migración un "problema muy serio" aumentó a 65% tras la aprobación de la ley de Arizona, en contraste con 56% en 2007 y 54% en 2006,[17] a pesar de todos los indicadores que desmentían las diversas amenazas asociadas con la migración.

Cuando el enfoque del migrante como criminal se volvió demasiado resbaladizo, la retórica se concentró en los empleos y en la necesidad de proteger a los trabajadores de Arizona de la recesión, crisis atribuida también a los trabajadores migrantes. Según *The Arizona Republic*, las oportunidades laborales para egresados de las universidades del estado se desplomaron durante la recesión. En 2007, sólo 51% de los egresados encontró trabajo; para 2009, la cifra había bajado a 20%.

La recesión fue especialmente dura para los jóvenes trabajadores. Conforme la economía liquidaba trabajadores por miles y miles, muchos egresados de carreras universitarias de cuatro años tuvieron dificultades para iniciar su vida laboral y terminaron en empleos mal pagados. Históricamente, a las personas en esas circunstancias se les dificulta acceder a las mismas oportunidades laborales y los mismos salarios que quienes egresaron de la universidad en tiempos mejores. Las personas que sólo tenían educación de bachillerato enfrentaron retos aún más difíciles durante este periodo.[18]

Los republicanos de Arizona, de manera oportunista, establecieron el vínculo entre el desempleo y la presencia de trabajadores migrantes. Joe Arpaio —el famoso *sheriff* que había atraído la atención nacional con sus "redadas de supresión del delito" en comunidades latinas, sus cuadrillas de personas encadenadas sometidas a trabajos forzados, sus prisiones al aire libre y sus grupos de civiles cazadores de migrantes— se reinventó como defensor de los trabajadores nativos de Arizona. Por ejemplo, en un mitin a favor de la ley SB 1070 en 2010, Arpaio se jactó de que su departamento había arrestado o detenido a 38 mil trabajadores indocumentados y afirmó que esas acciones creaban empleos. Después de una redada en una planta procesadora de mariscos, afirmó: "Vamos a continuar con las redadas a negocios, porque hay que entender que tenemos un problema de desempleo."[19]

La gobernadora del estado, Jan Brewer, forjó su carrera mediante la criminalización de los migrantes. Antes de encabezar el gobierno de Arizona, promovió la Propuesta 200, que eliminaba los pocos y deficientes servicios sociales disponibles a los migrantes indocumentados en el estado y ordenaba que todos los votantes mostraran una prueba de ciudadanía en las urnas. Investigó en las agencias de bienestar de Arizona para garantizar que excluyeran a todos los migrantes no elegibles y ayudó a formular la versión final de la ley SB 1070. Como política de trayectoria mediocre, que sólo alcanzó la gubernatura por sucesión constitucional después de que Janet Napolitano dejara el puesto para trabajar en el gobierno de Obama, Brewer había tenido grandes dificultades para retener su puesto. *The Arizona Republic* hizo esta observación:

> "Está compitiendo en una elección primaria que se inclina con fuerza hacia la derecha", dijo [Mary Rose] Wilcox [la supervisora del condado de Maricopa]. "Tenía que ir más a la derecha que la derecha, y eso hizo." Desde que Brewer firmó la ley SB 1070, las encuestas telefónicas sugieren que su decisión fue bien recibida entre los futuros votantes en la elección primaria republicana de agosto. Tanto su tasa de aprobación como su ventaja sobre sus oponentes parecen haber repuntado en las encuestas de Rasmussen Reports publicadas el mes pasado.[20]

Tratar de rescatar una campaña política a la deriva a costa de los migrantes indocumentados se convirtió en un deporte cada vez más popular en los círculos republicanos de otros estados. Por ejemplo, en California, la elección primaria republicana para la gubernatura, entre Meg Whitman y Steve Poizner, degeneró en una pelea encarnizada y una competencia para ver quién limitaría y deportaría más migrantes. De acuerdo con *Los Angeles Times*, Poizner buscaba superar la ventaja de Whitman agitando la bandera "rojo sangre" de las políticas antimigrantes:

> Con su campaña para la gubernatura contra las cuerdas, el republicano Steve Poizner ha venido culpando a la migración ilegal por los problemas de las escuelas del estado, las salas de emergencia abarrotadas y parte del enorme déficit presupuestal. La semana pasada, emitió anuncios en los que acusaba a su competidora, que va a la cabeza, la republicana Meg Whitman, de emular al presidente Obama en todas sus posturas relativas a la migración ilegal; específicamente, un comentario que hizo el año pasado, imaginando "una vía a la legalización" para los trabajadores indocumentados.[21]

Whitman ganó las elecciones primarias adoptando posturas de derecha en lo relativo a la migración. Estas posturas incluían la promesa de terminar con las "ciudades santuario" —es decir, los gobiernos de ciudades que se niegan a permitir que la policía local participe en la vigilancia migratoria— y la declaración de su oposición a toda forma de amnistía.[22] Aunque afirmó que se oponía a la ley SB 1070, también consideraba que dicha ley "debe quedar en pie ahora que se ha aprobado".[23] Sin ninguna vergüenza, después de ganar dirigió a los votantes latinos una oleada de anuncios en español que recalcaban su oposición a la ley SB 1070 y a la Propuesta 187 de California, de 1994, la cual, de haber sido aprobada, habría negado educación, salud y otros servicios a familias indocumentadas. Ninguno de sus anuncios recordaba a los "votantes que el jefe de su campaña es el ex gobernador Pete Wilson, uno de los principales promotores de la Propuesta 187, que sigue siendo una figura impopular entre los latinos del estado".[24]

La ley SB 1070 abrió la puerta a otras leyes y políticas reaccionarias que vinculaban la antimigración con la comunidad latina en general. Por ejemplo, siguió la aprobación de la ley HB 2281, que prohibía ciertos cursos de estudios étnicos en las escuelas de educación básica con el pretexto de que fomentaban "el resentimiento racial y de clase" y promovían "la solidaridad étnica". La propuesta de ley, un proyecto importante para el superintendente estatal de instrucción pública, Tom Horne, iba dirigida contra un exitoso programa de estudios étnicos en el Distrito Escolar Unificado de Tucsón, que se ha relacionado con un desempeño estudiantil alto. Horne había abogado por eliminar este programa de estudios étnicos desde 2007, cuando publicó "Una carta abierta a los ciudadanos de Tucsón" para instarlos, sin éxito, a abolir el programa.[25] Cuando este intento fracasó, Horne recurrió a los legisladores conservadores de Arizona y ahí sí encontró un público dispuesto. Utilizó la aprobación de esta ley como grito de guerra para su exitosa campaña por el puesto de fiscal general del estado en 2011.

El ataque a la educación también abrió la puerta para que los partidarios de la ley SB 1070 fueran tras los profesores latinos. Los militantes republicanos en el Departamento de Educación de Arizona utilizaron la medida como una oportunidad para establecer una política que requería que los "profesores con un acento marcado" y los que "carecían de fluidez" fueran retirados de las clases de inglés avanzado de todos los distritos escolares del estado. Presumiblemente, los funcionarios escolares determinarían estos criterios de calificación, aunque en teoría el dominio del inglés ya era un requisito del proceso de contratación original. En la práctica, esta medida daba a los administradores la facultad de despedir maestros "indeseables" basándose en características determinadas de manera individual. También convertía a toda la comunidad de maestros latinos e migrantes en personas sospechosas y vulnerables, en un momento en el que muchos estaban defendiendo sus derechos académicos y los derechos civiles de sus alumnos migrantes. Como señaló *The Wall Street Journal*:

> La controversia de los maestros llega en medio de un debate cada vez más tenso sobre la migración. La gobernadora de Arizona, Jan Brewer, firmó este mes la ley más dura del país contra los migrantes ilegales. Los críticos acusan que el clima político en general ha envalentonado a los funcionarios de educación del estado para atacar a los maestros migrantes en un momento en que la crisis presupuestal ha provocado despidos. "Esto sólo es una señal más de la enorme aversión a los migrantes en el estado", afirmó Bruce Merrill, profesor emérito de la Universidad Estatal de Arizona, que realiza investigaciones sobre la opinión pública.[26]

Este tipo de acoso institucional contra los latinos y sus derechos civiles y políticos aumentó conforme el debate sobre la migración degeneraba en la popularización de la animosidad racista. De acuerdo con Steven Nuño, profesor asistente del Departamento de Política y Asuntos Internacionales de la Universidad del Norte de Arizona, la racialización de la vigilancia migratoria en Arizona representa un conflicto demográfico y generacional en un estado en el que una estructura política blanca conservadora y muy arraigada se siente amenazada.

Los latinos en Arizona son muy jóvenes, con una edad promedio de 26 años, y constituyen 44% de los niños en edad de cursar la educación básica, mientras que la población blanca no hispana está en plena edad electoral, con una edad promedio de 46 años.[27] El resultado de esta realidad demográfica, en combinación con las altas tasas de natalidad de los latinos, es que éstos están sacando a los blancos no hispanos por la puerta de atrás y la institución está contraatacando, por inútil que sea.

La mayor barrera estructural contra la participación política de los latinos sigue siendo la ciudadanía. Más de una tercera parte de los latinos de Arizona no son ciudadanos y, por lo tanto, no pueden ser elegidos. Sin embargo, incluso entre los ciudadanos, los latinos de Arizona están rezagados con respecto a sus contrapartes blancas no hispanas: en 2008, sólo 37% de los ciudadanos latinos votaron y 52% de los residentes que tenían derecho a hacerlo se registraron para votar. Aunque en Arizona los latinos constituyen 14% de las personas registradas para votar, en 2008 sólo sumaron 12% de los votantes del estado. Si los latinos participaran en la misma medida que los blancos no hispanos, conformarían 21% de los votantes del estado, casi el doble de la cifra de 2008. Aún más abrumador para el sistema: si los no ciudadanos tuvieran una vía clara a la ciudadanía y participaran en la misma medida, constituirían más de 32% de los votantes de Arizona. Extenderles la alfombra a los latinos podría duplicar sus niveles de participación y aprobar leyes que les sean favorables podría triplicar su poder electoral actual. La gente de Arizona no parece dispuesta a permitir que cualquiera de esas cosas suceda sin dar la pelea.[28]

En el frenesí antimigrante que se desató en Arizona, los actos de franco racismo son cada vez más frecuentes y los racistas declarados se sienten envalentonados para actuar. Por ejemplo, la ciudad de Prescott, en el centro del estado, llamó la atención nacional cuando se pidió a los artistas de un proyecto para pintar murales en el centro de la ciudad que "blanquearan" los rostros de los niños que estaban representando en la escuela primaria de Miller Valley. Como afirmó el artista R. E. Wall para *The Arizona Republic:*

"Durante dos meses, constantemente había gente gritando ofensas racistas desde sus autos [...] Había niños pintando con nosotros y llegaban los gritos de (epíteto para los negros) y (epíteto para los hispanos)." Wall dijo que el director de la escuela, Jeff Lane, lo presionó para que hiciera que los rostros de los niños lucieran más felices y brillantes. "Se están aclarando por la controversia", dijo Wall.[29]

Los neonazis y otros descarados grupos de odio se sienten tan cómodos operando bajo el sol de Arizona que ya no buscan el anonimato de las multitudes, a tal grado que incluso los grupos antimigrantes menos extremos, como el comité de acción política Americans for Legal Immigration [Estadounidenses por la Migración Legal], han buscado distanciarse de algunos mítines a favor de la ley SB 1070. Según un artículo reciente publicado en *Mother Jones*, "el grupo afirma que el próximo mes retirará su apoyo a todos los mítines que estén a favor de la ley de Arizona 'debido al descubrimiento de la participación de grupos racistas y las acciones del ex congresista Tom Tancredo'".[30]

Apenas unas semanas después de que la gobernadora Jan Brewer hiciera la afirmación, escandalosamente falsa y peligrosa, de que "la mayoría de los intrusos ilegales que entran al estado de Arizona están bajo la dirección y el control de los cárteles de la droga, e introducen drogas al estado", un neonazi del sur de Arizona lo tomó como una señal.[31] Jason J.

T. Ready y el National Socialist Movement [Movimiento Nacionalsocialista] tomaron el asunto en sus propias manos para organizar patrullas armadas, "declarar la guerra a los 'narcoterroristas' y vigilar en busca de migrantes ilegales".[32]

Aunque el gobierno de Obama emitió una objeción legal de última hora para impedir la aplicación de la ley SB 1070, y otros demócratas deploraron el desplazamiento a la derecha en la política migratoria, tenían poco que ofrecer que de verdad fuera distinto. De 2012 a 2016, los demócratas incrementaron su propio tipo de represión contra los migrantes y abrieron la puerta aún más para que la derecha se reagrupara en el Partido Republicano detrás de Donald Trump y para que resurgiera el movimiento neofascista en las calles, ambas cosas bajo el manto de la antimigración.

37. s. 744: la degeneración de la "reforma migratoria exhaustiva"

La Border Security, Economic Opportunity and Immigration Modernization Act [Ley de seguridad fronteriza, oportunidades económicas y modernización migratoria] de 2013, conocida como s. 744, es una propuesta que sólo las grandes empresas de Estados Unidos pueden amar. Aunque la "pandilla de ocho" senadores de ambos partidos que la formularon, al igual que sus contrapartes en la Cámara de Representantes, presentan la s. 744 como una estrategia razonable y moderada para la legalización, una lectura profunda del documento de 844 páginas revela una historia distinta. La propuesta está cargada de medidas punitivas, descalificaciones, exclusiones y vigilancia reforzada. Es tan restrictiva que, en su forma actual, debe considerarse una continuación del ataque contra los trabajadores migrantes, y no una reforma genuina, ni siquiera parcial.

La propuesta representa un consenso entre la clase gobernante para proceder con la restructuración de la política migratoria. Esto puede atribuirse a la derrota —en las calles y en los comicios de 2012— de la "estrategia de sólo vigilancia" que ha predominado en los últimos años. No obstante, la s. 744 no es un rompimiento con las doctrinas políticas subyacentes que han dominado desde George W. Bush hasta Barack Obama, y de éste a Donald Trump. Éstas incluyen el tratamiento de la migración y la frontera como un tema de seguridad nacional en el contexto de la guerra contra el terrorismo, para fomentar la militarización de la vigilancia y la criminalización de los migrantes. Además, refleja fuertemente la continuación de los esfuerzos por subordinar aún más los derechos de los trabajadores a las necesidades de las grandes empresas.

Así, aunque los debates entre partidos sobre los detalles han comenzado en varios comités del Congreso, hay un alto nivel de acuerdo sobre los componentes principales: el incremento del gasto en el aparato de vigilancia, en la frontera y en el interior del país, para controlar los flujos migratorios presentes y futuros; el desarrollo de una mano de obra considerable compuesta por no ciudadanos con salarios bajos, mediante la expansión de un programa de trabajadores visitantes; un sistema de visas basado en el mérito, y un largo y arduo proceso de legalización diseñado para descalificar a todos aquellos que protesten, desobedezcan o dejen de trabajar.

NUEVA EXPANSIÓN DE LA GUERRA
CONTRA LOS MIGRANTES

El elemento central de la propuesta es el requisito de que, antes de considerar cualquier forma de legalización para los 11 millones de indocumentados, las instituciones de seguridad fronteriza deben alcanzar una tasa de detenciones de 90% o más en todos los sectores fronterizos de alto riesgo hacia el final de un periodo de cinco años. A pesar de que los vientos favorecían la legalización, este requisito fue una concesión preventiva a los republicanos.[1] Aunque no estaba exactamente claro qué criterios se usarían para determinar esa "tasa de eficacia" de detenciones, tres aspectos de la realidad actual en la frontera desmienten la supuesta urgencia de "tomar el control de la frontera".

Primero, de acuerdo con el Pew Hispanic Research Center [Centro Pew de Investigaciones Hispánicas], la migración transfronteriza neta bajó hasta *cero* en 2011.[2] En otras palabras, volvía a México el mismo número de migrantes que entraban a Estados Unidos. Segundo, aunque se ha atribuido la reducción de la migración al aumento de la vigilancia, la razón principal es la recesión económica.[3] Incluso la Patrulla Fronteriza reconoce que la recesión desempeñó un papel clave, aunque no deja de hacer razonamientos rebuscados para "demostrar" que su trabajo ha sido un éxito y justificar su inflado presupuesto.[4] Tercero, las tendencias económicas y demográficas apuntan a una disminución de la migración proveniente de México en el futuro previsible.[5]

Desde la entrada en vigor del TLCAN en 1994, millones de trabajadores han sufrido desplazamiento económico conforme el tratado abre la economía mexicana al capital extranjero. La competencia directa con grandes empresas multinacionales estadounidenses, europeas y asiáticas borró del mapa a los pequeños agricultores, a muchos productores nacionales y al inestable sector estatal mexicano. Al menos un millón de refugiados económicos salieron de México cada año hasta que llegó la recesión.[6] Como resultado, ahora el país experimenta una brecha generacional: la población de trabajadores jóvenes con mayor propensión a migrar ha declinado con rapidez, pues muchos ya están en Estados Unidos.

Al mismo tiempo, la considerable inversión extranjera ha promovido el crecimiento de la economía mexicana, a la vez que ha incrementado las tasas de inequidad y pobreza extrema.[7] Sin embargo, los menguantes salarios en Estados Unidos han cerrado la brecha salarial entre ambos países. La creciente demanda de mano de obra en México como resultado de su escasez, junto con la reducción de los salarios en Estados Unidos, disminuirá los futuros flujos migratorios.[8]

Para alcanzar las metas que pretendía alcanzar respecto de la vigilancia fronteriza, la s. 744 pide añadir 6 500 millones de dólares más por año a los 18 mil millones ya gastados en 2012 en medidas para la frontera. Este gasto adicional se usaría para aumentar el equipo de vigilancia y detección, vallas de doble y triple capa, equipo de vigilancia móvil, centros de mando y otra infraestructura, vehículos y bases de operaciones de avanzada, así como más drones, helicópteros y aeronaves de alas fijas. La legislación añadiría 3 500 agentes de la Patrulla Fronteriza a los 21 790 que ya estaban en el campo en 2013, para llegar a un total de 38 400 cuando la ley se aplique por completo.[9]

Las compañías de defensa, en previsión del aumento presupuestal para la frontera, expandieron su repertorio de artículos de características militares adaptables a la frontera, para abrevar de ese posible pozo. De acuerdo con *The New York Times*:

> Los grandes contratistas militares, entre ellos Raytheon, Lockheed Martin y General Dynamics, están preparándose para una inusual confrontación en el desierto este verano, haciendo demostraciones de sus sistemas de radar de grado militar y sistemas de cámaras de largo alcance en un intento por conseguir contratos de hasta mil millones de dólares con el Departamento de Seguridad Nacional.[10]

Entretanto, Northrop Grumman había ofrecido a funcionarios de Seguridad Nacional un dispositivo de rastreo automático —originalmente creado para que el Pentágono buscara bombas en las carreteras de Afganistán— que podía montarse en drones aéreos para buscar personas que cruzaran la frontera de forma ilegal. Y General Atomics, que fabrica drones de reconocimiento, duplicó el tamaño de su flotilla bajo un contrato de 443 millones de dólares con el DHS.[11]

Para prestar ayuda en el proyecto, el texto de la ley permite que la Guardia Nacional se active para participar en todos los aspectos de la seguridad fronteriza. Esto incluye labores de vigilancia, comunicaciones, despliegue de drones, construcción de puntos de revisión y asistencia directa para operaciones de tiempo completo. Ya existen 71 puntos de revisión del tráfico y 32 puntos de revisión permanentes en ocho de los nueve sectores de la región fronteriza, pero la ley propone más.[12]

La creciente militarización de la frontera incluida en la más reciente propuesta de ley migratoria sólo serviría para intensificar la atmósfera de guerra que ya define la región de la frontera suroeste. Lejos de volver más seguro el país, producirá más persecución racial, arrestos, encarcelamientos, deportaciones y, lo más siniestro, muertes.

A pesar de la disminución en las tasas de migración en los últimos años, la tasa de muertes de migrantes que cruzan la frontera ha aumentado. Por ejemplo, en 2012 se vio el mayor número registrado de muertes de migrantes en Texas (271) y el segundo mayor número registrado en Arizona (142).[13] Aunque entre 2013 y 2015 la mortandad en la frontera disminuyó levemente hasta un promedio de 368 muertes documentadas por año, en los primeros siete meses de 2017 volvió a aumentar, con 232 muertes documentadas.[14]

DE LA FRONTERA AL CENTRO LABORAL

La expansión de la vigilancia va más allá de la región fronteriza, hacia el interior del país, lo que demuestra el amplio alcance del esfuerzo por controlar la mano de obra migrante, de la frontera a los centros de trabajo. Para lograr el control interno, la ley exige a todos los patrones en todo el país el uso de E-Verify (título 3, sección 3101), un sistema federal de bases de datos que los patrones utilizan para determinar la legalidad de sus trabajadores según la forma de verificación de elegibilidad para el empleo, o Forma I-9. La sección de la ley relativa a E-Verify también exige la recolección de datos biométricos de todos los trabajadores migrantes y contiene cláusulas que podrían extender el requisito a todos los trabajadores que busquen empleo, sin importar su estatus de ciudadanía. Esto haría necesario el establecimiento de una base de datos biométrica nacional, una perspectiva alarmante dado al hecho, revelado hace no mucho por Edward Snowden, de que la NSA espía a los ciudadanos estadounidenses.[15]

Para principios de 2013, sólo alrededor de 7% de los seis millones de patrones en Estados Unidos usaba el sistema E-Verify, que es considerablemente propenso al error.[16] Según una auditoría independiente realizada en 2009, E-Verify tenía una tasa de error de 4.1%. Si se aplicara en todo el país, esto afectaría de manera negativa los empleos de millones de trabajadores.[17]

Más aún, el estudio ni siquiera toma en cuenta la manera en que E-Verify "daría incentivos a la discriminación" contra los trabajadores latinos.[18] Las experiencias más recientes con este sistema sugieren que los patrones lo han utilizado para hacer perfiles a partir de características raciales, acosar y expulsar a trabajadores latinos. Esto quedó demostrado en San Diego en 2013, cuando nueve trabajadores hoteleros empleados en el Hilton Mission Valley fueron despedidos debido a E-Verify. Puesto que algunos de ellos llevaban hasta 15 años trabajando en el hotel, no les pareció casual que su despido por parte de la nueva administración coincidiera con su apoyo a un esfuerzo de organización sindical dirigido por UNITE HERE.[19]

La aplicación nacional de E-Verify probablemente provocaría despidos masivos, puesto que muchos trabajadores indocumentados no calificarían para el componente de "legalización" de la s. 744. Los patrones tendrían hasta cuatro años para acatar la ley, lo cual les permitiría decidir a qué ritmo aplicarla y hacer despidos. La eliminación de miles de trabajadores sin derechos probablemente crearía un nuevo estrato de economía clandestina, en el que las industrias que más dependen de la mano de obra barata encontrarían o desarrollarían mecanismos para evitar el programa, lo cual reduciría aún más los salarios.[20]

Más aún, cualquier persona que sea sorprendida usando, comprando o distribuyendo números de seguro social falsos o duplicados para conseguir empleo enfrenta una pena máxima de cinco años de prisión y una multa (sección 3102). Dada la probabilidad de futura migración no autorizada desde distintas regiones del mundo, es casi seguro que la criminalización de algo tan esencial para los indocumentados provocará más encarcelamientos y aumentará las filas de indocumentados que viven de forma precaria entre las sombras.

La vasta y vulnerable masa de trabajadores indocumentados que esta ley crearía haría más difícil la sindicalización de los trabajadores migrantes, que en la actualidad son uno de los sectores más dinámicos del crecimiento sindical.[21] Una vez vigentes las nuevas medidas internas de exclusión, los futuros migrantes detenidos en Estados Unidos podrían sufrir castigos draconianos similares a los que proponía la famosa ley Sensenbrenner-King, conocida como HR 4437, que fue derrotada en 2006.

Una persona indocumentada detenida por cruzar la frontera enfrenta una pena de un año en prisión y una multa de entre 250 y 5 mil dólares. Por una segunda infracción, la pena aumenta a tres años y la multa se duplica. Si la infracción ocurre después de que el migrante haya cometido tres delitos menores o uno grave, podría quedar encerrado hasta 10 o 15 años. Quienes vuelvan a entrar después de haber sido deportados pasarán hasta dos años en prisión, y quien produzca, venda o distribuya pasaportes falsos podría enfrentar hasta 20 años en prisión (sección 3704).

A pesar del énfasis en la mano dura contra los "traficantes" de mano de obra, es probable que la vaga redacción de la ley dé como resultado un ataque a los usuarios finales de los documentos falsos, pues es común que los trabajadores indocumentados los necesiten para conseguir empleo. Esta situación fue la base de las redadas de estilo militar en centros laborales iniciadas en 2006.

LEGALIZACIÓN SIN DERECHOS

Si leemos la letra pequeña, la promesa de "legalización" que mencionan los promotores de la s. 744 traiciona el sentido de la palabra. Millones de trabajadores podrían hacer la transición a un estatus "legal", pero muy alejado de la ciudadanía total o incluso parcial. Puede entenderse mejor como una estrategia diseñada con todo cuidado para crear una subclase de trabajadores *sin* derechos, perpetuamente vulnerables a causa de un rígido y austero conjunto de normas y regulaciones migratorias.

Para el primer paso del proceso de "legalización", los migrantes calificados entran en una categoría especial de trabajadores legales: el estatus de "migrante provisional registrado", con el cual los migrantes comienzan un periodo mínimo de diez años durante el cual deben trabajar de manera constante, pagar todos los impuestos, quedar inhabilitado para hacer uso de cualquiera de los servicios y los beneficios financiados por fondos públicos (incluido el Obamacare), registrarse para el servicio militar selectivo y pagar hasta 2 mil dólares en multas (sección 2101). Para cumplir los requisitos —y para seguir haciéndolo durante todo el largo proceso—, los migrantes deben haber estado presentes en Estados Unidos antes del 31 de diciembre de 2011 y no haber cometido un delito grave o tres menores (excluyendo las infracciones de tránsito) antes o durante el periodo.

Quizá lo que más revela cómo esta ley está diseñada para controlar la mano de obra migrante sea el hecho de que, según la ley, los migrantes provisionales registrados "deben permanecer con empleo regular a lo largo del periodo de admisión [...] con un margen de breves periodos de no más de 60 días de duración". En otras palabras, los trabajadores que no conserven un empleo estable, o que renuncien o sean despedidos por cualquier motivo, pueden quedar descalificados. Esto los volverá temerosos y dependientes de sus patrones, que pueden utilizar ese poder para mantener bajos los salarios y acosar o intimidar a los trabajadores.

Los trabajadores también pueden quedar descalificados si caen en la pobreza, aunque sigan trabajando. De acuerdo con la ley, deben ser capaces de "demostrar ingresos o recursos promedio que no sean menores a 125% del nivel de pobreza federal, a lo largo del periodo de admisión como migrantes provisionales registrados". Esto también refuerza la dependencia con respecto a los patrones, que tendrán un incentivo para hostigar a los trabajadores en busca de hiperproductividad, a cambio de mantener el ingreso mínimo.

Este arreglo no sólo será lucrativo para los patrones, que podrán mantener los salarios bajos, sino también para el Estado. Como los trabajadores migrantes tendrán que pagar impuestos, continuarán subsidiando la economía estadounidense y llenando las arcas del gobierno, sin derecho a los beneficios de los programas gubernamentales. Ésa es ya la experiencia de los indocumentados. Por ejemplo, un estudio de 2013 reveló que, entre 2002 y 2009, los migrantes aportaron a Medicare aproximadamente 115 200 millones de dólares más que lo que extrajeron.[22]

Después de completar el periodo de diez años con ese estatus —y si se logra la tasa de eficacia de 90% en el control de la frontera—, los trabajadores migrantes podrán solicitar la residencia legal permanente. Al cabo de tres años con ese estatus secundario, pueden solicitar la ciudadanía. Todo el proceso representa más de 13 años de caminar en la cuerda floja sin un solo tropiezo, lo que garantiza una generación más de mano de obra no ciudadana, estable y con bajos salarios.

SIN AYUDA PARA LA JUVENTUD INDOCUMENTADA

Aunque la propuesta permite periodos de espera más cortos para los jóvenes indocumentados, éstos aún deben soportar una larga demora. Los jóvenes que eran elegibles para la ley DREAM y la orden ejecutiva DACA, de Barack Obama, también pueden hacer la transición al estatus de registro provisional. Si obtienen un diploma de bachillerato o completan dos años de universidad o cuatro de servicio militar, se les pueden retirar cinco años del periodo de espera (sección 2103). Aun así, que los jóvenes tengan que esperar ocho años para ser candidatos a la ciudadanía es un paso hacia atrás después del creciente ímpetu y el alto nivel de apoyo conseguidos con varios años de destacado y heroico activismo por una ciudadanía expedita para la juventud indocumentada.[23]

ESTATUS DE TARJETA AZUL: LA SERVIDUMBRE DEL SIGLO XXI

Otra forma de subyugación de mano de obra contenida en la ley es el estatus de "tarjeta azul" del Programa de Trabajadores Agrícolas. Para enfrentar la constante escasez de mano de obra que hace estragos en la agricultura estadounidense debido a la estricta vigilancia de la migración interna y los salarios siempre bajos, la ley crea una clasificación nueva bajo la cual los trabajadores agrícolas estarán atados a los productores. En este programa, los trabajadores que se hayan dedicado a la agricultura al menos dos años antes de la legislación y que, además, acepten hacer trabajo agrícola al menos por cien días al año durante cinco años, pueden calificar para la residencia legal permanente al finalizar esos cinco años. Al cabo de tres años más de residencia, pueden solicitar la ciudadanía.

Como los trabajadores agrícolas deben presentar la documentación en regla del trabajo que les dan sus patrones, este programa los hace dependientes de los productores. El estatus de tarjeta azul, semejante a la servidumbre del tiempo en que Estados Unidos era una colonia británica, está pensado para mantener una mano de obra barata, fácil de explotar y atada a los patrones, sobre todo durante la temporada de cosecha, a cambio de permitirles solicitar la ciudadanía. Esto perpetúa una mano de obra agrícola en su mayoría no organizada y garantiza que el trabajo agrícola se mantenga como el más peligroso y el peor pagado de la economía estadounidense... para beneficio de las empresas agrícolas.[24]

EXPLOTACIÓN TECNOLÓGICA

En cuanto a la migración futura, la ley reajustaría el sistema de visas a favor de las personas con mayores niveles educativos y habilidades técnicas, según las necesidades de la economía estadounidense. El nuevo "sistema basado en el mérito" para determinar quién puede entrar al país permitiría otorgar hasta 250 mil visas, distribuidas según un sistema de puntos. La mayoría de los puntos serían para los migrantes con mayor nivel de escolaridad, los empresarios, los que hablan inglés con fluidez, los jóvenes y los que tengan habilidades para "industrias de alta demanda". A diferencia de los migrantes provisionales registrados, estos migrantes "de alto nivel" entrarían de inmediato como residentes legales permanentes.

Esta disposición puede entenderse como una concesión a la industria tecnológica, como lo ejemplifica el grupo de presión FWD.us. Dirigido por el fundador de Facebook, Mark Zuckerberg, y con miembros de empresas como Microsoft, Google e Intel, FWD.us se describe a sí mismo como "un grupo diverso de líderes innovadores, creadores de empleos, dueños y fundadores de empresas del sector tecnológico de Silicon Valley".[25] En realidad, según los críticos del programa, las empresas de alta tecnología enfrentan una escasez de trabajadores estadounidenses con las habilidades requeridas, por lo que quieren el sistema basado en el mérito como una vía para expandir la limitada versión actual del sistema de visas H-1B. Según *The Washington Post*:

> Algunos expertos afirman que estas grandes compañías han estado usando el sistema para pagar a los empleados de origen extranjero menos que a sus contrapartes estadounidenses y que los trabajadores migrantes con visas H-1B terminan por depender por completo de sus patrones. El proceso para obtener la tarjeta verde que otorga la residencia legal permanente puede tardar años y los trabajadores que se encuentran a medio proceso a menudo son renuentes a cambiar de compañía, una enorme ventaja para las empresas que quieren conservar a sus trabajadores.[26]

Un segundo tipo de visas basadas en el mérito favorece a los aspirantes que buscan empleo (y a sus familias), cuyas solicitudes estuvieran pendientes cinco años o más bajo el sistema actual.

Aunque el sistema de visas basado en el mérito puede aumentar el número de trabajadores calificados que obtengan la visa, el número de visas familiares aún sería el mismo (480 mil). Además, la legislación elimina la categoría de migración familiar para hermanos y para hijos casados de ciudadanos estadounidenses de más de 30 años de edad.

Los trabajadores sin habilidades técnicas, con niveles educativos altos o elevado poder adquisitivo, quedan relegados a las categorías de trabajadores temporales "no migrantes". Estas categorías incluyen la visa W y el Programa de Trabajadores Agrícolas No Migrantes, ambos conocidos como programas de "trabajadores visitantes".

PUEDES TRABAJAR, PERO NO PUEDES QUEDARTE

Los migrantes de clase trabajadora con empleos manuales constituyen la mayor parte de los migrantes que viven en Estados Unidos. Están concentrados en industrias de bajos salarios y han estado históricamente excluidos de las formas legales de migración, por lo que conforman la mayor parte de la población indocumentada; tienden a encontrar empleos de larga duración —dos terceras partes de los trabajadores indocumentados llevan más de diez años en el país— y establecer familias.[27]

La exclusión de vías a la ciudadanía plena para los migrantes indocumentados de clase trabajadora continuará en la forma de un nuevo programa de trabajadores visitantes. Esto permitirá la creación de un enorme ejército de trabajadores no ciudadanos, que los patrones usarán para expandir los sectores de bajos salarios de la economía.

El programa de visas W (sección 7401) y las visas para trabajadores agrícolas no migrantes (sección 2232) se basan en las necesidades de las industrias que dan empleo a trabajadores "no calificados". Estas industrias pueden hacer peticiones al gobierno con base en lo que describen como escasez de mano de obra, con límites que varían según la industria, pero que pueden expandirse.

Para cumplir con los requerido, los trabajadores deben hacer su solicitud en su país de origen y pueden recibir un permiso de trabajo renovable por tres años. Con la visa W, a los trabajadores visitantes sólo se les permite trabajar para patrones registrados. Aunque pueden abandonar a un patrón y buscar trabajo en otro lugar, debe ser con otra compañía registrada. Para la visa para trabajadores agrícolas no migrantes, deben tener tres años de experiencia agrícola previa en Estados Unidos y pueden tener de 16 años en adelante. Los trabajadores agrícolas que entran al país gracias a un contrato con un patrón sólo pueden trabajar para ese patrón mientras dure el contrato y el patrón tiene derecho a anularlo de manera unilateral. Los "trabajadores a disposición" pueden ser admitidos, pero deben trabajar para patrones registrados.

En realidad, no hay escasez de mano de obra "no calificada" en Estados Unidos. Los patrones, con la complicidad del Estado, han aprovechado las vulnerabilidades de los trabajadores indocumentados para crear salarios más bajos en múltiples sectores de la economía, tales como la agricultura, los servicios alimentarios, la jardinería, la construcción y el servicio doméstico. No obstante, la movilidad de los trabajadores migrantes y la voluntad de algunos de luchar por mejores salarios, condiciones laborales y representación sindical constituyen una clara amenaza para los patrones en esos sectores.[28]

Por eso los patrones desean la propuesta de "reforma" migratoria bipartidista. Con los programas de trabajadores visitantes, las industrias pueden contar con un flujo permanente de trabajadores atados a sus compañías y sin derecho a echar raíces o participar en actividades políticas. Es más, los trabajadores no pueden permanecer desempleados por más de 60 días consecutivos. Si no consiguen trabajo, deben marcharse voluntariamente o se les retirará por la fuerza. Al igual que los viejos programas de braceros, esto da a los patrones el poder de decidir salarios, condiciones laborales y duración del empleo.

LOS LÍMITES DE LA REFORMA
BAJO EL CAPITALISMO NEOLIBERAL

Reprimir los movimientos de las personas y restringir su capacidad de trabajar, de participar en procesos políticos y de integrarse a la sociedad sólo sirve a los intereses de las grandes empresas. Históricamente, los trabajadores migrantes han subsidiado el desarrollo y la expansión de la economía estadounidense y, en la actualidad, las cosas no son diferentes. La S. 744 está diseñada para continuar este proceso y, al mismo tiempo, hacer retroceder a la sociedad, pues introduce nuevas formas de segregación y exclusión mediante la cínica manipulación de la ciudadanía.

Históricamente, los trabajadores migrantes han utilizado un marco de derechos humanos y laborales para promover su propia visión de la inclusión social. En la última década, las marchas masivas, las huelgas, los boicots y las protestas por los derechos de los migrantes lo han demostrado, con lemas que hacen hincapié en la legalización incondicional, la unificación familiar y la plenitud y la igualdad de derechos.

Gracias al activismo por los derechos de los migrantes, las iniciativas de legislación migratoria más reaccionarias, como la propuesta Sensenbrenner-King, no han prosperado. Sin embargo, no se ha materializado una acción sostenida que culmine en una plataforma alternativa para la legalización incondicional. En vez de eso, las elecciones y las promesas vacías de los políticos del Partido Demócrata han alejado a los activistas de las calles para involucrarlos en estrategias electorales que han llegado a un callejón sin salida.

La manifestación más reciente de la "reforma migratoria exhaustiva" ejemplifica el problema. Sin un movimiento social por los derechos de los migrantes que impulse el proceso hacia una solución más justa y humanitaria, los reaccionarios antimigrantes se han sentido confiados para descarrilar todo el proceso.

38. Los derechos de los migrantes, en una encrucijada

Para comprender por qué la reforma migratoria no pudo materializarse tras la elección de Barack Obama y la mayoría demócrata en el Congreso de 2008, tenemos que ver más allá de la simplificación de que el sistema partidista en Washington es el único culpable. El comienzo de la recesión económica transformó el panorama: la política migratoria quedó en segundo plano y las alineaciones y los arreglos políticos previos a 2008 se desvanecieron.

En vez de que una restructuración exhaustiva de la política migratoria ofrezca una vía a la ciudadanía, ha surgido entre la clase gobernante estadounidense un nuevo consenso —expresado en ambos partidos políticos— de retirar de la mesa una verdadera reforma. En vez de proporcionar una vía hacia la legalización, el *modus operandi* preferido en el contexto de una crisis del capitalismo es mantener a los trabajadores migrantes atascados en condiciones de marginación social.

En otras palabras, el *statu quo* ha sido el escenario óptimo para la máxima rentabilidad en un momento de inestabilidad económica, puesto que el mantenimiento de un sector perseguido de la clase trabajadora puede usarse para reducir los salarios y las condiciones laborales de otros sectores. Esto fue posible, sobre todo, después de la represión y el declive de los esfuerzos de organización de los trabajadores migrantes, lo cual coincidió con que el liderazgo del movimiento por parte de las organizaciones (sindicatos, organizaciones no gubernamentales liberales, etcétera) lo condujera hacia el Partido Demócrata, que a su vez lo subordinó a las necesidades del capital. La inestabilidad económica y el persistente desempleo durante y después de la recesión, así como diez años de constante represión del Estado, han debilitado gravemente al movimiento de los trabajadores migrantes y lo han sojuzgado.

Esto puede explicar por qué ambos partidos políticos han cerrado filas para apoyar la estrategia de "sólo vigilancia" con respecto a la migración ("vigilancia por desgaste"), al mismo tiempo que mantienen una considerable población de trabajadores indocumentados. Si para 2016 los demagogos de derecha no habían tenido éxito en sus esfuerzos por aprobar más medidas extremistas en el Congreso, es porque la gran mayoría de la clase trabajadora estadounidense no ha acogido la política de usar a los migrantes como chivos expiatorios.

Por todo esto, el movimiento antimigrante ha dirigido sus esfuerzos a estados más conservadores, donde las tradiciones del racismo de la era de Jim Crow aún infectan el cuerpo político. Al mismo tiempo, la estrategia electoral que vinculaba los derechos de los migrantes con las campañas del Partido Demócrata también entró en un callejón sin salida, lo que desmotivó a muchos latinos simpatizantes del gobierno de Obama y activistas proderechos que creían que de la mayoría demócrata de 2008 en el Congreso surgiría una reforma significativa.[1] El fracaso y la indisposición de los líderes del Partido Demócrata a presentar una alternativa al enfoque neoliberal de "sólo vigilancia", que los republicanos defendían con ahínco, desmotivaron a los votantes que habían acudido a las urnas en 2008.[2] Esto puede ayudar a explicar por qué la derecha antimigrante fue capaz de reagruparse dentro del Partido Republicano como parte de la insurgencia del Tea Party en 2010. También puede explicar por qué, en 2016, Trump pudo apropiarse de la causa antimigrante para reanimar y movilizar hacia las urnas a la debilitada y desmoralizada derecha.

En la era de Trump, las políticas antimigrantes han llevado al poder a un demagogo y un Congreso de derecha, que ahora tienen acceso a la vasta maquinaria de opresión a los trabajadores migrantes, desarrollada por ambos partidos. Entretanto, el ataque a los trabajadores migrantes continúa bajo la égida del Departamento de Seguridad Nacional y los gobiernos estatales de todo el país. Aunque para 2008 el movimiento por los derechos de los migrantes se había desmovilizado, el potencial de reconstrucción del movimiento masivo se ha reavivado gracias a la considerable oposición a Trump y la derecha.

LA OPINIÓN GENERAL
EN APOYO A LOS MIGRANTES

La actual política migratoria se limita a medidas de vigilancia que se han apartado mucho de la mirada pública. Para entender por qué la política migratoria ha bajado de tono, es necesario examinar dos factores importantes y superpuestos. En primer lugar está la falta de apoyo en el plano nacional para una intensa campaña contra los migrantes. En otras palabras, la mayoría de la gente de la clase trabajadora considera que la principal fuente de sus problemas es la economía tambaleante, el desempleo y la creciente desigualdad, no los migrantes. En segundo lugar, una población numerosa y contenida de trabajadores indocumentados se ha vuelto indispensable y sumamente rentable para el capital estadounidense, más aún en tiempos de estancamiento económico. La desconexión entre la opinión pública y los representantes de los dos partidos capitalistas se refleja en las encuestas de los últimos diez años. Más aún, las movilizaciones masivas no sólo modificaron la opinión pública, sino que también desmoralizaron a la extrema derecha. Esto se ha reflejado en un considerable deterioro del apoyo a las organizaciones antimigrantes después de 2006.

En los últimos años, las encuestas han mostrado dos tendencias: un nivel consistente de apoyo a la legalización y una disminución a atribuirle alguna culpa a los migrantes por los problemas de la economía. En 2009, una encuesta del Pew Research Center mostró que 63% de la población apoyaba una "vía a la ciudadanía" para los trabajadores indocumentados de la nación.[3] En mayo de 2009, una encuesta de CNN reveló que dos de cada tres encuestados apoyaban la legalización.[4] En mayo de 2010, una encuesta de CNN/Opinion Research Corporation mostró que, aunque el apoyo a las medidas de vigilancia había aumentado considerablemente (lo que reflejaba la tendencia hacia la estrategia de "sólo vigilancia" en los medios y en la política), 81% de los encuestados apoyaba en todo el país "la creación de un programa que permitiría a los migrantes ilegales ya establecidos en Estados Unidos, durante cierto número de años, quedarse aquí y solicitar la permanencia legal en el país en caso de tener empleo y pagar impuestos".[5] Un sondeo de Fox News, en diciembre de 2011, mostró que 66% de los encuestados de todo el país (entre ellos, 57% de los republicanos) apoyaban una vía a la ciudadanía, por lo que incluso la cadena Fox admitió que "los candidatos republicanos tienen un gran desacuerdo con los votantes de su partido".[6]

Aunque una mayoría consistente apoya la legalización, existe menos interés por concentrarse en la vigilancia migratoria, un tema que los candidatos presidenciales republicanos volvieron a poner sobre la mesa en sus campañas. En enero de 2012, un sondeo de *The Washington Post* y ABC News mostró que 51% de los encuestados consideraba que los políticos debían enfocarse en los empleos y la economía, y sólo 1% consideraba que la migración era el tema principal.[7] Una encuesta de Pew, en enero de 2012, reveló una disminución en el porcentaje de votantes en potencia que creían que "la migración ilegal" era una prioridad (55% en 2007, 39%

en 2012), mientras que el deseo de que los candidatos se enfocaran en la creación de empleos había aumentado de 57 a 82% en el mismo periodo.[8]

Para 2016, en vísperas de la elección de Donald Trump, 88% de los encuestados en un sondeo de Gallup consideraba que los migrantes indocumentados residentes en Estados Unidos deberían tener la oportunidad de convertirse en ciudadanos en caso de cumplir los requisitos; 66% se oponía, algunos firmemente, a la deportación de personas indocumentadas, y el mismo porcentaje se oponía a la expansión del muro fronterizo.[9]

En California, que tiene la mayor población migrante del país, los números también son reveladores: 75% de los californianos encuestados en un sondeo de la Universidad de Sur de California y *Los Angeles Times* pensaba que los migrantes indocumentados residentes en Estados Unidos debían tener derecho a permanecer en el país, y la cifra aumentaba a 90% entre los jóvenes de 18 a 29 años.[10] Tras la elección de Trump, los californianos revirtieron su oposición mayoritaria a las "ciudades santuario", para definirse a favor de ellas. Por ejemplo, en 2015, 74% de los encuestados para un estudio de la Universidad de California, en Berkeley, se oponía a la práctica de algunas ciudades de rehusarse a cooperar con la vigilancia migratoria federal. Una encuesta de 2017, realizada por la misma institución, encontró que 70% de los californianos *apoyaba* las ciudades santuario.[11]

Esta muestra de sondeos revela la discordancia entre la gente común, por un lado, y los representantes del capital y la extrema derecha, por el otro. Como demostraron las movilizaciones de gran escala del movimiento Occupy en 2012 y el considerable apoyo público a las protestas y los plantones, la crisis del capitalismo estaba dirigiendo el enojo popular contra la codicia de las grandes empresas y la creciente desigualdad, no hacia los migrantes.[12] Esto quedó validado con las derrotas electorales de la extrema derecha en Arizona y las elecciones presidenciales de 2012.

En las elecciones primarias republicanas de 2012, la precandidata de extrema derecha Michele Bachmann habló de sellar la frontera entre México y Estados Unidos con un muro doble. Para no quedarse atrás, Herman Cain pidió una cerca electrificada letal, custodiada por personal militar armado con municiones verdaderas. Mitt Romney reprendió a Rick Perry por apoyar una ley de Texas que permitía a los estudiantes universitarios indocumentados pagar las colegiaturas para residentes del estado. Perry, por su parte, para desacreditar a Romney, lo acusó de dar empleo a jardineros indocumentados en su propiedad. La insistencia en el tema de la migración contrastaba con el hecho de que la gente estaba mucho más preocupada por la economía. Según una encuesta de Gallup realizada en octubre de 2012, por ejemplo, sólo 12% consideraba la migración como un tema prioritario.[13]

Después de ganar la nominación, Mitt Romney siguió el mismo curso e hizo de la política antimigración un elemento central de su campaña. Contrató como asesor al arquitecto de la doctrina de "vigilancia por desgaste", Kris Kobach. En el debate presidencial de enero de 2012, ante la pregunta de cómo manejaría el tema de la migración, Romney expresó su intención de continuar reprimiendo a los migrantes indocumentados hasta que se "autodeportaran" en masa y afirmó: "La respuesta es la autodeportación, que es cuando la gente decide que le conviene más volver a su país, porque aquí no pueden conseguir trabajo por no tener documentos legales que se los permitan."[14] El desplazamiento a la derecha de Romney no logró hacerlo despuntar en los comicios; al contrario, un gran número de latinos votaron en su contra. No obstante, la reelección de Barack Obama hizo muy poco por promover la causa de la legalización, que quedó abandonada mientras se adoptaba tácitamente la estrategia de "vigilancia por desgaste".

En el plano federal, los esfuerzos más severos contra los migrantes fracasaron por falta de apoyo. La legalización, a pesar de contar con un amplio consenso, fracasó debido a la falta de ánimo político y de esfuerzo entre los demócratas electos. El epicentro político alrededor de la migración se apartó del foro legislativo nacional hacia escenarios menos representativos. El gobierno de Obama aumentó las medidas de vigilancia mediante las directrices del DHS y los militantes antimigrantes se enfocaron en conseguir que las medidas contra los migrantes se aprobaran poco a poco en las legislaturas estatales, donde era posible promover esas políticas con menos oposición.

No obstante, incluso en los ambientes más reaccionarios, la derecha antimigrante también sufrió reveses. Russell Pearce, presidente del Senado de Arizona e imán de la política antimigrante nacional —orquestador de la aprobación de la ley SB 1070—, se convirtió en el primer legislador estatal en la historia de Arizona y el primer presidente del Senado de cualquier estado en ser retirado de su puesto. Los votantes latinos, que en su mayoría apoyaban su retiro, conformaron 13% del electorado que votó en ese proceso. Dado que el rival republicano de Pearce, Jerry Lewis, ganó con 53.4% contra 45.3%, un gran sector de partidarios del propio Pearce votó en su contra. De acuerdo con *The Arizona Republic*, un periódico de tendencia conservadora, "los encuestados que votaron contra Pearce afirmaron haber elegido el retiro del legislador, que era presidente del Senado estatal, porque les parecía que sus representantes necesitaban enfocarse menos en la migración y más en la generación de empleos y la economía".[15] Incluso el demagogo antimigrante Tom Tancredo afirmó que el resultado de la votación podía tener un "efecto de enfriamiento" a corto plazo en los políticos que compartían la postura antimigrante.[16]

EL MENGUANTE APOYO MATERIAL A LAS ORGANIZACIONES ANTIMIGRANTES

Una tercera vía para entender las actitudes públicas con respecto a la política migratoria tiene que ver con el nivel de apoyo material a las organizaciones antimigrantes. Las tendencias nacionales durante y después de la Gran Recesión muestran una considerable disminución en el número de miembros activos y de donaciones monetarias a estas organizaciones. Durante este periodo, la frustración popular se concentró en la inestabilidad económica y la desigualdad social.[17] Esto ilustra el hecho de que casi 60% de los estadounidenses apoyaba al movimiento anticorporativo Occupy Wall Street, al mismo tiempo que el apoyo a las organizaciones antimigrantes disminuía.[18] De acuerdo con el Institute for Research and Education on Human Rights [Instituto de Investigación y Educación sobre Derechos Humanos]:

- el número de miembros de la antimigrante Federation for American Immigration Reform [Federación por la Reforma Migratoria en Estados Unidos] se redujo en 58%, desde su punto más alto en 2007 hasta el más bajo en 2011;
- los ingresos totales de diez organizaciones nativistas establecidas disminuyeron en 28% de 2008 a 2009;
- el número de organizaciones de minutemen se redujo en más de 50%, de 115 grupos locales en 2010 a 53 en 2011, y
- el número de grupos antimigrantes activos localmente se redujo en 62%, de 320 en 2010 a 121 en 2011.[19]

El fracaso del movimiento nativista en sus intentos de amasar un número considerable de seguidores entre la clase trabajadora provocó que el núcleo duro del movimiento cambiara de estrategia. Los activistas, los patrocinadores y los demagogos antimigrantes han traslado el foco de atención de sus campañas de las calles para dirigirlo hacia las formaciones electorales del Tea Party, donde han encontrado un hogar para su política racial. Como no lograron cultivar un movimiento masivo, han acudido a las urnas, donde cuentan con un apoyo más pasivo.

El espacio abierto por el ultraderechista Tea Party permitió a los nativistas impulsar su agenda en la política estatal, sobre todo en las zonas donde aún prevalece el racismo de la era de Jim Crow. Como el Tea Party está financiado por los sectores derechistas de la clase capitalista y es apoyado por una base pequeña pero sumamente móvil de simpatizantes de clase media, esta relación ha permitido que las políticas antimigrantes lleguen al plano estatal, donde estas formaciones ejercen mayor influencia.[20] Esto ha sembrado el conflicto por la migración en el corazón del Partido Republicano en esas regiones, donde algunas partes del sector empresarial, sobre todo de la agricultura y la construcción, se han visto perjudicadas por la disminución de la mano de obra disponible.[21]

Por ejemplo, a pesar del menguante apoyo público a las políticas antimigrantes, la National Conference of State Legislators [Conferencia Nacional de Legisladores Estatales] informó que, en 2011, los legisladores estatales introdujeron en los estados más de 1600 propuestas de ley y resoluciones relativas a la migración y los migrantes, por arriba de las cerca de 1400 de 2010.[22] Si un sondeo de las tendencias electorales muestra que la mayoría de la población, al menos en este punto, no considera que las políticas antimigrantes le convengan, ¿por qué avanzan estas medidas? El discurso dominante atribuye el *impasse* al estancamiento entre los partidos.[23]

A pesar de esta creencia popular de la política de Washington, existen muchas técnicas legislativas para evitar el estancamiento. Aun con oposición legislativa, Obama podría haber detenido las deportaciones o suspendido los diversos programas del Departamento de Seguridad Nacional por medio de una orden ejecutiva, en espera de una resolución legislativa. El hecho es que el tema de la reforma migratoria ni siquiera se sometió a debate en ninguna de las cámaras del Congreso, a pesar de que ese proceso podría haber abierto una discusión más amplia y fomentado la movilización de la opinión pública. El mismo Obama reveló por qué abandonó su primera propuesta política importante. Según Associated Press, "la reforma migratoria fue un tema que Obama había prometido a los grupos latinos abordar en su primer año de gobierno. Sin embargo, varias duras realidades —una economía fallida, una agenda llena, el año electoral y una falta de voluntad política— provocaron tal entorpecimiento en el Congreso que, al final, Obama decidió dejar de lado el asunto."[24]

La falta de ánimo político para impulsar la reforma migratoria puede atribuirse, al menos en parte, al cambio de prioridades de la clase gobernante de Estados Unidos cuando la economía entró en recesión en 2007 y 2008. A pesar de las promesas de campaña hechas a la comunidad latina de hacer una reforma migratoria, el Partido Demócrata pronto abandonó el asunto, sobre todo después de que se agravaran los efectos de la recesión de 2008. En su lugar, la guerra contra todos los trabajadores se recrudeció y los trabajadores migrantes fueron el blanco más vulnerable.

Mantener criminalizado a un sector de la mano de obra ha resultado fundamental, según la óptica de quienes integran el 1%, para obtener mayores ganancias mediante la explotación de la mano de obra migrante. Como los trabajadores migrantes están integrados en muchas industrias de toda la economía, mantener subyugada a esa población sirve para sojuzgar a otros trabajadores. Más aún, las políticas antimigrantes han sido una herramienta útil para los políticos conservadores de Arizona, Alabama y Georgia, para recortar los gastos sociales con el pretexto de la vigilancia migratoria.

La represión a los trabajadores migrantes se da sobre el telón de fondo de la intensificación de la guerra de clases, sobre todo contra los sectores de trabajadores organizados en sindicatos, donde la resistencia colectiva ha sido más fuerte. Por ejemplo, los gobernadores republicanos de todo el Medio Oeste han promovido leyes para abolir o debilitar a los sindicatos públicos y privados.[25] Ahora, con el gobierno de Trump, estas medidas se promueven en el nivel nacional. Los gobernadores demócratas también han hecho su parte, promoviendo drásticos recortes presupuestales, reduciendo pensiones y ejecutando despidos masivos de trabajadores sindicalizados del sector público.[26] La desmovilización de los trabajadores migrantes se ha vuelto un aspecto clave de esta estrategia.

LA CRISIS CAPITALISTA Y LA MIGRACIÓN

Durante la Gran Recesión, aproximadamente entre 2007 y 2010, en promedio 150 mil mexicanos cruzaron la frontera hacia Estados Unidos cada año, en contraste con los 500 mil que lo hicieron anualmente durante la primera mitad de la década.[27] La disminución de la migración se explica por la crisis capitalista más que por cualquier política de vigilancia fronteriza, aunque los políticos restriccionistas intentaron atribuirse dicha reducción. De acuerdo con Juan Luis Ordaz, economista de la Fundación Bancomer, "los arrestos en la frontera se mueven junto con el ciclo económico de Estados Unidos".[28] En otras palabras, la migración disminuyó conforme la recesión reducía el número de oportunidades laborales. Debido a su marginación social y su vulnerable posición económica, los migrantes han sido los más afectados por la crisis capitalista en Estados Unidos. A pesar de esas fluctuaciones, la criminalización y la deportación "estratégica" de trabajadores migrantes no disminuyeron.

La tasa de pobreza de los migrantes latinos aumentó conforme los empleos de baja remuneración se agotaban y los trabajadores más pobres fueron los más perjudicados por el desempleo. Por ejemplo, la industria de la construcción se vio especialmente afectada durante la caída de la economía; esta industria daba empleo a un alto porcentaje de trabajadores indocumentados. Según el experto en migración Germán Vega, de El Colegio de la Frontera Norte en Tijuana, "la migración se ha reducido porque las oportunidades de empleo en Estados Unidos no son buenas. Menos migrantes tienen empleos de tiempo completo. Las horas de trabajo se reducen. Los salarios son más bajos. Envían menos dinero a casa".[29] Su situación vulnerable en el capitalismo, agravada por las disposiciones públicas que, por razones políticas, los castigan, ha empeorado los salarios y las condiciones laborales de los migrantes latinos.

En el plano nacional, los latinos en general tienen las tasas de pobreza más altas y esta pobreza se concentra sobre todo en las familias de latinos migrantes. De acuerdo con el Pew Hispanic Center, como resultado de la recesión los latinos experimentaron la mayor disminución de la riqueza interna, en comparación con otros grupos étnicos. De 2005 a 2009, la mediana de la riqueza por hogar entre los latinos cayó 66%, en comparación con 53% entre los negros y 16% entre los blancos.[30] Según la Oficina de Estadísticas Laborales, la tasa de desempleo entre los latinos fue de 11% en 2011, en comparación con 6.3% al inicio de la Gran Recesión en diciembre de 2007. En el mismo periodo, la tasa de desempleo nacional subió de 5 a 8.5%.[31] Entre 2006 y 2010, la tasa de pobreza entre los latinos subió 6 puntos porcentuales, de 20.6 a 26.6%, más que en cualquier otro grupo.[32] Ahora los niños latinos sufren la tasa de pobreza más alta, que alcanzó 30% en 2010 y 36% en 2015.[33]

La comunidad fronteriza de El Centro, al este de San Diego, es un ejemplo de este efecto. Más de 80% de los 42 500 habitantes de la ciudad son latinos, con un alto porcentaje de trabajadores migrantes concentrado en la agricultura y la construcción. Como estas dos industrias se vieron muy afectadas por la recesión, la tasa de desempleo subió a 28%, uno de los niveles más altos del país para una ciudad de ese tamaño.[34] La degradación de las condiciones de los trabajadores migrantes se extiende más allá de la economía sistémica. Los patrones también explotan sus vulnerabilidades de otras maneras más directas.

Más de dos terceras partes de los trabajadores migrantes de bajos ingresos sufrieron "al menos un abuso relacionado con la paga" en la semana laboral reportada, de acuerdo con un sondeo de 2011 realizado por el Center for Urban Economic Development [Centro para el Desarrollo Económico Urbano], el National Employment Law Project [Proyecto Nacional sobre Legislación Laboral] y el Institute for Research on Labor and Employment [Instituto para la Investigación sobre Trabajo y Empleo], de la Universidad de California, en Los Ángeles. Más aún, a 26% de los trabajadores se le pagó menos del salario mínimo legal; 76% de los empleados que trabajaron tiempo extra no recibió el pago adicional requerido por la ley: 70% de los que trabajaron fuera de sus turnos regulares no recibió ningún pago por ese trabajo, y a 30% de los trabajadores que recibían propinas no se le dio el salario mínimo requerido para esa modalidad.[35]

Entonces, ¿cuál es el resultado de todos estos esfuerzos por disminuir el estándar de vida de los migrantes? Los sociólogos Doug Massey y Julia Gelatt, de la Universidad de Princeton, revelan que el resultado es una mayor rentabilidad. Según sus investigaciones, "los salarios promedio de los migrantes nacidos en México y radicados en Estados Unidos, ajustados a la inflación, no eran más altos en 2007, en vísperas de la Gran Recesión, que a principios de la década de 1960". Además, estas investigaciones muestran que,

entre 1950 y 1970 —una época más amable para los migrantes en Estados Unidos—, el salario promedio por hora para los trabajadores nacidos en México aumentó en conjunto con los de los blancos nacidos en el país y los mexicoamericanos, aunque los salarios de los migrantes eran, en general, más bajos. Sin embargo, entre 1970 y 1990, los salarios de los trabajadores nacidos en México y radicados en Estados Unidos bajaron hasta los niveles de principios de la década de 1960 (alrededor de 15 dólares actuales por hora) y se han mantenido así desde entonces.[36]

Massey y Gelatt señalan que la intensificación de las políticas de vigilancia —que comenzó en 1986 con la aprobación de la ley de reforma migratoria y control en el gobierno de Ronald Reagan y ha continuado con ambos partidos hasta el gobierno de Obama— es la culpable del estancamiento de los salarios de los mexicanos en Estados Unidos: "Afirmamos que el cambio estructural surge en gran medida del creciente número de migrantes indocumentados y del incremento de la explotación y la exclusión basadas en el estatus legal en la década de 1990, seguido por la creciente marginación de todos los migrantes en el contexto de una economía en deterioro después de 2000."[37] Y concluyen:

> Una posible explicación [...] es que la política migratoria de Estados Unidos evolucionó para producir una mayor población de personas sin derechos laborales, lo que induce a los patrones escrupulosos a excluir a los migrantes indocumentados y a los que parecen serlo, al mismo tiempo que ofrece a los patrones sin escrúpulos el poder de aumentar la explotación de todos los trabajadores, documentados e indocumentados por igual.[38]

Como la relación entre la inversión y el desplazamiento de capital, la migración y su criminalización son partes integrales de la ecuación del lucro.

Esto se relaciona con los patrones más generales de acumulación de capital en años recientes. En las últimas décadas ha habido un esfuerzo coordinado por aumentar la rentabilidad disminuyendo los salarios y el estándar de vida de todos los trabajadores en Estados Unidos, todo ello en respuesta al aumento de la competencia internacional y la reducción de la participación en el mercado global que corresponde a las grandes empresas estadounidenses. De acuerdo con el McKinsey Global Institute:

> En 1999, la red de inversiones transfronterizas se centraba en Estados Unidos, país socio en 50% de todas las posiciones financieras internacionales expedidas. Para 2009, la porción del total de las inversiones transfronterizas que correspondía a Estados Unidos se había reducido a 32% [...] Antes de la crisis financiera de 2008, las inversiones transfronterizas entre América Latina, la Asia emergente y el Medio Oriente crecían 39% anual: el doble de rápido que las inversiones de estas regiones con países desarrollados.[39]

El sitio electrónico de investigación Remapping Debate demostró cómo el gobierno de Obama siguió esta política, aun cuando el presidente parecía adoptar un tono populista con vistas a las elecciones de 2012. Como parte de un esfuerzo para desacelerar la contratación externa y hacer crecer las manufacturas, el gobierno promovió un estudio que presentaba como favorable una tendencia al alza en la productividad y a la baja en los salarios, lo que, en combinación con los crecientes costos de la mano de obra en China, abre la posibilidad de que las corporaciones estadounidenses "vuelvan a casa" si el costo de la mano de obra sigue bajando. El estudio, producido por Boston Consulting Group,

> afirmaba que el creciente costo de la mano de obra en China, en combinación con el hecho de que Estados Unidos "está convirtiéndose en un país de bajo costo", podría "virtualmente cerrar la brecha de costos" entre ambos países para muchos bienes. Afirmaba también que "tomando en cuenta todos los costos, ciertos estados del país, como Carolina del Sur, Alabama y Tennessee, quedarán entre los sitios de producción menos costosos del mundo industrializado".[40]

De hecho, la productividad de Estados Unidos ha venido superando los incrementos de salarios de manera consistente desde la década de 1970.[41] Las otras facetas de la supresión del trabajo, desde al ataque frontal contra los derechos laborales en Wisconsin, Indiana y otros estados hasta la represión a los trabajadores migrantes bajo la égida de la aplicación de la ley, conectan las diferentes facetas de la guerra contra los trabajadores que se libra en la sociedad estadounidense. En cada caso, el 1% y sus esbirros buscan dividir a la clase trabajadora en medio de la crisis económica y poner a los trabajadores a luchar entre sí.

Sin embargo, el aumento de la vigilancia migratoria no está contribuyendo a aminorar la crisis económica para otros trabajadores. De hecho, está agravándola. Como se mencionó antes, Arizona se convirtió en un foco de tensión en la represión a los migrantes. También fue uno de los estados más perjudicados por la recesión. En condiciones de crisis, altas tasas de desempleo y una visible población migrante, las políticas antimigrantes fueron bien acogidas. Por esta razón, grupos antimigrantes como los *minutemen* acudieron a Arizona, y los republicanos reaccionarios y oportunistas lanzaron sus carreras políticas a costa de los trabajadores indocumentados y sus familias, en un intento de generar antipatía pública hacia la presencia de migrantes.

A pesar de que en Arizona se aplicó una amplia gama de políticas antimigrantes, ésta no sirvió para mejorar las condiciones de los ciudadanos.

De acuerdo con *The Arizona Republic*, las oportunidades laborales para los egresados universitarios en el estado han seguido disminuyendo, aun con las medidas contra los migrantes. En 2007, 51% de los egresados encontraba trabajo; para 2009, esta cifra había bajado a 20%.[42] Después de sostener una campaña pública para eliminar a los migrantes indocumentados de los programas de bienestar del estado, la gobernadora Jan Brewer procedió a recortar 500 millones de dólares al Medicaid local, con lo que sacó de éste a unos 100 mil habitantes de bajos recursos.[43]

En 2010, Arizona tenía la segunda tasa de ejecución hipotecaria más alta del país: una de cada 17 viviendas, o 5.73%, recibía al menos una notificación de ejecución. El estado tenía un total de 155 878 ejecuciones hipotecarias. Para 2010, la mitad de los propietarios de alguna vivienda en la zona de Phoenix debían más de lo que valía su casa y se encontraban "hundidos" con sus hipotecas.[44]

En Alabama, otra ley contra los migrantes (HB 56, la llamada ley Hammon-Beason, sobre protección a los contribuyentes y ciudadanos de ese estado) permitía a la policía local comprobar el estatus migratorio de las personas que detuviera, exigía que los funcionarios de escuelas públicas recolectaran datos sobre el número de niños indocumentados inscritos y prohibía que los migrantes indocumentados celebraran contratos privados o hicieran cualquier negocio con el gobierno estatal.[45] La primera evaluación de la ley demostró sus efectos dañinos. El miedo a los arrestos sembró el terror en la comunidad migrante, que huyó en masa.[46] También dejó al descubierto la falsedad de la idea de que expulsar migrantes crearía empleos para los ciudadanos. En vez de eso, la ley podría costar a Alabama hasta 11 mil millones de dólares en PIB y casi 265 millones en ingresos para el estado, así como impuestos a las ventas (puesto que los residentes legales y los ciudadanos desempleados ocuparon menos de 9 de cada 100 de los 80 mil empleos que quedaron vacantes), de acuerdo con el doctor Samuel Addy, del Center for Business and Economic Research [Centro de Investigación Comercial y Económica].[47]

La crisis del capitalismo y los continuos ataques al estándar de vida de la mayoría de los habitantes de Alabama y Arizona, además de otras personas pobres y trabajadoras de todo el país, conforman el telón de fondo para una mayor criminalización de los migrantes.

CONTINUIDAD DE LA VIGILANCIA
POR DESGASTE EN LOS AÑOS DE OBAMA

Las condiciones de crisis económica y la creciente competencia internacional han ejercido enormes presiones para que la clase capitalista extraiga aún más valor excedente a los trabajadores. La supresión del sector migrante de la clase trabajadora es una faceta importante de esta estrategia general.

Si durante la recesión entraron menos migrantes a Estados Unidos, aún menos han vuelto a sus países de origen desde entonces.[48] El trabajador indocumentado promedio ha pasado al menos diez años en Estados Unidos, ha echado raíces y a menudo tiene hijos nacidos en el país.[49] Muchos tienen pocos motivos para volver a sus países de origen, sobre todo a México y Centroamérica, donde la crisis se ha sentido aún más.[50] Para muestra, un informe de 2012 de la Universidad Nacional Autónoma de México documentó que, entre 2001 y 2011, el costo de la vida para la clase trabajadora mexicana subió, mientras que los salarios bajaron drásticamente. Por ejemplo:

> En diciembre de 2011, los trabajadores mexicanos que ganaban el salario mínimo diario tenían que trabajar 11.38 horas para comprar la canasta básica, en contraste con las 9.55 horas de trabajo necesarias para comprar el mismo conjunto de productos en diciembre de 2001 [...] El estudio informó que el salario mínimo diario en México perdió 24.42% de su valor para el consumidor en el periodo de diez años analizado [...] En suma, más de 60% de los trabajadores mexicanos tienen dificultades para sobrevivir con salarios que oscilan entre 5 y 15 dólares diarios.[51]

Bajo los sucesivos gobiernos de Bush y Obama, y ahora el de Trump, no ha habido ningún intento de crear una política funcional que atienda el desplazamiento económico creado por las políticas comerciales. Esto aumenta la probabilidad de futuros desplazamientos y migración hacia Estados Unidos, sobre todo porque las políticas neoliberales se recrudecen en la región.[52] Se continúa poniendo énfasis sólo en la vigilancia. Esto incluye la expansión del muro fronterizo, la incorporación de tecnología y tácticas militares, el incremento de personal y la expansión de la vigilancia fronteriza hacia el ámbito interno.

En la actualidad, el gobierno de Estados Unidos gasta unos 66 mil millones de dólares al año en vigilancia fronteriza y migratoria; entre 1987 y 2016, esto ha sumado un gasto total de más de 400 mil millones de dólares.[53] El mayor incremento se dio entre los gobiernos de Bush y Obama. Un reporte del DHS que describía los logros del gobierno de Obama al "asegurar la frontera sureste" afirmaba en tono jactancioso que el número de agentes de la Patrulla Fronteriza había aumentado "de aproximadamente 10 mil en 2004 a más de 21 mil al día de hoy, con casi 18500 'botas en el suelo' a lo largo de la frontera suroeste", con un despliegue de "equipos caninos de detección dual, así como sistemas de inspección no invasivos, sistemas de vigilancia móvil, sistemas de vigilancia remota por video, sistemas de imagen térmica, monitores de portal de radiación y lectores de placas automotrices en la frontera suroeste".[54]

Estados Unidos también ha añadido más de 660 kilómetros de nuevas vallas a su frontera sur desde 2006, elevando a 1 046 kilómetros la longitud total.[55] La oficina encargada de la protección aduanal y fronteriza ha añadido una flotilla de drones Predator y dirigibles con tecnología de punta, que ahora utiliza para la vigilancia de la frontera.[56] Puesto que la frontera está designada como zona de conflicto en la guerra contra el terrorismo, se han incorporado nuevas tecnologías militares para la vigilancia y, en algunos casos, la frontera constituye un útil terreno de pruebas.

Dentro del país, la maquinaria de vigilancia y detención ha crecido en forma considerable. Por ejemplo, el ICE arranca individuos o grupos pequeños de migrantes de sus comunidades, hogares, escuelas, centros de trabajo, parques, transporte público, supermercados y otros sitios, con el sigilo suficiente para no alarmar al público, atraer a los medios o perturbar el orden habitual. En el gobierno de Obama, las deportaciones alcanzaron niveles récord: desde 2009 llegaron a un promedio anual de casi 400 mil, número que ahora es la cuota exigida: alrededor de 30% más que el promedio anual en el segundo cuatrienio del gobierno de George W. Bush y alrededor del doble del promedio anual en su primer cuatrienio.[57]

Durante la presidencia de Obama, el número total de deportaciones alcanzó los 3.1 millones de personas, lo que superó el total de George W. Bush por un millón.[58] La mayor parte de las personas deportadas no tenían antecedentes penales. De las 344354 personas deportadas en 2016, el último año de la presidencia de Obama, por ejemplo, 85% no había sido condenado por ningún delito, ni tenía cargos criminales pendientes, fuera de la infracción de entrar al país sin autorización.[59] El aumento en el número de deportaciones fue posible debido a la expansión de las operaciones del ICE dentro del país durante el gobierno de Obama. Para 2012, el presupuesto del ICE como proporción del gasto en vigilancia migratoria aumentó de 3 100 millones a 6 300 millones de dólares. El personal total aumentó de 41 001 a 61 354 personas, y hubo una enorme expansión de las oficinas, las operaciones de campo y los centros de detención del ICE por todo el país.[60]

La deportación amenaza a un gran sector de la mano de obra por la única razón de laborar sin documentos. Por ejemplo, en California, 53% de los procesos de deportación en 2011 se basó solamente en esa infracción, un incremento de más de 2 mil casos desde 2010. Entretanto, el porcentaje de deportados acusados de un delito grave se ha mantenido en 4% o menos.[61]

La intensificación de la política de detenciones y deportaciones en el gobierno de Obama quedó en evidencia durante una redada masiva de migrantes a fines de marzo de 2012. Los agentes del ICE detuvieron a 3 168 migrantes indocumentados durante seis días, en una operación nacional en los 50 estados, tres territorios, Puerto Rico y el Distrito de Columbia.[62] Bautizada como Cross Check Operation [Operación Verificación Cruzada], fue la mayor redada migratoria coordinada en la historia de Estados Unidos.

Estas redadas nacionales se dieron en conjunto con los despidos sistemáticos y masivos de trabajadores indocumentados en "auditorías de migración" a centros de trabajo, que comenzaron en 2009, en el gobierno de Obama. Una auditoría requiere que el patrón verifique la documentación de sus empleados con agentes del ICE y despida a los que no tengan papeles; de lo contrario, se arriesga a multas y sanciones. En 2011 hubo auditorías a más de 2 300 compañías.[63] Ha habido algunos casos recientes de patrones que se hacen "autoauditorías" cuando sus trabajadores intentan formar sindicatos y así convierten la auditoría en una herramienta antisindical.[64]

En la práctica, las políticas de vigilancia han hecho muy poco para alterar la realidad de la migración. En vez de eso, aumentan el aislamiento y la opresión de los trabajadores migrantes. Como resultado, algunos elementos de segregación de la era de Jim Crow están volviendo a instituirse en las comunidades, se inventan formas de castigo crueles e inusuales, y los agentes de migración federales cazan, detienen y deportan a miles de individuos al día de manera extrajudicial a través de la frontera. Sin legalización, los trabajadores migrantes tienen medios muy limitados para ejercer sus derechos en contra de los bajos salarios y las precarias condiciones laborales. Por la intensificación de la vigilancia interna, así como por las condiciones de vulnerabilidad en un periodo de recesión, la mayoría de los trabajadores conservarán sus empleos, pero en condiciones que fomentan el miedo y la desconfianza. En estas condiciones, es posible mantener una mano de obra considerable y fácil de explotar. Por eso, el experto en migración Douglas Massey ha llegado a la conclusión de que "la ley federal hace obligatoria la discriminación contra un gran número de mexicanos".[65]

LA CLASE DETERMINA LA MOVILIDAD

Mientras los trabajadores sufren persecución, los ricos son libres de desplazarse por el mundo sin miedo a ser detenidos o deportados. Por ejemplo, el TLCAN redujo o eliminó las restricciones al libre movimiento de capital y, por lo tanto, de los dueños del capital. Los inversionistas estadounidenses han extendido su influencia hasta la economía mexicana, poseyendo o controlando grandes porciones de muchos sectores industriales en México. Muchos ciudadanos de Estados Unidos los han seguido, con pocas o nulas restricciones.[66]

Invertir en México ha resultado muy lucrativo, mientras que la ampliación de las redes globales de producción y distribución (frente a las cadenas corporativas de suministro) hacia mercados antes protegidos también ha resultado destructiva. No sólo las altas tasas de productividad y los bajos salarios en México han sido un estímulo para los inversionistas estadounidenses, sino que, además, el flujo ilícito de sumas de hasta 50 mil millones de dólares anuales se ha disparado desde la entrada en vigor del TLCAN.[67]

Según un reporte del Global Financial Integrity, grupo anticorrupción con sede en Washington (DC), al menos 872 mil millones de dólares han salido ilegalmente de México entre 1970 y 2010. Alrededor de 74% de ese dinero, unos 642 900 millones, es resultado de la llamada manipulación de precios comerciales, como cuando las compañías modifican las facturas de exportación e importación.[68] El TLCAN facilitó la extracción de enormes sumas de dinero, gran parte de las cuales sale de México en forma de ganancias repatriadas (legales e ilegales). Esto explica, en parte, la drástica explosión de la migración, que se ha convertido en una segunda fuente de rentabilidad por la explotación de trabajadores indocumentados a manos de compañías estadounidenses.

Una de las metas no declaradas del TLCAN era atraer mano de obra desplazada y barata hacia Estados Unidos para ayudar a restructurar la economía del país, afirma Ricardo Delgado Wise, director de estudios del desarrollo de la Universidad Autónoma de Zacatecas.[69] Esta forma de "restructuración" es un eufemismo para referirse a la baja de salarios y al debilitamiento de sindicatos para incrementar la rentabilidad. Los estudios de Delgado sobre la migración de trabajadores mexicanos revelan que la mano de obra migrante latina, por su alta productividad y los bajos salarios que percibe, aportó 17% del crecimiento económico total de Estados Unidos entre 2000 y 2007. Estos migrantes reciben alrededor de 30% menos de lo que deberían, en comparación con lo que aportan.[70]

Por otra parte, quienes tienen dinero pueden comprar movilidad. El 1% internacional (los más ricos de los ricos) comprende 185 795 individuos en todo el mundo, con una riqueza neta de *al menos* 30 millones de dólares por cabeza y de 25 billones de dólares en sus cuentas bancarias en conjunto (38.5% de la riqueza mundial de los hogares), dinero distribuido en diversas formas e inversiones a todo lo ancho y largo del planeta.[71] El 1% global y su capital no conocen fronteras. De hecho, la movilidad legal de una persona está determinada por su lugar en la jerarquía de la riqueza. El dinero compra acceso en distintas formas: bienes, educación, empleo e inversiones en potencia son factores clave. Los individuos más ricos poseen propiedades en varios países, pero nadie los llama migrantes. Otros logran entrar mediante visas privilegiadas, tratados comerciales u otros medios asociados con su riqueza o posición.

En el Reino Unido, por ejemplo, los "súper inversionistas" extranjeros que mantienen 5 millones de libras en una cuenta bancaria adquieren el derecho a quedarse indefinidamente al cabo de sólo tres años, dos años menos de lo que dura la espera impuesta a todos los demás migrantes.[72] En Estados Unidos, el programa de visas EB-5 permite que los inversionistas extranjeros obtengan la tarjeta verde para ellos mismos y sus familias si invierten un mínimo de 500 mil dólares en una empresa estadounidense. Entre los años fiscales 2012 y 2013, más de 11 mil inversionistas migrantes aportaron un total de 5 800 millones de dólares en capital mediante el programa de visas EB-5, en contraste con los 845 millones de 2010. Muchos inversionistas más llegan con otras variantes de las visas de serie E, disponibles para migrantes que hacen inversiones sustanciosas (por lo general de más de 100 mil dólares) en un negocio, lo cual les proporciona movilidad a través de las fronteras.[73]

Por ejemplo, en 2010 el Departamento de Estado emitió 1 965 visas E1 y E2 a mexicanos ricos, un incremento de 49% desde 2005. Más aún, el número de mexicanos con títulos universitarios que trabajan en Estados

Unidos aumentó más del doble entre 2005 y 2010, hasta 1.1 millones.[74] En 2009, 13.1 millones de mexicanos viajaron a Estados Unidos, cifra que representa casi una cuarta parte del total de llegadas de extranjeros al país (sólo Canadá la supera), y gastaron 8 300 millones de dólares, de acuerdo con el Departamento de Comercio de Estados Unidos.[75] La mayoría entra con visas de negocios o de turismo. Según un estudio de BBVA Bancomer sobre migración, 20% de las personas nacidas en México que tienen un doctorado vive en Estados Unidos; esta cifra es mayor que el número de miembros del Sistema Nacional de Investigadores.[76] Esto representa la movilidad de la clase media y empresarial de México, cuya educación y dinero son valiosos para el capitalismo de Estados Unidos mediante el acceso legal, a diferencia de la mano de obra de la clase trabajadora, cuya rentabilidad aumenta con la persecución. Aunque la recesión ha provocado que menos migrantes entren a Estados Unidos desde 2008, los que ya están en el país han enfrentado una pobreza cada vez más aguda.

FIGURA 12. Patrullas de *minutemen* reciben instrucciones sobre las reglas de contratación en una reunión matutina cerca de un comercio en Palominas, en Arizona, antes de viajar a las estaciones de vigilancia en la frontera (abril de 2005).

Notas

Prefacio a la edición de 2018

[1] Véase W. W. Chattanooga, "Divide and Conquer", *The Economist*, 8 de julio de 2015, disponible en www.economist.com/democracy-in-america/2015/07/08/divide-and-conquer.

[2] Del texto de la Executive Order Protecting the Nation from Foreign Terrorist Entry into The United States, Oficina de Prensa de la Casa Blanca, 6 de marzo de 2017, disponible en www.whitehouse.gov/the-press-office/2017/03/06/executive-order-protecting-nation-foreign-terrorist-entry-united-states.

[3] Véase Molly Hennessy-Fiske y W. J. Hennigan, "U. S. Acknowledges Airstrike in Mosul, Where More than 200 Iraqi Civilians Died", *Los Angeles Times*, 25 de marzo de 2017, disponible en www.latimes.com/world/middleeast/la-fg-iraq-mosul-airstrike-20170325-story.html.

[4] "A Culture of Cruelty: Abuse and Impunity in Short-Term U. S. Border Patrol Custody", No More Deaths, 2011, disponible ennomoredeaths.org/wp-content/uploads/2014/10/CultureOfCruelty-full.compressed.pdf.

[5] "Deaths by Border Patrol since 2010 (as of September of 2017)", Southern Border Communities Coalition, disponible en www.southernborder.org/deaths_by_border_patrol.

[6] "Our Values on the Line: Migrant Abuse and Family Separation at the Border", Iniciativa Kino para la Frontera, 2015, disponible en www.kinoborderinitiative.org/wp-content/uploads/2017/11/REPORT_2015_Our_Values_on_the_Line.pdf.

[7] Véase Fernanda Santos, "She Showed Up Yearly to Meet Immigration Agents. Now They've Deported Her", *The New York Times*, 8 de febrero de 2017, disponible en www.nytimes.com/2017/02/08/us/phoenix-guadalupe-garcia-de-rayos.html.

[8] Véase Christine Hauser, "Woman Detained after Speaking about Deportation Fears Is Released", *The New York Times*, 10 de marzo de 2017.

[9] Véase Matt Hamilton, Richard Winton y James Queally, "Border Patrol Detains 22-Year-Old Cal State L. A. Student Activist; Her Lawyer Says It Is Retaliation", *Los Angeles Times*, 19 de mayo de 2017, disponible en www.latimes.com/local/lanow/la-me-ln-immigration-activist-20170518-story.html.

[10] Véase Kathleen Masterson, "Federal Judge Releases 2 Vermont Migrant Activists Arrested by ICE", WBUR News, 27 de marzo de 2017, disponible en www.wbur.org/news/2017/03/27/vermont-immigration-rights-activists-ice.

[11] Michael D. Shear y Ron Nixon, "New Trump Deportation Rules Allow Far More Expulsions", *The New York Times*, 21 de febrero de 2017, disponible en www.nytimes.com/2017/02/21/us/politics/dhs-immigration-trump.html.

[12] Véase "Hate Groups Increase for Second Consecutive Year as Trump Electrifies Radical Right", Southern Poverty Law Center, 15 de febrero de 2017, disponible en www.splcenter.org/news/2017/02/15/hate-groups-increase-second-consecutive-year-trump-electrifies-radical-right.

[13] Mark Berman y Samantha Schmidt, "He Yelled 'Get Out of My Country,' Witnesses Say, and Then Shot 2 Men from India, Killing One", *The Washington Post*, 24 de febrero de 2017, disponible en www.washingtonpost.com/news/morning-mix/wp/2017/02/24/get-out-of-my-country-kansan-reportedly-yelled-before-shooting-2-men-from-india-killing-one.

[14] Damian Paletta, "Trump Pulls Back Threat to Shut Down Government over Border Wall—for Now", *The Washington Post*, 1 de septiembre de 2017, disponible en www.washingtonpost.com/news/wonk/wp/2017/09/01/trump-pulls-back-threat-to-shutdown-government-over-border-wall-for-now.

[15] Para una relación exhaustiva y una descripción de los acuerdos de libre comercio establecidos por Estados Unidos, véase el sitio de la Office of the United States Trade Representative en ustr.gov/trade-agreements/free-trade-agreements.

[16] Para una discusión exhaustiva de los orígenes, el desarrollo y las consecuencias de las políticas neoliberales en Estados Unidos y el resto del mundo, véase David Harvey, *A Brief History of Neoliberalism*, Nueva York, Oxford University Press, 2005.

[17] Véase Natasha Lycia Ora Bannan, "Puerto Rico's Double Devastation: Hurricanes and Austerity", *The Huffington Post*, 26 de septiembre de 2017, disponible en www.huffingtonpost.com/entry/puerto-ricos-double-devastation-hurricanes-and-austerity_us_59ca850fe4b0cdc7733531b0.

[18] A manera de ejemplo, se descubrió que Wal-Mart había pagado millones de dólares en sobornos a políticos mexicanos. Véase David Barstow y Alejandra Xanic von Bertrab, "The Bribery Aisle: How WalMart Got Its Way in Mexico", *The New York Times*, 17 de diciembre de 2012, disponible en www.nytimes.com/2012/12/18/business/walmart-bribes-teotihuacan.html.

[19] Dave Gilson, "Overworked America: 12 Charts that Will Make Your Blood Boil", *Mother Jones*, julio-agosto de 2011, disponible en www.motherjones.com/politics/2011/05/speedup-americans-working-harder-charts.

[20] "Union Membership Rate 10.7 Percent in 2016", Oficina de Estadísticas Laborales, 9 de febrero de 2017, disponible en www.bls.gov/opub/ted/2017/union-membership-rate-10-point-7-percent-in-2016.htm.

[21] "244 Million International Migrants Living Abroad Worldwide, New UN Statistics Reveal", Objetivos de Desarrollo Sostenible, disponible en www.un.org/sustainabledevelopment/blog/2016/01/244-million-international-migrants-living-abroad-worldwide-new-un-statistics-reveal.

[22] "Labor Force Characteristics of Foreign-Born Workers Summary", Oficina de Estadísticas Laborales, 19 de mayo de 2016, disponible en www.bls.gov/news.release/forbrn.nro.htm.

[23] Véanse Jie Zong y Jeanne Batalova, "Mexican Immigrants in the United States", Migration Policy Institute, 17 de marzo de 2016, disponible en www.migrationpolicy.org/article/mexican-immigrants-united-states, y Gabriel Lesser y Jeanne Batalova, "Central American Immigrants in the United States", Migration Policy Institute, 5 de abril de 2017, disponible en www.migrationpolicy.org/article/central-american-immigrants-united-states-2017.

[24] Véase Walter Ewing, Daniel E. Martínez y Rubén G. Rumbaut, "The Criminalization of Immigration in the United States", American Immigration Council,

13 de julio de 2015, disponible en www.americanimmigrationcouncil.org/research/criminalization-immigration-united-states.

[25] Véase Daniel González, "Obama Exceeds 2 Million Mark in Deportations", *The Arizona Republic*, 4 de abril de 2014.

[26] Véase Jerry Markon, "Fewer Immigrants Are Entering the U. S. Illegally, and That's Changed the Border Security Debate", *The Washington Post*, 27 de mayo de 2015, disponible en www.washingtonpost.com/politics/flow-of-illegal-immigration-slows-as-us-mexico-border-dynamics-evolve/2015/05/27/c5caf02c-006b-11e5-833c-a2de05b6b2a4_story.html; también Jie Zong y Jeanne Batalova, "Mexican Immigrants in the United States", Migration Policy Institute, 17 de marzo de 2016, disponible en www.migrationpolicy.org/article/mexican-immigrants-united-states.

[27] La mayor parte de las estimaciones del número de "migrantes criminales" incluye infracciones menores, sin violencia, o a quienes se acusa de "reingreso ilegal", o sea aquellos a quienes se arresta antes de ser deportados. Por ejemplo, véase Ana Gonzalez-Barrera y Jens Manuel Krogstad, "U. S. Deportations of Immigrants Reach Record High in 2013", Pew Research Center, 2 de octubre de 2014, disponible en www.pewresearch.org/fact-tank/2014/10/02/u-s-deportations-of-immigrants-reach-record-high-in-2013; Elliot Young, "The Hard Truths about Obama's Deportation Priorities", *Nation*, 1 de marzo de 2017, disponible en www.huffpost.com/entry/hard-truths-about-obamas-deportation-priorities_b_58b3c9e7e4b0658fc20f979e. Desde que Trump tomó posesión, véase Hari Sreenivasan, "Half Targeted by ICE Had Traffic Convictions or No Record", *PBS News Hour*, 30 de abril de 2017, disponible en www.pbs.org/newshour/bb/half-targeted-ice-traffic-convictions-no-record.

[28] Para un desglose de las bases trumpianas de extrema derecha, véase Nicholas Carnes y Noam Lupu, "It's Time to Bust the Myth: Most Trump Voters Were Not Working Class", *The Washington Post*, 5 de junio de 2017, disponible en www.washingtonpost.com/news/monkey-cage/wp/2017/06/05/its-time-to-bust-the-myth-most-trump-voters-were-not-working-class. Sobre sus principales aportantes, véase "Top Contributors, Federal Election Data for Donald Trump, 2016 Cycle", Center for Responsive Politics, disponible en www.opensecrets.org/pres16/contributors?id=n00023864. Véase también Carrie Levine y Michael Beckel, "Billionaires and Corporations Helped Fund Donald Trump's Transition", Center for Public Integrity, 23 de febrero de 2017, disponible en www.publicintegrity.org/2017/02/23/20741/billionaires-and-corporations-helped-fund-donald-trumps-transition.

[29] Pequeñas y medianas empresas se benefician inmensamente con la explotación de la mano de obra de los migrantes, desde la preparación de alimentos hasta los cuidados en el hogar y la construcción. Los bajos salarios producen una tasa de explotación que le permite a las clases medias cierta estabilidad mediante la extracción de una plusvalía mayor que la extraída a los ciudadanos trabajadores. Sin esta mano de obra, esas empresas perderían participación de mercado ante sus competidores más grandes. Más aún, esos puestos de bajo costo les permiten adquirir bienes de consumo de forma más económica. Como dio a conocer un informe, "Más trabajadores [migrantes] también benefician a los estadounidenses, pues disminuyen los precios de bienes y servicios. Al mantener más dinero en el bolsillo de los consumidores, los estadounidenses pueden comprar más cosas en otros sectores de la economía, lo que crea demanda de trabajo en esos sectores." Véase David Bier, "How Immigration Ben-

efits America's Middle Class", *The Hill*, 9 de marzo de 2015, disponible en thehill.com/ blogs/pundits-blog/immigration/235003-how-immigration-benefits-americas-middle-class. Para un ejemplo de cómo las grandes empresas se aprovechan de la vulnerabilidad de los migrantes, véase Nina Bernstein, "Companies Use Immigration Crackdown to Turn a Profit", *The New York Times*, 27 de septiembre de 2011, disponible en www.nytimes.com/2011/09/29/world/asia/getting-tough-on-immigrants-to-turn-a-profit.html.

[30] Para un ejemplo, véase Joseph Hincks, "CEOs from More than 400 Leading U. S. Companies Urge Trump to Keep DACA", *Fortune*, 5 de septiembre de 2017, disponible en fortune.com/2017/09/05/daca-trump-dreamers-business-leaders. Para un punto de vista desde el Estado, véase también David Dyssegaard Kallick, "A-Z Business Leaders: An Anti-immigrant Reputation Hurts Our Economy", *The Huffington Post*, disponible en www.huffingtonpost.com/david-dyssegaard-kallick/az-business-leaders_b_5155368.html.

[31] Véase "Consideration of Deferred Action for Childhood Arrivals (DACA)", U. S. Citizenship and Immigration Services, disponible en www.uscis.gov/humanitarian/consideration-deferred-action-childhood-arrivals-daca.

[32] Véase Priya Krishnakumar, Joe Fox y Ally Levine, "What's Next for DACA and the Nearly 800 000 People Protected by It", *Los Angeles Times*, 6 de septiembre de 2017, disponible en www.latimes.com/projects/la-na-pol-daca-future.

[33] Sobre el aporte laboral a la economía, véase Daniel Costa, David Cooper y Heidi Shierholz, "Facts about Immigration and the U. S. Economy", Economic Policy Institute, 12 de agosto de 2014, disponible en www.epi.org/publication/immigration-facts.

[34] Eric Lipton, "Corporations Push for Immigration Legislation", *The New York Times*, 26 de octubre de 2013, y Julia Preston, "The Big Money behind the Push for an Immigration Overhaul", *The New York Times*, 14 de noviembre de 2014, disponible en www.nytimes.com/2014/11/15/us/obama-immigration-policy-changes.html.

Prefacio
[1] Marjorie Berry, "San Diego Speaks Out: ¡Sí Se Puede!'", *Socialist Worker*, 14 de abril de 2006.

Parte I. Introducción
[1] Carey McWilliams, *North from Mexico*, Filadelfia, J. B. Lippincott Co., 1948, p. 175. Véase también Devra Weber, *Dark Sweat, White Gold. California Farm Workers, Cotton, and the New Deal*, Berkeley, University of California Press, 1994, pp. 97-98.
[2] Cletus Daniel, *Labor Radicalism in Pacific Coast Agriculture*, tesis doctoral, Universidad de Washington, 1972, p. 224.

CAPÍTULO 1. *Pinkertons, klansmen y vigilantes*
[1] Robert Ingalls, *Urban Vigilantes in the New South: Tampa, 1882-1936*, Knoxville, University of Tennessee Press, 1988, p. xv.
[2] Robert Goldstein, *Political Repression in Modern America, from 1870 to 1976*, Boston, Two Continents Publishing Group, 1978, p. 3.
[3] Algunas excepciones incluyen la violencia de los terratenientes en Mezzogiorno y de los asesinos pagados por los patrones en Barcelona (1917-1921).

[4] Robert Goldstein, *op. cit.*, p. 12.

[5] En el mismo periodo, 7 negros fueron linchados en el noroeste, 70 en el medio oeste y 38 en el lejano oeste. Véase W. Fitzhugh Brundage, *Lynching in the New South: Georgia and Virginia, 1880-1930*, Champaign-Urbana, University of Illinois Press, 1993, p. 8.

[6] Stewart Tolnay y E. Beck, *A Festival of Violence: An Analysis of Southern Lynchings, 1882-1930*, Urbana, University of Illinois Press, 1995, p. 100.

[7] Robert Ingalls, *op. cit.*, p. XVIII.

[8] *Ibid.*, p. XVII.

[9] E. Beck y Stewart Tolnay, "The Killing Fields of the Deep South: The Market for Cotton and the Lynching of Blacks, 1882-1930", *American Sociological Review*, vol. 55, núm. 4 (agosto de 1990), pp. 526-539, y Stewart Tolnay y E. Beck, *A Festival of Violence, op. cit.*, p. 251.

[10] Carey McWilliams, *Factories in the Field*, Boston, Little Brown and Co., 1939, p. 137.

[11] Citado en Donald Fearis, *The California Farm Worker, 1930-1945*, tesis doctoral, Universidad de California en Davis, 1971, p. 117.

[12] W. Fitzhugh Brundage, "Introduction", en W. Fitzhugh Brundage (ed.), *Under Sentence of Death: Lynching in the South*, Chapel Hill, University of North Carolina Press, 1997, p. 4

[13] Robert Ingalls, *op. cit.*, p. 206.

[14] Ray Abrahams, *Vigilante Citizens: Vigilantism and the State*, Cambridge, Polity Press, 1998, p. 158.

[15] Richard Brown, *Strain of Violence: Historical Studies of American Violence and Vigilantism*, Nueva York, Oxford University Press, 1975, pp. 97 y 111.

[16] Es importante enfatizar, sin embargo, que una variedad similar fue evidente en partes del sur donde "los productores blancos con ansias de tierra adoptaron métodos terroristas para apuntalar su cada vez más vulnerable estatus económico [...] desplazando a los negros propietarios de tierras (por medio de los linchamientos y el terror) y obstaculizando a los granjeros blancos que les alquilaban tierras, ellos esperaban crear una escasez de trabajo obligando a los terratenientes a emplear sólo blancos". Véase W. Fitzhugh Brundage, *Under Sentence of Death, op. cit.*

CAPÍTULO 2. Salvajes blancos

[1] John Boessenecker, *Gold Dust and Gunsmoke*, Nueva York, John Wiley, 1999, p. 113.

[2] Cormac McCarthy, *Meridiano de sangre*, Barcelona, Random House Mondadori, 2001. Véase la importante discusión de Neil Campbell, "Liberty beyond Its Proper Bounds: Cormac McCarthy's History of the West in *Blood Meridian*", en Rick Wallach (ed.), *Myth, Legend, Dust*, Nueva York, Manchester University Press, 2000.

[3] Richard Street, *Beasts of the Field*, Stanford, Stanford University Press, 2004, p. 148.

[4] Citado en James Rawls y Walton Bean, *California: An Interpretative History*, Boston, McGraw-Hill, 2003, p. 153.

[5] Kevin Starr, *California: A History*, Nueva York, Modern Library, 2005, pp. 86-87.

[6] Leonard Pitt, "'Greasers' in the Diggings", en Roger Daniels y Spencer Olin (eds.), *Racism in California: A Reader in the History of Oppression*, Nueva York, Macmillan, 1972, pp. 195-197.

[7] John Boessenecker, *op. cit.*, pp. 68-69.

[8] *Ibid.*, p. 130. Boessenecker, un defensor de la versión angloamericana de esos eventos, es dogmático en relación con Flores, Daniels y el resto, a quienes describe como "ladrones y no patriotas", *ibid.*, p. 133.

[9] *Ibid.*, p. 131.

[10] Arthur Quinn, *Rivals: William Gwin, David Broderick, and the Birth of California,* Nueva York, Crown Publishers, 1994, p. 108.

[11] Robert Senkewicz, *Vigilantes in Gold Rush San Francisco,* Stanford, Stanford University Press, 1985, p. 80.

[12] *Ibid.*, pp. 172-173.

CAPÍTULO 3. La amenaza amarilla

[1] Royce Delmatier, *et al.*, *The Rumble of California Politics, 1848-1970,* Nueva York, John Wiley, 1970, p. 77.

[2] William Locklear, "The Celestials and the Angels: A Study of the Anti-Chinese Movement in Los Angeles to 1882", *Southern California Quarterly,* vol. 42 (septiembre de 1960), pp. 239-256.

[3] Alexander Saxton, *Indispensable Enemy: Labor and the Rise of the Anti-Chinese Movement in California,* Berkeley, University of California Press, 1971.

[4] Pierton Dooner, *The Last Days of the Republic,* San Francisco, Amo Press, 1880, p. 257.

[5] Véanse Victor Davis Hanson, *Mexifornia,* San Francisco, Encounter Books, 2003; Daniel Sheehy, *Fighting Immigration Anarchy,* Bloomington, Indiana, RoofTop Publishing, 2006, y Tom Tancredo y Jon Dougherty, *In Mortal Danger,* Nashville, WND Books, 2006.

[6] Richard Street, *Beasts of the Field,* Stanford, Stanford University Press, 2004, pp. 311 y 319.

[7] Alexander Saxton, *op. cit.*, p. 264.

[8] *Idem.*

[9] *Ibid.*, pp. 348-351.

[10] *Ibid.*, p. 205. Sobre las formidables defensas de Chinatown, véase p. 149.

[11] *Ibid.*, pp. 377-386.

[12] Como señaló un agricultor de Hayward durante el debate sobre la exclusión: "Nuestros huertos y viñedos son obras de los trabajadores chinos. De no estar ellos bajo nuestras órdenes, no habría en el estado árboles frutales ni viñedos [...] no existirían frutas, ni fábricas de conservas ni los inmensos almacenes de vino." Citado en Donald Fearis, *The California Farm Worker, 1930-1945,* tesis doctoral, Universidad de California en Davis, 1971, pp. 51-52.

CAPÍTULO 4. "Aplasta al japo"

[1] Citado en Thomas Walls, *A Theoretical View of Race, Class and the Rise of Anti-Japanese Agitation in California,* tesis doctoral, Universidad de Texas, 1989, p. 215.

[2] Alexander Saxton, *Indispensable Enemy: Labor and the Rise of the Anti-Chinese Movement in California,* Berkeley, University of California Press, 1971, pp. 251-252.

[3] Kevin Starr, *Embattled Dreams: California in War and Peace: 1940-1950,* Nueva

York, Oxford University Press, 2002, p. 43; Philip Fradkin, *The Great Earthquake and Firestorms of 1906*, Berkeley, University of California Press, 2006, pp. 297-298.

[4] Carey McWilliams, *Factories in the Field*, Boston, Little Brown, 1939, p. 112.

[5] *Ibid.*, pp. 113-114.

[6] George Mowry, *The California Progressives*, Berkeley, University of California Press, 1951, p. 155.

[7] Kevin Starr, *op. cit.*, p. 49.

[8] *Ibid.*, p. 97.

[9] *Ibid.*, p. 105.

CAPÍTULO 5. Disturbios antifilipinos

[1] Citado en H. Brett Melendy, "California's Discrimination against Filipinos, 1927-1935", en Daniels y Olin, *Racism in California*, p. 141.

[2] Prácticamente todos los grupos laborales subalternos en California han sido víctimas de calumnias sexuales de una manera u otra. Carey McWilliams, por ejemplo, cita el caso de los trabajadores agrícolas punyabíes de Live Oak en 1908, que fueron golpeados y expulsados de los campos por vigilantes locales, debido a ofensas de "exhibicionismo indecente". Chinos, japoneses, armenios, *okies*, miembros del IWW, afroamericanos, árabes y mexicanos han sido retratados por sus enemigos como "depravados sexuales". Véase Carey McWilliams, *Factories in the Field*, Boston, Little Brown, 1939, pp. 139-140.

[3] H. Brett Melendy, *op. cit.*, pp. 144-145.

[4] Carey McWilliams, *op. cit.*, pp. 133 y 138.

[5] Richard Meynell, "Little Brown Brothers, Little White Girls: The Anti-Filipino Hysteria of 1930 and the Watsonville Riots", *Passports*, núm. 22, 1998.

[6] *Idem.*

[7] Howard DeWitt, *Anti-Filipino Movements in California*, San Francisco, R and E Research Associates, 1976, p. 48.

[8] Richard Meynell, art. cit.

[9] *Idem.*

[10] Howard DeWitt, *op. cit.*, pp. 49-51.

[11] H. Brett Melendy, *op. cit.*, pp. 148-151.

CAPÍTULO 6. IWW versus KKK

[1] Citado en Philip Foner, *The Industrial Workers of the World, 1905-1917*, Nueva York, International Publishers, 1965, p. 191.

[2] *Ibid.*, p. 186.

[3] Carey McWilliams, *North from Mexico*, Filadelfia, J. B. Lippincott Co., 1948, p. 157.

[4] El mejor recuento sobre las batallas por la libre expresión en San Diego está en Jim Miller, "Just Another Day in Paradise?", en Mike Davis, Kelly Mayhew y Jim Miller, *Under the Perfect Sun: The San Diego Tourists Never See*, Nueva York, New Press, 2003.

[5] Philip Foner (ed.), *Fellow Workers and Friends: IWW Free-Speech Fights as Told by Participants*, Westport, Greenwood Press, 1981, pp. 140-141.

[6] Kevin Starr, *Endangered Dreams: The Great Depression in California*, Nueva York, Oxford University Press, 1996, p. 38. A pesar de ser criticado, constituye un magnífico ejemplo de las guerras agrícolas y portuarias en California, escrito desde una pers-

pectiva proobrera que puede sorprender a los lectores de sus primeras series (Americans and the California Dream).

[7] Philip Foner (ed.), *Fellow Workers and Friends, op. cit.,* p. 198.

[8] Kevin Starr, *op. cit.*

[9] John Townsend, *Running the Gauntlet: Cultural Sources of Violence against the IWW,* Nueva York, Garland, 1986, pp. 50-51.

[10] Philip Foner, *The Industrial Workers of the World, op. cit.,* p. 202.

[11] *Ibid.,* p. 211, y Philip Foner (ed.), *Fellow Workers, op. cit.,* p. 141.

[12] Melvyn Dubofsky, *We Shall Be All: A History of the IWW,* Chicago, Quadrangle Books, 1969, p. 439.

[13] Véase la discusión sobre el origen de esa ley en Hyman Weintraub, *The IWW in California: 1905-1931,* tesis de maestría, Universidad de California en Los Ángeles, 1947, pp. 162-164.

[14] *Ibid.,* p. 168.

[15] Philip Foner, *The TUEL to the End of the Gompers Era,* Nueva York, International Publishing, 1991, p. 32.

[16] Robert Goldstein, *Political Repression in Modern America, from 1870 to 1976,* Boston, Two Continents Publishing Group, 1978, p. 156.

[17] Hyman Weintraub, *op. cit.,* p. 228.

[18] Philip Foner, *The TUEL to the End of the Gompers Era, op. cit.,* p. 38.

[19] *Ibid.,* pp. 39-50.

[20] *Ibid.,* p. 236.

[21] Louis Perry y Richard Perry, *A History of the Los Angeles Labor Movement, 1911-1941,* Berkeley, University of California Press, 1963, pp. 190-191.

[22] *Idem.*

CAPÍTULO 7. Dudosa batalla

[1] Kevin Starr, *Endangered Dreams: The Great Depression in California,* Nueva York, Oxford University Press, 1996, p. 159.

[2] Donald Fearis, *The California Farm Worker, 1930-1945,* tesis doctoral, Universidad de California en Davis, 1971, p. 85; Gilbert G. González, *Mexican Consuls and Labor Organizing,* Austin, University of Texas Press, 1999.

[3] Donald Fearis, *op. cit.,* pp. 95-97.

[4] Paul Scharrenberg citado en Camille Guerin-Gonzales, *Mexican Workers and American Dreams,* New Brunswick, Rutgers University Press, 1996, p. 124.

[5] Cletus Daniel, *Labor Radicalism in Pacific Coast Agriculture,* tesis doctoral, Universidad de Washington, 1972, pp. 135-136.

[6] *Ibid.,* p. 210.

[7] Donald Fearis, *op. cit.,* p. 105.

[8] Cletus Daniel, *op. cit.,* p. 272.

[9] Gilbert G. González, *op. cit.,* p. 174.

[10] *Ibid.,* p. 178.

[11] *Ibid.,* p. 263.

CAPÍTULO 8. Gracias a los vigilantes

[1] Donald Fearis, *The California Farm Worker, 1930-1945*, tesis doctoral, Universidad de California en Davis, 1971, p. 238.

[2] Kevin Starr, *Endangered Dreams: The Great Depression in California*, Nueva York, Oxford University Press, 1996, p. 109.

[3] Mike Quinn, *The Big Strike*, Olema, Olema Publishing Company, 1949, p. 160.

[4] *Ibid.*, p. 161.

[5] Los vigilantes urbanos también fueron parte integral de la respuesta violenta contra la lucha de los camioneros en Mineápolis en 1934. Para un magnífico recuento, véase Charles Rumford Walker, *American City: A Rank-and-File History*, Nueva York, Farrar & Rinehart, 1937.

[6] Mike Quinn, *op. cit.*, p. 169.

[7] Carey McWilliams, *Factories in the Field*, Boston, Little Brown, 1939, p. 228.

[8] *Ibid.*, p. 231.

[9] *Ibid.*, pp. 232-233.

[10] David Selvin, *Sky Pull of Storm: A Brief History of California Labor*, Berkeley, University of California Press, 1966, pp. 62-63.

[11] Carey McWilliams, *op. cit.*, p. 234.

[12] *Ibid.*, pp. 240-242 y 249-253.

[13] Carey McWilliams, *California: The Great Exception*, Nueva York, Current Books, 1949, p. 163.

[14] Donald Fearis, *op. cit.*, p. 133.

[15] Carey McWilliams, *Factories in the Field, op. cit.*, pp. 256-258.

[16] Kevin Starr, *op. cit.*, p. 183.

[17] *Ibid.*, pp. 187-188.

[18] Citado en *idem*.

[19] Dorothy Ray Healy citada en Susan Ferris y Ricardo Sandoval, *The Fight in the Fields: Cesar Chavez and the Parmworkers Movement*, San Diego, Harvest-HBJ Books, 1997, p. 3l.

[20] Carey McWilliams, *Factories in the Field, op. cit.*, pp. 259-260.

[21] Kevin Starr, *op. cit.*, p. 190.

[22] Donald Fearis, *op. cit.*, p. 111. También véase en esta obra el capítulo VI, "The Farm Workers and the Government", un excelente análisis de cómo los trabajadores agrícolas fueron políticamente marginados en la década de 1930.

[23] Donald Fearis, *op. cit.*, pp. 271-274.

[24] Patrick Mooney y Theo Majka, *Farmers' and Farm Workers' Movements: Social Protest in American Agriculture*, Nueva York, Twayne, 1995, pp. 143-144.

[25] Sin embargo, quedaron suficientes *okies* en los campos de San Joaquín, que fueron protagonistas de la fallida huelga contra DiGiorgio en 1949, comentada en la sección anterior.

[26] Citado en Robert Goldstein, *Political Repression in Modern America, from 1870 to 1976*, Boston, Two Continents Publishing Group, 1978, pp. 223-224.

CAPÍTULO 9. Las guerras de los *zoot suit*

[1] G. Edward White, *Earl Warren: A Public Life*, Nueva York, Oxford University Press, 1982, pp. 69-74.

[2] Citado en Roger Daniels, *Prisoners Without Trial: Japanese Americans in World War II*, Nueva York, Hill and Wang, 1993, p. 36.

[3] House Select Committee Investigating National Defense Migration, *Hearings before the Select Committee*, LXXVII Congreso, 2a sesión, 1942, pp. 11 017-11 018.

[4] "Nadie sabe la importancia de las propiedades perdidas por los nipoamericanos. Como han señalado los economistas, las pérdidas deben tenerse en cuenta no sólo por su valor en 1942, sino también por las oportunidades económicas que representaban en un momento en que la mayoría de los estadounidenses disfrutaban de la prosperidad en tiempos de guerra y el enorme precio que alcanzó la tierra en la costa del Pacífico." Roger Daniels, *op. cit.*, pp. 89-90.

[5] Citado en Thomas Sugrue, *The Origins of the Urban Crisis*, Princeton, Princeton University Press, 1996, p. 29.

[6] David Kennedy, *Freedom from Fear: The American People in Depression and War, 1929-1945*, Nueva York, Oxford University Press, 2005, p. 768.

[7] Véase Serge Durflinger, "The Montreal and Verdun Zoot-Suit Disturbances of June 1944", en Serge Bernier (ed.), *L'Impact de la deuxième Guerre Mondiale sur les sociétés canadienne et québécoise*, Montreal, McGill University Press, 1997.

[8] Generalizo aquí las lecturas de los periódicos de la época en Nueva York, Chicago y Los Ángeles en el curso de mi investigación sobre las pandillas callejeras. La percepción de las autoridades de un nuevo tipo de problema relacionado con una minoría joven en 1939-1941 merece una exploración más seria.

[9] Carey McWilliams, *North from Mexico*, Filadelfia, J. B. Lippincott Co., 1948, p. 215.

[10] Eduardo Pagan, *Murder at the Sleepy Lagoon*, Chapel Hill, University of North Carolina Press, 2003, p. 163.

[11] Carey McWilliams, *op. cit.*, p. 221.

[12] *Ibid.*, p. 224.

[13] *Ibid.*, p. 231.

CAPÍTULO 10. Golpear a UFW

[1] Clementina Olloqui, citada en Susan Ferris y Ricardo Sandoval, *The Fight in the Fields: Cesar Chavez and the Farmworkers Movement*, San Diego, Harvest-HBJ Books, 1997, p. 182.

[2] Patrick Mooney y Theo Majka, *Farmers' and Farm Workers' Movements: Social Protest in American Agriculture*, Nueva York, Twayne, 1995, p. 166.

[3] *Ibid.*, p. 186.

[4] *Ibid.*, p. 170.

[5] *Ibid.*, p. 163.

CAPÍTULO 11. ¿Los últimos vigilantes?

[1] John Steinbeck, *The Grapes of Wrath*, Nueva York, Viking Critical Library, 1972, pp. 385-386.

[2] Associated Press, "After Praising Border Patrols, Schwarzenegger Calls Self 'Champion of Immigrants'", *Associated Press*, 29 de abril de 2005.

Parte II. Introducción

[1] Roger Daniels, *Coming to America: A History of Immigration and Ethnicity in American Life*, Nueva York, Harper Collins, 1990, p. 3.

[2] "Migration and Globalization", una relación de hechos de *The Globalist* en línea, 13 de julio de 2005, consultado en www.theglobalist.com/migration-and-globalization.

[3] James D. Cockroft, *Outlaws in the Promised Land: Mexican Immigrant Workers and America's Future*, Nueva York, Grove Press, 1986, p. 143.

[4] Para una discusión más amplia sobre el neoliberalismo, véase Eric Toussaint, *Your Money or Your Life*, 3a ed., Chicago, Haymarket Books, 2005.

[5] Desde la segunda Guerra Mundial, muchas naciones subdesarrolladas (que algunos llaman naciones del Tercer Mundo) han intentado construir sus economías mediante iniciativas estatales para industrializar y modernizar los medios de producción en sectores clave. La lógica de esas iniciativas dictan que, por medio de los impuestos, el proteccionismo y la reinversión masiva en las industrias nacionales, y promoviendo su propia "ventaja comparativa", los países pobres pueden alcanzar el estatus alcanzado por el "primer mundo". En pos de una mayor participación de mercado a escala mundial, tales países pretenden salir de ese estatus de subdesarrollo, explotado por las potencias mundiales. Para una completa descripción de cómo esas políticas no han sido exitosas, véase Eric Toussaint, *op. cit.*

[6] Por ejemplo, mucha de la migración hacia países ricos viene de sus antiguas colonias o países dominados por el capital del "país anfitrión".

[7] Estadísticas de la *fact sheet* de Migration and Globalization.

[8] Basan Sev, "Legalized Human Trafficking", *Z Magazine*, abril de 2006, pp. 11-14.

[9] Citado en Juan F. Perea, *Immigrants Out! The New Nativism and the Anti-Immigrant Impulse in the United States*, Nueva York, New York University Press, 1997, p. 226.

[10] Isaac Shapiro y Joel Friedman, "Tax Returns: A Comprehensive Assessment of the Bush Administration's Record on Cutting Taxes", Center on Budget and Policy Priorities, disponible en www.cbpp.org/research/tax-returns-a-comprehensive-assessment-of-the-bush-administrations-record-on-cutting-taxes.

[11] "Minimum Wage: Frequently Asked Questions", hechos expuestos en el sitio electrónico del Economic Policy Institute, disponible en massbudget.org/reports/pdf/min_wage_faq.pdf.

[12] Economic Policy Institute, "Economic Snapshots: When Do Workers Get Their Share?", Economic Policy Institute, disponible en www.epi.org/publication/webfeatures_snapshots_05272004.

[13] Tom Regan, "Report: Iraq War Costs Could Top $2 Trillion", *Christian Science Monitor*, 10 de enero de 2006.

[14] Mike Allen y Peter Baker, "$2.5 Trillion Budget Plan Cuts Many Programs", *The Washington Post*, 7 de febrero de 2005.

[15] Citado en Katrin Bennhold, "Chirac Urges Calm as Suburban Riots Spread", *International Herald Tribune*, 3 de noviembre de 2005.

[16] United Press International, "Sarkozy to Introduce Immigration Bill", disponible en www.upi.com/Defense-News/2006/02/06/Sarkozy-to-introduce-immigration-bill/31741139230299.

[17] Mark Stevenson, "Few Protections for Migrants to Mexico", Associated Press, 19 de abril de 2006.

¹⁸ Véase Saskia Sassen, *Globalization and its Discontents: Essays on the New Mobility of People and Money*, Nueva York, New Press, 1999, p. XXVIII.

CAPÍTULO 12. La conquista preparó el escenario

¹ Aunque "destino manifiesto" fue simplemente una fórmula acuñada por un editor de periódicos para reflejar el sentimiento de que el expansionismo estadounidense era un proceso natural, que encierra la justificación ideológica promovida por la clase dominante de que la integridad territorial de los mexicoamericanos y los mexicanos no sería reconocida por la "comunidad de naciones" debido a su supuesta "inferioridad".

² Reginald Horsman, *Race and Manifest Destiny: The Origins of Anglo-Saxonism*, Cambridge (MA), Harvard University Press, 1981, pp. 1-2.

³ Merrill D. Peterson, *Thomas Jefferson and the New Nation*, Nueva York, Oxford University Press, 1970, p. 746.

⁴ La disponibilidad de tierras demostró ser ilusoria después de la apertura del sudoeste. Para una discusión profunda de cómo la tierra quedó concentrada en manos de los intereses agrícolas e industriales, véase Carey McWilliams, *Factories in the Fields*, Berkeley, University of California Press, 2000.

⁵ Richard Griswold del Castillo, *The Treaty of Guadalupe Hidalgo: A Legacy of Conflict*, Norman, University of Oklahoma Press, 1990, p. 51.

⁶ Por ejemplo, la primera constitución de California revocó el derecho de la mayoría de los mexicanos al voto, argumentando que sólo los "mexicanos blancos" deberían tenerlo. La ley sobre la tierra en California, de 1851, obligaba a los propietarios de tierras mexicanos a "probar" sus títulos en los tribunales. Muchos no tenían títulos o les era imposible costear el proceso y, como resultado, tenían que vender sus propiedades.

⁷ Reginald Horsman, *op. cit.*, p. 211.

⁸ *Ibid.*, p. 212.

⁹ Roger Daniels, *Coming to America: A History of Immigration and Ethnicity in American Life*, Nueva York, Harper Collins, 1990, p. 124.

¹⁰ Roger Daniels, *Guarding the Golden Door: American Immigration Policy and Immigrants*, Nueva York, Hill and Wang, 2004, p. 8.

¹¹ Sharon Smith, *Subterranean Fire: A History of Working-Class Radicalism in the United States*, Chicago, Haymarket Books, 2006, pp. 6-7.

¹² Para una profunda discusión de este proceso, véanse Angie Debo, *A History of the Indians of the United States*, Norman, University of Oklahoma Press, 1983, y Dee Brown, *Bury My Heart at Wounded Knee*, Nueva York, Bantam, 1970.

¹³ También ayudó a generar el enfrentamiento por la supremacía económica entre el norte y el sur, es decir, entre el sistema de plantaciones y el capitalismo industrial.

¹⁴ Thomas Torrans, *Forging the Tortilla Curtain: Cultural Drift and Change along the United States-Mexico Border from the Spanish Era to the Present*, Fort Worth, Texas Christian University Press, 2000, p. 4.

¹⁵ James D. Cockroft, *op. cit.*, p. 43.

¹⁶ Véase Adolfo Gilly, *La Revolución interrumpida*, México, Ediciones Era, 1994.

¹⁷ V. I. Lenin, *El imperialismo: la fase superior del capitalismo*, Madrid, Taurus, 2012.

[18] John Ross, *The Annexation of Mexico: From the Aztecs to the IMF*, Monroe, Common Courage Press, 1998, p. 53.

[19] David Lorey, *The U. S.-Mexican Border in the Twentieth Century*, Wilmington, SR Books, 1999, pp. 40-42.

[20] Devra Miller, *Dark Sweat, White Gold: California Farmworkers, Cotton and the New Deal*, Berkeley, University of California Press, 1994, p. 50.

[21] Véase Adolfo Gilly, *op. cit.*

[22] Para una discusión sobre el legado de la Revolución mexicana, véase Dan La Botz, *Democracy in Mexico: Peasant Rebellion and Political Reform*, Boston, South End Press, 1995.

[23] Tom Barry, *Zapata's Revenge: Free Trade and the Farm Crisis in Mexico*, Cambridge, South End Press, 1995, p. 12.

[24] *Ibid.*, p. 20.

[25] La nacionalización del petróleo en 1938 fue una de estas reformas, ocurrida durante un masivo movimiento de huelgas en esa época. Véase Dan La Botz, *The Crisis of Mexican Labor*, Nueva York, Praeger Publishers, 1988.

[26] Judith Adler Hellman, *Mexico in Crisis*, Nueva York, Holmes and Meier, 1988, p. 93.

CAPÍTULO 13. El neoliberalismo consume el "milagro mexicano"

[1] En la etapa de la desindustrialización, que comenzó en la década de 1970, la migración hacia las ciudades amplió el creciente sector informal, generando poblaciones de cualquier tipo: vendedores ambulantes, artistas, "lavacoches", limpiadores de ventanas, etcétera.

[2] Judith Adler Hellman, *Mexico in Crisis*, Nueva York, Holmes and Meier, 1988, p. 108.

[3] Tom Barry, *Zapata's Revenge: Free Trade and the Farm Crisis in Mexico*, Cambridge, South End Press, 1995, p. 27.

[4] James D. Cockroft, *Outlaws in the Promised Land: Mexican Immigrant Workers and America's Future*, Nueva York, Grove Press, 1986, pp. 172-173.

[5] James D. Cockroft, *Mexico's Hope: An Encounter with Politics and History*, Nueva York, Monthly Review Press, 1998, p. 210.

[6] John Ross, *The Annexation of Mexico: From the Aztecs to the IMF*, Monroe, Common Courage Press, 1998, p. 168.

[7] Al igual que los estadounidenses desterrados que migraban por la frontera hacia territorios indios para escapar al monopolio de la tierra que ostentaban las élites coloniales, la migración en México se ha convertido en parte integral de la economía nacional, reconocida y alentada para prevenir rebeliones sociales. De lo contrario, la mayoría de las riquezas producidas por la clase obrera mexicana (y concentrada en manos de los ricos) tendrían que ser reinvertidas en el bienestar social y otras formas de redistribución.

[8] Para una discusión amplia sobre el fracaso de la industrialización de México basada en la sustitución de importaciones, véanse James D. Cockroft, *Mexico's Hope, op. cit.*, capítulo 5, y Dan La Botz, *The Crisis of Mexican Labor*, Nueva York, Praeger Publishers, 1988.

[9] El auge del neoliberalismo en México se vio reflejado en el surgimiento de un

nuevo grupo de profesionales, educados en Estados Unidos y ligados a las teorías neo-liberales de libre mercado de Milton Friedman y la Escuela de Chicago, que entraron en escena gracias al PRI y ganaron prominencia en el gobierno de Carlos Salinas de Gortari (1988-1994) y con la aprobación del TLCAN.

[10] A pesar de las regulaciones que prohibían la propiedad extranjera mayoritaria en sectores clave de la industria mexicana, hubo diversas formas de hacer esto. Para algunos ejemplos de las estadísticas citadas aquí, véase James D. Cockroft, *Outlaws in the Promised Land: Mexican Immigrant Workers and America's Future*, Nueva York, Grove Press, 1986, p. 186.

[11] Los principales descubrimientos de yacimientos en la década de 1970 estimula-ron la economía e incrementaron drásticamente las exportaciones de petróleo, lo que llevó a pensar que el "oro negro" resolvería las penurias financieras mexicanas.

[12] John Ross, *op. cit.*, pp. 171-172.

[13] *Ibid.*, p. 175.

[14] Eric Toussaint, *Your Money or Your Life*, 3a ed., Chicago, Haymarket Books, 2005, p. 119.

[15] *Ibid.*, p. 135.

[16] Las devaluaciones del peso llegaron a ser de 40%, arruinando a las familias tra-bajadoras y a los pequeños campesinos casi al instante.

[17] David Bacon, *Children of TLCAN: Labor Wars on the U. S.-Mexico Border*, Berkeley, University of California Press, 2004, p. 53.

[18] Banco Mundial, "Mexico Country Brief", 2006.

[19] Manuel Gonzales, *Mexicanos: A History of Mexicans in the United States*, Bloom-ington, Indiana University Press, 2000, p. 225.

[20] David Bacon, "Showdown Coming in Mexico over Privatization", *ZNet*, disponi-ble en zcomm.org/znetarticle/showdown-coming-in-mexico-over-privatization-by-david-bacon.

CAPÍTULO 14. De las maquiladoras al TLCAN: sacar provecho de las fronteras

[1] Altha J. Cravey, *Women and Work in Mexico's Maquiladoras*, Lanham, Mary Land, Rowman and Littlefield, 1998, p. 15.

[2] United States Environmental Protection Agency, "U. S.-Mexico Border 2012 Fra-mework".

[3] Made in Mexico, Inc., "Frequently Asked Questions", consultado en madeinmexicoinc.com/faq.

[4] *Twin Plant News*, "What is a Maquila?", disponible en sdmaquila.blogspot.com/2009/12/what-is-maquiladora-by-twin-plant.html.

[5] Avery Wear, "Class and Poverty in the Maquila Zone", *International Socialist Re-view*, núm. 23 (mayo-junio de 2002).

[6] Alfredo Mena, "More Tax Breaks for Maquiladoras", *El Diario de Juárez*, 21 de ene-ro de 2006.

[7] James D. Cockroft, *Outlaws in the Promised Land: Mexican Immigrant Workers and America's Future*, Nueva York, Grove Press, 1986, pp. 168-169.

[8] *Twin Plant News*, art. cit.

[9] Mexico Solidarity Network, "Maquiladora Employment Reaches New High", *MSN News*, 23-29 de enero de 2006.

¹⁰ Altha J. Cravey, *op. cit.*, p. 57.

¹¹ *Ibid.*, p. 49.

¹² David Bacon, "Stories from the Borderlands", NACLA, vol. 39, núm. 1 (julio-agosto de 2005).

¹³ Comunicación personal, San Diego, 10 de mayo de 2006.

¹⁴ David Bacon, presentación en San Diego City College, San Diego, 8 de marzo de 2006.

¹⁵ Myriam García *et al.*, "While West Looks East, East Looks to the Border", *Frontera Norte-Sur News*, 14 de junio de 2005.

¹⁶ Avery Wear, art. cit.

¹⁷ David Lorey, *The U. S.-Mexican Border in the Twentieth Century*, Wilmington, Delaware, SR Books, 1999, pp. 2-3.

¹⁸ Migration Policy Institute Staff, "A New Century: Immigration and the U. S.", Migration Information Source.

¹⁹ Shannon McMahon, "Mexican Consumers Pour Billions Annually into San Diego's Economy", *San Diego Union-Tribune*, 7 de agosto de 2005.

²⁰ Citado en Dan La Botz, *The Crisis of Mexican Labor*, Nueva York, Praeger Publishers, 1988, p. 146.

²¹ James D. Cockroft, *Mexico's Hope*, p. 314.

²² Citado en David Bacon, *Children of TLCAN: Labor Wars on the U. S.-Mexico Border*, Berkeley, University of California Press, 2004, p. 45.

²³ Tom Barry, *Zapata's Revenge: Free Trade and the Farm Crisis in Mexico*, Cambridge (MA), South End Press, 1995, pp. 54-55.

²⁴ Oficina de Asuntos del Hemisferio Occidental, "Background Note: Mexico", Departamento de Estado.

²⁵ Oficina del Representante de Comercio de Estados Unidos, "Mexico: Trade Summary".

²⁶ A. Ellen Terpstra, "The Benefits of TLCAN for U. S. Agriculture", Departamento de Agricultura, disponible en www.slideserve.com/quin-king/the-benefits-of-nafta-for-u-s-agriculture.

²⁷ Eric Green, "Mexico Leads Latin America in Attracting Foreign Investment", Departamento de Estado.

²⁸ Richard Boudreaux, "TLCAN 10 Years Later: New Opportunities, New Struggles", *Los Angeles Times*, 7 de enero de 2004.

²⁹ Peter Andreas, *Border Games: Policing the U. S.-Mexico Divide*, Ithaca, Cornell University Press, 2000, p. 105.

³⁰ "Youth Migration on the Rise", *Frontera Norte-Sur News*, disponible en www.immigrantsolidarity.org/cgibin/datacgi/database.cgi?file=Issues&report=SingleArticle&ArticleID=0399.

³¹ Oficina de Asuntos del Hemisferio Occidental, "Background Note: Mexico", Departamento de Estado.

³² Manuel Gonzales, *Mexicanos: A History of Mexicans in the United States*, Bloomington, Indiana University Press, 2000, p. 226, y James D. Cockroft, *Mexico's Hope*, *op. cit.*, p. 315.

³³ David Bacon, *Children of TLCAN*, *op. cit.*

³⁴ James D. Cockroft, *Mexico's Hope*, *op. cit.*, p. 315.

[35] Mary Dalrymple, "House Hands Bush Narrow Victory on CAFTA", Associated Press, 28 de julio de 2005.

CAPÍTULO 15. Trabajadores mexicanos al rescate
[1] David Lorey, *The U. S.-Mexican Border in the Twentieth Century*, Wilmington, SR Books, 1999, p. 71.
[2] Roger Daniels, *Guarding the Golden Door: American Immigration Policy and Immigrants*, Nueva York, Hill and Wang, 2004, p. 52.
[3] Mark Reisler, *By the Sweat of Their Brow: Mexican Immigrant Labor in the United States, 1900-1940*, Westport, Greenwood Press, 1976, p. 11.
[4] *Ibid.*, p. 6.
[5] Mae M. Ngai, *Impossible Subjects: Illegal Aliens and the Making of Modern America*, Princeton, Princeton University Press, 2004, p. 133.
[6] Mark Reisler, *By the Sweat of Their Brow, op. cit.*, p. 39.
[7] *Ibid.*, p. 96.
[8] *Ibid.*, pp. 96-97.
[9] Zaragosa Vargas, *Proletarians of the North: A History of Mexican Industrial Workers in Detroit and the Midwest, 1917-1933*, Berkeley, University of California Press, 1993, p. 21.
[10] David Lorey, *op. cit.*, p. 59.
[11] Maggie Rivas-Rodriguez, *Mexican-Americans and World War II*, Austin, University of Texas Press, 2005, p. 273.
[12] Vicki L. Ruiz, *Cannery Women, Cannery Lives: Mexican Women, Unionization, and the California Food Processing Industry, 1930-1950*, Albuquerque, University of New Mexico Press, 1999, p. 14.
[13] Maggie Rivas-Rodriguez, *op. cit.*, pp. 250-255.

CAPÍTULO 16. Trabajadores segregados: la lucha de clases en el campo
[1] Mae M. Ngai, *Impossible Subjects: Illegal Aliens and the Making of Modern America*, Princeton, Princeton University Press, 2004, p. 129.
[2] Carey McWilliams, *Factories in the Fields*, Berkeley, University of California Press, 2000, p. 56.
[3] Justin Akers, "Farmworkers in the U. S.", *International Socialist Review*, núm. 34 (marzo-abril de 2004).
[4] *Idem.*
[5] Carey McWilliams, *op. cit.*, p. 98.
[6] *Ibid.*, p. 97.
[7] Ronald Takaki, *A Different Mirror: A History of Multicultural America*, Nueva York y Boston, Little, Brown and Company, 1993, p. 252.
[8] Carey McWilliams, *op. cit.*, p. 118.
[9] *Ibid.*, p. 100.
[10] Los trabajadores agrícolas negros a menudo enfrentaron condiciones de trabajo que no les permitían moverse a otros lugares. Véanse Robin Kelley, *Hammer and Hoe: Alabama Communists During the Great Depression*, Chapel Hill, University of North Carolina Press, 1990, y Daniel Rothenberg, *With These Hands*, Berkeley, University of California Press, 1998.

¹¹ Las corporaciones poderosas suelen usar *think tanks* financiados con recursos privados, para dar un matiz de "credibilidad científica" a las demandas de sus patrocinadores. Por ejemplo, el American Meat Institute [Instituto Estadounidense de la Carne] (AMI), hoy North American Meat Institute, que se promovía a sí mismo como la máxima autoridad en cuanto a políticas de salubridad cárnicas, estaba compuesto por los mayores productores de carne y de aves en el país, y se ocupaba fundamentalmente de patrocinar y cabildear leyes favorables a los productores de carne. Por medio del AMI, por ejemplo, las mayores empresas productoras de carne promovían un nuevo programa de trabajadores invitados.

¹² La ley sobre la exclusión de chinos de 1882 fue aprobada por el XLVII Congreso y "suspendió la migración proveniente de China durante diez años; permitía a los chinos en Estados Unidos desde el 17 de noviembre de 1880, estar, viajar fuera y regresar al país; prohibía la naturalización de chinos; y creó una 'Sección 6' que eximía a profesores, estudiantes, comerciantes y viajeros. Esas clases eximidas serían admitidas después de presentar un certificado del gobierno chino." Citado en U. S. National Archives, "Chinese Exclusion Laws", U. S. National Archives, disponible en www. archives.gov/education/lessons/chinese-exclusion.html#background. La ley Geary fue la primera iniciativa estatal para regular la población migrante existente en Estados Unidos. Permitía la deportación de chinos indocumentados y creó la maquinaria para futuras deportaciones.

¹³ Miriam J. Wells, *Strawberry Fields: Politics, Class and Work in California Agriculture*, Ithaca, Cornell University Press, 1996, p. 66.

¹⁴ Rodolfo Acuña, *Occupied America: A History of Chicanos*, 4a ed., Nueva York, Longman, 2000, p. 182.

¹⁵ Art Preis, *Labor's Giant Step: The First Twenty Years of the CIO: 1936-1955*, Nueva York, Pathfinder Press, 1994, p. XV.

¹⁶ Según el historiador Barton J. Bernstein, "Las reformas liberales del New Deal no transformaron el sistema estadounidense, pues preservaron y protegieron el capitalismo corporativo estadounidense, ocasionalmente mediante programas amenazadores." Véase Elizabeth Cobbs Hoffman y Jon Gjerde, *Major Problems in American History: Since 1865*, vol. II, *Documents and Essays*, Boston, Houghton Mifflin, 2002, p. 237.

¹⁷ Carey McWilliams, *op. cit.*, p. 215.

¹⁸ Daniel Rothenberg, *With These Hands*, Berkeley, University of California Press, 1998, p. 246.

¹⁹ Mike Davis, Kelly Mayhew y Jim Miller, *Under the Perfect Sun: The San Diego Tourists Never See*, Nueva York, New Press, 2003, p. 199.

²⁰ Charles D. Thompson Jr. y Melinda F. Wiggins (eds.), *The Human Cost of Food: Farmworkers' Lives, Labor and Advocacy*, Austin, University of Texas Press, 2002, p. 141.

CAPÍTULO 17. El Programa Bracero: un sistema de castas del siglo XX

¹ Kitty Calavita, *Inside the State: The Bracero Program, Immigration, and the INS*, Nueva York, Routledge, 1992, p. 21.

² Ernesto Galarza, *Farm Workers and Agri-Business in California, 1947-1960*, Notre Dame, University of Notre Dame Press, 1977, p. 31.

[3] Ernesto Galarza, *Merchants of Labor: The Mexican Bracero Story*, Santa Bárbara, McNally and Lofton, 1964, p. 24.

[4] Manuel Gonzales, *Mexicanos: A History of Mexicans in the United States*, Bloomington, Indiana University Press, 2000, p. 172.

[5] Ernesto Galarza, *Merchants of Labor, op. cit.*, p. 223.

[6] Ernesto Galarza, *Farm Workers, op. cit.*, p. 33.

[7] Citado en Maggie Rivas-Rodriguez, *Mexican-Americans and World War II*, Austin, Texas, University of Texas Press, 2005, p. 275.

[8] *Ibid.*, p. 32.

[9] *Ibid.*, p. 83.

[10] James D. Cockroft, *Outlaws in the Promised Land: Mexican Immigrant Workers and America's Future*, Nueva York, Grove Press, 1986, p. 71.

[11] Manuel Gonzales, *Mexicanos, op. cit.*, p. 167.

[12] James D. Cockroft, *op. cit.*, p. 78.

[13] Mae M. Ngai, *Impossible Subjects: Illegal Aliens and the Making of Modern America*, Princeton, Princeton University Press, 2004, p. 139.

[14] *Ibid.*, p. 29.

[15] Ernesto Galarza, *Farm Workers, op. cit.*, p. 82.

[16] Incluso George Bush usó esta idea con el fin de impulsar un programa de trabajadores invitados. Véase Casa Blanca, "President Tours Border, Discusses Immigration Reform in Texas", nota de prensa de la Casa Blanca, disponible en georgewbush-whitehouse.archives.gov/news/releases/2005/11/20051129-2.html.

[17] El financiamiento nunca se materializó. No fue sino hasta 2005 que el gobierno mexicano acordó compensar a los primeros braceros por estas pérdidas salariales. Véase Hiram Soto, "Mexico to Compensate for Long-Forgotten Fund", *San Diego Union-Tribune*, 3 de enero de 2006.

[18] Ernesto Galarza, *Merchants of Labor, op. cit.*, p. 55.

[19] Kitty Calavita, *Inside the State: The Bracero Program, Immigration, and the INS*, Nueva York, Routledge, 1992, pp. 33-34.

[20] Mae M. Ngai, *Impossible Subjects, op. cit.*, pp. 142-154.

[21] James D. Cockroft, *op. cit.*, p. 70.

[22] Nigel Harris, *National Liberation*, Reno, University of Nevada Press, 1990, p. 50.

[23] Bill Ong Hing, *Defining America through Immigration Policy*, Filadelfia, Temple University Press, 2004, p. 122.

[24] *Ibid.*, p. 128.

[25] Kitty Calavita, *op. cit.*, p. 28.

[26] David Reimers, *Still the Golden Door: The Third World Comes to America*, Nueva York, Columbia University Press, 1992, p. 208.

[27] James D. Cockroft, *op. cit.*, p. 72.

CAPÍTULO 18. Pobreza en el campo: el legado del Programa Bracero

[1] Daniel Rothenberg, *With These Hands*, Berkeley, University of California Press, 1998, p. 26.

[2] Stephen Magagnini, "Struggling in El Norte, Mixtec Indians Seek a Better Life in the U. S.", *Sacramento Bee*, 20 de octubre de 2002.

[3] *Idem.*

[4] Leopold Center for Sustainable Agriculture, www.leopold.iastate.edu.

[5] Student Action With Farmworkers, "United States Farmworker Fact Sheet", disponible en www.ciw-online.org/fwfactsheet.pdf.

[6] Se esperaba que durante la década de 2000-2010 se perdieran unos 328 mil empleos relacionados con el campo. Occupational Outlook Quarterly, "Employment Decline in Selected Occupations, projected 2000-10", *Occupational Outlook Quarterly*, invierno de 2001-2002, disponible en www.bls.gov/careeroutlook/2001/winter/art03.pdf.

[7] Bill Christison, "Family Farms and U. S. Trade Policy", *In Motion Magazine*, 14 de julio de 1998, disponible en www.inmotionmagazine.com/bruss.html.

[8] Anuradha Mittal y Mayumi Kawaai, "Freedom to Trade? Trading Away American Family Farms", *Food First Backgrounder*, vol. 7, núm. 4, otoño de 2001, disponible en www.oaklandinstitute.org/freedom-trade-trading-away-american-family-farms.

[9] Anuradha Mittal, "Giving Away the Farm: The 2002 Farm Bill", *Food First*, verano de 2002, disponible en www.oaklandinstitute.org/giving-away-farm-2002-farm-bill.

[10] National Center for Farmworkers Health, "Facts about Farmworkers", disponible en www.ncfh.org/facts-about-agricultural-workers.html.

[11] Las estimaciones llegan hasta los 800 mil. Human Rights Watch, "Fingers to the Bone: United States Failure to Protect Child Farmworkers", disponible en www.hrw.org/reports/2000/frmwrkr.

[12] Charles D. Thompson Jr. y Melinda F. Wiggins (eds.), *The Human Cost of Food: Farmworkers' Lives, Labor and Advocacy*, Austin, University of Texas Press, 2002, pp. 6-7.

[13] *Ibid.*, p. 7.

[14] Daniel Rothenberg, *op. cit.*, p. 25.

[15] Charles D. Thompson Jr. y Melinda F. Wiggins, *op. cit.*, pp. 208-210.

[16] Human Rights Watch, "Fingers to the Bone".

[17] Charles D. Thompson Jr. y Melinda F. Wiggins, *op. cit.*, p. 234.

[18] Alan M. Kraut, *Silent Travelers: Germs, Genes and the "Immigrant Menace"*, Nueva York, Basic Books, 1994, pp. 270-271.

[19] Para una lista exhaustiva de las normas y las regulaciones que se aplican al trabajo infantil en Estados Unidos, véase el sitio electrónico del Departamento del Trabajo: www.dol.gov/agencies/whd/child-labor#LawRegs.

[20] Editorial, "Supersize Picker's Pay", *The Minnesota Daily*, 19 de abril de 2006.

[21] Democracy Now!, "Immokalee Tomato Pickers Win Campaign against Taco Bell", *Democracy Now!*, 10 de marzo de 2005.

CAPÍTULO 19. Los trabajadores migrantes aún construyen Estados Unidos

[1] Pierrette Hondagneu-Sotelo, *Domestica: Immigrant Workers Cleaning and Caring in the Shadows of Influence*, Berkeley, University of California Press, 2001, pp. 17-18.

[2] Tom Barry, *Zapata's Revenge: Free Trade and the Farm Crisis in Mexico*, Cambridge, South End Press, 1995, p. 196.

[3] Jeffrey Passel, "Unauthorized Migrants: Numbers and Characteristics", Pew Hispanic Center, disponible en www.pewresearch.org/hispanic/2005/06/14/unauthorized-migrants.

[4] S. Mitra Kalita, "Illegal Workers' Presence Growing", *The Washington Post*, 8 de marzo de 2006.

[5] Pierrette Hondagneu-Sotelo, *op. cit.*, p. 3.

[6] Roben Farzad, "The Urban Migrants", *The New York Times*, 20 de julio de 2005.

[7] S. Mitra Kalita, art. cit.

[8] Peter Prengaman, "Study Gives Snapshot of Day Laborers", Associated Press, 22 de enero de 2006.

[9] Brian Grow *et al.*, "Embracing the Undocumented", *BusinessWeek*, 13 de julio de 2005.

[10] Pierrette Hondagneu-Sotelo, *op. cit.*, p. 17.

[11] Blanca Villaseñor y José Moreno Meña, "Women Migrants on the Move", *Frontera Norte-Sur News*, 11 de enero de 2006.

[12] Soledad Jarquin Edgar, "A Town of Women Migrants", *Frontera Norte-Sur News*, 11 de octubre de 2005.

[13] Frontera Norte-Sur News, "Latin America Border Series: The Century of the Woman Migrant", *Frontera Norte-Sur News*, 7 de marzo de 2006.

[14] American Immigration Lawyers Association, "Myths and Facts in the Immigration Debate".

[15] Associated Press, "Hispanics Now One-Seventh of U. S. Population", *Associated Press*, 10 de junio de 2005.

[16] The Economist, "Turning Boomers into Boomerangs", informe especial de *The Economist*, 16 de febrero de 2006.

[17] Associated Press, "California's Changing Demographics At-a-Glance", *Associated Press*, 23 de noviembre de 2005.

[18] Rakesh Kochhar, Roberto Suro y Sonya Tafoya, "The New Latino South: The Context and Consequences of Rapid Population Growth", Pew Hispanic Center, disponible en www.pewresearch.org/hispanic/2005/07/26/the-new-latino-south.

[19] Center for Continuing Study of the California Economy, "The Impact of Immigration on the California Economy", California Regional Economies Project 2005, disponible en www.mexica.net/immigrat/impactimmcaecon.pdf.

[20] Citado en "The Globalist Quiz: Immigration Havens", *San Jose Mercury News*, 5 de febrero de 2006.

[21] Amy M. Traub, "Principles for an Immigration Policy to Strengthen and Expand the American Middle Class", The Drum Major Institute for Public Policy, disponible en www.issuelab.org/resource/principles-for-an-immigration-policy-to-strengthen-and-expand-the-american-middle-class-2007-edition.html.

[22] Sonya Geis, "Shortage of Immigrant Workers Alarms Growers in West", *The Washington Post*, 22 de noviembre de 2005.

[23] Economic Analysis Team, "Impact of Migrant Labor Restrictions on the Agricultural Sector", American Farm Bureau Federation, disponible en copdei.extension.org/wp-content/uploads/2019/06/labor-econanal06206.pdf.

[24] Sonya Geis, art. cit.

[25] Jeffrey Passel, art. cit.

[26] Martin Hüfner, "Immigration-What Europe Can Learn from the United States", *The Globalist*, disponible en www.theglobalist.com/immigration-what-europe-can-learn-from-the-united-states.

[27] Center for Continuing Study of the California Economy, "The Impact of Immigration", diciembre de 2005.

[28] Jeffrey Passel y Roberto Suro, "Rise, Peak, and Decline: Trends in U. S. Immigration 1992-2004", Pew Hispanic Center, disponible en www.pewtrusts.org/-/media/legacy/uploadedfiles/wwwpewtrustsorg/reports/hispanics_in_america/phcimmigration0905pdf.pdf.

[29] Center for Continuing Study of the California Economy, art. cit.

[30] Edward Iwata, "Immigrant Businesses Can Have Wide Economic Impact", *USA Today*, 17 de noviembre de 2005.

[31] Lance Selfa, "The Lies They Tell about Immigrants", *Socialist Worker*, 17 de junio de 2005.

[32] Benjamin Powell, "The Pseudo Economic Problems of Immigration", *San Diego Union-Tribune*, disponible en www.independent.org/news/article.asp?id=1641.

[33] Citado en "Hispanic Impact", *Winston-Salem Journal*.

[34] Jonathan Higuera y Daniel González, "Immigrants: Boom or Bane", *Arizona Republic*, 17 de octubre de 2005.

[35] Shannon McMahon, "Mexican Consumers Pour Billions Annually into San Diego's Economy", *San Diego Union-Tribune*, 7 de agosto de 2005.

[36] Lisa Takeochi Cullen y Darin Fonda, "What It Means for Your Wallet", *Time Magazine*, 10 de abril de 2006.

[37] Mike Davis, *Magical Urbanism: Latinos Reinvent the U. S. Big City*, Nueva York, Verso, 2000, p. 52.

[38] Amy M. Traub, art. cit.

[39] Haya El Nasser, "New Urbanism Embraces Latinos", *USA Today*, 15 de febrero de 2005.

[40] Anna Gorman, "Illegal Immigrants Can Be Legal Homeowners", *Los Angeles Times*, 8 de agosto de 2006.

[41] Gayle Pollard-Terry, "Where It's Booming", *Los Angeles Times*, 23 de diciembre de 2005.

[42] Alexander Dworkowitz, "In Northeast, a City's Tale of Turnaround", *Christian Science Monitor*, 28 de julio de 2005.

[43] Brian Grow et al., "Embracing the Undocumented", *BusinessWeek*, 13 de julio de 2005.

[44] "Remittances Reach New Heights", *Migration Information Source*, disponible en www.migrationinformation.org/Feature/display.cfm?id=355.

[45] OCDE, "Migration, Remittances and Development", disponible en www.oecd.org/document/34/0,2340,en_2649_201185_35744418_1_1_1,00.html.

[46] Frontera Norte-Sur News, "Legislators Go After Remittance Monies", *Frontera Norte-Sur News*, 19 de febrero de 2006.

[47] "Según Laura Velasco Ortiz, investigadora de El Colegio de la Frontera Norte, más de 60% de los 20 mil millones de dólares estimados en remesas recibidas por México son enviadas por mujeres, y 39% por hombres." Véase Frontera Norte-Sur News, "Latin America Border Series: The Century of the Woman Migrant", *Frontera Norte-Sur News*.

[48] Kent Patterson, "Remittances Driving Central American Economies", *Frontera Norte-Sur News*, 17 de abril de 2006.

[49] Roberto González Amador, "Migrant Dollars Drive Mexico's Economy", *Frontera Norte-Sur News,* marzo-abril de 2006.

[50] Eric Toussaint, *Your Money or Your Life,* 3a ed., Chicago, Haymarket Books, 2005, pp. 175-177.

[51] Roberto González Amador, art. cit.

[52] Frontera Norte-Sur News, "Legislators Go after Remittance Monies", *Frontera Norte-Sur News,* 19 de febrero de 2006.

[53] American Immigration Lawyers Association, "Myths and Facts in the Immigration Debate".

[54] Southern Poverty Law Center, "The Immigrants: Myths and Reality", *Intelligence Report,* primavera de 2001, disponible en www.splcenter.org/fighting-hate/intelligence-report/2001/immigrants-myths-and-reality.

[55] Tim Annett, "Illegal Immigrants and the Economy", *The Wall Street Journal,* 13 de abril de 2006.

[56] Eduardo Porter, "Illegal Immigrants Are Bolstering Social Security with Billions", *The New York Times,* 5 de abril de 2005.

[57] *Idem.*

[58] Ben Ready, "Help or Harm: Illegal Immigration's Effect on the Economy, a Contentious Issue", *Daily Times-Call,* 30 de diciembre de 2005.

[59] Lisa Takeuchi Cullen y Daren Fonda, art. cit.

[60] Amy M. Traub, art. cit.

[61] Billy House, "Bill Bars Migrants from Social Security Pay", *Arizona Republic,* 26 de junio de 2005.

[62] Anna Gorman, art. cit.

[63] Anna Gorman, "Here Illegally, but Choosing to Pay Taxes", *Los Angeles Times,* 17 de abril de 2006.

[64] Universal Health Care Action Network, "Affordable Health Care for All: Moving Beyond Political Deadlock".

[65] Hilary Abramson, "Latinos Feel Brunt of Job-Based Insurance Drop", *Pacific News Service,* 25 de agosto de 2005.

[66] Daniel Yi, "Most ER Patients Are Insured, Study Says", *Los Angeles Times,* 29 de marzo de 2006.

[67] Reuters, "U. S. Hazardous to Health of Mexican Entrants", 16 de octubre de 2005.

[68] Nina Bernstein, "Recourse Grows Slim for Immigrants Who Fall Ill", *The New York Times,* 3 de marzo de 2006.

[69] *Ibid.*

[70] Anthony DePalma, "For Hispanic Immigrants in U. S., What Future?", *The New York Times,* 27 de mayo de 2005.

[71] Jeffrey Passel, art. cit.

[72] Dana Bartholomew, "Child Poverty Soars in LA", *Los Angeles Times,* 26 de agosto de 2004.

[73] Lisa Friedman, "Immigration Debate Has Familiar Ring", *Whittier Daily News,* 31 de diciembre de 2005.

[74] Miriam Jordan, "Once Here Illegally, Mexican Family Savors Children's Success", *The Wall Street Journal,* 20 de julio de 2005.

[75] Center for Continuing Study of the California Economy, art. cit.

[76] James McKinley Jr., "In Mexico, Burying Soldiers Killed in a U. S. War", *The New York Times*, 23 de marzo de 2005.

[77] National Immigration Forum, "Easing Path to Citizenship for 'Green Card Soldiers'".

CAPÍTULO 20. La política migratoria como forma de controlar el trabajo

[1] Elizabeth Cobbs Hoffman y Jon Gjerde, *Major Problems in American History: Since 1865*, vol. II, *Documents and Essays*, Boston, Houghton Mifflin, 2002, p. 80.

[2] Citado en Hal Draper, *Karl Marx's Theory of Revolution*, vol. 2, *The Politics of Social Classes*, Nueva York, Monthly Review Press, 1978, p. 66.

[3] Kitty Calavita, *U. S. Immigration Law and the Control of Labor: 1820-1914*, Londres, Academic Press, 1984, p. 39.

[4] *Ibid.*, p. 41.

[5] John Higham, *Strangers in the Land: Patterns of American Nativism, 1860-1925*, New Brunswick, Rutgers University Press, 1988, p. 14.

[6] Kitty Calavita, *op. cit.*, p. 122.

[7] *Ibid.*, p. 25.

[8] Para una revisión experimental sobre las ventajas de la participación sindical, véase Lawrence Mishel y Matthew Walters, "How Unions Help All Workers", *Economic Policy Institute Briefing Paper*, núm. 143, disponible en www.epinet.org/content.cfm/briefingpapers_bp143.

[9] Kitty Calavita, *op. cit.*, p. 27.

[10] *Ibid.*, p. 49.

CAPÍTULO 21. La irrupción de raza y clase en las restricciones migratorias

[1] Ronald Takaki, *A Different Mirror: A History of Multicultural America*, Nueva York y Boston, Little, Brown and Company, 1993.

[2] Philip S. Foner, *History of the Labor Movement in the United States*, vol. 3, *The Policies and Practices of the American Federation of Labor 1900-1909*, Nueva York, International Publishers, 1981, p. 266.

[3] Fundado en 1849, también se llamó American Party [Partido Estadounidense]. Se le llamó Know Nothing Party [Partido que no Sabe Nada] por su carácter secreto y por dar como respuesta frecuente "no sabemos" cuando se le preguntaba a los miembros por sus actividades.

[4] Para una discusión más amplia sobre el radicalismo irlandés en Estados Unidos, véase David A. Wilson, *United Irishmen, United States: Immigrant Radicals in the Early Republic*, Ithaca, Cornell University Press, 1998.

[5] Elizabeth Cobbs Hoffman y Jon Gjerde, *Major Problems in American History: Since 1865*, vol. II, *Documents and Essays*, Boston, Houghton Mifflin, 2002, p. 155.

[6] William H. Tucker, *The Science and Politics of Racial Research*, Urbana, University of Illinois, 1994.

[7] Elizabeth Cobbs Hoffman y Jon Gjerde, *op. cit.*, p. 279.

[8] Citado en Lance Selfa y Helen Scott, *No Scapegoats, Why Immigrants Are Not to Blame*, Chicago, Bookmarks, 1995, p. 17, disponible en www.isreview.org/issues/46/Immigrationpamphlet.pdf.

[9] Elizabeth Cobbs Hoffman y Jon Gjerde, *op. cit.*, p. 183.

[10] Matthew Frye Jacobson, *Whiteness of a Different Color: European Immigrants and the Alchemy of Race*, Cambridge (MA), Harvard University Press, 1998, p. 43.

[11] Kitty Calavita, *U. S. Immigration Law and the Control of Labor: 1820-1914*, Londres, Academic Press, 1984, p. 106.

[12] Elizabeth Cobbs Hoffman y Jon Gjerde, *op. cit.*, p. 317.

[13] David Montgomery, *Workers' Control in America: Studies in the History of Work, Technology, and Labor Struggles*, Nueva York, Cambridge University Press, 1979, p. 97.

[14] John Higham, *Strangers in the Land: Patterns of American Nativism, 1860-1925*, New Brunswick, Rutgers University Press, 1988, p. 229.

[15] *Ibid.*, pp. 229-231.

[16] Kitty Calavita, *op. cit.*, p. 86.

[17] Para una exhaustiva demolición del racismo científico, véase Stephen J. Gould, *La falsa medida del hombre*, Barcelona, Crítica, 2017.

[18] Edwin Black, *War Against the Weak: Eugenics and America's Campaign to Create a Master Race*, Nueva York, Thunder's Mouth Press, 2004, p. 23.

[19] *Ibid.*, p. 75.

[20] *Ibid.*, p. 99.

[21] Public Broadcasting Service, "People and Discoveries: Eugenics Movement Reaches its Height, 1923", disponible en www.pbs.org/wgbh/aso/databank/entries/dh23eu.html.

CAPÍTULO 22. El surgimiento del trabajador mexicano "ilegal": racismo y mano de obra mexicana

[1] Por ejemplo, los mexicanos desarrollaron gran parte de los cimientos económicos y culturales del "oeste" (la cultura de los vaqueros, la ganadería, la minería, etcétera) que luego serían no sólo expropiados por los historiadores y los cineastas sino redefinidos y romantizados como una "experiencia estadounidense" para domesticar el "salvaje oeste".

[2] Constitución de California de 1849, art. 2, sec. 1.

[3] Por ejemplo, el impuesto a los mineros extranjeros y la ley federal sobre la tierra privaban a los mexicanos de sus derechos a las minas y a los terrenos, respectivamente.

[4] Mark Reisler, *By the Sweat of Their Brow: Mexican Immigrant Labor in the United States, 1900-1940*, Westport, Greenwood Press, 1976, p. 208.

[5] Rodolfo Acuña, *Occupied America: A History of Chicanos*, 4a ed., Nueva York, Longman, 2000, p. 221.

[6] John Box, "Immigration Restriction", *Digital History*, disponible en www.digitalhistory.uh.edu/disp_textbook.cfm?smtID=3&psid=594.

[7] Rodolfo Acuña, *op. cit.*, p. 222.

[8] Citado en Francisco Balderrama y Raymond Rodríguez, *Decade of Betrayal: Mexican Repatriation in the 1930's*, Albuquerque, University of New Mexico Press, 1995, p. 7.

[9] Francisco Balderrama y Raymond Rodríguez, *op. cit.*, p. 9.

[10] James D. Cockroft, *Outlaws in the Promised Land: Mexican Immigrant Workers and America's Future*, Nueva York, Grove Press, 1986, p. 77.

[11] Zaragosa Vargas, *Major Problems in Mexican-American History*, Boston, Houghton Mifflin, 1999, pp. 280-281.

[12] Lance Selfa y Helen Scott, *No Scapegoats, Why Immigrants Are Not to Blame*, Chicago, Bookmarks, 1995, p. 17, disponible en www.isreview.org/issues/46/Immigrationpamphlet.pdf.

[13] Immigrant Rights Update, "INS Grants Deportation Relief to Minneapolis Immigrant Workers Fired for Union Activities", *Immigrant Rights Update*, vol. 14, núm. 3, 6 de junio de 2000.

CAPÍTULO 23. Doble rasero migratorio

[1] David Reimers, *Still the Golden Door: The Third World Comes to America*, Nueva York, Columbia University Press, 1992, p. 25.

[2] *Ibid.*, p. 36.

[3] Kent A. Ono y John M. Sloop, *Shifting Borders: Rhetoric, Immigration, and California's Proposition 187*, Filadelfia, Temple University Press, 2002, pp. 45-46.

[4] Reed Ueda, *Postwar Immigrant America: A Social History*, Boston y Nueva York, Bedford-St. Martin's, 1994, p. 46.

[5] Claudine LoMonaco, "Push Is on for Faster Immigration", *Tucson Citizen*, 4 de julio de 2004.

[6] *Idem.*

[7] Sergio Bustos, "Backlog Keeps Immigrants Waiting Years for Green Cards", *Gannet News Service*, 27 de julio de 2004.

CAPÍTULO 24. Militarizar la frontera: sentencia de muerte para los trabajadores migrantes

[1] Juan F. Perea, *Immigrants Out! The New Nativism and the Anti-Immigrant Impulse in the United States*, Nueva York, New York University Press, 1997, p. 223.

[2] William Langewiesche, *Cutting for Sign*, Nueva York, Pantheon, 1993, citado en "Immigration: Crossing the Line", *Texas State Comptroller*.

[3] Carlos Rico, "Migration and U. S.-Mexican Relations", en Christopher Mitchell (ed.), *Western Hemisphere Immigration and U. S. Foreign Policy*, University Park, Penn State University, 1991, citado en "Immigration: Crossing the Line", *Texas State Comptroller*.

[4] Timothy J. Dunn, *The Militarization of the U. S.-Mexico Border, 1978-1992: Low-Intensity Conflict Doctrine Comes Home*, Austin, Texas, CMAS Books, 1996, pp. 37-38.

[5] Joseph Nevins, *Operation Gatekeeper and Beyond*, Londres, Routledge, 2001, p. 67.

[6] Timothy J. Dunn, *op. cit.*, p. 2.

[7] Joseph Nevins, *op. cit.*, p. 68.

[8] "Bill Clinton on Immigration", *On The Issues*, disponible en www.ontheissues.org/Celeb/Bill_Clinton_Immigration.htm.

[9] Francis Harris, "Bush Vows to Expel All Illegal Migrants", *The Telegraph*, 20 de diciembre de 2005.

[10] Nedra Pickler, "Bush Vows Crackdown on Illegal Immigrants", Associated Press, 28 de noviembre de 2005.

[11] "Members of Congress Introduce Comprehensive Border Security and Immi-

gration Reform Bill", boletín de prensa en el sitio electrónico del senador Edward Kennedy.

[12] Carrie Kahn, "Illegal Entry", *National Public Radio: Morning Edition*, 19 de abril de 1999, disponible en www.npr.org/templates/story/story.php?storyId=1049435.

[13] Jim Abrams, "Little Consensus on Immigration Policy", Associated Press, 1 de diciembre de 2005.

[14] Mitch Tobin, "Guardians of the Line", *Arizona Daily Star*, 27 de noviembre de 2005.

[15] Leslie Berestein, "Posters on Fence Tell of 3 600 Found Dead in 11 Years", *San Diego Union-Tribune*, 1 de diciembre de 2005.

[16] Peter Andreas, *Border Games: Policing the U. S.-Mexico Divide*, Ithaca, Cornell University Press, 2000.

[17] Debbie Nathan, "Border Geography and Vigilantes", NACLA, vol. 34, núm. 2, septiembre-octubre de 2000, p. 5.

[18] Leslie Berestein, art. cit.

[19] Quent Reese, "Nightmare in Texas", *Socialist Worker*, 23 de mayo de 2003.

[20] American Civil Liberties Union, "UN Human Rights Panel Asked to Investigate Migrant Deaths on U. S. Border", 14 de abril de 1999.

[21] Giovanna Dell'Orto, "14 Mexicans Die in Border Crossing", *The Washington Post*, 24 de mayo de 2001.

[22] Claudia E. Smith, "Operation Gatekeeper Resolves Nothing", California Rural Legal Assistance Foundation's Border Project.

[23] *Idem.*

[24] National Center for Policy Analysis, "Mexican Immigrants Go Home", Public Policy Institute of California.

[25] Amnistía Internacional, "Human Rights Concerns in the Border Region with Mexico", disponible en www.refworld.org/docid/3ae6a9ac4.html.

[26] Debbie Nathan, art. cit.

[27] Tom Barry, Harry Browne y Beth Sims, *Crossing the Line: Immigrants, Economic Integration, and Drug Enforcement on the U. S.-Mexico Border*, Albuquerque, Inter-Hemispheric Resource Center Press, 1994, p. 42.

[28] Janine Zuniga, "City Sees a Transformation", *San Diego Union-Tribune*, 11 de julio de 2004.

[29] California Rural Legal Assistance Foundation's Border Project, "Operation Gatekeeper Fact Sheet", 30 de abril de 2001.

[30] Joe Cantlupe, "Arrests Up Since 1994, Crackdown at Border: Costly Effort Fails to Deter Illegal Flow", *San Diego Union-Tribune*, 20 de febrero de 2001.

[31] Nic Paget-Clarke, "U. S. Border Patrol in Southern California Developing Deadly but Ineffective Operation Gatekeeper", entrevista con Roberto Martínez, *In Motion Magazine*, junio-agosto de 1999, disponible en www.inmotionmagazine.com/rm99.html.

[32] Rubén Martínez, *Crossing Over: A Mexican Family on the Migrant Trail*, Nueva York, Picador Press, 2001, p. 109.

[33] California Rural Legal Assistance Foundation's Border Project, art. cit.

[34] Joe Cantlupe, art. cit.

[35] Departamento de Seguridad Nacional, "Southwest Border Apprehensions".

[36] Douglas S. Massey, "The Wall That Keeps Illegal Workers In", *The New York Times*, 4 de abril de 2006.

[37] Debbie Nathan, art. cit.

[38] Anna Gorman, "Employers of Illegal Immigrants Face Little Risk of Penalty", *Los Angeles Times*, 29 de mayo de 2005.

[39] Eduardo Porter, "The Search for Illegal Immigrants Stops at the Workplace", *The New York Times*, 5 de marzo de 2006.

[40] *Idem.*

[41] *Idem.*

[42] Jordan Rau, "Drivers License Bill Gains", *Los Angeles Times*, 16 de junio de 2004.

[43] Peter Andreas, *op. cit.*, p. 75.

[44] Frontera Norte-Sur News, "Border Patrol Agents Accused of Smuggling", *Frontera Norte-Sur News*.

[45] Ken Ellingwood, *Hard Line: Life and Death on the U. S.-Mexico Border*, Nueva York, Pantheon Books, 2004, p. 85.r

[46] Jose Palafox, "Militarizing the Border", *Covert Action Quarterly*, vol. 56, primavera 1996, disponible en mediafilter.org/CAQ/CAQ56border.html.

[47] Marisa Taylor, "Border Agent Accused of Taking Bribes", *San Diego Union-Tribune*, 26 de septiembre de 2000.

CAPÍTULO 25. Inventar un enemigo invisible: el 11 de septiembre y la guerra contra los migrantes

[1] Como consecuencia de los ataques del 11 de septiembre, cerca de 1 200 personas en Estados Unidos fueron internadas e investigadas como "terroristas potenciales". El gobierno estadounidense también restringió la migración de 25 países árabes y musulmanes (y supuestos "Estados terroristas"); después de eso, todos los turistas varones de edades comprendidas entre 16 y 45 años requirieron de registro con oficiales de migración. Véase John N. Pader y Peter W. Singer, "America Slams the Door (On Its Foot): Washington's Destructive New Visa Policies", *Foreign Affairs*, mayo-junio de 2003, disponible en www.jstor.org/stable/20033575.

[2] Para un análisis profundo de tales grupos, véase Tom Barry, "The Immigration Debate", *CounterPunch*, disponible en www.counterpunch.org/2005/06/03/the-immigration-debate.

[3] Peter Andreas, *Border Games: Policing the U. S.-Mexico Divide*, Ithaca, Cornell University Press, 2000, p. 9.

[4] Eric Lichtblau, "Prosecutions in Immigration Doubled in Last Four Years", *The New York Times*, 29 de septiembre de 2005.

[5] *Idem.*

[6] Elaine Hagopian (ed.), *Civil Rights in Peril: The Targeting of Arabs and Muslims*, Chicago, Haymarket Books, 2004, p. 28.

[7] Mark Dow, *American Gulag: Inside U. S. Immigration Prisons*, Berkeley, University of California Press, 2004, p. 26.

[8] Janet Hooks, "Border Security an Issue for GOP", *Los Angeles Times*, 27 de noviembre de 2005.

[9] Ron Hutcheson, "Bush Tries to Straddle Divide over Illegal Immigration to U. S.", Knight-Ridder News Service, 29 de noviembre de 2005.

[10] Associated Press, "U. S. Ends Undocumented Immigrant Stings", 29 de mayo de 2005.

[11] De un comunicado por correo electrónico del grupo antimigrante Save Our State.

[12] Janet Hooks, art. cit.

[13] National Immigration Forum, "The Immigration Debate: The Politics of Fear Do Not Always Carry the Day".

[14] Nicholas Riccardi, "States Take on Border Issues", *Los Angeles Times*, 16 de enero de 2006.

[15] Michael Kunzelman, "U. S. Judge Raps Congressmen Over Deportation Act", *The Boston Globe*, 13 de julio de 2005.

[16] Deborah Barfield Berry, "The Coming Battle over Immigration", *Newsday*, 11 de mayo de 2005.

[17] Alan Elsner, "Lawmakers Seek to Crack Down on Undocumented Immigrants", Reuters, 24 de junio de 2005.

[18] Nick Guroff y Singeli Agnew, "The 'Paper Ceiling'—Undocumented Youths Face Barriers at the Brink of Adulthood", *New America Media*, 12 de enero de 2006.

[19] Human Rights Watch, "Fingers to the Bone: United States Failure to Protect Child Farmworkers", disponible en www.hrw.org/report/2000/06/02/fingers-bone/united-states-failure-protect-child-farmworkers.

[20] Pam Belluck, "Town Uses Trespass Laws to Fight Illegal Immigrants", *The New York Times*, 12 de julio de 2005.

[21] *Idem.*

[22] Gregory Alan Gross, "Roving Patrols by Border Agents Net 300 Arrests, Stir Controversy", *San Diego Union-Tribune*, 15 de junio de 2004.

[23] Tram Nyugen (ed.), *We Are All Suspects Now: Untold Stories from Immigrant Communities After 9/11*, Boston, Beacon Press, 2005, pp. 100-101.

[24] Carla Marinucci, "Close the Borders, Schwarzenegger Says", *San Francisco Chronicle*, 20 de abril de 2005.

[25] Carla Marinucci y Mark Martin, "Schwarzenegger Condemns Sign: Praises Minutemen and Immigration Reform Movement", *San Francisco Chronicle*, 29 de abril de 2005.

[26] Associated Press, "Governor's Approval Rating Plummets", 21 de junio de 2005.

[27] Migration Policy Institute, "Making Immigration Enforcement Work: What Will It Take?".

[28] Joseph Nevins, *Operation Gatekeeper and Beyond*, Londres, Routledge, 2001, p. 167.

[29] Mark Dow, *op. cit.*, p. 9.

[30] Alisa Solomon, "Detainees Equal Dollars", *Village Voice*, 14-20 de abril de 2002.

[31] Mark Dow, *op. cit.*, p. 10.

[32] Adam Liptak, "Courts Criticize Judges' Handling of Asylum Cases", *The New York Times*, 26 de diciembre de 2005.

[33] Ambas citas están en Mark Dow, *op. cit.*, p. 10.

[34] Associated Press, "Corrections to House Immigration Detainees", 21 de diciembre de 2005.

[35] Rachel L. Swarns, "Halliburton Subsidiary Gets Contract to Add Temporary Immigration Detention Centers", *The New York Times*, 4 de febrero de 2006.

[36] Armando Carrasco, "HMLA 267 Marines Help Secure Texas Border", U. S. Marines, www.aircav.com/cobra/ahgal21/news-050812.html.

[37] Alonso Urrutia, "Lista, la sofisticada caza de migrantes en EU", *La Jornada*, 15 de junio de 2004.

[38] Nicholas Riccardi, art. cit.

CAPÍTULO 26. Los segregacionistas del trabajo están en ambos partidos

[1] David Bacon, "Talking Points on Guest Workers", *Truthout*, disponible en www.nlg-laboremploy-comm.org/media/documents/nlg-laboremploy-comm.org_77.pdf.

[2] Peter Wallsten y Nicole Gaouette, "President George Bush to Build Immigration Reform Coalition to Court Hispanics", *Los Angeles Times*, 24 de julio de 2005.

[3] June Kronholz, "Guest-Worker Proposals Prove Divisive", *The Wall Street Journal*, 9 de noviembre de 2005.

[4] Essential Worker Immigration Coalition, "Business Group Supports Bipartisan Immigration Reform Bill", boletín de prensa, disponible en www2.gtlaw.com/practices/immigration/news/2005/05/16.pdf.

[5] Nicole Gaouette, "Immigration Linked to Security Revamp", *Los Angeles Times*, 14 de julio de 2005.

[6] Holly Bailey, "Tom Tancredo Is Pulling the Immigration Debate to the Right—And Away from Bush", *Newsweek*, 3 de abril de 2006.

[7] June Kronholz, art. cit.

[8] Ron Harris, "Illegal Immigration Concerns Could Split Both Parties", *St. Louis Post-Dispatch*, 20 de diciembre de 2005.

[9] Para una mejor descripción de cómo este proceso funcionó durante la era de los derechos civiles, véase Ahmed Shawki, *Black Liberation and Socialism*, Chicago, Haymarket Books, 2006.

[10] Alan Maass, "Anybody But Bush?", *International Socialist Review*, núm. 30, julio-agosto de 2003.

[11] Roger Daniels, *Guarding the Golden Door: American Immigration Policy and Immigrants*, Nueva York, Hill and Wang, 2004, p. 65.

[12] *Idem.*, p. 180.

[13] Juan F. Perea, *Immigrants Out! The New Nativism and the Anti-Immigrant Impulse in the United States*, Nueva York, New York University Press, 1997, p. 229.

[14] Alisa Solomon, "Detainees Equal Dollars", *Village Voice*, 14-20 de abril de 2002.

[15] Michael Welch, *Detained: Immigration Laws and the Expanding INS Jail Complex*, Filadelfia, Temple University Press, 2002, p. 64.

[16] Feinstein fue una feroz defensora de las restricciones migratorias incluso antes del 11 de septiembre. Para un resumen de las diferentes propuestas que ella apoyó, véase "Congressional Immigration Reform", Migration News Web, disponible en migration.ucdavis.edu/mn/more.php?id=610_0_2_0.

[17] Michael Doyle, "Feinstein Gets Tougher on Immigration", *Sacramento Bee*, 5 de junio de 1994.

[18] Charles Hurt, "Hillary Goes Conservative on Immigration", *The Washington Times*, 13 de diciembre de 2004.

[19] *Idem.*

²⁰ Leslie Casmir y Leo Standora, "Hil: Border Needs Wall", *New York Daily News*, 23 de abril de 2006.

²¹ "Transcript: Third Presidential Debate", *The Washington Post*, disponible en www.washingtonpost.com/wp-srv/politics/debatereferee/debate_1013.html.

²² Nicholas Riccardi, "States Take on Border Issues", *Los Angeles Times*, 16 de enero de 2006.

²³ CBS/AP, "Bush Turns Focus to Immigration", disponible en www.cbsnews.com/news/bush-turns-focus-to-immigration.

²⁴ Para una amplia discusión de la propuesta, véase American Immigration Lawyers Association, "Section-by-Section Analysis of the Secure America and Orderly Immigration Act of 2005", disponible en www.aila.org/content/default.aspx?docid=16719.

²⁵ "Members of Congress Introduce Comprehensive Border Security and Immigration Reform Bill", boletín de prensa del sitio electrónico del senador Edward Kennedy.

²⁶ Patrick McGreevy, "Latinos, Flexing Political Muscle, Come of Age in LA", *Los Angeles Times*, 27 de junio de 2005.

²⁷ "Border Emergency Declared in New Mexico", CNN, 13 de agosto de 2005.

²⁸ Nicholas Riccardi, art. cit.

²⁹ John Rice, "Nuñez Visits Mexico to Talk Immigration", Associated Press, 26 de agosto de 2005.

³⁰ Tom Baxter, "Illegal Immigration Hot Issue in Legislatures Nationwide", Cox News Service, 20 de febrero de 2006.

³¹ Katrina vanden Heuvel, "Toward a Sensible Immigration Policy", *The Nation*, 21 de enero de 2006.

³² Sharon Smith, "The Making of a New Movement", *Socialist Worker*, 17 de marzo de 2006.

³³ Andy Sullivan y Thomas Ferraro, "Immigration Rallies Sweep U. S.", Associated Press, 10 de abril de 2006.

³⁴ Carolyn Lochhead, "Protests Could Cause Political Problems for Backers of Balanced Approach", *San Francisco Chronicle*, 1 de mayo de 2006.

CAPÍTULO 27. La derecha toma las decisiones

¹ Warren Vieth, "Businesses Cast Cloud over Bush's Immigration Plans", *Los Angeles Times*, 21 de noviembre de 2005.

² En su libro, *El choque de las civilizaciones*, Samuel Huntington postula que el futuro de los conflictos globales no estará conformado por las ideologías sino por las culturas y la religión. Los políticos antimigrantes como Tancredo usan esta teoría al afirmar que los migrantes mexicanos están llevando a cabo una "guerra cultural" contra "la forma de vida estadounidense".

³ Tom Tancredo, entrevista de John Hawkins, Right Wing News, disponible en www.rightwingnews.com/interviews/tancredo.php.

⁴ Associated Press, "Tancredo: If They Nuke Us, Bomb Mecca", Fox News, disponible en www.foxnews.com/story/tancredo-if-they-nuke-us-bomb-mecca.

⁵ Michael Crowley, "Border War", *The New Republic*, 28 de marzo de 2005.

⁶ Holly Bailey, "Tom Tancredo Is Pulling the Immigration Debate to the Right— and Away from Bush", *Newsweek*, 3 de abril de 2006.

[7] Marc Cooper, "Showdown on Immigration", *The Nation*, 3 de abril de 2006.
[8] Tom Tancredo, *loc. cit.*
[9] Adam Schrager, "Tancredo Considers Presidential Run to Spotlight Immigration Issue", 9News-NBC.
[10] Lou Dobbs, "U. S. Policy on Immigration Is a Tragic Joke", *The Arizona Republic*, 28 de agosto de 2005.
[11] *Idem.*
[12] Julie Hollar, "CNN's Immigration Problem: Is Dobbs the Exception—Or the Rule?", *Fair*, disponible en www.ilw.com/articles/2006,0731-hollar.shtm.
[13] Jennifer Delson y Anna Gorman, "Immigrant Activists Gather", *Los Angeles Times*, 29 de mayo de 2005.
[14] Steven K. Paulsen, "Hispanic, Islamic Groups Want Tancredo Out", Associated Press, 26 de julio de 2005.
[15] Susy Buchanan y David Holthouse, "Minuteman Civil Defense Corps Leader Chris Simcox Has Troubled Past", Southern Poverty Law Center, disponible en www.splcenter.org/fighting-hate/intelligence-report/2006/minuteman-civil-defense-corps-leader-chris-simcox-has-troubled-past.
[16] Daniel González, "Families Sink Roots in Arizona", *Arizona Republic*, 16 de octubre de 2005.
[17] Holly Yeager, "Republicans Ready to Turn the Screw on Immigration", *Financial Times*, 14 de diciembre de 2005.
[18] Mike Davis, "Tomgram: Mike Davis on the Return of the Vigilante", Tom Dispatch, disponible en www.tomdispatch.com/index.mhtml?pid=2378.
[19] Eduardo Juárez, "The Future Looks Ominous for Immigrants", *El Diario/La Prensa*, 4 de agosto de 2005.
[20] David Kelly, "Border-Watch Group to Stop Patrols", *Los Angeles Times*, 21 de abril de 2005.
[21] Juliet Williams, "Lawsuit Challenges College Fee Break for Illegal Immigrants", *San Diego Union-Tribune*, 15 de diciembre de 2005.
[22] Fox News, "Anti-Mafia Law Used to Fight Illegal Immigrants", 21 de septiembre de 2005, www.foxnews.com/story/anti-mafia-law-used-to-fight-illegal-immigrants.
[23] Daniel González, "Greyhound Ticket Policy Biased, Latino Groups Say", *Arizona Republic*, 24 de septiembre de 2005.
[24] Edward Crowder, "Hispanic Hiring Practices Queried in Connecticut", *Connecticut Post*, 29 de septiembre de 2005.
[25] Don Michak, "Anti-Immigration Group 'MexDonald' Author Hit by Pie", *Manchester Journal-Inquirer*, 29 de septiembre de 2005.
[26] Mark Krikorian, "Immigration Problem Needs an Attrition Policy", *Arizona Republic*, 28 de agosto de 2005.
[27] "Profile: Federation for American Immigration Reform", Right Web.
[28] *Idem.*
[29] Editorial, "Borderline Republicans", *The Wall Street Journal*, 17 de junio de 2004.
[30] T. R. Reid, "Spanish at School Translates to Suspension", *The Washington Post*, 9 de diciembre de 2005.
[31] *Idem.*

NOTAS DE LAS PÁGINAS 263-279 • 441

³² Miriam Jordan, "Employers Requiring Workers to Speak English Face Suits", *The Wall Street Journal*, 9 de noviembre de 2005.

³³ Ruben Navarette Jr., "Prom Irrational to Illogical on Immigration", *San Diego Union-Tribune*, 25 de diciembre de 2005.

³⁴ John Sosbe, "Desperate Times Call for Drastic Measures", *The Georgetonian*, 2 de noviembre de 2005.

³⁵ Southwestern College es una universidad a unos 16 kilómetros de la frontera con México, con 60-70% de latinos. Como consecuencia, más de 25% son estudiantes mexicanos. Para leer los comentarios racistas en su periódico y la reacción hacia ellos, véase Héctor Carreón, "'Immigrant Bashing' by a Campus Newspaper", Immigrant Solidarity Network.

³⁶ Southern Poverty Law Center, "Intelligence Report, Blood on the Border", disponible en www.splcenter.org/fighting-hate/intelligence-report/2001/blood-border-anti-immigrant-violence-looms.

³⁷ Bill Poovey, "Hispanics New Target of Hate Groups", Associated Press, 29 de julio de 2005.

CAPÍTULO 28. Terroristas en la frontera: los *minutemen* al acecho

¹ Para una discusión más amplia de estas y otras tasas de sindicalización en 2005, véase Departamento del Trabajo, "Union Members in 2005", Oficina de Estadísticas Laborales, disponible en www.bls.gov/news.release/archives/union2_01202006.pdf.

² David Kelly, "Border Watchers Capture Their Prey—The Media", *Los Angeles Times*, 5 de abril de 2005.

³ Peter Prengaman, "Day-Labor Employers New Target of Activists", *Arizona Daily Star*, 12 de diciembre de 2005.

⁴ David Kelly, art. cit.

⁵ Judd Slivka, "How Cheese Crisp Became a Minuteman", *Slate*, disponible en slate.com/news-and-politics/2006/04/how-cheese-crisp-became-a-minuteman.html.

⁶ Michael Leahy, "Crossing the Line", *The Washington Post*, 19 de marzo de 2006.

⁷ *Idem.*

⁸ *Idem.*

⁹ *Idem.*

¹⁰ Janny Scott y David Leonhardt, "Class Matters: Shadowy Lines That Still Divide", *The New York Times*, 15 de mayo de 2005.

¹¹ Jesse Jackson, "U. S. Economic Divide Swells", *Chicago Sun-Times*, 21 de junio de 2005.

¹² Citado en Joe Anthony, "Vigilantes Patrol U. S. Border: The Politics of the Minuteman Project", *World Socialist*, disponible en www.wsws.org/en/articles/2005/05/minu-m20.html.

¹³ Robert Lovato, "Minutemen Mobilize Whites Left Behind by Globalization", *Hispanic Vista Magazine*, 22 de diciembre de 2005.

¹⁴ Sharon Smith, *Subterranean Fire: A History of Working-Class Radicalism in the United States*, Chicago, Haymarket Books, 2006, p. 45.

¹⁵ Nicholas Riccardi, "Some Border Patrol Agents Take a Chance on Love", *Los Angeles Times*, 26 de diciembre de 2005.

¹⁶ David Kelly, art. cit.

[17] Anthony Giddens, Mitchell Duneier y Richard P. Appelbaum, *Introduction to Sociology*, 4a ed., Nueva York, W. W. Norton, 2003.

[18] Susy Buchanan y David Holthouse, "Minuteman Civil Defense Corps Leader Chris Simcox Has Troubled Past", Southern Poverty Law Center, disponible en www.splcenter.org/fighting-hate/intelligence-report/2006/minuteman-civil-defense-corps-leader-chris-simcox-has-troubled-past.

[19] Sarah Knopp, "Racist Network of Right-Wingers", *Socialist Worker*, 8 de julio de 2005.

[20] Citado en *idem*.

[21] Peter Lauffer, *Wetback Nation: The Case for Opening the Mexican-American Border*, Chicago, Ivan R. Dee, 2004, p. 118.

[22] Susy Buchanan y David Holthouse, "Playing Rough", Southern Poverty Law Center, disponible en www.immigrantsolidarity.org/cgi-bin/datacgi/database.cgi?file=Issues&report=SingleArticle&ArticleID=0348.

[23] Southern Poverty Law Center, "Nazis, Racists Join Minuteman Project", disponible en www.splcenter.org/news/2005/04/22/nazis-racists-join-minuteman-project.

[24] Susan Gill Vardon y Elizabeth Brotherton, "Day Labor Site Protested", *Orange County Register*, 31 de julio de 2005.

[25] Entrada núm. 9 en el hilo sobre "estrategias, ideas y logros", en los foros de Save Our State.

[26] Bill Poovey, "Hispanic New Target of Hate Groups", Associated Press, 29 de julio de 2005.

[27] Southern Poverty Law Center, "Immigration Protesters Joined by Neo-Nazis in California", disponible en www.splcenter.org/news/2005/08/04/immigration-protesters-joined-neo-nazis-california.

CAPÍTULO 29. Los activistas por los derechos humanos se enfrentan a la extrema derecha

[1] Brock N. Meeks, "Minutemen Opposition Organizes Resistance", MSNBC, 15 de junio de 2005.

[2] Véase Ashley Powers, "Activist's Persistence a Driving Force in Boycott", *Los Angeles Times*, 1 de mayo de 2006.

[3] David Pierson y Patricia Ward Biederman, "Protest Over Art Forces Police to Draw a Line", *Los Angeles Times*, 15 de mayo de 2005.

[4] Lance Newman, "Protesters Challenge Vigilantes", *Socialist Worker*, 22 de julio de 2005.

[5] Gilchrist, "Minutemen Calling for Reinforcements in Campo California".

[6] Entrada núm. 1 en el hilo sobre "estrategias, ideas y logros", en los foros de Save Our State.

[7] Phillip K. Ireland, "Carlsbad Schools Chief Cancels Forum on Immigration", *North County Times*, 4 de agosto de 2005.

[8] Bruce Cooley, "Protesters Run Over by Bigot in LA", *Socialist Worker*, 3 de junio de 2005.

[9] Susan Page y Kathy Kiely, "Public Divided Over How to Treat Illegals", *USA Today*, 11 de abril de 2006.

[10] Susan Decker, "Graham Says Republicans Risk 'Political Suicide' on Immigration", Bloomberg News Service, 2 de abril de 2006.

[11] Nicole Gaouette, "Nationwide Raids Intensify Focus on the Employment of Illegal Immigrants", *Los Angeles Times*, 21 de abril de 2006.

[12] Hemmy So, "Minutemen Get Cold Reception from Blacks", *Los Angeles Times*, 3 de mayo de 2006.

[13] Jesse L. Jackson Sr., "'Si Se Puede' Means 'We Shall Overcome'", Black News, disponible en inmotionmagazine.com/hrcr/jj_ssp.html.

CAPÍTULO 30. Sindicatos y trabajadores migrantes

[1] American Social History Project, *Who Built America: Working People and the Nation's Economy, Politics, Culture, and Society*, Nueva York, Pantheon Press, 1992, pp. 421-422.

[2] Nigel Harris, *National Liberation*, Reno, University of Nevada Press, 1990, p. 45.

[3] Devra Miller, *Dark Sweat, White Gold: California Farmworkers, Cotton and the New Deal*, Berkeley, University of California Press, 1994, p. 49.

[4] James D. Cockroft, *Outlaws in the Promised Land: Mexican Immigrant Workers and America's Future*, Nueva York, Grove Press, 1986, p. 71.

[5] Jeremy Brecher, *Strike!*, Cambridge, South End Press, 1997, p. 116.

[6] Juan Gómez-Quiñones, *Mexican-American Labor, 1790-1990*, Albuquerque, University of New Mexico Press, 1994, p. 77.

[7] Mark Reisler, *By the Sweat of Their Brow: Mexican Immigrant Labor in the United States, 1900-1940*, Westport, Connecticut, Greenwood Press, 1976, pp. 238-239.

[8] *Ibid.*, pp. 239-240.

[9] Greg Hall, *Harvest Wobblies: The Industrial Workers of the World and Agricultural Workers in the American West, 1905-1930*, Corvallis, Oregon State University Press, 2001, pp. 58-59.

[10] Para una descripción de los éxitos y fracasos del IWW, véase Philip S. Foner, *History of the Labor Movement in the United States*, vol. 4, *The Industrial Workers of the World*, Nueva York, International Publishers, 1997.

[11] Paul Buhle y Dan Georgakas, *The Immigrant Left in the United States*, Albany, State University of New York Press, 1996, pp. 27-28.

[12] Rhonda F. Levine, *Class Struggle and the New Deal: Industrial Labor, Industrial Capital, and the State*, Lawrence, University of Kansas Press, 1988, p. 132.

[13] Ruth Milkman, *Organizing Immigrants: The Challenge for Unions in Contemporary California*, Ithaca, Cornell University Press, 2000, p. 4.

[14] David Gutierrez, *Walls and Mirrors: Mexican Americans, Mexican Immigrants, and the Politics of Ethnicity*, Berkeley, University of California Press, 1995, p. 108.

[15] Paul Buhle y Dan Georgakas, *op. cit.*, p. 29.

[16] *Ibid.*, p. 31.

[17] *Idem.*

[18] Mario T. García, *Mexican Americans*, New Haven, Yale University Press, 1989, p. 212.

[19] Ernesto Chavez, *"¡Mi Raza Primero!" Nationalism, Identity and Insurgency in the Chicano Movement in Los Angeles, 1966-1978*, Berkeley, University of California Press, 2002, p. 16.

[20] *Ibid.*, p. 16.

[21] *Idem.*

[22] Mario T. García, *Memories of Chicano History: The Life and Narrative of Bert Corona*, Berkeley, University of California Press, 1994, p. 257.

CAPÍTULO 31. Hacer que las fronteras sean historia

[1] Vicki L. Ruiz, *Cannery Women, Cannery Lives: Mexican Women, Unionization, and the California Food Processing Industry, 1930-1950*, Albuquerque, University of New Mexico Press, 1999, pp. 45-46.

[2] *Ibid.*, p. XVII.

[3] *Ibid.*, p. 44.

[4] *Ibid.*, p. 5.

[5] La segregación de afroamericanos fue un componente clave en esto. Una discusión más profunda sobre el tema está fuera del alcance de este libro. Para un análisis más detallado de este proceso, véase Manning Marable, *How Capitalism Underdeveloped Black America*, Boston, South End Press, 1983.

[6] Judith Stephan-Norris y Maurice Zeitlan, *Left Out: Reds and America's Industrial Unions*, Nueva York, Cambridge University Press, 2003, p. 265.

[7] *Idem.*

[8] El presidente de los camioneros en aquel momento, Frank Fitzsimmons, apoyó la campaña presidencial de Richard Nixon a cambio de varios indultos a camioneros acusados, entre ellos Jimmy Hoffa Sr. Véase Susan Ferris y Ricardo Sandoval, *Fight in the Fields: Cesar Chavez and the Farmworkers Movement*, San Diego, Harcourt Brace and Company, 1997.

[9] Susan Ferris y Ricardo Sandoval, *op. cit.*, p. 184.

[10] *Ibid.*, p. 221.

[11] *Ibid.*, p. 208.

[12] Frank Bardacke, "Cesar's Ghost: Decline and Fall of the UFW", *Nation*, julio de 1993.

[13] Miriam J. Wells, *Strawberry Fields: Politics, Class and Work in California Agriculture*, Ithaca, Cornell University Press, 1996, p. 95.

[14] Susan Ferris y Ricardo Sandoval, *op. cit.*, p. 276.

[15] Jim Wasserman, "Governor Davis Signs Farmworker Mediation Bills", Associated Press, 30 de septiembre de 2002.

[16] Susan Ferris y Ricardo Sandoval, *op. cit.*, p. 209.

[17] *Ibid.*, p. 95.

[18] *Ibid.*, p. 224.

[19] Miriam Pawel, "UPW: A Broken Contract, Farmworkers Reap Little as Union Strays from Its Roots", *Los Angeles Times*, 8 de enero de 2006.

[20] Editorial, "'Honored' by Neglect: Will State Again Ignore FarmWorkers' Plight?", *Sacramento Bee*, disponible en www.sacbee.com/static/archive/news/projects/workers/20010522_editorial.html.

[21] "20 000 Mobilize for Immigrant Workers' Rights", *Asheville Global Report*, núm. 74, 15-21 de junio de 2000, disponible en archives.ashevilleglobalreport.org/issues/74/labor.html.

[22] Alan Maass, "Freedom Ride for Immigrant Rights", *Socialist Worker*, 3 de octubre de 2003.

[23] David Bacon, "Unions at War", *San Francisco Bay Guardian*, 10-16 de agosto de 2005.

[24] Andrew Pollack, "Immigrant Workers and the Split in the AFL-CIO", *Labor Standard*.

[25] David Bacon, "Equality, or Not", *Truthout,* disponible en dbacon.igc.org/Imgrants/2006equality.html.

[26] "Statement of Change to Win Chair Anna Burger on the Immigration Reform Bill Approved by the Senate Judiciary Committee", boletín de prensa del sitio electrónico de Change to Win, disponible en www.changetowin.org/archive/news/statement-change-win-chair-anna-burger-immigration-reform-bill-approved-senate-judiciary.

[27] Migration Policy Institute, "Immigrant Union Members: Numbers and Trends", disponible en www.migrationpolicy.org/sites/default/files/publications/7_immigrant_union_membership.pdf.

[28] Peter Costantini, "A New Internationalism Rising", IPS News Service, 9 de enero de 2006.

[29] American Federation of Teachers, "As Income Inequality Grows, Union Advantage Increases".

[30] Peter Constantini, art. cit.

[31] *Idem.*

[32] *Idem.*

[33] Eduardo Stanley, "Where Are the Immigrants in the Immigration Debate?".

CAPÍTULO 32. Un nuevo movimiento por los derechos civiles

[1] Mario T. García, *Memories of Chicano History: The Life and Narrative of Bert Corona*, Berkeley, University of California Press, 1994, p. 316.

[2] Para una discusión sobre IRCA, Véase David Reimers, *Still the Golden Door,* capítulo 7.

[3] Lee Sustar, "We're Here and We're Not Leaving!", *Socialist Worker,* 17 de marzo de 2006.

[4] Ty Coronado *et al.,* "We Want to Be Equal", *Socialist Worker,* 31 de marzo de 2006.

[5] Comunicación personal, San Diego, 20 de mayo de 2006.

[6] Citado en *Lenin's Struggle for a Revolutionary International: Documents: 1907-1916,* Nueva York, Monad, 1984, p. 19.

[7] *Ibid.,* pp. 19-20.

CAPÍTULO 33. La movilización masiva derrota a Sensenbrenner-King (HR 4437)

[1] La ley para el control de la migración, el antiterrorismo y la protección de las fronteras fue presentada por los congresistas republicanos, ambos de Nueva York, James Sensenbrenner y Peter King. Para una descripción exhaustiva de su contenido, véase www.ncsl.org/research/immigration/summary-of-the-sensenbrenner-immigration-bill.aspx.

[2] Para una cronología de las marchas, véase Clare Bayard, "Immigrant Justice Rising: A Chronology of Immigrant-Led Mobilizations, Spring 2006", *Left Turn,* 1 de septiembre de 2006, disponible en www.leftturn.org/immigrant-justice-rising-chronology-immigrant-led-mobilizations-spring-2006.

[3] Lee Sustar, "We're Here and We're Not Leaving", *Socialist Worker*, 17 de marzo de 2006.

[4] Alan Maass, "Week of the Walkouts", *Socialist Worker*, 7 de abril de 2006.

[5] Del sitio sobre las manifestaciones del 1 de mayo en abril de 2006: www.nohr4437.org.

[6] Dan Glaister y Ewen MacAskill, "U. S. Counts Cost of Day without Immigrants", *The Guardian*, 1 de mayo de 2006, disponible en www.theguardian.com/world/2006/may/02/usa.topstories3.

[7] "1 Million March for Immigrants across U. S.", NBC News, 1 de mayo de 2006, disponible en www.nbcnews.com/id/12573992/ns/us_news-life/t/million-march-immigrants-across-us.

[8] Publicado en el sitio de *Frontera Norte-Sur*, "Mayday 2006: Initial Assessments", Center for Latin American and Border Studies, Universidad Estatal de Nuevo México, 10 de mayo de 2006.

[9] *Ibid.*

[10] Tyche Hendricks, "Irish Join Battle over Illegal Immigration", *San Francisco Chronicle*, 15 de marzo de 2006.

[11] Oscar Avila, "Activists Unite, Push for Immigrant Rights", *The Chicago Tribune*, 20 de noviembre de 2005.

[12] Leslie Fulbright, "Polls, Leaders Say Many Blacks Support Illegal Immigrants", *San Francisco Chronicle*, 13 de abril de 2006.

CAPÍTULO 34. Represión del Estado contra trabajadores migrantes

[1] Creado a partir de la ley del Departamento de Seguridad Interior de 2002 (noviembre de 2002).

[2] Tomado de la "Six Point Agenda" del Departamento de Seguridad Interior, disponible en www.dhs.gov/xabout/history/editorial_0646.shtm.

[3] Véase "Budget-in-Brief Fiscal Year 2016", Departamento de Seguridad Nacional, disponible en www.dhs.gov/sites/default/files/publications/FY_2016_DHS_Budget_in_Brief.pdf.

[4] Véanse Julia Preston, "No Need for a Warrant, You're an Immigrant", *The New York Times*, 14 de octubre de 2007, y Matt O'Brien, "Last-Minute Bush Administration Immigration Changes Could Affect California", *Contra Costa Times*, 9 de enero de 2009.

[5] Testimonio del secretario Michael Chertoff ante el comité legislativo sobre el Poder Judicial, 5 de marzo de 2008.

[6] *Ibid.*

[7] Margot Mendelson, Shayna Strom y Michael Wishnie, "Collateral Damage: An Examination of ICE's Fugitive Operations Program", Migrant Policy Institute, febrero de 2009.

[8] Suzanne Gamboa, "Report: Over 100 000 Deportees Had Children in U. S.", Associated Press, 13 de febrero de 2009.

[9] Sebastian Mallaby, "The Low Risk from Immigrants: Off-Target Priorities for Homeland Defense", *The Washington Post*, 28 de mayo de 2007.

[10] "Immigration Enforcement: The Rhetoric, the Reality", TRAC Immigration, Uni-

versidad de Siracusa, 28 de mayo de 2007, disponible en trac.syr.edu/immigration/reports/178.

[11] Norberto Santana Jr., "Report Questions DHS Focus on Immigration", *Orange County Register,* 28 de mayo de 2007.

[12] Nina Bernstein, "Target of Immigrant Raids Shifted", *The New York Times,* 3 de febrero de 2009.

[13] David Kelly, "Fired Border Patrol Agent Alleges Quota Pressure in Inland Empire", *Los Angeles Times,* 6 de febrero de 2009.

[14] Douglas S. Massey, Jorge Durand y Nolan J. Malone, *Beyond Smoke and Mirrors: Mexican Immigration in an Era of Economic Integration,* Nueva York, Russell Sage Foundation, 2002, p. 62.

[15] Para una discusión exhaustiva sobre IRCA, véase David Reimers, *Still the Golden Door: The Third World Comes to America,* Nueva York, Columbia University Press, 1992, capítulo 7.

[16] Para un resumen del estudio, véase Dean Calbreath, "Undocumented Workers Carry Big Stick", *San Diego Union Tribune,* 5 de septiembre de 2006.

[17] Véase Raúl Hinojosa Ojeda, "The Economic Benefits of Comprehensive Immigration Reform: General Equilibrium Approach", *Cato Journal,* vol. 32, núm. 1 (otoño de 2011), p. 2, disponible en www.naid.ucla.edu/uploads/4/2/1/9/4219226/a53_hinojosa_2012_cato_091511.pdf_published.pdf.

[18] Massey, Durand y Malone, *Beyond Smoke and Mirrors,* p. 121.

[19] Anna Gorman, "Employers of Illegal Immigrants Face Little Risk of Penalty", *Los Angeles Times,* 29 de mayo de 2005.

[20] Véase Departamento de Seguridad Nacional, "An Assessment of United States Immigration and Customs Enforcement's Fugitive Operations Teams", 5 de marzo de 2007, disponible en www.dhs.gov/xoig/assets/mgmtrpts/OIG_07-34_Mar07.pdf.

[21] Se estima que un tercio de los arrestos son "colaterales". Véase Sandra Dibble, "Religious Leaders Want End to Raids' 'Collateral Arrests'", *San Diego Union Tribune,* 6 de abril de 2007.

[22] Véase Mendelson, Strom y Wishnie, *Collateral Damage,* p. 1.

[23] Del sitio electrónico del ICE. Véase "Fugitive Operations", disponible en www.ice.gov/fugitive-operations#wcm-survey-target-id.

[24] "ICE Enforcement and Removal Operations Report: Fiscal Year 2015", U. S. Immigration and Customs Enforcement, 22 de diciembre de 2015, p. 2, disponible en www.ice.gov/sites/default/files/documents/Report/2016/fy2015removalStats.pdf.

[25] *Ibid.,* p. 4.

[26] Véase "ICE Immigration Raids: A Primer", TRAC Immigration, Universidad de Siracusa, 13 de febrero de 2017, disponible en trac.syr.edu/immigration/reports/459.

[27] Para un interesante análisis del terrorismo, véase "The Definition of Terrorism", *The Guardian,* 7 de mayo de 2001.

[28] Véase "49 Undocumented Workers Detained At Seymour Johnson", WRAL.com, 7 de julio de 2005, disponible en www.wral.com/news/local/story/118273.

[29] Véase "1200 Caught in Immigration Raids at IFCO Systems Plants", *USA Today,* 20 de abril de 2006, disponible en usatoday30.usatoday.com/money/companies/2006-04-20-ifco-raids_x.htm.

[30] Patrik Jonsson, "Crackdown on Immigrants Empties a Town and Hardens Views", *Christian Science Monitor*, 3 de octubre de 2006, disponible en www.csmonitor.com/2006/1003/p01s01-ussc.html.

[31] "Swift Raids", *The New York Times*, 18 de diciembre de 2006, disponible en www.nytimes.com/2006/12/18/opinion/18mon1.html.

[32] David Bacon, "The Story of the Smithfield Raid", *Truthout*, 18 de mayo de 2007, disponible en theplan4md.blogspot.com/2007/05/story-of-smithfield-raid.html.

[33] "Raid Outrage: Crowd Protests Federal Raid at Little Village Shopping Plaza", *The Chicago Tribune*, 27 de abril de 2007, disponible en www.chicagotribune.com/news/ct-xpm-2007-04-25-0704250739-story.html.

[34] Karen Lee Ziner, "Immigration Sweep Nets 42, Provoking Outcry", *Providence Journal*, 14 de junio de 2008.

[35] Véanse Andrea Hopkins, "Immigration Raids Koch Foods Ohio Chicken Plant", Reuters, 28 de agosto de 2007, disponible en www.reuters.com/article/us-immigration-koch/immigration-raids-koch-foods-ohio-chicken-plant-idUSN2825845020070828; "Immigration Raid at Meat Processing Plant in Iowa Largest Ever in U. S.", *New York Daily News*, 13 de mayo de 2008, disponible en www.nydailynews.com/latino/immigration-raid-meat-processing-plant-iowa-largest-article-1.332576, e "Immigration Agents Detain Hundreds at Poultry Plants", CNN.com, 17 de abril de 2008, disponible en edition.cnn.com/2008/US/04/17/immigration.raid/index.html.

[36] "Immigration Raid at Parachute Plant Nets 57", *Mountain Express News*, 12 de agosto de 2008, disponible en mountainx.com/news/community-news/immigration_raid_at_parachute_plant_nets_57.

[37] Véase Adam Nossiter, "Nearly 600 Were Arrested in Factory Raid, Officials Say", *The New York Times*, 26 de agosto de 2008, disponible en www.nytimes.com/2008/08/27/us/27raid.html.

[38] Véase Heather Knight, "Immigration Raids at 11 El Balazo Restaurants—63 Seized", *San Francisco Chronicle*, 3 de mayo de 2008, disponible en www.sfgate.com/restaurants/article/Immigration-raids-at-11-El-Balazo-restaurants-3285437.php; Kristina Davis, "French Gourmet Case a Cautionary Tale about Workplace Immigration Enforcement", *San Diego Union Tribune*, 4 de marzo de 2017, disponible en www.sandiegouniontribune.com/news/immigration/sd-me-french-gourmet-20170304-story.html; "114 Employees File Complaints over ICE raids", *Los Angeles Daily News*, 26 de abril de 2008, disponible en www.dailynews.com/2008/04/26/114-employees-file-complaints-over-ice-raids/; James Pinkerton, "20 Arrested in Immigration Raid at Houston Shipley Do-Nuts", *Houston Chronicle*, 16 de abril de 2008, disponible en www.chron.com/news/article/20-arrested-in-immigration-raid-at-Houston-1664461.php; "Mass. Factory Closed, Site of '07 Immigration Raid", *Twin Cities Pioneer Press*, 9 de mayo de 2009, disponible en www.twincities.com/2009/05/29/mass-factory-closed-site-of-07-immigration-raid/; Nick Madigan, "Man Suing Government over Raid at 7-Eleven Fled to U. S. because of Death Threat", *Baltimore Sun*, 25 de junio de 2011, disponible en www.baltimoresun.com/news/maryland/politics/bs-md-alvarez-raid-20110613-story.html; N. C. Aizenman, "42 Workers Detained in ICE Raid at Dulles", *The Washington Post*, 14 de agosto de 2008, disponible en www.washingtonpost.com/wp-dyn/content/article/2008/08/13/AR2008081303649.html.

[39] Emily Bazar, "West Coast Mayors Decry Immigration Raids", *USA Today*, 19 de junio de 2008.

[40] Stewart M. Powell, "Bush Administration Steps Up Immigration Raids", *Houston Chronicle*, 1 de junio de 2008.

[41] Rogelio V. Solis, "Immigration Raid Spotlights Rift of Have-Nots", Associated Press, 24 de enero de 2009.

[42] Richard Stana, "Immigration Enforcement Controls over Program Authorizing State and Local Enforcement of Federal Immigration Laws Should Be Strengthened", testimonio del director de seguridad interior y asuntos de justicia ante el Comité sobre Seguridad Interior de la Cámara de Representantes, 4 de marzo de 2009. Informe preparado por la United States Government Accountability Office.

[43] Dzung Do, "The Border, the Wall and a Post-9/11 World", *AlterNet*, 30 de diciembre de 2008.

[44] Maria Jimenez, "Humanitarian Crisis: Migrant Deaths at the U. S.-Mexico Border", *Report of the American Civil Liberties Union of San Diego and Imperial Counties and Mexico's National Commission of Human Rights*, octubre de 2009.

[45] Véase "Stopping Migrant Deaths", National Network for Immigrant and Refugee Rights, disponible en www.nnirr.org/drupal/stopping-migrant-deaths. Una cifra parecida se menciona en Manny Fernandez, "A Path to America, Marked by More and More Bodies", *The New York Times*, 4 de mayo de 2017, disponible en www.nytimes.com/interactive/2017/05/04/us/texas-border-migrants-dead-bodies.html.

[46] Kristen McCabe y Jeanne Batalova, "Immigration Enforcement in the United States", Migration Policy Institute, noviembre de 2009.

[47] Jacqueline Stevens, "America's Secret ICE Castles", *Nation*, 16 de diciembre de 2009.

[48] Mark Hugo Lopez, "A Rising Share: Hispanics and Federal Crime", Pew Hispanic Center, 18 de febrero de 2009, disponible en www.pewresearch.org/hispanic/2009/02/18/a-rising-share-hispanics-and-federal-crime.

[49] United States Government Accountability Office, "Border Patrol Checkpoints Contribute to Border Patrol's Mission, but More Consistent Data Collection and Performance Measurement Could Improve Effectiveness", informe en respuesta a una solicitud del Congreso, 31 de agosto de 2009.

[50] Mark Hugo Lopez, art. cit.

[51] Para los datos, véase el sitio electrónico del ice: www.ice.gov.

[52] Marisa Taylor, "Immigration Officials Detaining, Deporting American Citizens", *McClatchy Newspapers*, 24 de enero de 2008.

[53] Ginger Thompson, "Fewer Reported Entering U. S. Illegally", *The New York Times*, 3 de octubre de 2008.

[54] Howard Witt, "Immigration Issue Rerouted to State Level as National Interest Wanes", *The Chicago Tribune*, 23 de marzo de 2008.

[55] Justin Juozapavicius, "Oklahoma Feels Effects of Strong Law Targeting Undocumented Immigrants", Associated Press, 28 de enero de 2008.

[56] David Fried, "Local Illegal Immigration Laws Draw a Diverse Group of Cities", *North County Times*, 3 de septiembre de 2006.

CAPÍTULO 35. El movimiento por los derechos de los migrantes va a las urnas

[1] Véase Kathy Kiely, "Public Divided over How to Treat Illegals", *USA Today*, 11 de abril de 2006. Véase también Julia Preston y Marjorie Connelly, "Majority Favor Changing Immigration Laws, Poll Says", *The New York Times*, 24 de mayo de 2007.

[2] John Marelius, "California Voters Support Comprehensive Approach", *San Diego Union Tribune*, 27 de julio de 2006.

[3] Para un desglose detallado de las elecciones de 2006, véase David L. Leal, Stephen A. Nuño, Jongho Lee y Rodolfo O. de la Garza, "Latinos, Immigration, and the 2006 Midterm Elections", *PS: Political Science Journal*, vol. 41, núm. 2 (abril de 2008), pp. 309-317.

[4] Justin Akers Chacón, "Candidates Close Ranks Against Immigrants", *San Diego Union Tribune*, 21 de diciembre de 2007.

[5] Tamar Jacoby, "Immigration Bomb Is a Dud", *The Arizona Republic*, 3 de febrero de 2008.

[6] Por ejemplo, véase la siguiente muestra de cómo los manifestantes debilitaron los esfuerzos de los *minutemen*: Leslie Berestein, "Protesters, Turnout Shake Up Organizer", *San Diego Union Tribune*, 19 de septiembre de 2005.

[7] Para algunos ejemplos, véanse Peter Prengaman, "Minuteman Caravan to Capitol Hill Launches amid Black Divisions", Associated Press, 3 de mayo de 2006, y Leslie Fulbright, "Polls, Leaders Say Many Blacks Support Illegal Immigrants", *San Francisco Chronicle*, 13 de abril de 2006.

[8] Kerry Lester, "Could Infighting End Minuteman Movement?", *Daily Herald*, 19 de mayo de 2008.

[9] "Illegal Immigration Fears Fuel Klan Growth", Associated Press, 12 de febrero de 2007.

[10] David Holthouse y Mark Potok, "2007: A Year Marked by Staggering Levels of Racist Hate", Southern Poverty Law Center, *Intelligence Report*, 1 de marzo de 2008, disponible en www.splcenter.org/fighting-hate/intelligence-report/2008/2007-year-marked-staggering-levels-racist-hate.

[11] Amy Taxin, "Minutemen Leader Laments Path of Anti-Illegal Immigration Groups", *Orange County Register*, 25 de junio de 2008.

[12] Véanse David Almager, "Hispanic Voters Can Flex Their Muscles in Texas", *Amarillo Globe-News*, 24 de febrero de 2008; Jeanne Cummings, "Hispanic Voters Shift Allegiance to Democrats", *The Wall Street Journal*, 8 de noviembre de 2006, y Joe Mathews, "Voting Like It's Mañana", *Los Angeles Times*, 24 de febrero de 2008.

[13] Leslie Berestein y John Marelius, "Immigration Steered Latinos to Obama", *San Diego Union Tribune*, 7 de noviembre de 2008.

[14] John Marelius y Leslie Berestein, "Obama Tells La Raza that Immigration Reform Is a Priority", *San Diego Union Tribune*, 13 de julio de 2008.

[15] Véase Tim Rutten, "L. A.'s Political Predictor—the Latino Vote", *Los Angeles Times*, 12 de noviembre de 2008, disponible en articles.latimes.com/2008/nov/12/opinion/oe-rutten12.

[16] Tim Rutten, "L. A.'s Latinos Are a Sign of Things to Come", *Los Angeles Times*, 12 de noviembre de 2008.

[17] Stewart M. Powell, "Napolitano Signals Shift in Worksite Raids", *Houston Chronicle*, 15 de enero de 2009.

[18] Suzanne Gamboa, "Obama Takes Immigration Reform off Agenda", Associated Press, 29 de abril de 2010.

[19] Véase "Obama Fence Statement: Border Security", video, C-Span, www.c-span.org/video/?c4652652/obama-fence-statement.

[20] Véase Ginger Thompson y David M. Herszenhorn, "Obama Set for First Step on Immigration Reform", *The New York Times*, 24 de junio de 2009, disponible en www.nytimes.com/2009/06/25/us/politics/25immig.html.

[21] Jared Allen, "Speaker Pelosi to Shield Vulnerable Members from Controversial Votes", *The Hill*, 16 de diciembre de 2009.

[22] Thompson y Herszenhorn, "Obama Set for First Step".

[23] Sam Stein, "Confidential Study Suggests Tougher Words for Dems on Immigration", *The Huffington Post*, 29 de febrero de 2008, disponible en www.huffingtonpost.com/2008/02/29/confidential-study-sugges_n_89077.html.

[24] Publicado en el sitio electrónico de Schumer: www.schumer.senate.gov/new_website/record.cfm?id=314990.

[25] Janet Napolitano, "U. S. Pursuing Integrated Strategy for Border Problems", *Houston Chronicle*, 14 de agosto de 2009.

[26] Es imposible conocer la verdadera cifra de personas que fueron despedidas o que debieron renunciar para no ser identificadas, aunque es muy probable que haya alcanzado los miles. Véase Julia Preston, "Immigration Crackdown with Firings, Not Raids", *The New York Times*, 29 de septiembre de 2009, disponible en www.nytimes.com/2009/09/30/us/30factory.html.

[27] Richard Marosi y Anna Gorman, "Immigration Agency Targets Upscale San Diego Restaurant", *Los Angeles Times*, 25 de mayo de 2010.

[28] Spencer S. Hsu y N. C. Aizenman, "DHS Corrects Report that Overstated ICE Deportations under Obama", *The Washington Post*, 8 de marzo de 2010.

[29] Meredith Simons, "Obama Beefs Up Border Security in 2011 Budget", *San Francisco Chronicle*, 1 de febrero de 2010.

[30] Véase el sitio electrónico de Schumer para una descripción detallada de los "siete principios" de la reforma migratoria.

[31] Spencer S. Hsu, "Senate Democrats' Plan Highlights Nation's Shift to the Right on Immigration", *The Washington Post*, mayo de 2010.

[32] Lisa Mascaro, "Senate Sends Last-Minute Bills to the House before Recess", *Los Angeles Times*, 6 de agosto de 2010.

[33] Jens Manuel Krogstad, "Hispanics Punch below Their Weight in Midterm Elections", Pew Research Center, 2 de abril de 2014, disponible en www.pewresearch.org/fact-tank/2014/04/02/hispanics-punch-below-their-weight-in-midterm-elections.

[34] David Bacon, "Firing Immigrants", *Progressive*, diciembre de 2009-enero de 2010.

[35] Véase Patrick O'Connor, "Immigration Split Still Hangs over McCain and Republicans", *Politico*, 5 de marzo de 2008.

[36] Nicole Gaouette, "An Immigration End Run around the Next President", *Los Angeles Times*, 23 de junio de 2008.

[37] Alan Fram, "Poll: Hispanic Discrimination High", Associated Press, 20 de mayo de 2010, disponible en www.nbcnews.com/id/37263388/ns/us_news-life/t/poll-hispanic-discrimination-high/#.WdhKGzBryUk.

³⁸ Tom Barry, "Planning the War on Immigrants", Americas Program, Center for International Policy, 13 de diciembre de 2007.

³⁹ Julia Preston, "Firm Stance on Illegal Immigrants Remains Policy", *The New York Times*, 3 de agosto de 2009.

⁴⁰ A manera de ejemplo, el alguacil Paul Babeu, del condado de Pinal, famoso por ser contrario a la migración, participó en un programa de radio favorable al nacionalismo blanco. Véase Brahm Resnik, "Pinal County Sheriff: Obama near 'Borderline' of Treason", *The Arizona Republic*, 23 de julio de 2010.

CAPÍTULO 36. El laboratorio de Arizona y la ley SB 1070
¹ En 2012, la Suprema Corte de Estados Unidos derogó muchas cláusulas y estableció que en esa materia las leyes federales están por encima de las estatales. Entre ellas, estaban el requisito de que los migrantes deben llevar consigo sus documentos en todo momento, las restricciones a la capacidad de la policía para arrestar a una persona sin una orden judicial y la disposición de que se le niegue el derecho al trabajo a los trabajadores que no cuenten con una autorización federal. No obstante, se mantuvieron las demás disposiciones, aunque tras numerosas demandas judiciales rara vez se han aplicado. Véase Nigel Duara, "Arizona's Once-Feared Immigration Law, SB 1070, Loses Most of Its Power in Settlement", *Los Angeles Times*, 15 de septiembre de 2016, disponible en www.latimes.com/nation/la-na-arizona-law-20160915-snap-story.html.

² Para más información sobre la Propuesta 203, véase Jeff Bale, "The Fight for Bilingual Education", *International Socialist Review*, vol. 69 (enero de 2010), disponible en isreview.org/issue/69/fight-bilingual-education.

³ Randal C. Archibald, "Arizona Is Split over Hard Line on Immigrants", *The New York Times*, 14 de diciembre de 2007. Véase también John Schmitt, "Unions and Upward Mobility for Immigrant Workers", Center for Economic and Policy Research, marzo de 2010, disponible en www.cepr.net/documents/publications/unions-immigrants-2010-03.pdf.

⁴ "Extremist Leads New Arkansas Anti-Immigration Group", Southern Poverty Law Center, 25 de enero de 2005, disponible en www.splcenter.org/intel/news/item.jsp?aid=8. Véase Departamento de Seguridad Nacional, "An Assessment of United States Immigration and Customs Enforcement's Fugitive Operations Teams", 5 de marzo de 2007, disponible en trac.syr.edu/immigration/library/P1725.pdf.

⁵ Delegation of Immigration Authority Section 287(g), Immigration and Nationality Act. Según el DHS: "La Illegal Immigration Reform and Immigrant Responsibility Act [Ley de reforma de la migración ilegal y responsabilidad del migrante] (IIRAIRA), en vigor desde el 30 de septiembre de 1996, añadió a la Immigration and Nationality Act [Ley de migración y nacionalidad] (INA) el artículo 287(g), relativo al desempeño de las funciones de los agentes de migración por parte de funcionarios y empleados estatales. En ella se autoriza al secretario del Department of Homeland [Security Departamento de Seguridad Nacional] (DHS) a concertar acuerdos con los organismos estatales y locales encargados de aplicar la ley, que permitan a los funcionarios designados aplicar la ley de migración, de conformidad con un memorando de acuerdo (MOA), siempre que los funcionarios locales encargados de aplicar la ley reciban la capacitación adecuada y funcionen bajo la supervisión de funcionarios jurados del Im-

migration and Customs Enforcement [Servicio de Migración y Aduanas] (ICE) de Estados Unidos." Disponible en www.ice.gov/287g.

[6] Judi Villa e Yvonne Wingett, "Sheriff Unveils Migrant Hotline", *The Arizona Republic*, 21 de julio de 2007.

[7] Como ejemplo, Joe Arpaio viajó a San Diego, California, para apoyar la campaña de Jay LaSuer, candidato a alguacil, quien prometía actuar en ese condado de manera similar. Véase Stephen Lemons, "Joe Arpaio Stumps Southern California for Conservative Sheriff Wannabes Jay LaSuer and Bill Hunt", *Phoenix New Times*, 2 de octubre de 2009, disponible en www.phoenixnewtimes.com/blogs/joe-arpaio-stumps-southern-california-for-conservative-sheriff-wannabes-jay-lasuer-and-bill-hunt-6500796.

[8] Seth Freed Wessler, "Bills Modeled after Arizona's SB 1070 Spread through States", *Colorlines*, 2 de marzo de 2011, disponible en www.colorlines.com/content/bills-modeled-after-arizonas-sb-1070-spread-through-states.

[9] Alia Beard Rau, "Arizona Immigration Law Was Crafted by Activist", *The Arizona Republic*, 31 de mayo de 2010.

[10] SB 1070.

[11] Dennis Wagner, "Violence Is Not up on Arizona Border", *The Arizona Republic*, 2 de mayo de 2010.

[12] Dennis Wagner, "Slaying of Arizona Rancher Is Still a Mystery", *The Arizona Republic*, 24 de noviembre de 2010, disponible en archive.azcentral.com/news/politics/articles/20131123arizona-border-robert-krentz-unsolved.html.

[13] Wagner, "Violence Is Not Up".

[14] *Ibid*.

[15] Véase Tim Padgett, "The 'Dangerous' Border: Actually One of America's Safest Places", *Time*, 30 de julio de 2010.

[16] Martha Mendoza, "Border Is Relatively Safe, Gov't Data Show", Associated Press, 4 de junio de 2010.

[17] Stephanie Condon, "Poll: Most Still Support Arizona Immigration Law", CBS News, 25 de mayo de 2010.

[18] Betty Beard, "Arizona Jobs Outlook for Recent College Graduates Bleak, but Improving", *The Arizona Republic*, 6 de junio de 2010.

[19] Salvador Rodriguez, "15 Arrested during Raid of Phoenix Meat-Packing Business", *The Arizona Republic*, 12 de octubre de 2010, disponible en archive.azcentral.com/news/articles/2010/10/12/20101012phoenix-sheriff-immigration-raid-abrk.html.

[20] Ginger Rough, "Signing Arizona Immigration Law Was Never a Question for Governor", *The Arizona Republic*, 1 de junio de 2010.

[21] Cathleen Decker, "Steve Poizner Zeros in on an Untimely Issue", *Los Angeles Times*, 28 de marzo de 2010.

[22] Teddy Davis, "Meg Whitman Alters Immigration Rhetoric", ABC News Online, 16 de marzo de 2010.

[23] "Whitman: Arizona Immigration Law OK for Arizona", *Sacramento Bee*, 29 de julio de 2010.

[24] Jack Chang, "Meg Whitman Courts Latinos with Spanish-Language TV Ads", *Sacramento Bee*, 18 de junio de 2010.

[25] El texto de la carta está disponible en www.faculty.umb.edu/lawrence_blum/courses/CCT627_10/readings/horne_open_letter_tucson.pdf.

[26] Miriam Jordan, "Arizona Grades Teachers on Fluency", *The Wall Street Journal*, 30 de abril de 2010.

[27] Según las estadísticas de 2014. Véase "Demographic Profile of Hispanics in Arizona, 2014", Pew Research Center, disponible en www.pewhispanic.org/states/state/az.

[28] Stephen A. Nuño, "Is Arizona 2010 Like California 1994?", *Latino Decisions*, 24 de mayo de 2010.

[29] Dennis Wagner, "Altered Mural Fuels Racial Debate in Prescott", *The Arizona Republic*, 4 de junio de 2010.

[30] Suzy Khimm, "Anti-Immigration Group Claims Neo-Nazis Involved in Tancredo Rally", *Mother Jones*, 19 de mayo de 2010.

[31] Paul Davenport, "Brewer Claims Most Illegal Immigrants Are Smuggling Drugs", Associated Press, 26 de junio de 2010.

[32] Michelle Price, "Reputed Neo-Nazi Joins Border Action", Associated Press, 18 de julio de 2010.

CAPÍTULO 37. S. 744: la degeneración de la "reforma migratoria exhaustiva"

[1] CNN Political Unit, "CNN Poll: Most See Pathway to Citizenship", 16 de abril de 2013.

[2] Jeffrey S. Passel, D'Vera Cohn y Ana Gonzalez-Barrera, "Net Migration from Mexico Falls to Zero—and Perhaps Less", Pew Research Center: Hispanic Trends, 23 de abril de 2012, disponible en www.pewhispanic.org/2012/04/23/net-migration-from-mexico-falls-to-zero-and-perhaps-less.

[3] "Top 10 of 2010 Issue #1: Evidence from the Great Recession Is In: Migration Flows Dropped, Unemployment among Certain Immigrants Rose", Migration Policy Institute, 2 de diciembre de 2010, disponible en www.migrationpolicy.org/article/top-10-2010-issue-1-evidence-great-recession-migration-flows-dropped-unemployment-among.

[4] Véase el informe "Border Patrol: Goals and Measures Not Yet in Place to Inform Border Security Status and Resource Needs", United States Government Accountability Office, 26 de febrero de 2013, disponible en www.gao.gov/products/GAO-13-330T.

[5] Véase Andrew Selee, "The New Reality at the Border", *Los Angeles Times*, 2 de abril de 2013, disponible en articles.latimes.com/2013/apr/02/opinion/la-oe-0402-selee-immigration-Mexico-20130402.

[6] Véase Demetrios Papademetriou y Aaron Terrazas, "Immigrants in the United States and the Current Economic Crisis", Migration Policy Institute, 1 de abril de 2009, disponible en www.migrationpolicy.org/article/immigrants-united-states-and-current-economic-crisis.

[7] Javier Rojo y Manuel Pérez-Rocha, "NAFTA at 20: The New Spin", Foreign Policy in Focus, 14 de marzo de 2013, disponible en fpif.org/nafta_at_20_the_new_spin.

[8] Véase Kevin G. Hall, "U. S. Workers Endure 'Lost Decade' of Declining Wages", *McClatchy Newspapers*, 15 de noviembre de 2012, disponible en www.mcclatchydc.com/news/nation-world/national/economy/article24740389.html.

9 Véanse "On a Typical Day in FY2012", U. S. Customs and Border Protection, disponible en www.cbp.gov/newsroom/stats/on-typical-day-fy2012, y Leigh Ann Caldwell, "The U. S. Already Spends Billions on Border Security", NBC News, 31 de agosto de 2016, disponible en www.nbcnews.com/politics/2016-election/trump-s-wall-would-add-billions-u-s-spends-border-n640251.

10 Eric Lipton, "As Wars End, a Rush to Grab Dollars Spent on the Border", *The New York Times*, 6 de junio de 2013, disponible en www.nytimes.com/2013/06/07/us/us-military-firms-eye-border-security-contracts.html?pagewanted=all.

11 *Ibid.*

12 Véase "Border Patrol: Checkpoints Contribute to Border Patrol's Mission, but More Consistent Data Collection and Performance Measurement Could Improve Effectiveness", U. S. Government Accountability Office, 31 de agosto de 2009, disponible en www.gao.gov/assets/300/294558.html.

13 Véase "A Continued Humanitarian Crisis at the Border: Undocumented Border Crosser Deaths Recorded by the Pima County Office of the Medical Examiner, 1990-2012", Binational Migration Institute, The University of Arizona, junio de 2013, disponible en papers.ssrn.com/sol3/papers.cfm?abstract_id=2633209.

14 Véanse Jean Guerrero, "Death at the Border: Threat of Trump's Wall Intensifies Search for Dying Migrants", KBPS, 13 de diciembre de 2016, disponible en www.kpbs.org/news/2016/dec/13/death-border-threat-trumps-wall-intensifies-search, y Amanda Holpuch, "Migrant Deaths at U. S.-Mexico Border Increase 17% This Year, UN Figures Show", *The Guardian*, 5 de agosto de 2017, disponible en www.theguardian.com/us-news/2017/aug/05/migrants-us-mexico-border-deaths-figures.

15 Glenn Greenwald, Ewen MacAskill y Laura Poitras, "Edward Snowden: The Whistleblower behind the NSA Surveillance Revelations", *The Guardian*, 11 de junio de 2013, disponible en www.theguardian.com/world/2013/jun/09/edward-snowden-nsa-whistleblower-surveillance.

16 Sara Murray y Mark Peters, "E-Verify Would Gain in Immigration Overhaul", *The Wall Street Journal*, 10 de abril de 2013, disponible en www.wsj.com/articles/SB10001424127887323741004578415012503635342.

17 "Findings of the E-Verify® Program Evaluation", Departamento de Seguridad Nacional, diciembre de 2009, disponible en www.uscis.gov/sites/default/files/USCIS/E-Verify/E-Verify/Final%20E-Verify%20Report%2012-16-09_2.pdf.

18 Véase David Bier, "Will E-Verify Have Discriminatory Results?", *The Huffington Post*, 26 de junio de 2013, disponible en www.huffingtonpost.com/david-bier/will-everify-have-discrim_b_3165193.html.

19 Véase Doug Porter, "The Starting Line: Mission Valley Hilton Hotel Management Tactics Prompt Employee Hunger Strike", *San Diego Free Press*, 5 de abril de 2013, disponible en sandiegofreepress.org/2013/04/the-starting-line-mission-valley-hilton-hotel-management-tactics-prompt-employee-hunger-strike.

20 Véase Brad Plumer, "The $2 Trillion Shadow Economy Is the Recession's Big Winner", *The Washington Post*, 23 de abril de 2013, disponible en www.washingtonpost.com/news/wonk/wp/2013/04/23/americas-2-trillion-shadow-economy-is-the-recessions-big-winner.

21 Jennifer Medina, "Immigrant Workers Give New Direction to Los Angeles Unions", *The New York Times*, 23 de mayo de 2013, disponible en www.nytimes.

com/2013/05/18/us/los-angeles-labor-leader-puts-focus-on-immigrants.html?pagewanted=all.

[22] Véase Leah Zallman, Steffie Woolhandler, David Himmelstein, David Bor y Danny McCormick, "Immigrants Contributed an Estimated $115.2 Billion More to the Medicare Trust Fund Than They Took Out in 2002-09", *Health Affairs*, mayo de 2013, disponible en www.healthaffairs.org/doi/full/10.1377/hlthaff.2012.1223.

[23] Matt Barreto, "Why the DREAM Act Will Matter in the 2012 Election", Latino Decisions, 28 de febrero de 2012, disponible en www.latinodecisions.com/blog/2011/02/28/why-the-dream-act-will-matter-in-2012.

[24] "United States Farmworker Factsheet", North Carolina Farmworker Institute, disponible en saf-unite.org/sites/default/files/SAF_Fact_Sheet_US07_0.pdf.

[25] Véase su sitio electrónico: www.fwd.us.

[26] Jia Lynn Yang y Craig Timberg, "Tech Industry Poised to Win in Immigration Debate", *The Washington Post*, 12 de abril de 2013, disponible en www.washingtonpost.com/business/economy/tech-industry-poised-to-win-in-immigration-debate/2013/04/12/c735d758-a38c-11e2-82bc-511538ae90a4_story.html.

[27] Véanse Ed Stoddard, "Exclusive: Over a Million Immigrants Land U. S. Jobs in 2008-10", Reuters, 20 de enero de 2011, disponible en www.reuters.com/article/us-usa-immigrants-employmentexclusive-idUSTRE70J37P20110120; Papademetriou y Terrazas, "Immigrants in the United States"; Jeffrey S. Passel, "Unauthorized Immigrants: How Pew Research Counts Them and What We Know About Them", Pew Research Center, 17 de abril de 2013, disponible en www.pewresearch.org/2013/04/17/unauthorized-immigrants-how-pew-research-counts-them-and-what-we-know-about-them, y Jeffrey S. Passel y D'Vera Cohn, "A Portrait of Unauthorized Immigrants in the United States", Pew Research Center, 14 de abril de 2009, disponible en www.pewhispanic.org/2009/04/14/a-portrait-of-unauthorized-immigrants-in-the-united-states.

[28] Véanse Demetrios G. Papademetriou, Will Somerville y Madeleine Sumption, "The Social Mobility of Immigrants and Their Children", Migration Policy Institute, junio de 2009, disponible en www.migrationpolicy.org/pubs/soialmobility2010.pdf, y Elizabeth Grieco, "Immigrant Union Members: Numbers and Trends", Migration Policy Institute, mayo de 2004, disponible en www.migrationpolicy.org/research/immigrant-union-members-numbers-and-trends?pdf=7_immigrant_union_membership.pdf.

CAPÍTULO 38. Los derechos de los migrantes, en una encrucijada

[1] Ray Sanchez, "Latino Voters 2012: Exhilaration over President Obama Turns to Dread and Disappointment", *The Huffington Post*, 17 de enero de 2012.

[2] Perry Bacon Jr., "Low Turnout by Young Voters Hurts Democrats in Midterm Elections", *The Washington Post*, 3 de noviembre de 2010, disponible en www.washingtonpost.com/wp-dyn/content/article/2010/11/03/AR2010110304486.html.

[3] Scott Keeter, "Where the Public Stands on Immigration Reform", Pew Research Center, 23 de noviembre de 2009.

[4] "CNN Poll: Support for Border Crackdown Grows", CNN, 26 de mayo de 2010.

[5] "CNN Poll: Should Illegal Immigrants Be Allowed to Stay?", CNN, 29 de julio de

2010, disponible en politicalticker.blogs.cnn.com/2010/07/29/cnn-poll-should-illegal-immigrants-be-allowed-to-stay.

[6] Elizabeth Llorente, "On Immigration, Polls Show Most GOP Voters Share Gingrich Stance", Fox News Latino, 14 de diciembre de 2011, disponible en www.foxnews.com/politics/2011/12/14/on-immigration-polls-show-most-gop-voters-share-gingrich-stance.html#ixzz1gWDArQq8.

[7] "Washington Post-ABC News Poll", disponible en www.washingtonpost.com/wp-srv/politics/polls/postabcpoll_011512.html.

[8] America's Voice Online, "Republicans, Fenced in by Immigration: 20 Pro-Reform Candidates Beat Hard-Liners in 22 Battleground House and Senate Races", 25 de enero de 2010, disponible en americasvoice.org/content/republicans_fenced_in_by_immigration.

[9] "Immigration Polls", cifras para 2016, Gallup, disponible en www.gallup.com/poll/1660/immigration.aspx.

[10] Kate Linthicum, "Most California Voters Think Illegal Immigration Is a Problem, but Don't See Mass Deportation as the Answer", Los Angeles Times, 31 de marzo de 2016, disponible en www.latimes.com/politics/la-pol-ca-latimes-immigration-california-primary-poll-20160331-story.html.

[11] Mike McPhate, "California Today: A Big Swing on Sanctuary Cities", The New York Times, 24 de abril de 2017, disponible en www.nytimes.com/2017/04/24/us/california-today-sanctuary-cities.html.

[12] Para un ejemplo del acercamiento entre Occupy y los sentimientos promigrantes, véase Kent Paterson, "For Immigrant Groups and Occupy Movement, Issues Converge", NMPolitics.net, 4 de mayo de 2012, disponible en nmpolitics.net/index/2012/05/for-immigrant-groups-and-occupy-movement-issues-converge.

[13] Lydia Saad, "Economy Is Dominant Issue for Americans as Election Nears", Gallup, 22 de octubre de 2012, disponible en www.gallup.com/poll/158267/economy-dominant-issue-americans-election-nears.aspx.

[14] Véase Frank Sherry, "One Year Ago Today, Mitt Romney Said 'Answer Is Self-Deportation,' Setting Stage for His Loss in November", America's Voice, 23 de enero de 2013, disponible en americasvoice.org/blog/on-this-day-in-history-mitt-romney-said-answer-is-self-deportation-one-year-ago-today-setting-the-stage-for-his-loss-in-november.

[15] Elizabeth Llorente, "Poll: Latinos Were Key Factor in Arizona Recall Vote", Fox News Latino, 15 de noviembre de 2011.

[16] Alia Beard Rau, "Russell Pearce Recall May Indicate New Political Climate", The Arizona Republic, 12 de noviembre de 2011.

[17] Véase Jeffrey M. Jones, "Economy Is Paramount Issue to U. S. Voters", Gallup, 29 de febrero de 2012, disponible en www.gallup.com/poll/153029/economy-paramount-issue-voters.aspx; véase también Drew Desilver, "U. S. Income Inequality, on Rise for Decades, Is Now Highest since 1928", Pew Research Center, 5 de diciembre de 2013, disponible en www.pewresearch.org/fact-tank/2013/12/05/u-s-income-inequality-on-rise-for-decades-is-now-highest-since-1928. En tiempos recientes, casi la mitad de la población pensaba que la desigualdad social era una preocupación seria. Véase Bruce Stokes, "The U. S.'s High Income Gap Is Met with Relatively Low Public Concern", Pew Research Center, 6 de diciembre de 2013, disponible en www.

pewresearch.org/fact-tank/2013/12/06/the-u-s-s-high-income-gap-is-met-with-relatively-low-public-concern.

[18] Véase Matt Cooper, "Poll: Most Americans Support Occupy Wall Street", *The Atlantic*, 9 de octubre de 2011, disponible en www.theatlantic.com/politics/archive/2011/10/poll-most-americans-support-occupy-wall-street/246963.

[19] Devin Burghart y Leonard Zeskind, "Beyond FAIR: The Decline of the Established Anti-Immigrant Organizations and the Rise of Tea Party Nativism", Institute for Research & Education on Human Rights (IREHR), 17 de enero de 2012, disponible en www.irehr.org.

[20] Véase Frank Rich, "The Billionaires Bankrolling the Tea Party", *The New York Times*, 28 de agosto de 2010.

[21] Miriam Jordan, "Alabama Immigrant Law Irks Business", *The Wall Street Journal*, 24 de agosto de 2011.

[22] Véase National Conference of State Legislators, "Immigration Policy Report", 19 de septiembre de 2011, disponible en www.ncsl.org.

[23] Por ejemplo, véase Rachel Rose Hartmann, "Obama Blames Republicans for Failure of Immigration Reform, Says Increase in Deportations Is Misleading", Yahoo News, 28 de septiembre de 2011.

[24] Suzanne Gamboa, "Obama Takes Immigration Reform Agenda Off Table", Associated Press, 29 de abril de 2010.

[25] Tom LoBianco, "Indiana Governor Signs Right-to-Work Bill", Associated Press, 1 de febrero de 2012.

[26] Véase Wyatt Buchanan, "Democrats OK Big Cuts to California's Safety Net", *San Francisco Chronicle*, 4 de marzo de 2011.

[27] Elizabeth Aguilera, "Illegal Immigration from Mexico Continues Decline", *San Diego Union Tribune*, 7 de julio de 2011.

[28] Nick Miroff y William Booth, "Border Arrests Véase Big Decline", *The Washington Post*, 4 de diciembre de 2011.

[29] *Ibid.*

[30] Rakesh Kochhar, Richard Fry y Paul Taylor, "Hispanic Household Wealth Fell by 66% from 2005 to 2009", Pew Hispanic Center, 26 de julio de 2011.

[31] Paul Taylor, Mark Hugo Lopez, Gabriel Velasco y Seth Motel, "Hispanics Say They Have the Worst of a Bad Economy", Pew Hispanic Center, 26 de enero de 2012.

[32] Carmen DeNavas, Bernadette D. Proctor y Jessica C. Smith, "Income, Poverty, and Health Insurance Coverage in the United States: 2010", Oficina del Censo.

[33] Mark Hugo Lopez y Gabriel Velasco, "Childhood Poverty among Hispanics Sets Record, Leads Nation", Pew Hispanic Center, 28 de septiembre de 2011, y "Children in Poverty by Race and Ethnicity", Annie Casey Foundation Data Center, disponible en datacenter.kidscount.org/data/tables/44-children-in-poverty-by-race-and-ethnicity#detailed/1/any/false/573,869,36,868,867/10,11,9,12,1,185,13/324,323.

[34] Jennifer Medina, "Economic Downturn Holds Fierce Grip on Border Town", *The New York Times*, 16 de marzo de 2011.

[35] Matt Hilburn, "Wage Theft Shatters American Dream for Many Low-Income Immigrants", *Voice of America*, 28 de diciembre de 2011, disponible en www.voanews.com.

[36] Estos hallazgos de Massey y Gelatt se resumen en Melinda Burns, "Why Mexican Immigrants Can't Get Ahead", *Pacific Standard*, 22 de diciembre de 2011.

[37] Douglas S. Massey y Julia Gelatt, "What Happened to the Wages of Mexican Immigrants? Trends and Interpretations", *Latino Studies*, vol. 8 (2010), pp. 328-354.

[38] *Ibid.*

[39] Charles Roxburgh, Susan Lund y John Piotrowski, "Mapping Global Capital Markets 2011", McKinsey Global Institute, agosto de 2011.

[40] Mike Alberti, "On Manufacturing Policy, White House Remains in Grip of 'Ratchet-Down' Consultants", Remapping Debate, 18 de enero de 2012, disponible en www.remappingdebate.org.

[41] Mike Alberti, "Producing More, Earning Less", Remapping Debate, 25 de enero de 2012.

[42] Betty Beard, "Arizona Jobs Outlook for Recent College Graduates Bleak, but Improving", *The Arizona Republic*, 6 de junio de 2010.

[43] Mary K. Reinhart, "Arizona Supreme Court Lets AHCCCS Cuts Stand", *The Arizona Republic*, 15 de febrero de 2012.

[44] Susanna Kim, "2010 Had Record 2.9 Million Foreclosures", ABC News, 11 de enero de 2011.

[45] Desde entonces, algunos aspectos han sido frenados por los tribunales federales. Para un buen análisis de la ley, véase Shaun Harkin y Nicole Colson, "Resisting Juan Crow in Alabama", *International Socialist Review* 81, enero-febrero de 2012, disponible en isreview.org/issue/81/resisting-juan-crow-alabama.

[46] Por ejemplo, véase Campbell Robertson, "After Ruling, Hispanics Flee an Alabama Town", *The New York Times*, 3 de octubre de 2011, disponible en www.nytimes.com/2011/10/04/us/after-ruling-hispanics-flee-an-alabama-town.html.

[47] Samuel Addy, "A Cost-Benefit Analysis of the New Alabama Immigration Law", Center for Business and Economic Research, University of Alabama, enero de 2012, disponible en cber.cba.ua.edu/New%20AL%20Immigration%20Law%20-%20Costs%20and%20Benefits.pdf.

[48] Véase Ana Gonzalez-Barrera y Jens Manuel Krogstad, "What We Know about Illegal Immigration from Mexico", Pew Research Center, 2 de marzo de 2017, disponible en www.pewresearch.org/fact-tank/2017/03/02/what-we-know-about-illegal-immigration-from-mexico.

[49] Jens Manuel Krogstad, Jeffrey S. Passel y D'Vera Cohn, "5 Facts about Illegal Immigration in the U. S.", Pew Research Center, 27 de abril de 2017, disponible en www.pewresearch.org/fact-tank/2017/04/27/5-facts-about-illegal-immigration-in-the-u-s.

[50] Immigration Policy Center, "Mexican Migration Patterns Signal a New Immigration Reality", 1 de agosto de 2011.

[51] Frontera Norte-Sur online, "Mexican Workers Pulverized", Center for Latin American and Border Studies, Universidad Estatal de Nuevo México, 9 de febrero de 2012.

[52] La privatización paulatina de la industria petrolera de México ha llevado al país a convertirse en un importador neto de combustibles provenientes de Estados Unidos. Estos cambios estructurales, muchos de los cuales ocurrieron en otras industrias a partir del Tratado de Libre Comercio de América del Norte, probablemente aumenta-

rán el desempleo, ya que Pemex deberá reestructurarse y los ingresos petroleros federales, que financian gran parte del gasto social en México, seguramente se reducirán. Véanse Laurence Iliff, "Oil-Rich Mexico Becomes Net Importer of U. S. Petroleum Goods", *The Wall Street Journal*, 14 de mayo de 2014, disponible en www.wsj.com/articles/oil-rich-mexico-becomes-net-importer-of-u-s-petroleum-goods-1400104955, y Tracy Wilkinson, "Mexico, Which Depends Largely on Oil Revenue, Cuts Public Spending", *Los Angeles Times*, 30 de enero de 2015, disponible en www.latimes.com/world/mexico-americas/la-fg-mexico-budget-20150130-story.html.

[53] Véase Doris Meissner, "Border Budget Is Already Enormous", *The New York Times*, 31 de enero de 2013. La cifra total de 219 mil millones se calculó en 2013, sumándole luego los presupuestos para 2014, 2015 y 2016; disponible en www.nytimes.com/roomfordebate/2013/01/31/is-the-border-secure-enough-1/border-budget-is-already-enormous. Véase también Departamento de Seguridad Nacional, "Budget-in-Brief, Fiscal Year 2016"; disponible en www.dhs.gov/sites/default/files/publications/FY_2016_DHS _Budget_in_Brief.pdf, y Departamento de Seguridad Nacional, "Budget-in-Brief, Fiscal Year 2017", disponible en www.dhs.gov/sites/default/files/publications/FY2017BIB.pdf.

[54] Departamento de Seguridad Nacional, "DHS' Progress in 2011: Southwest Border", boletín de prensa, 23 de enero de 2012, disponible en www.dhs.gov.

[55] Marshall Fitz, "Safer Than Ever: A View from the U. S.-Mexico Border: Assessing the Past, Present, and Future", Center for American Progress, agosto de 2011, disponible en www.americanprogress.org.

[56] William Booth, "More Predator Drones Fly U. S.-Mexico Border", *The Washington Post*, 21 de diciembre de 2011.

[57] Mark Hugo Lopez, Ana Gonzalez-Barrera y Seth Motel, "As Deportations Rise to Record Levels, Most Latinos Oppose Obama's Policy", Pew Hispanic Center, 28 de diciembre de 2011.

[58] Véase Muzaffar Chishti, Sarah Pierce y Jessica Bolter, "The Obama Record on Deportations: Deporter in Chief or Not?", Migration Policy Institute, 26 de enero de 2017, disponible en www.migrationpolicy.org/article/obama-record-deportations-deporter-chief-or-not.

[59] *Ibid.*

[60] Véase Doris Meissner, Donald M. Kerwin, Muzaffar Chishti y Claire Bergeron, "Immigration Enforcement in the United States: The Rise of a Formidable Machinery", Migration Policy Institute, enero de 2013, disponible en www.migrationpolicy.org/pubs/pillars-reportinbrief.pdf.

[61] Ryan Gabrielson, "Fewer Face Deportation Because of Criminal Charges, Data Shows", California Watch, 11 de diciembre de 2011.

[62] Jorge Rivas, "ICE Arrest 3k Immigrants in 6 days, Largest Roundup Ever", *Colorlines*, 3 de abril de 2012.

[63] Miriam Jordan, "Immigration Audits Drive Illegal Workers Underground", *The Wall Street Journal*, 15 de agosto de 2011.

[64] Emma Roller, "Firing of Workers Who Failed to Provide Documents Divides Pomona College", *Chronicle of Higher Education*, 12 de febrero de 2012.

[65] Burns, "Why Mexican Immigrants Can't Get Ahead".

[66] Véase Justin Akers Chacón, "The U. S.-Mexico Border: Free Trade without Free People", *International Socialist Review*, vol. 73 (septiembre-octubre de 2010).

[67] "Mexico Loses $50 Bln/Year in Illegal Outflows—Report", Reuters, 30 de enero de 2012.

[68] *Ibid.*

[69] Michael Graybeal, "Mexico's Economic Policy and Migration", Center for Strategic and International Studies, mayo de 2011.

[70] *Ibid.*

[71] Credit Suisse, "Global Wealth Has Soared 14% since 2010 to USD 231 Trillion with the Strongest Growth in Emerging Markets", boletín de prensa, 19 de octubre de 2011, disponible en www.credit-suisse.com.

[72] Véanse Alan Travis, "Super-Rich to be Given Fast-Track to Settle in Britain", *The Guardian*, 16 de marzo de 2011, disponible en www.theguardian.com/uk/2011/mar/16/new-immigration-rules-super-rich, y Qian Chen, "The 'Golden Visa' Program into the U. S. is Set to Expire, and that's Worrying Many in China", CNBC, 28 de abril de 2017, disponible en www.cnbc.com/2017/04/28/eb-5-visa-and-china-the-golden-visa-program-into-the-us-is-expiring.html.

[73] Véase Lornet Turnbull, "Wealthy Immigrants Can Invest Way to Visas", *The Seattle Times*, 10 de diciembre de 2011, disponible en www.seattletimes.com/seattle-news/wealthy-immigrants-can-invest-way-to-visas.

[74] Jeremy Schwartz, "Austin Beginning to Compete with Other Texas Cities for Wealthy Immigrants from Mexico", *Statesman*, 6 de junio de 2011, disponible en www.statesman.com/article/20110606/NEWS/306069810.

[75] Juan Carlos Ruiz, "Mexico: Travel Trends to the United States", Departamento de Comercio, diciembre de 2010.

[76] BBVA Research, "Mexico Migration Outlook", presentación de prensa, 25 de octubre de 2010, disponible en www.bbvaresearch.com.